21世纪高等院校工商管理系列教材

人力资源管理

Human Resource Management

贾建锋　蒋建武●主编

清华大学出版社
北　京

内容简介

本书由人力资源管理理论、人力资源管理实务和全球化人力资源管理三个部分组成。具体而言，人力资源管理理论部分主要阐述人力资源与人力资源管理的基本概念和基本原理，介绍人力资源管理的历史和发展，人力资源相关理论以及中外人力资源管理理论的思想渊源；人力资源管理实务部分主要介绍包括人力资源规划、工作分析与设计、员工招聘与选拔、员工培训、绩效管理、职业生涯管理、薪酬管理、福利管理和劳动关系管理在内的人力资源管理方法；全球化人力资源管理部分主要基于全球化视角，系统分析全球化对人力资源管理的挑战、全球化人力资源管理的一般模式以及外派员工管理等内容。

本书适用于工商管理、企业管理、人力资源管理等专业的本科生、研究生的学习，也适用于企业管理者和人力资源管理工作专业人员的教育与培训工作。

图书在版编目（CIP）数据

人力资源管理/贾建锋，蒋建武主编．—北京：清华大学出版社，2016（2023.2 重印）
（21 世纪高等院校工商管理系列教材）
ISBN 978-7-302-45674-2

I．①人…　II．①贾…　②蒋…　III．①人力资源管理-高等学校-教材　IV．①F241

中国版本图书馆 CIP 数据核字（2016）第 285833 号

责任编辑：邓　婷
封面设计：刘　超
版式设计：魏　远
责任校对：王　云
责任印制：丛怀宇

出版发行：清华大学出版社
网　址：http://www.tup.com.cn，http://www.wqbook.com
地　址：北京清华大学学研大厦 A 座　**邮　编：**100084
社 总 机：010-83470000　**邮　购：**010-62786544
投稿与读者服务：010-62776969，c-service@tup.tsinghua.edu.cn
质量反馈：010-62772015，zhiliang@tup.tsinghua.edu.cn
印 装 者：三河市龙大印装有限公司
经　销：全国新华书店
开　本：185mm×230mm　**印　张：**27　**字　数：**586 千字
版　次：2016 年 12 月第 1 版　**印　次：**2023 年 2 月第 5 次印刷
定　价：59.80 元

产品编号：054055-02

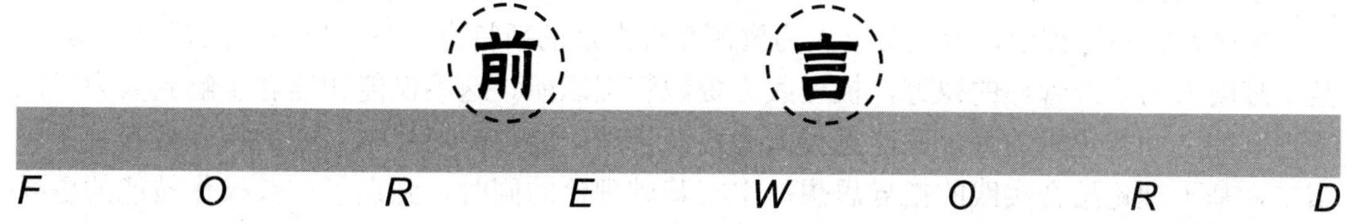

综合国力竞争归根到底是人才竞争，哪个国家拥有人才上的优势，哪个国家最后就会拥有实力上的优势。因此，人才是当今世界最为宝贵的财富。随着全球经济一体化的不断深入，技术变革速度不断加快，市场竞争新格局逐渐形成，劳动力日趋多元化，人本因素逐渐成为组织实现其战略目标的关键因素，人力资源管理也日益成为组织赢得竞争力的关键环节。

近年来，中国企业逐渐从以事务为中心的管理方式向以人为中心的管理方式转变，企业的人力资源管理工作得到了空前的重视，但却存在以下三个问题：第一，管理者认识到人力资源管理的重要性，却没能很好地解答人力资源管理为什么重要，人力资源管理在现代企业中居于何种地位，发挥何种作用，传统的人事管理观念急需向人力资源管理观念转变。第二，对人力资源管理工作具体内容不甚了解，企业的各级管理者或多或少从事人力资源管理活动，但谁该对企业人力资源管理成效负责？人力资源管理部门和业务部门在人力资源管理中的责权关系又如何界定？第三，不懂得人力资源管理工作该如何开展，管理者在明晰本企业与绩优企业之间的差距后，应该怎样调动企业员工的积极性，如何依靠企业最宝贵的资源　　人　　去缩小与绩优企业的差距？因此，如何对这二个问题进行有效的解答，如何写出一本理论结合实践，具有中国特色的人力资源管理教材便是本书的缘起所在。

本书包括三大部分的内容。第一部分，理论部分，主要包括第一~二章，本部分阐述了人力资源与人力资源管理的基本概念和基本原理，介绍了人力资源管理的历史和发展，人力资源相关理论以及中外人力资源管理理论的思想渊源。第二部分，实务部分，主要包括第三~十一章，本部分主要包括人力资源规划、工作分析与设计、员工招聘与选拔、员工培训、绩效管理、职业生涯管理、薪酬管理、福利管理和劳动关系管理等内容。第三部分，全球化人力资源管理，即第十二章，本部分基于全球化视角，系统分析全球化对人力资源管理的挑战、全球化人力资源管理的一般模式以及外派员工管理等内容。

本书充分吸收了中外人力资源管理理论研究领域的最新成果与方法，结合现代教育管理实际情况，介绍了人力资源管理实践领域成熟的操作方法、原则和流程。在理论上具有前瞻性，在实践中具有借鉴意义。全书按学习目标、开篇案例（即问题提出）、基本内容、本章小结、通关密码（即问题解答）、复习与思考的顺序进行安排并在每节内容的最后，辅以沙场点兵拓展部分，突出理论结合实践的指导思想。

本书在编写过程中，力图彰显人力资源管理发展的新特点，具有以下三点特色：第一，基于战略人力资源管理的视野，梳理人力资源管理职能。这不仅能让读者了解到人力资源管理职能之间的逻辑关系，还能把握人力资源管理职能与公司战略之间的相互依存关系。第二，基于理论结合实践的指导思想，丰富基础理论的同时，强调了实践操作技能的重要性。在对基础理论梳理的基础上，立足于我国企业现实情况，侧重于人力资源管理实务具体实施方法的讲解，增强人力资源管理方法的可操作性。第三，基于内容的丰富性和可读性，引入大量的案例。本书在每章的开篇及结尾部分，均设置精选案例，并且在每节的最后设置“沙场点兵”部分，展示与本节内容相关的现实案例，在增加可读性的同时，便于读者更好地理解该章内容。

本书是团队合作的结晶，是作者实践与教学研究成果的体现。各章内容及作者安排如下：第一~二章由蒋建武负责，第三~八章由贾建锋和闫佳祺负责，第九~十二章由蒋建武负责，全书的统稿工作由贾建锋完成。闫佳祺、孟欣、周舜怡、罗莘、崔冰、赵若男参与了书稿的校对工作，清华大学出版社的邓婷和刘淑丽老师在编写过程中给予了大力支持与帮助，在此一并表示感谢！

本书主要面向工商管理、企业管理、人力资源管理等专业的本科生、研究生，也适用于企业管理者和人力资源管理工作专业人员的教育与培训工作。由于知识和经验的局限性，书中难免存在错误和疏漏之处，恳请广大读者提出宝贵意见和建议。

编　者

2016 年 6 月

C O N T E N T S

人力资源管理概论

学习目标

★★★★★

- 理解人力资源的基本概念及特点。
- 了解人力资源管理的基本职能及其在组织管理中的作用。
- 了解人力资源管理的发展历史及其演变过程。
- 了解中国人力资源管理的转型过程、成效以及存在的问题。

★★★★

- 现代人力资源管理和传统人事管理的差异。
- 了解人力资源管理部门的角色定位及其从业者应该具备的素质。

★★★

- 人力资源管理的发展趋势。

开篇案例

温州成雄公司的人力资源变革

温州市成雄电器有限公司（以下简称成雄公司），地处浙江省温州市郊外的一个工业园内。成雄公司创办于1992年，全部资产都属于老板赵成雄一人。成雄公司生产经营重型机械工业行业专用的高压电瓶器产品，其产品98%用于出口，主要市场集中在美国、英国、德国、日本和澳大利亚。连续多年成雄公司市场订单源源不断，资金实力十分雄厚，经常有银行主动上门要求给其提供贷款业务。

成雄公司是国内生产工业高压电瓶器产品的最大厂家，也是全世界三大生产厂家之一。近几年其产品产量占全世界同类产品产量的 30%左右。成雄公司获得了四项国外认证和一项国内认证，温州市政府也给其颁发了许多奖章，如“缴税大户企业”。

但是成雄公司却存在极大的问题，管理十分混乱，目前的瓶颈是接收大量订单后要么无法按时生产出来，要么因为产品质量和技术达不到要求而无法按合同规定的时间出货，客户纷纷要求成雄公司赔偿损失，导致利润变得非常微薄。于是赵老板聘用了一位新的总经理徐刚，希望在管理上打开局面，实现成雄公司的“二次创业”。

徐刚上任后对成雄公司的各方面情况进行全面了解，发现该公司的人力资源现状是：

第一，成雄公司的人力资源管理还处于人事管理的阶段，没有独立的人力资源部门，尚属于行政部的范畴。公司的人力资源管理职能不健全：员工的培训、发展和职业规划严重缺失；绩效考核流于形式，无严肃性可言，起不到促进员工工作效率的作用；各部门没有招聘计划，员工招聘没有统一的规范流程，甚至存在车间自主招聘的现象。

第二，成雄公司组织结构设计和操作流程不合理，部门岗位职责不明确，人员素质低。由于各岗位管理者能力不足以支撑岗位的职能，造成了严重的权利下移，使得各部门职责发育不健全。

第三，员工关系复杂，家族化、亲缘化和地域化现象严重，这也是中国中小民营企业的一个普遍现象。在企业初创期，这种员工来源对企业的生存起到了积极的作用。但到了企业的发展时期，这些因素又成了企业走向正规化、规范化的阻力，影响了企业的发展。

第四，管理者没有权威，人力资源制度执行力差，企业管理者的随意性强，“人治”现象严重。家族成员敢于对上司的权威进行挑战，不遵守管理制度，对公司的人力资源管理制度任意破坏。

第五，成雄公司的人力资源管理制度不健全，绩效考核体系存在严重缺陷。研发部门的绩效考核是个“真空地带”，没有激励和约束的机制。

第六，成雄公司内部存在着“灰色的企业文化”，员工排外意识强烈，没有团队合作意识。管理者没有大局观和长远的战略，严重影响了企业人才的招聘和储备，导致企业人员素质低下。员工之间的亲缘关系使得绩效考核无法正常进行，薪酬无秘密可言，使得绩效考核和薪酬政策的激励效果完全失效。

随后，徐刚针对这些现状从人事任免、科学规范制度等方面进行改革：

第一，人事大撤换。徐刚首先准备建立一套科学合理的管理体制、一套系统规范的行政管理制度，并着手重建 ISO9000 体系，同时提出新的管理体制结构，架空了现任总经理的实际权力。但实际情况是，目前支持改革的人只占 10%，反对势力占 80%，余下持观望态度。这对改革形成了很大的阻力，每次开会都是徐刚以一敌四进行激烈的辩论，根本无法达成正式的协议，中层管理者则是采取阳奉阴违的态度，布置的工作根本得不到落实，基层员工则对改革不理解、不信任，漠不关心。改革推行了一个多月，雷声大雨点小，90%的工作无法开始或无法按时完成。

于是徐刚决定加大新人引进力度，引入新鲜血液替换原有顽固派，通过大规模招聘，在短短三个月的时间，撤换了公司 40% 的中高层领导，外聘领导人数达到了公司中高层以上领导总数的 43%，打破了原有的封闭型领导结构。之后，新管理体制下的各部门领导全部到位并且开始工作，新组织架构已经正式运转，新的体制刚开始显示出很多不协调、不适应的地方，但经过一段时间磨合后，整个机制开始正常运行，公司形成了强大的改革阵营，整个公司也呈现出良好的发展趋势。

第二，剪“网”行动。第一张“网”——家族网，公司内部家族成员数量较多，结成了一张牢牢实实的巨大家族网，徐刚将其分为三类：精英类，年轻、热情、智商高。徐刚建议赵总将他们送到发达城市进修，使其成为具有现代化管理思想的人才，成为未来的接班人；实权类，有一定的工作能力和经验，目前担任重要职务，徐刚建议这些人目前可以暂时留用，但必须寻找替代人选，条件成熟后让他们离开管理岗位安排其他工作，不参加企业日常管理；普通类，担任一般职务，工作能力及经验无太大优势，学历偏低等，徐刚建议让他们马上离开。第二张“网”——地域网，公司有很强的地域色彩，招聘新人或任命领导更加倾向本地人，抱有排外情绪，但自从大规模引进人才后，地域网不再是一个威胁。第三张“网”——亲缘网，公司员工之间互为亲缘现象普遍，虽然人事管理制度已经规定员工不允许介绍亲戚或朋友入职，但执行不具体从而效果不理想，徐刚对人事管理制度漏洞进行修补，专门召开会议讨论此事，杜绝今后此类事情的再次发生。

第三，人才大引进。公司一直没有一套详细的人力资源规划和长远的人力资源战略，随着改革的推进，许多岗位出现了新的需求，有些岗位领导和技术人员已经明显能力不足。徐刚翻阅了近年来的员工人事档案，发现在过去 5 年中也有不少外省高学历的职员进入过公司，但工作时间都不长，由于受到当地人的排挤而离职。为了避免人才结构的单一化，徐刚亲自到上海、苏州等制造业人才密集的地方进行招聘两年来，进行了两轮大规模人才招聘，使外籍员工占公司员工总数达到三分之一，公司原有的人事结构被彻底打破。新人的大量进入也带来了“鲶鱼效应”，“旧人”有了巨大的压力和危机感，原有散漫、自由的工作态度有所转变。但是由于在短时间内撤换了太多的干部和技术人员，使得研发、品质、生产及采购诸部门的工作出现脱节，同时，由于外聘员工工资普遍高于本地员工，造成了本地员工心理上的严重失衡，再加上外聘员工中也并非都是有真才实学，于是本地员工开始对改革产生了强烈的抵触情绪。

在改革中也出现了一些问题：

第一，在招聘过程中，由于没有明确的职位说明书，对任职者的任职资历和胜任素质缺乏明确的要求，极大地影响了招聘的效果，也影响了改革的推进。但这些的建立是一个系统的工程，在此次成雄公司的改革中并没有涉及，它需要系统的工作分析，在这场暴风骤雨般的改革中，形势的严峻性不允许这样一步步去做。

第二，公司的薪酬政策不合理，新招聘的员工由于招聘来源、学历等因素与老员工之间的工资差异成为一条导火索，为改革埋下隐患。这样的薪酬体系使得薪酬制度违背了内部公平原则，造成了一系列冲突。由于在成雄公司的薪酬设计中，没有人岗匹配度这个调整因素，使同职位之间的工资差异缺少依据，造成了内部的不公平，直接挫伤了员工的积极性。

第三，绩效考核制度不到位，没有形成规范、合理的绩效考核体系，尤其是研发部门的绩效考核不完善，导致新产品开发缓慢。徐刚在改革中没有把绩效考核与工资制度相结合，起不到促进作用，只是考核“绩”，没有考核“效”。这也许是因为成雄公司是一家订单生产、供不应求的企业，才对绩效不加重视。可正是因为这是一家需要提高出货效率和出货质量的生产型企业，所以才更需要绩效考核来促进生产效率的提高。

第四，家族化、亲缘化和地域化问题解决不彻底。尽管徐刚通过“剪网行动”和几次大规模招聘成功地杜绝了地域化这个问题，但由于赵老板本身的观念未能跟上，家族化、亲缘化并未能完全解决，这也给后面徐刚的其他改革带来了压力。

总体来说，徐刚的人力资源管理改革取得了很大的成效，公司当年的业绩超标完成，公司管理水平得到了提升。

资料来源：吴东梅，等. 人力资源案例管理分析[M]. 第二版. 北京：机械工业出版社，2011.

【思考题】

1. 中国民营企业的人力资源管理普遍较为落后，应进行哪些方面的改革？
2. 成雄公司在人力资源管理方面具有哪些可借鉴之处呢？

第一节 人力资源概述

21 世纪是经济全球化的时代，是创新的时代，也是知识经济的时代，而人才是支撑这个时代发展最基础的力量，人力资源比以往任何时代对于世界、国家、企业的作用都更大。人力资源是组织的第一资源，是组织保持核心竞争力，在社会生存乃至发展的关键要素。人力资源管理已经成为现代组织管理的重要内容。从传统的人事管理到人力资源管理是一次飞跃：传统的人事管理是以“事”为中心，注重的是控制与管理人，属于行政事务式的管理方式；而人力资源管理以“人”为核心，把人作为获得资源加以开发。未来的人力资源管理将更加专业化、全球化。人力资源既然这么重要，那么到底什么是资源？什么又是人力资源呢？

一、人力资源的含义

（一）资源的含义

从经济学的角度看，资源是为了创造物质财富而投入生产活动中的一切要素。在《辞海》中资源也被解释为“资财的来源”。资源是人类赖以生存的基础，有自然资源和社会资源之分，前者指的是由自然界提供、具有自然属性特征的资源，而后者则是具有人为属性，主要包括劳动力资源以及由人类创造的物质资源和非物质资源。

（二）人力资源的含义

人力资源是由管理学大师彼得·德鲁克于1954年在《管理的实践》中首次被提出并明确界定。德鲁克认为人力资源和其他资源的唯一区别在于人力资源是人，具有其他资源没有的协调能力、融合能力等，它是一种特殊的资源，可以通过有效的机制进行开发和利用，从而为组织带来经济利益。到目前为止，对于人力资源的定义，学术界有很多不同的解释。

美国学者伯格认为，人力资源是人类可用于生产产品或提供各种服务的活动、技能和知识。

国内学者指出：人力资源是指能够推动国民经济和社会发展、具有智力劳动和体力劳动能力的人的总和；人力资源就是指人所具有的对价值创造起贡献作用，并且能够被组织所利用的体力和脑力的总和；人力资源还包括能够推动整个经济和社会发展的劳动者的能力，即处在劳动年龄的已直接投入建设和尚未投入建设的人口的能力。

从目前不同学者对人力资源的定义观察发现，他们主要是从能力和人两个角度出发对人力资源进行解释，结合德鲁克对于人力资源的定义，本书更加赞同从能力的角度出发去解释人力资源。人力资源首先应该是人身上能被利用的体力和脑力的总和，其次应该是能够给社会/公司带来价值增值，最后应该是要符合组织的需求。

（三）与人力资源相关的其他资源

人口资源：指一个国家或地区内的人口总体。

劳动力资源：在人口资源中拥有劳动能力而且在劳动年龄范围内的那部分人。

人才资源：劳动力资源中拥有较强技术能力、管理能力、研究能力等的那部分人。

人力资本：舒尔茨认为人力资本是劳动者身上具有的两种能力，一种是通过先天遗传获得的，是与生俱来的；另一种是后天获得的，是经过个人努力学习所得。人力资本与人力资源从概念表面看有所类似，但是本质存在区别，人力资本针对的是经济增值来说的，是经济利益分配的依据；而人力资源是针对经济管理而言的，是运营的基础力量，是一种工具，能够创造经济效益。

二、人力资源的特征

（一）人力资源的不可剥夺性

人力资源是人类所独有的，是依附于人的体力和智力，不可能脱离人的存在而存在，故人力资源具有不可剥夺性。

（二）人力资源具有能动性

能动性是人力资源区别其他资源的根本所在，主要表现在：（1）人力资源的载体人是有思想、有社会意识的，在生产要素中能够支配和使用物质资源，自觉、有意识和有目的性地从事社会活动；（2）人力资源总是利用其智力、知识和技能适应世界，乃至改变世界为自己服务；（3）人力资源作为社会活动的主体，会按照自己的意愿、目的和要求开发自己的职业生涯；（4）在社会活动中，人可以自觉、主动调节自己的能力、技能等；（5）在改造自然的过程中，人力资源会不断进行自我强化、自我发展。由于人所具有的社会意识和在社会生产过程中所处的主体地位，使得人力资源具有能动作用，对人力资源能动性调动的程度决定着人力资源开发水平，这就要求人们在进行人力资源开发时，必须充分尊重对人的积极性的调动。

（三）人力资源具有时效性

人力资源以人为载体，而人是有生命周期的，因此其形式、开发和利用都要受到时间的限制。人的生命周期一般分为未成年、成年和老年，在不同的周期中，具有的人力资源也不一样，所能从事的劳动也不一样。当人处在成年期时，体力和脑力的发展都达到了可以从事劳动的程度，可以对社会做出贡献，而其余两个阶段的价值创造能力很弱。因此，在进行人力资源开发时需要注意尊重内在的规律性，使人力资源的形成、分配和使用处于动态平衡之中。

（四）人力资源具有增值性

一般来说，物质资源在经过几次开发之后就不存在继续开发的问题，而人力资源则不一样，其具有明显的增值性。因为人力资源是人具有的体力和脑力，体力会因有限次数的重复使用而变得更强，而脑力则可以通过不断地学习更新所学的知识、技能进行提高。所以人力资源能够实现自我补偿、自我更新和持续开发。这就要求对人力资源的开发和管理应该注重持续的教育，加强培训和开发。

（五）人力资源的时代性

首先从国家发展水平来说，国家教育水平的发展直接制约了这个国家所拥有的人力资源的质量，以及人力资源的提升。处在每个时代的人只能在这个时代拥有的条件下，努力提升人力资源质量及创造社会价值，这也是不同国家会存在差距的根本原因，国家经济发展水平及投入到人力资源提升的资源对国家人力资源水平有很大的影响，而国家的人力资源水平反过来又会影响国家的发展。

三、人力资源的数量和质量

（一）人力资源的数量

人力资源的数量是指一个国家或地区范围内的劳动适龄人口总量减去其中丧失劳动能力的人口，加上劳动适龄人口之外具有劳动能力的人口。它反映了人力资源量的特征。在劳动适龄人口中有部分丧失劳动能力的病残人口，在劳动适龄人口之外也会存在一些具有劳动能力、正在从事社会劳动的人口，因此，一个国家的人力资源数量应该包括以下八个部分。

（1）劳动适龄就业人口：指处在劳动年龄之内，正在从事社会劳动的人口。

（2）未成年就业人口：尚未达到劳动年龄，而实际已经从事社会劳动的人口。

（3）老年就业人口：已经超过了劳动年龄，实际上仍在从事社会劳动的人口。

（4）待业人口：处在劳动年龄之内，有能力、有愿望参加社会劳动，但实际并未参加社会劳动的人口。

（5）各种大、中专在校学生，处于劳动年龄之内的就学人口。

（6）现役军人：处于劳动年龄之内的在军队服役的人口。

（7）处于劳动年龄之内的家务劳动人口。

（8）处于劳动年龄之内的其他人口。

前三部分是人力资源的主体，也称之为就业人口；加上第四部分就构成了现实的人力资源。后面四部分尚未构成现实社会劳动力供给，也称潜在人力资源。

（二）人力资源的质量

人力资源质量是人力资源在质上的规定性，指人力资源所有的体质、智力、知识和技能水平，以及劳动者的态度，一般体现在劳动者的体质、文化和专业技术水平及劳动积极性上。影响人力资源质量的主要因素有以下三个方面。

（1）先天和自然生长因素。人类的体质和智能具有一定的继承性，接受父代的遗传，使人口代际间遗传基因得到保持，从而能不断发展和进化。遗传对于成年的素质和一生的发展都有着重要的作用，遗传从根本上规定了人力资源的质量，决定了人力资源质量水平的极限。因此，对于胎儿在母体内的发育生长条件、营养条件、生活环境等应该特别重视，避免出现先天疾病。

（2）营养因素。营养是人正常生长发育的重要条件，一个人在儿童时期的营养状况必然对未来的体质、智力水平产生影响。另外，人的日常活动需要消耗人的体力和脑力，需要营养物质进行补充才能恢复，以保持人力资源原有的质量水平。从世界范围内看，人的寿命在不断提高，医疗水平在不断提升，人力资源的质量也在普遍提高。随着我国经济的不断发展，人民生活水平不断提升，我国的人力资源质量水平也在不断提升。

（3）教育因素。教育是人类传授知识、经验的一种社会性的活动，对后天人力资源有着决定性的影响。人通过不断学习，获得更多的知识、技能，从而使自己的人力资源质量得到提升。

人力资源的数量反映了可以推动物质资源的人数，而人力资源的质量则可以反映推动哪些类型、哪种复杂程度和多大的物质资源，因此一个国家或地区人力资源的丰富程度不仅要用其数量计算，更重要的是人力资源质量评价。高质量的人力资源对人力资源数量有很强的替代作用，而反之则未必有效，因此人力资源开发的目的在于，提高人力资源质量，为社会经济发展贡献更多的力量。

第二节　人力资源管理的演变与发展

一、人力资源管理产生的基础

17世纪至20世纪初，工人逐渐从封建主义的经济关系中解脱出来进入自由劳动力市场，而18世纪后期工业革命的发生使人力资源开始受到重视并发展。然而科学管理使生产力快速发展的同时也使雇佣双方的关系出现恶化，随后管理实践者和学者对早期工业心理学和人际关系进行研究，后期行为科学的发展更是促进了人力资源管理的重大进步。

（一）科学管理运动

随着科学技术的不断进步，企业规模不断扩大，市场也在迅速扩大，从单一地区扩展到全国，从全国扩展到全球。在早期，资本的所有者就是管理者，但由于生产技术日益复杂，规模和资本日益庞大，资本家逐渐将管理的所有权交给由专业管理者组成的管理机构。

工业革命有三大特征：机械设备的发展，人与机器的联系，需要雇佣大量人员的工厂的建立。这场革命导致劳动者的劳动形式出现了很大变化，专业化分工和机械设备的发展使得工人的生产能力大大提高。但是由于社会需求的迅速膨胀，迫切需要从事重复而单调工作的工人提高生产效率，于是以泰罗为首的科学管理者开始寻求更好的方法去提高生产率，提出了以下管理制度。

（1）研究出科学的操作方法，以便提高工作效率。具体做法是从工人中挑选最强壮、技术最熟练的工人，将其工作动作分解成为许多工作，并且用秒表精确计算每一个动作的完成时间，对其中合理的部分保留，对不合理的部分进行改进，制订标准的操作方法和劳动时间定额。

（2）实行差别计件的工资制度。按照标准和时间定额制订出不同的工资率，使得完成或超额完成作业的工人获得更高的工资率，而完成率低的工人获得较低的工资率。

（3）对工人进行科学选择、培训和管理。泰罗用上述方法对工人进行训练，使他们按照标准程序工作，结果在搬运生铁的过程中，工人一天的搬运量从 12.5 吨提高到 47.5 吨。

（4）制订科学的工艺规范，并用文件固定下来进行推广。通过明文规定，明确工艺标准并广泛推广，奖罚分明，有理有据。

（5）将管理和劳动分离，把管理工作称为计划职能，工人劳动称为执行职能。

科学管理被证明确实存在有效性，但它认为工人只是赚钱的工具，用科学管理的手段剥夺了人的尊严。而一切对工人生存环境、福利的改善最终都是为了提高人的生产率，这些福利改善的工具便形成了早期的人力资源管理。

（二）早期工业心理学研究

早期工业心理学工作的研究者包括甘特、福莱特、吉尔布雷斯等，他们开始关注工作过程中人的心理特点对工作产生的影响，并进行了大量开创性的研究。例如，明斯特贝格通过汽车司机、舰艇人员和电话接线生的经历提出了“最最合适的人”“最最合适的工作”“最最理想的效果”。他在挑选工人时使用测试的方法，在培训工业人员中应用的关于学习的研究，以及在对增加工人干劲和劳动心理学方法这些方面也提出了许多建议。其著作清楚地表明，人事挑选和社会心理学这两个领域是互为补充的，并且在人事管理领域有着无限的应用前景。

（三）人际关系运动

1924 年哈佛商学院教授梅奥等人受邀对西方电气公司的工厂进行调研，研究者研究了照明与生产效率之间的关系，但发现两者毫无关系，不管照明程度如何，生产率都会上升。研究者发现是人们之间的互动和研究者带来的对工人的关注使得劳动生产率得到提高，这就是著名的霍桑实验，也是第一次表明社交关系可以影响生产率的研究。在人们参与工作时，随着某一种条件的改变，不可能不给其他变量带来影响，但对雇员的激励和群体意识才是影响生产率的主要因素。随后，人际关系学说逐渐演变，形成了如今流行的员工参与计划的基础。

（四）行为科学发展

行为科学是人际关系学说的重要研究成果，不仅以广泛的理论科学和应用科学为基础，还涉及很多其他问题。具体包括：研究人在工作中的行为的工业心理学；研究人们如何相互影响和被影响的社会心理学；组织存在的原因是什么，职能是什么，如何进行组织设计等的组织理论；研究个人和群体的行为使人的生产率更高，工作更令人满意的组织行为学；研究社会、社会机构及社会关系的社会学。行为科学更加关注整个组织而不是个人，既研究组织如何影响人，也研究人如何影响组织。另一个对人力资源管理影响比较大的就是综合运用生物学、物理学、控制论等基础理论的综合系统理论。

二、人力资源管理的演变过程

从管理的角度看，人力资源管理其实很早就存在。从其发展历程看，主要分为三个发展阶段。

（一）早期人事管理

人事管理的起源可以追溯到工业革命前期机械化大工业生产时期。早在泰罗的科学管理推行之前，一些管理者就进行了一些有益的探索，形成了人事管理的雏形。英国人阿克赖特对棉纺企业的人力、材料和设备的组织、协调以及计划进行了探索。之后，小瓦特和鲁宾逊在英国的索霍工厂制订了生产工艺程序和机器作业标准，并对工人按工种进行划分，在工作研究的基础上实行按成果付酬的工资制度，并推行职工福利制度，制订管理人员和职工的培训计划。

工业革命促进了资本主义制度的确定，引起了生产力水平的提升和生产方式的转变，从而使工作性质和雇佣关系出现根本性的变化。社会对于商品的旺盛需求促使企业规模不断扩大，需要更多的工人，许多农民也开始进城务工，这时的劳动者被看成像机器和工具一样的简单生产资料。雇主最关心的是如何改进技术，提高效益。对于工人的管理主要以录用、安置、调动、退职和教育训练为中心的劳动力管理，让工人掌握科学的操作方法和技巧，加大劳动强度来提高效率，对效益不断改善的需求使得“人事管理”逐渐变得系统化。

亚当・斯密提出的劳动分工的经济效益理论认为分工对技术的进步、时间的节约、新机器的采用、劳动生产率的提高和资本的增值都有着巨大的作用。同时，他还把人的技艺和能力划归为固定资本，其后的一些经济学家认为人的健康也应该同知识、能力一样划归为资本。由此可见，早期的人事管理已经包含了部分人力资源管理思想。

（二）人事管理

人口的需求在工业革命期间迅速增加，从而对商品的需求也随着增加，工厂主们都在寻求提高效率的方法，如用机器取代人力，而对于工人效率的提高则成为首要问题。如何科学地挑选工人、培训工人、激励工人，在这方面，管理者做了很多努力。泰罗的科学工时制、差别计件等思想中就包含了人力资源思想。但是早期的人事管理把人看成实现利益的工具，压抑了人的本性，导致工人与雇主之间产生了巨大的矛盾。

其后，在霍桑实验的基础上，科学管理者意识到工人除了经济需求外，还有社交和精神需求，社会因素对士气的影响很大，也使人事管理的研究从泰罗的科学管理过渡到了人际关系的研究。人际关系学说从新的角度考察了员工劳动生产率的提高，强调满足员工的需求可以提高其满意度和劳动生产率，从而进一步丰富了人事管理的职能。

此后的一段时间里面，科学管理者发现人际关系学说对提高员工生产效率的作用并不十分明显，于是大量的个体行为的科学研究出现：赫兹伯格的双因素理论、马斯洛的需求层次理论、奥尔德弗的ERG理论、亚当斯的公平理论、弗鲁姆的期望理论、麦格雷戈的X—Y理论、斯金纳的强化理论等，这些理论把人看成是有思想的社会人，而不是简单的“经济人”，提出要尊重人，以人为中心，这一时期的管理理论的发展为后来管理实践的发展奠定了重要基础。但这一时期的组织仍以追求最大效益为目的，对员工的关注仅仅停留在“工作”层面的人事管理。

20世纪70年代，人事管理实际上已经逐渐开始与组织行为学的研究结合起来。组织行为学中有关组织科学的理论，如领导行为、经理角色、权变管理和组织变革等使人事管理从对个体和团队的研究逐步扩展到组织整体的研究，人事管理的实践发生了一些变化，逐步涉及劳资冲突管理、标准化管理、管理技巧、激励等，但是基于人事管理理论系统性不强，也使人事管理的实践依旧局限在企业日常事务性工作中。

（三）人力资源管理

现代人力资源管理是从人事管理发展演变而来的，因此还是要履行很多人事管理的工作。人事管理更加着重于对“事”的关注，如档案管理、员工招聘、员工培训等，属于基本的行政事务类工作，很少涉及公司核心层面的工作，更不要提战略性的工作，因此人事管理向来不为人所重视，被视为低端、没有技术含量的工作。而人力资源管理更加关注“人”，把人看成是有能动性的资源，注重对人的开发和管理，逐渐发展成既有人力资源规划、人力资源长期开发、控制等战略性工作，又有人才测评、绩效考核、奖惩等战术性的工作。

战略性的人力资源管理将人力资源视为组织的第一资源，已经从传统的单纯业务、技术性活动中脱离出来，成为组织战略制定和实现的关键因素，而且对员工更加关注，对员工的不断开发、关心和提供帮助，也促进了员工与组织的共同发展。从总体上看，人力资源管理的职能更宽，更具有全局性、系统性和战略性。

第三节　人力资源管理的主要内容与基本任务

一、人力资源管理的主要内容

自从德鲁克提出人力资源的概念后，关于什么是人力资源管理，国内外众多学者都提出了自己的见解，但综合分析发现大家只是在表达时强调的侧重点存在差异，本质相差不多。所谓人力资源管理，就是在组织战略和目标的指导下，通过人力资源规划、人才获取和配置、培训发展、绩效管理、薪酬管理、员工关系管理等多项职能实现组织既定的目标。

要准确理解人力资源管理需要从三个方面考虑：（1）人力资源管理是为了完成组织既定目标而对人力资源进行获取、开发和留用，并尽可能使人尽其才。（2）人力资源管理包括了数量和质量的管理，其中数量管理主要是保持人力资源规模与企业规模的最佳比例并使二者有机结合，并根据市场和企业的变化而变化。质量的管理包括对人心理和行为的管理，尽量发挥人力资源的主动性，使人力资源群体保持较好的统一性，形成群体效应，从而产生更大的效益。（3）人力资源管理的手段是关于对组织中员工有直接影响的管理决策和实践活动的规章、制度、程序等现代化科学手段。

人力资源管理是从人力资源的角度去支持企业战略的实现，利用现代科学技术和先进管理理论分析组织需要什么样的人，进而通过招聘或培训获取目标人才，通过给予报酬而进行有效激励和开发，甚至为其考虑职业生涯发展，促使人才在组织中发挥最大作用。人力资源管理是实现组织目标的有效手段，图 1-1 指出了人力资源管理中重要的人力资源活动。

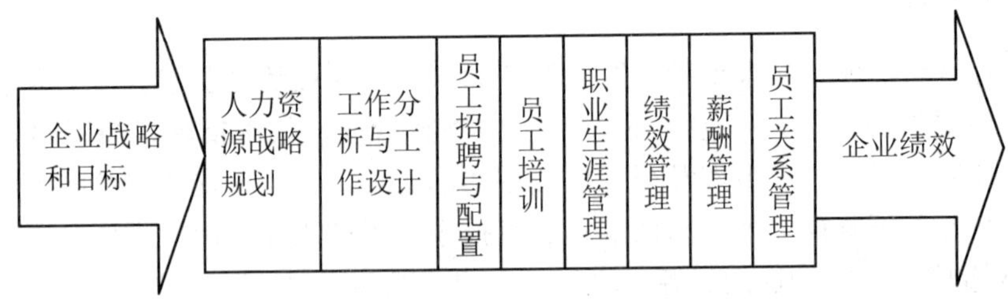

图 1-1　人力资源管理活动

如图 1-1 所示，任何一个环节对于人力资源管理的正常运行都至关重要，任何活动的错误和缺失都会影响体系的运行，进而影响企业战略和目标的实现，最后影响企业绩效。

具体来说，人力资源管理的活动包括以下内容。

1．人力资源战略规划

依据企业的总体战略目标，对企业所处的经营环境、市场人力资源供求情况和自身人力资源现状及发展趋势，收集和分析人力资源需求和供给情况，运用科学的方法进行分析，从而制订招聘配置、培训等相关的政策和措施，使企业的人力资源供需达到平衡，来支持组织战略目标的实现。人力资源战略规划必须具有战略眼光，整合组织各种资源，综合考虑人力资源管理的各项职能，发挥组织优势，回避劣势，以适应内外部环境的不断变化。

2．工作分析和设计

不同的企业有不一样的经营环境，甚至同一个行业的企业，企业内部环境也会不一样，因此工作分析需要因地制宜。工作分析和设计是根据企业的发展情况，对企业中各个岗位的特征、要求以及胜任这个岗位的员工需要什么样的知识、能力进行描述的系统性活动，最终形成工作说明书。

3．招聘与配置

通过企业发展战略制定了企业的人力资源规划，通过工作分析和工作设计知道企业需要什么样的人才，进而有计划地开展人员招聘和选拔、录用和配置、测评等工作程序，通过外部或内部进行人才选拔，找到合适的人才。在这个过程中，通过很多专业性的工具对应聘者的性格、爱好、职业兴趣等进行评价，作为面试评定的基础。

4．员工培训

员工培训主要是通过有计划的学习帮助员工进行能力提升，通过能力的提升改善员工绩效，进而提升企业绩效。根据企业发展和员工现状，通过不同的培训方式和内容，员工能更加胜任现在的工作或未来的岗位，并适应新技术革命带来的知识结构、技术结构、管理结构等方面的深刻变化。根据员工的不同类别和不同成长阶段，员工培训包括入职培训、晋升培训等。

5．职业生涯管理

根据组织的发展战略，结合员工自身的兴趣、性格、气质和价值观等对员工的职业生涯进行综合性的设计、规划、执行、评估和反馈，不断开发员工潜能，将员工个人的发展目标和组织的发展目标结合起来，使员工成长的同时，产生强烈的归属感、忠诚感和责任感，从而达到积极性不断提升的效果。个人的职业发展和组织的需求并不是冲突的，组织通过对员工职业生涯规划与管理，能够使组织和成员的需求都得到满足。随着人力资源管理战略性日益明显，职业生涯管理已经成为现代人力资源管理的重要内容。

6．绩效管理

企业对战略目标进行分析，确定企业、部门和员工所需要产生的绩效，通过绩效管理来衡量和帮助改善绩效，激励员工恰当的行为，改善不恰当的行为，将员工引导到企业需要的层面上，员工绩效的改善最终提高企业绩效。绩效管理可以给企业提供很多决策的依据，如员工需要哪些培训，职务的变化、薪酬的变化等。绩效管理是现代人力资源管理的重要内容和核心职能之一，绩效考核是用正式的结构化的制度来衡量和考核员工工作相关的特征、行为和结果，考核其实际绩效，绩效管理是人力资源管理流程中的核心环节。

7．薪酬管理

薪酬管理是指通过一套完整和系统的薪酬体系，实现激励员工积极性的过程。薪酬包括工资、补贴、奖金等形式，它是人力资源管理中最被人关注的环节，也是最为敏感的环节，是企业吸引、保留和激励人才最有用的武器。工资是企业提供给员工的最基本的薪水；补贴是提供给员工工资之外的报酬，如住房补贴等；奖金是对员工的恰当行为或超出期望值行为的奖励。薪酬管理的原则是对外竞争性、对内公正性和对员工的激励性。除了经济性报酬外，薪酬还包括舒适的工作环境、良好的工作氛围、完成工作的成就感等非经济报酬。

8．员工关系管理

员工关系管理是指对劳动者与企业在劳动过程中产生的经济和非经济的关系进行管理，任何劳动者与任何性质的用人单位之间因从事劳动而结成的社会关系都属于劳动关系的范畴。为了让员工能全心全意地在企业工作，企业应该创造良好的员工关系。企业员工关系是否和谐健康，直接关系到人力资源管理其他职能活动能否起到效用，直接影响企业人力资源管理工作。因此，企业应该通过有效的健康、安全方案保证员工的身体健康和心理健康，在企业中建立员工与企业有效的沟通渠道。

二、人力资源管理的目标和基本任务

（一）人力资源管理的目标

关于人力资源需要达到的目标，不同学者有不同的论述。但从企业战略目标的角度分析，人力资源管理的目标其实就是通过对企业的人力资源进行有效管理实现企业既定的目标。从具体的活动看，人力资源管理通过为企业提供合适的员工，留住员工，为员工创造良好的生活和工作环境，使其身心舒畅，保持良好的工作积极性，帮助企业提升竞争力。除了在帮助企业实现组织目标，保持竞争力这个大目标下还有以下四个具体的目标。

（1）保证人力资源的数量和质量得到满足。组织发展的基础是有“人”，但如果这个“人”不能满足组织的需求也是白费工夫，因此，质量与数量一样重要。与此同时，要能够最大限度提高这些员工的工作积极性，激励其努力工作。同时通过培训开发等手段提升组织的关键人力资源、形成关键性员工群，最终使组织能够最大化创造价值。

（2）营造良好的人力资源环境。当今是知识经济时代，知识更新速度快，如何能确保组织目标实现的同时，员工也得到发展是重要的问题。因此，通过帮助员工梳理职业生涯

规划，通过教育和培训营造一个员工能充分提升自己并发挥潜能的环境，是确保企业内人才能够人尽其才的关键所在。

（3）实现价值评价和分配的公平合理。根据公平理论的研究，员工会关注自己的付出与得到是否成正比，即价值评价是否合理，如果不合理就会产生消极情绪，甚至产生严重负面情绪而离职。俗话说，人不患寡而患不均，员工不仅关注自己得到了多少，还会关注别人的得到，对别人的付出与得到与自己的进行比较，因此价值评价的公开透明，分配过程的清晰合理至关重要。

（4）维持组织的持续发展。人力资源是组织获得竞争优势的关键，但组织需要发展，人力资源不仅要能够保证内部人力资源有效配置，创造人才能发挥作用的环境，还要注意内部人才的持续培养和外部人才的利用。

（二）人力资源管理的基本任务

企业人力资源管理的任务是有计划地对人力资源进行管理，合理配置，采取多样的措施保持员工的积极性，具体如下：

（1）企业所需人力资源的获取和配置。产品的生产需要各种原材料的提供，企业的运营也一样需要各种要素的投入，尤其是人力资源。在当今时代，跳槽离职成为一种流行的行为，企业面临核心人才不断流失与业务发展需要更多人才的矛盾局面。因此，在当前的经济环境下，如何通过内部或外部合理获取需要的人才至关重要。另外，工作的特征与员工的要求是否匹配是保留员工的重要因素，人力资源管理需要结合员工的职业生涯规划，使组织目标和员工目标能统一起来。

（2）工作积极性的激发。员工的潜能能否得到充分发挥很大程度上取决于所处的环境，因此，人力资源管理需要做好薪酬、福利和员工关系等基础的工作，从员工社会角色、自我概念、动机等深层次考虑，提升员工的深层胜任能力，激发工作积极性。

（3）创造良好的企业文化。任何企业都会有自己的特质，这是在长期生产经营过程中形成的，与创始人和领导者有着很大关系，对员工有着很强的导向和吸引作用。因此，良好的企业文化有助于在企业内形成良好的工作氛围，减少内部耗损，构建适合人才发展，能够发挥人才作用的环境，最终使企业形成较强的凝聚力和向心力，维持员工的高工作积极性。

三、人力资源管理者的角色和应具备的素质

（一）人力资源管理者的角色

美国密歇根大学的尤里奇教授将人力资源管理者和部门划分为四种角色：战略伙伴、

管理专家、员工激励者和变革推动者。其中，战略伙伴是指将人力资源管理工作参与战略制定中，确保人力资源战略有效实施的人。管理专家是指设计和制定效率高、效果好的制度和政策，承担相应管理职能的人。员工激励者是指通过各种手段激励员工，管理员工的组织承诺与贡献的人。变革推动者是指积极推动和参与公司或部门的组织变革的人。而所有人力资源管理者的角色就形成了人力资源管理部门的角色，如表 1-1 所示。

表 1-1　人力资源管理的四种角色

角　色	行　为	结　果
战略伙伴	企业战略决策的参与者，提供基于战略的人力资源规划及系统解决方案	将人力资源纳入企业的战略与经营管理活动当中，使人力资源与企业战略相结合
管理专家	运用专业知识和技能研究开发企业人力资源产品与服务，为企业人力资源问题的解决提供咨询	提高组织人力资源开发和管理的有效性
员工激励者	与员工沟通，及时了解员工的需求，为员工及时提供支持	提高员工满意度，增强员工忠诚度
变革推动者	参与变革与创新，组织变革（并购与重组、组织裁员、业务流程再造等）过程中的人力资源管理实践	提高员工对组织变革的适应能力，妥善处理组织变革过程中的各种人力资源问题，推动组织变革进程

随着人力资源管理工作越来越专业化和职能化，企业一般都会设立人力资源或相关部门，但是在实际管理过程中，人力资源管理工作实际上是由人力资源专业人员和直线管理者共同参与。关于他们各自在人力资源资源管理中的角色和职责，总结如表 1-2 所示。

表 1-2　企业各层各类人员角色与责任

类　型	责　任	角 色 定 位
高层管理者	高层管理者从大局出发把握未来人力资源管理发展方向，倡导企业各级管理者都关心人力资源管理问题，承担人力资源管理责任	人力资源战略的倡导者、人力资源政策的制定者、领导团队的建设者、人力资源政策导向的把握者、自我管理者
直线管理者	现有直线职能管理体制下，个人中心、部门主管是人力资源管理和企业文化最直接的体现者，应承担起相应的职责	人力资源政策和制度的执行者、人力资源具体措施的制定者、人力资源管理氛围的营造者
人力资源部	人力资源部门从权利机构转变为专业化秘书、咨询机构，对企业人力资源管理起决策支持作用	人力资源开发与管理方案的制定者、人力资源政策和制度执行的监督者
员工自我开发	由他律到自律，自我开发与管理。心理契约、团队管理、学习型人才与学习型组织、职业生涯管理、跨团队跨职能的合作	人力资源开发与管理的接受者

（二）人力资源管理者应具备的素质

要提高人力资源管理的战略地位和人力资源管理的专业水平，必须确保组织的人力资源管理者具备相关的能力，进而结合自身的专业知识与技能为企业人力资源管理做出贡献。人力资源管理者应具备的素质是指人力资源管理者胜任人力资源管理工作应该具备的最基础的知识、技能和能力的综合。

知识：人力资源管理者首先需要对业务有所了解，组织处在什么行业？组织的业务是什么？组织的现状是什么？在制定相关的政策和方针时，需要考虑组织所在行业和企业的实际情况。另外，人力资源管理者需要掌握人力资源相关的专业知识，具备制定人力资源政策和执行人力资源活动的能力。

技能：主要包括进行人力资源活动时所需要的技能，如招聘时需要的面试技能，绩效管理时需要的绩效考核技术等。

能力：包括分析能力、决策能力和事实判断能力等，主要分为战略层和实施层能力。

美国密歇根大学商学院在对大量人力资源和非人力资源从业者进行访谈后提出了人力资源管理者的素质模型，如表 1-3 所示。

表 1-3　人力资源管理者的素质模型

HR 的胜任能力			
战略贡献	个人可信度	HR 实施	HR 技术
文化管理 战略决策 快速变革 由市场驱动的连接	人际能力 取得绩效 沟通	员工管理 学习 组织设计 测量和薪酬	E-HR
业务知识			

从这个模型中可以看出，要成为优秀的人力资源管理者还需具备以下几个方面的素质。

（1）战略贡献。在业务战略层的人力资源管理人员在组织进行“文化管理”，推动组织“快速变革”，参与组织的“战略决策”，并创造“市场驱动的连接”。

（2）个人可信度。组织中的人力资源管理人员需要与组织内外的关键人员保持有效的关系，需要作出承诺、传递结果，必须被其人力资源同事和所服务的直线经理信任，除此之外，书面表达和口头沟通也是必备的技能。

（3）HR 实施。即人力资源专业人员必须具备人员管理、人员开发、组织结构和绩效管理等方面的素质，实施传统的和可操作的人力资源活动。

（4）业务知识。人力资源管理者需要对组织价值链整合进行理解，即组织是如何实现横向整合；对组织的价值主张有深刻理解，即组织是如何创造财富的。

（5）HR 技术。E-HR 在人力资源管理活动中越来越重要，人力资源管理管理者需要能够为人力资源活动实施提供杠杆，创造更大的价值。

通过这个素质模型，我们对优秀人力资源从业者应该具有的素质有了更深刻的了解，仅仅具有人力资源的专业知识和技术是不够的，还需要参与组织的战略层面。另外，出色的沟通能力，取得内外部的员工的支持等也是人力资源管理者工作绩效提升的关键因素。

第四节　转型期中国人力资源管理的挑战与机会

一、转型期人力资源管理的挑战

在全球化竞争和信息技术的不断冲击下，企业迫切需要提升自身的市场竞争力，而人才是关键，这给传统的人力资源管理理论和方法的有效性带来巨大的挑战。而人力资源管理的理论、方法等传入中国的时间并不久，企业管理者和员工的人力资源管理意识较为欠缺，加上中国独特的社会文化、经济结构升级转型等本土化问题，转型期人力资源管理面临的挑战空前。

（一）企业原有人力资源管理基础薄弱

企业人力资源管理工作薄弱主要体现在以下几个方面：（1）不注重人力资源的规划工作，人才储备不足；（2）人才梯队结构不合理，技术性人才和综合管理人才缺乏导致组织运行不高效；（3）招聘缺乏规划，方法不当，不能及时引进需要的人才；（4）培训投入不足，培训需求没有得到重视，培训流于形式；（5）人员考核方法单一，没有科学的考核标准和奖惩制度，不能充分调动人员的积极性。

（二）所处环境的复杂性

首先，进入21世纪以来，中国经济持续下行，结构转型压力持续增加，中国企业人力资源管理改革面临纷繁复杂的环境挑战，既要全面把握经济转型的特征和演变机制，还需要研究经济转型对人力资源管理造成的影响，探索具有中国特色的人力资源管理理论和方法。其次，随着经济全球化的不断深化，西方价值观不断渗入中国，与中国传统文化形成冲突，从而对企业文化与人力资源管理之间的关系有着重要影响，两者的相互适应和匹配对企业的发展和绩效的提升有重要作用。最后是创业创新的问题。增强自主创新能力是我国的重要国策，而这个过程的关键在于人才和对人才的管理。

（三）新生代员工的管理

新生代员工是指出生在1980年以后，符合法定工作年龄的员工，他们已经逐渐成为了职场的主力军。如何发挥以自我为中心，挑战组织权威愿望强烈，同时有强烈的成功导向的新生代员工的主观能动性，对企业人力资源管理适时改变，增强灵活性和提高管理者素质提出了更高的要求。

（四）没有完善的员工培训

很多企业对于员工的培训仅仅限于新员工培训，简单介绍企业发展历史、行业知识、日常管理规范等，但是随后与岗位相关的培训几乎没有。其原因一是员工工作忙没有时间，二是企业舍不得投入。这导致员工感觉自己没有提升。很多企业甚至连简单的岗前培训都没有，员工直接上岗，由此带来的结果就是员工的工作效率和服务质量低，直接影响企业业绩。

企业应该如何根据组织的战略和工作的要求展开科学的培训需求分析，并设计出基于战略的培训计划；如何根据培训需求和培训计划来选择培训的方式方法，并对培训进行监控和管理；如何建立培训效果评估体系，从而能为培训体系的改进和提升提供依据和指导等都是企业人力资源管理需要直接面对的问题。

（五）缺乏有效的激励手段

许多企业对于员工的激励过于简单，一般就是简单的金钱激励，过度重视物质激励而忽视精神激励，使薪酬激励成为唯一手段。而现实中员工对于培训、发展机会等非常看重，这些激励一方面可以为员工提供更好的发展空间，另一方面也是为企业提供实实在在的帮助，有助于企业未来的发展。

企业在现实中面临的问题并不仅仅只有上述几个方面，但其确实是阻碍企业人力资源管理提升的重要因素，要提升人力资源管理就需要从这几个方面去考虑。

（六）组织结构扁平化

为了适应市场的激烈竞争，提高对外部环境的反应速度，组织扁平化成为变革趋势，由此带来的冲击是员工需要承担更多自我开发和管理的责任。在这种情况下，如何通过心理契约提高员工组织承诺，从而促进员工自我开发和管理已经成为一个关键性的命题。

（七）人力资源管理的战略性日益凸显

人力资源管理的战略性日益凸显，人力资源管理者需要参与企业战略规划的制定过程中，并在战略制定过程中起到关键作用；根据企业不同的战略类型提出企业的人力资源要求，并在企业的人力资源规划、开发和管理中得以落实。

（八）需要设置科学合理的绩效评价体系和有效的薪酬

将个人的绩效与团队绩效、组织绩效形成连接，进而确保组织战略目标的实现，合理设计企业的绩效管理系统，以及安排各层各类人员在绩效管理系统中的责任，实现绩效管理系统与薪酬体系的衔接来确保绩效管理系统的落实。

在企业现实运行中，企业薪酬体系需要针对不同人员设计出分类的薪酬体系：对核心人才、高层，需要处理好短期和长期的收入分配；需要针对有个性的“90后、00后”员工开发出个性化的福利体系。满足员工的个性需求也是较大的挑战。

二、转型期人力资源管理的机会

中国经济在21世纪日益融入全球，企业成长的内外部环境发生了革命性变化。人力资源管理作为组织管理的重要组成部分，同样面临重大挑战。人力资源管理在组织中的地位转化为具有战略性的关键部分，同时经历信息网络化、知识创新、社会变革各种力量的冲击，在新经济时代，人力资源管理会呈现以下趋势。

（一）更加注重以人为本

这是一个人才主权时代，人才具有更多的工作选择权和决定权，而不是以往的被动找工作，适应企业；不是简单获得工资收入，而是希望能与企业共享发展的成果。因此，善于吸纳、留住、开发和激励人才的组织才是具有竞争力的组织。人力资源管理部门要围绕员工能力开发调动员工的工作积极性，提高员工工作的满意度以开展好各项工作，营造尊重人才的氛围，为人才提供人力资源产品与服务，实现人力资本价值的最大化。

但是过分强调人才的重要性也有可能给企业带来短时间的负面效应。首先，可能产生人才泡沫。企业一味通过高薪去吸引和留住人才，会造成热门人才价格与价值不符合。其次，可能会导致员工愿意通过不断跳槽作为人才价值增值与价值实现的一种途径。人才流动风险增大。

（二）人力资源管理日益成为企业战略不可分割的组成部分

人力资源是企业最重要的资源，但仅仅依靠人力资源部门去管理这些资源显然是不现实的，这是整个企业的战略性工作，是企业董事会和高层管理者最为关心的问题，因而所有企业在设计和规划发展战略的同时也应该将人力资源管理融入进来一起为企业服务。人力资源职能部门将权力淡化，而增加直线经理的人力资源管理责任，由于目前组织创新进程快，因此就需要通过授权建立创新机制。

人力资源管理不仅仅是人力资源管理部门的责任，也是全体员工及管理者共同的责任。过去人力资源管理工作都是人力资源部的责任，现在企业的高层管理者也必须承担相应的责任，关注人力资源的各种政策。人力资源管理的一项根本任务就是推动、帮助企业的管理者去承担人力资源开发和管理的责任。

（三）人力资源管理重心转向人才管理

根据二八定律，企业 80%的收益来源于 20%的人才。因此企业对于这 20%的人才需要格外重视。那么怎么去识别这 20%的人呢？价值评价问题成为人才管理的核心问题，要通过一套科学价值评价体系使人才得到承认，使优秀的人能够脱颖而出，同时给予多元的薪酬回报，对员工进行有效激励。

而这样的人才往往有很强的独立性和自主性，需要充分的授权，但需要注意授权风险，一个人才可能给企业带来很大的价值，但也有可能导致整个组织衰败。另外需要注意的是这部分人的高成就欲望和专业兴趣决定了这部分人可能具有较高的流动性，他们不希望终身在一个组织中工作。由追求终身就业转向追求保障终身就业的能力，这给企业的人才保留带来很大挑战。

另外，在重视人才的创新企业中，领导和被领导的界限已经变得很模糊，知识正在替代权威。一个人拥有的知识和信息量与其对企业的价值的关联性正在日益增加，而不仅仅是管理职位上的高低。新型人才管理要求领导方式进行根本的转变，要建立知识工作系统和创新授权机制。因此，未来企业的人力资源管理应该从更加广阔的范围和新的视角来安排对人才的管理。

（四）跨文化管理成为趋势

进入 21 世纪，跨国企业日益增多，许多企业都开始走出国门，不同国家有不一样的文化和管理方式，也会有不一样的人力资源管理方式。如何将企业现有的文化与当地文化结合起来，取长补短去适应当地文化也成为人力资源管理者面临的重大挑战。

（五）人力资源管理方式更加灵活

目前的人力资源管理已经突破了传统空间和实践的限制，如网络招聘、E-learning 等成为人力资源管理的重要手段，也有很多公司把部分工作外包，如招聘工作由猎头公司去做，培训工作由培训公司去做等，对日常工作尽量简化手续。结构越来越简单，精简中层，使组织扁平化也成为一种潮流。

另外，雇佣关系由典型雇佣日益转变为典型雇佣和非典型雇佣并行，非典型雇佣员工在中国增长趋势迅猛，包括非全日制用工、劳务派遣、临时雇佣等。虽然国家最新对企业劳务派遣员工限定不能超过 10%，但考虑到用工总量，数量依然庞大。

（六）人力资源管理的全球化和信息化

管理者和员工的全球观念需要系统整合和管理。首先应该让管理人员和员工通过培训等方式具有全球的概念，其次是从全球的视野来进行人才选拔，看待人才流动。

国际化的人才交流市场已经出现，高端人才的价值不仅仅在一个区域市场中有所体现，更多的可以在国际市场上体现。网络日益成为人才价值体现的平台，市场也通过网络实现人才的交流和流动，并为客户提供需要的人力资源信息增值服务。

沙场点兵

北大纵横管理咨询公司用人之道

北大纵横管理咨询公司在如何用人方面，形成了一套独特的办法，王璞总经理谈了他的用人经验。

只公布最好的

我们对员工的业绩评价颇具特色。采取了 360 度考核办法，由客户、上级、同事三者打分，同时对公司成员在工作能力、工作态度、工作成果三个方面进行评估，并对总分第一和单项第一的员工予以公布和奖励。多角度的评价体系体现了考核过程的公开、公平和公正，使那些真正为公司做出贡献的员工能够得到激励。我们员工的薪酬从总体水平上远高于同业水平，而且在结构上有别于其他公司。薪酬结构采用长短期结合的方式，全体骨干人员都持有公司的股份，员工的个人利益与公司的利益息息相关。同时，员工持股制度中开放式的股权保证了后来优秀人员加盟的机会。今后，公司将在此基础上继续扩大持股人员数量，确保公司员工均能参与长期的利益共享。这样一来，愿意与北大纵横一起成长和发展的员工得到了激励，公司也留住了真正的人才。

放水养鱼

我们重视员工培训与能力的提高。培训是最好的福利，作为一个知识型公司，我们非常重视员工培训，致力于员工工作能力的提高。员工手册上写着明确的员工晋升通道，人力资源总监会和员工一起共同制订职业生涯规划。目前公司开展的培训项目很多，培训形式多样化，力图把以前积累的经验更好地利用起来。这种“放水养鱼”的办法，不但满足了员工成长的需要，缩短了员工能力和公司需求之间的差距，同时也为公司整体水平的提高提供了动力。

业绩最佳时立即调整

这是一种打破常规的做法。人才成长是有规律的，人的才能增长是有周期性的，通常一个人在一个岗位上工作的时间以三至四年为宜。因此，我们每年都会根据考核结果，适时地调整那些优秀人才的岗位和职位，这对于优秀员工不断提高、继续成长大有益处，也

是造就复合型人才的有效方法之一。

尊重个人职业生涯选择

我们鼓励员工个性的张扬。不论是普通员工还是高层管理人员，每一位员工的个人职业生涯选择都会受到尊重。公司在职位安排上会结合个人的职业生涯规划予以考虑，在可能的情况下，尽力去满足员工的兴趣、爱好和志向。我们希望员工与公司共同发展，但每个人都有自己想要发展的方向，在我们无法提供相应职位的情况下，可以以公司的名义向其他公司推荐，或者以北大纵横咨询顾问的身份到企业进行管理指导。对离开的员工，无论在哪里工作，只要曾经在我们这里工作过的，都仍被视为北大纵横的一员，得到公司的尊重。我认为，员工只有在自主择业、心情舒畅的前提下，才能各展其长，充分释放自身的能量。

资料来源：http://edu.21cn.com/qy/Learn/55179.htm.

本章小结

1．人力资源是企业生产活动最重要的资源，是第一资源，与人口资源、劳动力资源、人才资源和人力资本存在差异，有着不同的理论基础和体系。具有不可剥夺性、能动性、时效性、增值性和时代性等特点。

2．人力资源可以从数量和质量两个方面去观察和理解，影响数量的主要因素有人口总量和再生产状况，人口的年龄构成和人口迁移；影响质量的主要因素有先天和自然生长、营养、教育等。

3．人力资源管理产生的基础是科学管理运动、早期工业心理学研究、人际关系运动和行为科学发展。从演变过程看，经历了早期人事管理、人事管理和人力资源管理三个阶段。

4．人力资源管理活动包括：人力资源战略规划、工作分析和设计、员工招聘与配置、员工培训、职业生涯管理、绩效管理、薪酬管理和员工关系管理。

5．人力资源管理的目标是：保证人力资源的数量和质量得到满足；营造良好的人力资源环境；实现价值评价和分配的公平合理；维持组织的持续发展。人力资源管理的基本任务是企业所需人力资源的获取和配置，工作积极性的激发，创造良好的企业文化。

6. 转型期人力资源管理的挑战：企业原有人力资源管理基础薄弱；所处环境的复杂性；新生代员工的管理；没有完善的员工培训；缺乏有效的激励手段；组织结构扁平化；人力资源管理的战略性日益凸显；需要设置科学合理的绩效评价体系和有效的薪酬。转型期人力资源管理的机会：更加注重以人为本；人力资源管理日益成为企业战略不可分割的组成部分；人力资源管理重心转向人才管理；跨文化管理成为趋势；人力资源管理方式更加灵

活；人力资源管理的全球化和信息化。

通关密码

成雄公司人力资源改革中的可借鉴之处：

1. 在进行人力资源改革之前，首先进行了组织结构和工作流程的梳理，理清了岗位设计和岗位职责，这是科学合理、完全符合人力资源改革规律的正确做法，也是必需的，也为以后的人员招聘打下了良好的基础和平台，避免了招聘的盲目性和重复性。

2. 建立健全人力资源管理制度。改革过程中制订了很多人力资源相关制度，使公司的人力资源管理逐渐走上“表格化”管理，这相对于“人治”来说，是一个观念上的巨大改变，是一个质的飞跃。

3. 通过人才招聘打破了封闭的人事环境，具有现代管理思想、高学历的人才进入公司，不仅支撑起了岗位职责，而且推动了改革的顺利进行。尽管短时期内新人的大量出现导致部门之间、层级之间的沟通和协调出现了一些问题，但随着各个岗位员工的成长，公司的流程和管理也变得更加合理化和科学化。这个过程是相当曲折的，甚至对于一个企业来说是痛苦的，但也是有益的，新旧两种观念的激烈碰撞虽然产生了内耗，短期内影响了公司业绩，但从长远的角度看，这是一次极好的培训，无形中从方向上引导了全体员工的观念。

复习与思考

一、名词解释

1. 人力资源
2. 人力资源数量
3. 人力资源质量
4. 人力资源管理
5. 人力资源战略
6. 人事管理
7. 知识型员工

二、简答

1. 与其他资源相比，人力资源有哪些特征？

2．人力资源管理有哪些职能？

3．人力资源管理的目标和功能有哪些？

4．简述人力资源管理的发展历史。

5．简述人力资源管理在企业中的地位和角色。

6．人力资源管理者应该具备哪些素质？

7．试列举一些人力资源管理的前沿问题。

三、讨论

1．现代人力资源管理与传统的人事管理相比具有哪些特点？

2．现代人力资源管理中，人力资源管理部门需要进行哪些必要的角色转变？

四、案例评析

奥克斯公司的人力资源管理

奥克斯公司从最初的 7 名员工、负债 20 余万元的小厂历经 17 年的快速发展，成为了中国 500 强企业、中国大企业集团竞争力前 25 强、中国信息化标杆企业、国家重点火炬高新技术企业，并为国家工程技术中心和国家级博士后工作站的常设单位，在宁波、上海、深圳、南昌建立了四大研究院，拥有“三星”和“奥克斯”两项跨行业的中国驰名商标和两个中国名牌产品。集团坚持做大做强制造业的产业发展方向，目前已成为在全球电力计量设备和中国家电行业具有较高市场地位、通信行业具有较强竞争力和广阔发展前景的大型企业集团。在 17 年的发展过程中，奥克斯几乎以每年翻番的速度完成了 1 000 倍的成长奇迹，创造了“奥克斯”现象，成为中国民营企业发展的典型样本。一流的企业需要一流的人才，奥克斯的成功很大程度上得益于所拥有的高素质人才。以下将对奥克斯的人力资源管理进行简单剖析：

1．奥克斯的特色管理—奥克斯人力资源管理的基础

（1）走向世界的核心竞争力。奥克斯把在实践中提炼的企业核心竞争力归结为一个核心、三大机制、四大能力所构成的八大要素，即“1+3+4”模式的企业核心竞争力。其企业核心竞争力是其发展壮大，走向世界的基本支撑，也是“奥克斯现象”的重要因素。所谓一个核心就是奥克斯的文化理念，它是奥克斯的灵魂，核心思想就是“一切按经济规律办事，一切按有理服从原则办事，一个以提高企业效率为中心的企业风格”，它使企业的基本理念最终回到“以人为本，诚信为先”的现代企业的立业思想上。所谓的三大机制就是奥克斯的基本管理风格，即决策机制、激励机制和效率机制。企业管理的成功来源于科学的决策、有效的激励，而决策是否科学，激励是否有效，又取决于企业是否建立配套的效率考核机制，并让其成为评价企业决策和有效采取激励措施的根本手段，奥克斯的三大机制从

体系上完成了企业管理的基本过程。所谓四大能力就是奥克斯的基本经营理念，即创新能力、成本控制能力、资源整合能力和信息化运作能力，这四大能力贯穿企业经营管理的全过程，成为其成长的重要动力源。

（2）特色的企业文化。奥克斯的企业文化特色不在于它的成功提炼和准确表述，也不在于它的员工和企业本身的较高接受度，而在于它实际操作过程中的可行性。

（3）成功的事件营销战略。奥克斯善于充分调动社会资源，发掘事件热点，精心制作，将成本充分控制到自己可以承受而对手难以承受的水平，最终成功。

（4）成功的信息化管理。奥克斯是国内不多的成功运用 ERP 管理系统的企业，围绕信息化管理制定了相关的规章制度，结合经济处罚权等特殊权利使信息化建设顺利进行。

（5）稳妥的发展战略。奥克斯基于理性思维，抢抓发展机遇，促进了企业的快速成长。在理性思维下，奥克斯把每一个机遇转变成发展的每一个台阶，在理性思维下，使企业的发展具有前瞻性，灵活运用做企业“做熟不做生”的基本法则，不盲目进入高利润行业，而是进入可控行业，使业务得到合理调整。

（6）企业内部的联产承包制。奥克斯在企业内部，大到公司、分厂，小到车间、食堂、招待所、电梯、汽车、交通费、办公费、电话费、电费及所有提供生产服务和单一专业性强的设施，凡能实行承包的都必须实行承包，凡能计算定额的均实行定额核算，凡能责任到人的坚决定位到人。每一个成本中心的费用都是限定的，超过部分自理，节余部分自留，使员工树立一切开支与自己的收入相关的理念，员工节约意识明显增强。在这样一个经济利益共同体里面，员工既是利益的创造者，又是利益的分享者。通过运用经济价值的原理，奥克斯实现了企业与个人的“双赢”局面。

2. 奥克斯特色的人力资源管理模式

（1）多元化的人力资源获取模式。在“移民部落”新理念的影响下，奥克斯的人力资源获取已经从根本上打破了“地缘、亲缘、血缘”的界限。根据奥克斯人力资源部的统计，早在 2003 年 9 月，其 13 000 余名员工中，宁波籍本地员工和外地员工比例首次达到 1:1。历年来，奥克斯还通过市场觅才、网上求才、登报求才、社会荐才等途径“不拘一格降人才”，使员工总数达到 1.5 万余人，专业管理技术人才达到 1 500 多名。另外，奥克斯还在尝试人力资源获取的国际化战略，从 2002 年起，有 3 名日本专家加盟奥克斯，出任技术总监和品质顾问，在 2003 年成立的奥克斯（香港）销售有限公司，也有数名境外人士加盟。

而且，奥克斯还在不断优化人力资源获取策略，首先是趁着“行业洗牌”的时候从竞争对手那里挖来高素质人才；然后面对新业务拓展时，则提出了“生产找老人，营销找新人，研发用外脑”的策略，有针对性地获取市场中高素质人力资源。公司内部设立博士后工作站，为社会培养高层次人才的同时，也为公司从社会获取高层次人才提供了便利。“伯乐奖”“合理建议奖”成为企业人力资源获取的可操作性措施。

在引进外来人才的同时，奥克斯还注重自身人才的培养，通过师傅带徒弟、外派培训等渠道培养技术和管理接班人，在实现人才本土化的基础上挖掘现有人才潜力，构筑起人力资源获取的外引内培新机制。

（2）多元化的薪酬体系设计。奥克斯的人力资源管理从不回避“金钱”问题，它根据企业经营情况和企业经济实力，遵循既体现人才市场价值的外部公平，又照顾公司新老员工利益在内的内部平衡，既突显刚性的岗位差异，又保持与业绩挂钩的弹性激励的基本思路，确立了符合企业发展战略的薪酬设计原则：一是岗位重要性原则，即根据岗位本身在公司战略体系中的价值、地位、岗位所需技能的复杂程度和可替代程度，制订不同的岗位薪酬标准；二是社会认同原则，即根据员工自身素质与能力的状况以及社会的认同程度确定技能工资标准；三是薪酬比较原则，即人才市场价值定薪原则，奥克斯认同并尊重人才的市场价值，对于稀缺人才，奥克斯一般采用更具竞争性的薪酬标准来确定其市场工资标准；四是创造价值原则，即基于人才绩效的定薪原则，也就是根据员工工作的努力程度、创造价值的大小来确定考核薪酬。

在根据以上原则确定员工的基本薪酬的基础上，奥克斯还有自己的一套福利政策，包括购房资助、通信补贴、住房补贴等。但具有奥克斯特色的薪酬体系设计更突出表现在“三奖”的设立和运作上。

“伯乐奖”制度，就是奥克斯根据员工向公司推荐的公司发展所需要的优秀人才的数量和质量而给予员工一定数额的物质奖励制度。“合理化建议奖”制度，就是奥克斯根据员工提供的经考核和审核能给企业带来经济效益的建议的数量和质量而给予员工一定数额经济奖励的制度。“爱心奖”制度，就是奥克斯通过赠送一定数额期权的形式来吸引企业的管理骨干和技术骨干。

（3）“员工直选”的内部晋升模式。为在企业管理干部中引入竞争机制，奥克斯从2002年年初开始推行各类各级管理干部直选制度。提供的竞争岗位从分厂或部门副职、班组长到分厂或部门正职，促使企业内部员工晋升制度取得重大改革。把竞聘机会全部向内部员工开放，通过严格、透明公开的程序确定任用人选，在决定任用之前还要公示，再次听取员工们的意见。

候选人产生的方法也体现了公正性和广泛的群众性，如所有的分厂厂长的选举目前都采取没有专业、经历和部门限制的自由提名方式，只要达到基础条件均可通过自荐、领导引荐和群众推荐三种途径取得竞聘资格。当然，奥克斯的内部竞争还体现在通过“伯乐奖”和“合理化建议奖”制度使得一大批有真才实学的员工得到不同程度的晋升。

（4）虚拟学院—现代员工培训的新尝试。在培养企业高层次实用型人才和构建人才梯队方面奥克斯也做了有益的尝试。与浙江万里学院合作成立奥克斯虚拟学院，学院师资由浙江万里学院提供，而奥克斯的技术和管理专家通过开设讲座、参与教学计划修订的方式参与，坚持实用性、前瞻性和创造性的办学原则，面向奥克斯的各级管理人员、研发人员和一线工人实施“再教育计划”，为企业培养出既具有较高专业理论知识，又具有较强实践应用能力的对口人才。

另外根据具体岗位要求，虚拟学院还专门招收相应专业的学生并设置合理的课程体系，实行“订单式培养”，实现了学校人才供给与企业用人单位需求的对接，提高了毕业生的就业率，也缩短了大学生的就业适应期。

资料来源：陈惠雄. 人力资源管理案例集[M]. 杭州：浙江大学出版社，2014.

【思考题】

1. 奥克斯公司的人力资源管理理念是什么？
2. 奥克斯公司在人力资源管理方面有哪些借鉴性启示？

人力资源管理理论基础

学习目标

★★★★★

- 人力资本理论。
- 战略性人力资源管理的内涵。
- 高绩效工作系统的内涵。
- 高绩效工作系统的构成。
- 控制型与承诺型人力资源管理模式在国外研究现状。
- 控制型与承诺型人力资源管理模式在企业中的运用。
- 胜任力的定义与内容。
- 胜任力模型及其构建。

★★★★

- 人力资本的含义。
- 我国人力资本的现状。
- 人力资源管理模式的含义。
- 控制型与承诺型人力资源管理模式在国内研究现状。
- 胜任力的起源。

★★★

- 战略性人力资源管理的兴起。
- 人力资源管理模式的发展历程。

开篇案例

中美集团战略性人力资源管理模式

中美集团是中国最大的民营医疗企业之一，是一家集医疗、科研、制药、生物工程技术和中医中药研究开发为一体的大型医疗企业。近两年的高速发展，中美集团员工队伍不断壮大，拥有一批比较优秀的经营管理和技术人才。

但是，在经历了一段高速增长后，中美集团出现了企业成长期常见的人力资源约束问题，突出表现为集团内部中高层管理人才的短缺。仅在2003年，中美集团就采用收购、托管、自建等方式经营了多家中美医院，规模迅速扩大。而要采用市场化运作模式管理各个医院，无法再依靠初创期一主多辅的家长式领导来实现，必须依靠善于管理的专家型团队进行科学决策，同时变跟随型管理团队为知识型管理团队，从而提高中间管理层的执行能力，因此对既懂管理又有医学背景的管理人才的需求激增。

与此同时，与集团的飞速发展相比，内部的管理水平却相对滞后。初创期人力资源投入相对不足，使得人力资源管理机制尚未健全，出现了一系列与集团的发展阶段和经营战略要求不相匹配的状况，在一定程度上制约了集团的可持续发展。

针对这一问题，中美集团高层决定进行人力资源管理变革，以突破中高层人才瓶颈为切入点，构建基于战略的人力资源管理体系，探索出适应企业成长期发展要求的战略性人力资源管理模式。

1. 制定人力资源战略

根据中美集团成长阶段的经营发展战略，在集团人力资源整体工作定位的指导下，制定了成长期人力资源战略的三阶段规划。

第一阶段：搭建体系性架构，夯实管理基础

重点构建战略性人力资源管理体系，夯实人力资源基础工作，初步将各项制度、机制融入人力资源管理体系中来，引进现代人力资源管理制度和机制，有针对性地开展当前紧迫的工作，着重突破企业成长期人才瓶颈。

第二阶段：系统规划，综合提升

全面推进人力资源管理体系的构建，真正实现对全集团公司的人力资源工作进行综合统筹、分级管理。在整个集团公司内充分形成互动的氛围，提升人力资源管理体系的整体运作效果，培养和开发大批核心员工。

第三阶段：完善升级，实施前瞻性管理

根据内外环境变化对人力资源管理体系进行升级、维护，在此基础上，前瞻性地开展人力资源战略管理，形成一批能够管理重量级医疗企业的人才团队，使人力资源成为中美

集团的核心竞争力之一，充分发挥人力资源对集团公司整体工作的牵引作用。

2. 开展人力资源规划

根据集团经营发展战略与指示精神，集团人力资源部重点进行了以下几个方面的规划。

（1）根据集团的经营发展战略，确定核心岗位的职责及其要求，并确定公司未来的人才需求趋势。

（2）通过研究现有人力资源的配置和利用状况以及工作岗位对人力资源的知识、技能需求的预期变化，制定未来人力资源配置计划。

（3）根据盘点现状以及市场调查结果进行人力资源配置情况分析，在集团内部进行人力资源的优化配置。

（4）经过内外分析，中美集团将成长期人力资源管理的重点管理对象确定为经理班子成员、高级管理人才、高级技术人才以及其他掌握企业关键资源的核心员工。

（5）根据以上内容，配合经营战略规划和人力资源战略，制定人力资源获取、开发、保留、激励等具体计划。

3. 完善人力资源基础管理平台

（1）搭建招聘体系。目前，集团公司"统分结合"的人力资源招聘体系已经初步形成，搭建了基于校园、猎头、网络和报刊、杂志等多渠道的招聘平台，初步建立了以集团公司人力资源统一调配和储备为主，支持、指导各企业自主招聘为辅的人员招聘制度，完善了高级专业技术人才和高级管理人才的引进机制。

（2）短期项目考核。针对当前人才市场中符合集团所需的中高层管理人才供给不足的问题，中美集团探索出"短期项目考核"的管理措施，即每当在成功收购或托管一家医院之后，便成立项目小组，由中美集团多年培养起来的经营院长做组长，带领一批新加入集团的医院管理者或运营总监深入这家医院，以较为成熟的市场化医院经营管理标准对该医院的管理状况、医疗水平、服务水平和市场开发状况等运营情况进行系统诊断，并提出相应的解决方案。

这样做的目的，一方面是让刚刚加入中美集团的医院管理者和运营总监们迅速了解集团的市场化经营管理模式和医院的实际情况，起到熟悉企业情况和培训的作用；另一方面则是在组织诊断的过程中对每一名员工加以短期考察，在一种真实的经营管理情境中对员工的管理能力和综合素质进行全面考察，如果员工在这个项目组中表现突出，便会成为集团的核心人力储备和重点培养对象，跟进相应的人力资源管理和开发措施。

（3）长期培养开发。为了结合中美集团实际情况培养具备医学背景的管理人才，集团着力开展了员工的长期培养开发计划，逐步建立了包括新员工入职培训、专业知识、管理技能、企业文化等在内的综合培训体系。集团人力资源部于2003年完成了《中美集团医院经营管理培训资料库》的编辑工作。该培训资料库由近20多个集团培训专题报告组成，为各中美医院的员工培训提供了集团原创的经营管理教材，收到良好效果。

员工的长期培养开发既需要集团自上而下的推进，更需要来自于基层单位领导干部的重视。中美集团要求各医院每年初把培训计划报给集团人力资源部备案，在组织员工接受集团组织的培训项目之外，还要根据其自身实际情况组织各种形式的培训学习，并保证培训成果有效转化，以员工的工作行为改变、思想观念转变和绩效改进作为衡量培训效果的重要依据。

另外，为了满足医疗企业长远发展的人力资源需求，中美集团还开始探索与国内MBA教育联手培养医疗企业高级职业经理人的人才培养模式，主动为MBA院校提供医疗企业案例教学基地，为更多的中高层管理人才进入医疗企业提供便利的实践条件。

4. 建立战略性激励机制

中美集团认为，提高员工的工作效率和工作积极性是提高医疗企业竞争力的核心，因此，基于战略的激励机制必须有效评估人力资源价值，并建立价值分配机制，以最大限度地激发人的内在潜能，依靠挖掘人的潜能来支撑企业的使命追求与战略实现。

根据集团指示精神，中美集团将激励机制的指导原则确定为“效率优先、规范管理”，主要通过以下几个方面进行。

（1）建立分层、分类、分步骤的绩效评价体系。中美集团采取了分层、分类、分步骤的管理措施，首先在核心员工范围内建立了以KPI评估为核心的绩效评估体系，将集团的战略分解至核心员工层面。通过客观、科学的绩效评估，将核心员工的工作行为和工作结果约束到集团的发展战略与公司利益上，牢牢把握住创造集团80%核心竞争力的核心员工。

第二步，建立基于岗位层级的绩效评估机制，将全员的业绩评估纳入集团的整体人力资源战略，将集团的战略目标进一步分解到每一个岗位和每一名员工。通过建立这种绩效评估体系将每个人的工作结果的完成情况与企业的发展结合起来，将集团的经济效益和成长发展与员工个人的收入和发展结合起来，同时将企业承受的巨大市场压力充分地分解到每一名员工身上并使之转化成动力，将绩效评估从约束机制转变为激励机制，从而进一步激发员工的工作潜力。

在具体的考核方法上，对高层管理者的考核更强调结果指标和长期指标，对中层管理者的考核主要关注其行为过程，而对医生、护士等医疗专业技术类员工则强调量化的结果指标和患者的满意度。

（2）建立价值分享的薪酬激励体系。薪酬激励体系着力解决的是人力资源价值链中的价值分配问题，如果处理不好，很容易导致整个激励体系的坍塌。中美集团步入成长期后

认识到，单纯依靠创业初期的激情和发展愿景是无法实现对员工的长期激励的，建立价值分享的薪酬激励机制成为中美集团构建战略性人力资源管理体系必须解决的问题。

为此，中美集团将薪资结构转变为“基本工资+岗位工资+绩效工资+社会保险+年终奖金+股票期权”的形式，不仅承认员工的个人利益，还努力寻找企业和员工利益的共同点，主动与员工分享企业发展的成果，通过建立价值分享体系来支撑企业战略目标的实现。

此外，集团还准备根据近几年发展的实际情况，补充制定具有本集团特色的企业福利制度，如建立企业年金等，将之作为一种激励员工和增强企业凝聚力的手段，进一步完善薪酬激励体系。

（3）重视建立非物质激励体系。非物质激励属于内在激励，往往更能激发起员工的工作热情和职业自豪感。中美集团的非物质激励体系主要包括职业晋升机制、精神激励机制和员工参与管理的分权管理机制等几部分，并注重将非物质激励与企业文化结合起来。

① 职业晋升机制。各中美医院员工已经具有一定的职业发展和职务升迁的机会，但显得较为零散并欠缺公平。2004 年起，中美集团内部设置了不同的职业发展道路，即经营管理与技术专家两大职业发展体系和若干职业发展分支，使得各下属内部无论是经营管理人才还是技术专家人才，都能够在职业发展与社会认可上获得较大程度的满足，从而填补物质激励的不足，加大对人才的吸引力度并保留优秀人才。

② 精神激励机制。根据企业发展的实际情况和企业使命的要求，设置各种精神激励奖项，如特殊待遇、特殊称号等，从精神上激励员工，满足员工尊重层面的需求。

③ 员工参与管理的分权机制。设立如建议、提案等制度，鼓励员工参与企业的管理与建设，特别鼓励核心员工关心企业的发展，为企业发展献计献策，赋予员工更多的工作自主性和工作权限。同时，在这一过程中也发现了一些具有管理潜质的医生、护士，充实了集团的人才储备，进一步缓解了人才瓶颈的状况。

5. 企业文化导航

中美集团自成立之日起便十分重视企业文化的建设。经过多次研究，针对各中美医院成长期存在的实际问题，中美集团将“实现自我价值、造福大众健康”作为首先要确立的企业使命，将之与企业的发展有机联系。在将医院当作企业来经营管理的同时，还应注意医疗业自身的特殊性，注重在企业文化中明确中美集团的社会取向和价值取向，主动承担医疗业特有的企业责任，致力于为患者提供高超的医疗技术和优良的医疗服务，造福大众。

为了更加详尽准确阐释中美企业文化的基本观念，集团文化部组织编写了《中美集团企业文化手册》，对中美企业文化进行了详细论证，从企业理念入手积极进行制度体制层面建设，利用各种形式使中美企业文化深深植入每一名员工的观念里，同时把员工工作行为的转变程度作为检验其观念转变与否的唯一方法。

在本案例中，中美集团在经历了一段高速增长后，出现了企业成长期常见的人力资源约束，突出表现为集团内部中高层管理人才的短缺问题。但是，中美集团高层通过构建基于战略的人力资源管理体系，探索出适应企业成长期发展要求的战略性人力资源管理模式。

资料来源：王丹. 中美集团战略性人力资源管理模式[J]. 中国人力资源开发，2005（2）：94-96.

【思考题】

为什么说中美集团已经进入了战略人力资源管理的阶段呢？

第一节　人力资本理论

一、人力资本

（一）人力资本的含义

大部分学者都接受了舒尔茨的人力资本定义，即人力资本是体现于人身体上的知识、能力和健康。但有的学者对这个概念作了更深入的探讨，主要观点如下：（1）认为人力资本分初级和高级两个层次。前者是指健康人的体力、经验、生产知识和技能；后者是指人的天赋、才能和资源被发掘出来的潜能的集中体现——智慧。（2）认为人力资本具有不同的生产力形态，提出了异质型人力资本和同质型人力资本的概念。前者是指在特定历史阶段中具有边际报酬递增生产力形态的人力资本；后者是指在特定历史阶段具有边际报酬递减生产力形态的人力资本。（3）从个人和群体角度来对其下定义。前者指存在于人体之中，后天获得的具有经济价值的知识、技术、能力和健康等质量因素之和；后者指存在一个国家或地区人口群体每一个人体之中，后天获得的具有经济价值的知识、技术、能力及健康等质量因素之和。

（二）我国人力资本的现状

关于人力资本现状的观点是比较一致的，主要表现在以下几个方面。

（1）中国的人口数量虽然多，但真正高质量的人口却严重不足。

（2）人力资本存量不足，特别是农村（尤其是中西部）人力资本严重匮乏。

（3）人力资本发展水平与发达国家相比存在巨大差距。

（4）我国的人力资本利用效率低下。

（5）中国的人力资本结构是一种“小托大式”结构：高智能、高技术劳动力所占比重极小。

二、人力资本理论

（一）人力资本的理论渊源

威廉·佩第关于“土地是财富之母，劳动是财富之父”的论断，以及布阿吉尔·贝尔关于劳动时间决定价值的论述，是人力资源思想的早期代表。亚当·斯密在《国富论》中把上述思想推到了那个时代的最高点。古典政治经济学时期主要是重视物质资本的时代，并没有真正把人力资源看成是一种资本。马克思认为，劳动力或劳动能力就是“人的身体即活的人体存在的，每当人们生产某种使用价值时就运用的体力和智力的总和”。在一定意义上，马克思的劳动力价值概念实质上可以看作是人力资本的另一种表述，但他并未将人力和劳动力作为资本来看待。

（二）现代人力资本理论

由于科学技术的进步、社会生产力的发展以及其他社会因素的影响，一些学者开始注重对人力资本进行系统研究。特别是从 20 世纪 50—60 年代以来，关于人力资本投资的研究形成了一个高峰。

这一时期对人力资本理论研究较突出的是美国经济学家雅各布·明塞尔。他在 1958 年发表了《人力资本投资与个人收入分配》，文中首次建立了个人收入分析与其接受培训量之间关系的经济数学模型。之后，在他的另一篇论文《在职培训：成本、收益与某些含义》中，根据对劳动者个人收益率差别的研究，估算出美国对在职培训的投资总量和在这种投资上获得的私人收益率。但遗憾的是，明塞尔的研究在当时并未引起重视。

这一阶段，人力资本理论正逐步融入主流经济学，比较有代表性的是美国两位著名的经济学家舒尔茨和贝克尔。而对人力资本要素作用的计量分析则首推爱德华·丹尼森。

1．舒尔茨的人力资本理论及评析

西奥多·舒尔茨是从探索经济增长之谜而逐步踏上研究人力资本的道路的。他认为单纯从自然资源、实物资本和劳动力的角度，并不能解释生产力提高的全部原因。从二战以来的统计数据表明，国民收入的增长一直比物质资本投入的增长快得多。一些在二战中受到重创的国家，如德国和日本，都奇迹般地发展起来，而且另一些自然资源严重缺乏的国家同样也在经济起飞方面取得了很大成功。舒尔茨认为，这些现象说明我们肯定还遗漏了重要的生产要素。这个要素就是人力资本。

舒尔茨对人力资本理论的贡献在于，他不仅第一次明确地阐述了人力资本投资理论，使其冲破重重歧视与阻挠成为经济学上的一个新的门类，而且进一步研究了人力资本形成的方式与途径，并对教育投资的收益率和教育对经济增长的贡献做了定量的研究。他对未来持乐观态度，认为决定人类前途的并不是空间、土地、自然资源，而是人的能力。他在人力资本理论上的这些贡献，使他荣获了1979年诺贝尔经济学奖。当然，他在人力资本理论上也存在一些局限性，他注重宏观分析，忽视了微观分析，其理论缺乏微观的支持，并且对人力资本投资的诸项因素缺乏具体化。在他指出的人力资本形成的四大途径中，只对教育投资做了深入的分析，缺乏一个人力资本构成的一般模型。他在对人力资本概念中只强调人力资本是外因决定的，但是一个范畴的产生，既有外因，又有内因，所以导致其概念模糊。这些都需要在研究中进一步明确和界定。

2．贝克尔的人力资本理论及评析

加里·贝克尔被认为是现代经济领域中最有创见的学者之一，他曾和舒尔茨同在芝加哥大学任教，是人力资本理论的主要推动者。他的著作《人力资本》被西方学术界认为是"经济思想中人力资本投资革命"的起点。贝克尔的人力资本理论研究成果集中反映在他自1960年以后发表的一系列著作中，其中最有代表性的是《生育率的经济分析》和《人力资本》。

如果说舒尔茨对人力资本的研究可看作教育对经济作用的宏观分析的话，贝克尔则主要从微观层次进行分析。贝克尔在《人力资本》一书中，分析了正规教育的成本和收益问题，还重点讨论了在职培训的经济意义，也研究了人力资本投资与个人收入分配的关系。他在人力资本形成方面，教育、培训和其他人力资本投资过程方面的研究取得的成果，也都具有开拓意义。

贝克尔对人力资本理论的贡献在于，他注重微观分析，弥补了舒尔茨只重视宏观的缺陷，注意将人力资本投资理论与收入分配结合起来。其理论的不足之处表现在，他沿用舒尔茨的人力资本概念，缺乏对人力资本本质的分析，也缺乏对人力资本全面的研究等。

第二节　战略人力资源管理理论

一、战略性人力资源管理的兴起

竞争的加剧和资源的约束使得企业需要不断地挖掘其所获得的各种资源作为竞争优势的来源，并要求各项职能都必须能够创造价值。在实践中，几乎所有的企业都在宣称员工是最宝贵的资源，但是在许多企业中，人力资源部门几乎被看作官僚机构的附属品，是"三类部门"，只会产生多余的文案和程序，而不创造任何价值。在这种背景下，企业的人力资源管理部门面临严峻的挑战：人力资源部门亟待证明自己在企业价值增值的链条中不是多余的。在理论上和实践上能够证明人力资源以及对人力资源进行很好的管理能够对企业

的绩效产生影响和发挥作用，能够参与企业的价值生成过程，这关系着人力资源管理的战略地位以及企业的机构安排。因此，人力资源活动对企业绩效到底有无贡献，有多大的贡献，人力资源管理在这种贡献的过程中扮演何种角色，这是理论和实际工作者共同关心的问题。

此外，过去几十年，由于美国管理学界对组织的战略管理非常感兴趣，所以许多战略性管理模式诞生，这个取向使企业的各个部门开始思考他们在组织的战略性管理中该扮演什么角色，人力资源管理也同样希望能被整合在整个战略性管理的理念中。这种战略理论发展的背景也推动了人力资源管理研究取向的转变。早期的研究着重于人力资源功能对员工行为及态度的影响，如员工离职意愿、工作投入和工作满意等。自20世纪80年代以来，人力资源管理的研究领域有非常大的方向性转变，这个转变使得人力资源管理的研究由完全的微观导向转为宏观的或者战略的导向，这种宏观的或战略的导向，就是通常所说的“战略性人力资源管理”。战略性人力资源管理的主要观点就是人力资源管理活动对组织绩效非常重要。

但是许多实证研究都着眼于提供实际的建议或对一些实证资料加以说明，因此有部分学者认为战略性人力资源管理缺乏理论基础，而且通常只是一些描述性的类型，不是利用一些强有力的理论来帮助我们了解企业战略与战略性人力资源管理的关系。未来战略性人力资源管理的领域要有所发展，必须先设法解决以下两个过去文献中没有解决的问题。

（1）对这个领域的描述不够清楚，尤其是基本的定义问题，因此，传统人力资源管理及战略性人力资源管理之间的关系将不易厘清。

（2）还没有很强的理论模式可以协助我们了解人力资源组织在战略管理中的角色以及什么因素会影响到组织的人力资源管理事务，同样的这也难以分辨传统人力资源管理及战略性人力资源管理。因此，有必要对战略性人力资源管理提出明确的定义并说明其理论基础。而在国内，战略性人力资源管理的研究才刚刚起步，因此这个问题就显得尤为重要。

二、战略性人力资源管理的内涵

到目前为止，不同学者对战略性人力资源管理的定义是不同的，美国学者 Devanna 等人 1981 最早提出了被理论界广泛认同的战略性人力资源管理框架，如图 2-1 所示。他们认为当企业外部环境，如经济、政治、文化或技术环境变动时，将会影响组织内部的战略、组织结构将会受到影响，人力资源管理就要做相应的调整，以通过相互间协调整合，使组织能迅速适应环境的变化。同样，组织内部也需自发地调整战略、组织结构与人力资源管理，才能构建出完整的战略性人力资源管理，将人力资源提升到战略性角色。

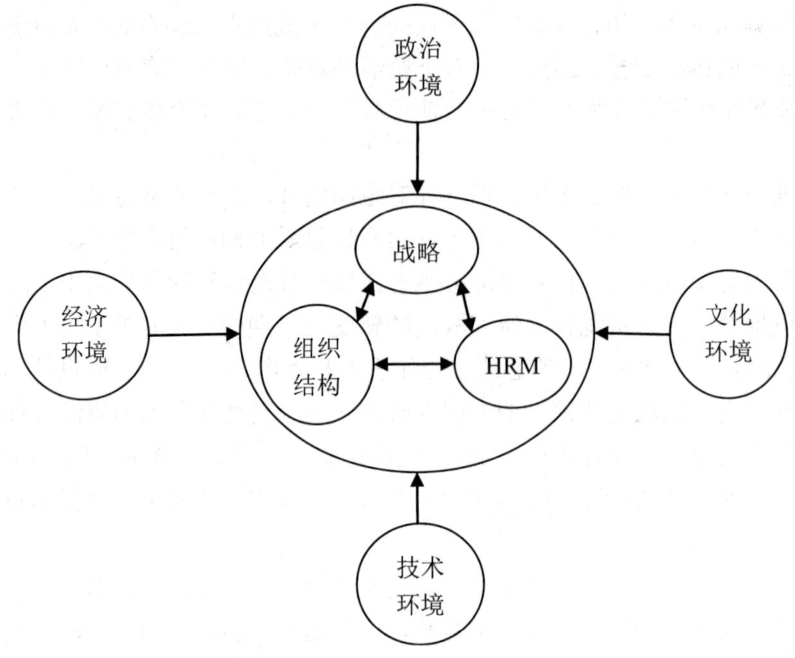

图 2-1　战略性人力资源管理基本框架

所谓战略性人力资源管理，就是用来联系企业人力资源管理和组织战略进程，并强调企业各种人力资源管理活动间的协作和一致。战略性人力资源管理有别于传统人力资源管理所扮演的职能性角色，而是以总体导向的方式为主，探讨人力资源管理与组织的互动关系，审视组织外在的各项活动与内在的优缺点，确认可能存在的机会与威胁，将人力资源管理的各项活动与组织竞争战略相结合，提升企业人力资源管理的地位，协助组织获取竞争优势，达成组织目标。

战略匹配或契合是战略性人力资源管理的核心概念。所谓契合，是指组织中某一部分的需要、命令、目标、目的和结构相符合。战略契合包括外部契合和内部契合。

（1）外部契合。外部契合也称为“垂直一致”，其主要是指人力资源战略和企业战略、发展阶段完全一致，考虑组织的动态性，并与组织的特点相符。

（2）内部契合。内部契合也称为“水平一致”，它是通过发展和强化人力资源管理的各种政策和实践之间的一致性而完成的，也就是将几个互补的人力资源活动一起开展和执行，从而使它们保持内部一致性，并达到互相加强的目的。一致性理论指出，环境与组织各部分间的契合程度越高，组织行为的效率也越高。因此，对企业来说，最关键的问题不是如何识别哪些是最佳的人力资源，而是去寻找企业外部环境、总体战略与人力资源管理政策和执行的最佳匹配方式。

第三节　高绩效工作系统

一、高绩效工作系统的内涵

高绩效工作系统（High Performance Work Systems，HPWS）作为一个近 20 年才出现的理论术语，国内外对其定义和内涵开展大量研究，提法也很多，如高绩效工作系统（Huselid，1994）、高参与工作系统（Lawler，1992）、高承诺工作系统（Wood，1996）、最佳人力资源管理活动（Pfeffer，1996）和弹性工作系统（WanBuren 和 Werner，1996）等。

Nadler 和 Shaw（1992）认为，高绩效工作系统是“一种能充分配置组织的各种资源，有效地满足市场和顾客需求，并实现高绩效的组织系统”。Huselid 和 Schuler（1997）则把高绩效工作系统定义为“公司内部高度一致的确保人力资源服务于企业战略目标的系列政策和活动”。Edwards 和 Wright（2001）认为，高绩效工作系统蕴涵的理论假设是“组织善待自己的成员，员工会改进工作态度，并不断增加满意感和承诺度。这种态度会不断影响到行为，反过来就能促进组织绩效的改善”。吴泽福和吴捷（2008）对高绩效工作系统的描述为“一个完善的高绩效工作系统的模式是根本区别于传统等级制度的企业模式，通过最大化员工知识、技能、应变能力、主动性，迅速赢得组织竞争优势的人力资源管理实践、工作组织结构、生产运作程序的有效协调系统，是技术系统与社会系统的有机整合体”。

MacDuffie（1995）指出，人力资源管理实践系统要能提升组织绩效，必须具备三个要素：（1）员工必须具备相当的知识和技能；（2）人力资源管理实践活动必须能够激励员工，充分发挥他们的知识和技能；（3）必须能让员工自主地帮助组织实现目标。

Appelbaum（2000）在此基础上提出了著名的高绩效工作系统“AOM”模型，把组织绩效看成由组织核心要素结构派生而来的功能，而组织结构则是由员工能力、动机和参与机会三个核心维度构成。任何组织要提升它的绩效，必须致力于改善这三个维度。

Huselid（1997）认为，如果员工没有机会充分运用其技能与知识来决定较佳的工作方式，即使拥有高水平的技能与知识，人力资本的投资效益也无意义。因此，高绩效工作系统的运用离不开一定的工作结构和组织设计，如工作分析、任务明确等，即高绩效工作系统的有效实施是有一定条件的。

本书认为，高绩效工作系统是以员工高参与为原则，强调通过组织系统资源的有效整合，最大化员工的知识、技能、主动性，在企业组织基础性人力资源管理工作充分实施的基础上运行的，以提高员工绩效为核心与最终目的，以激励系统和能力系统两大系统为手段的有机结合体。

二、高绩效工作系统的构成

通过投资于员工的能力发展，组织可以获取更高素质的员工，这是组织获得高绩效的基础。员工的动机直接影响其工作努力水平，从而影响到组织绩效，它是员工创造高绩效的驱动力；而增加员工参与机会的最终目的也是激发员工动机，调动其积极性。可见，组织的人力资源管理通过提高员工动机和员工能力来增强组织的竞争优势，是具有普遍意义的。刘善仕、刘辉健和翁赛珠（2005）认为员工动机和员工能力是最佳人力资源管理模式的两个核心维度。因此，组织应根据自身战略、技术和组织文化等因素的特定需要，不断完善各种具体的人力资源管理实践活动，并不断提高这些活动之间的组合效应，从而不断提高员工的能力水平，最终实现人力资源管理促进组织绩效的作用最大化的目标。综上所述，将高绩效工作系统的主要内容分成两部分：激励系统和能力系统，如图 2-2 所示。

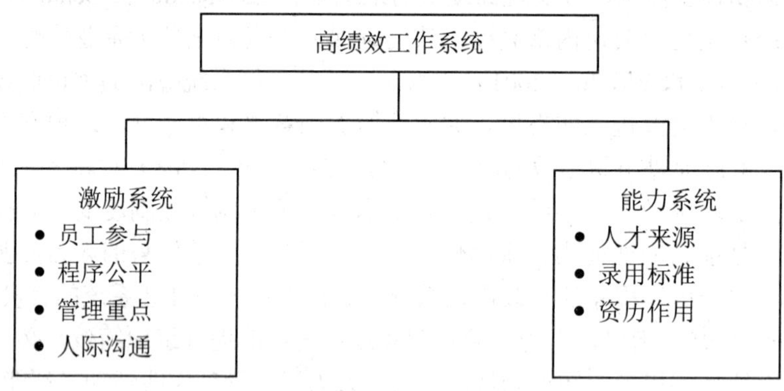

图 2-2　高绩效工作系统

（一）激励系统

激励系统是高绩效工作系统的重要组成部分，通过高绩效的人力资源管理措施，可以吸引、开发和留住人才，影响员工的工作动机，激发员工的工作热情、积极性和创造力，从而提高组织绩效。人们一般认为，如果他们愿意，他们可以提高工作效率，然而他们找不到这么做的动机。因此，高绩效工作系统必须能激励员工们积极采取“适当的行为”。

1．员工参与

员工参与作为一种赏识手段，它能够满足员工归属和受人赞赏的需求，尤其是它给人一种成就感。在一项工作中，很少有人参与商讨和自己有关的行为（参与行为）而不受激励的。组织应当从一种层级制的控制和协调活动系统走向这样的系统，较低层次的雇员们可以做能提高绩效的事情。研究已经表明，员工参与既能提高员工的满意度，又能提高生产率。在高绩效工作系统中，员工参与主要包括以下四个措施。

（1）工作轮换。工作轮换是指企业内部有组织、有计划、定期进行人员职位调整。工作轮换可以给员工带来了更多的学习和发展的机会，让员工感受到工作的新鲜感和工作的刺激，在避免大笔工资和福利成本增加的前提下，增加员工工作满意度的经济有效的方法。同时，工作轮换可减轻组织晋升的压力，减少员工的工作不满情绪。

（2）任务宽泛。任务宽泛是指企业在工作设计中有意使员工的工作范围比较宽泛以增加适应性。任务宽泛意味着在工作中建立更高的挑战和成就感，使员工对计划、组织、控制及个体评价承担更多的责任。同时，通过宽泛的工作，使组织发现员工所擅长和适应的活动，从而让员工承担适合的工作责任，以增强个人绩效，进而增加组织绩效。

（3）员工建议。员工建议是指企业重视接受和采纳员工的合理化建议。企业通过重视和采纳员工的合理化建议，使得员工自尊的需要和受人尊重的需要得到满足，同时也树立其主人翁意识。在企业管理过程中，要树立以人为本的管理思想，尊重员工的人格、思想、感情、行为等，使员工的尊重需要得到满足，在工作中有更多的自豪感、自信心和责任心，从而极大地激发其工作积极性、主动性和创造性。

（4）工作团队。工作团队是指企业将拥有不同专业技能的员工组成工作团队，生产产品和提供服务，接管管理的任务。工作团队通过制订恰当的工作数量和质量的规范，对个体施加强烈影响。当管理者对群体努力实施奖励时，当群体对工作环境拥有某种自主权和控制权时，以及当群体受到组织严肃对待时，更有可能产生来自群体影响的正面结果。同时，工作团队可以消除部门、职能、科目、专业间的障碍，也提高工作效率。

2．程序公平

程序公平不仅反映正式的现存过程，而且反映这种过程是如何执行的。程序公平更容易影响员工的组织承诺、对上司的信任和流失倾向。在高绩效工作系统中，程序公平主要包括以下四个措施。

（1）态度调查。态度调查是指企业每年都开展员工态度和工作满意度的调查。许多企业总想当然地认为“我们这里待遇高，员工肯定满意”，“我们这里工作有保障，员工肯定满意”，但事实往往并非如此，有时甚至还大相径庭。所以，认认真真地从员工角度开展员工态度和工作满意度调查显得非常必要。改善员工满意度，必须首先了解员工满意度，而且定期地进行员工满意度调查，让员工感受到公司的关心而提高满意度，同时，通过员工态度调查，了解员工对企业的真实态度和想法，提出建设性的改善员工态度的方法。

（2）抱怨机制。抱怨机制是指企业为员工提供正式的抱怨或申诉程序的机制。它是为员工提供了对企业现有制度或工作决策施加影响的机制。Greenberg 和 Folger（1983）也指出，个体有机会对工作决策施加影响，并且在决策过程中发出“声音”，会使他们更倾向于相信决策是公平的。抱怨机制包含接受投诉（抱怨），不同部门合作分析、处理，给抱怨员工反馈。

（3）录用测试。录用测试是指企业在录用员工的过程中采用正式的测试工具进行的测试。通过正式的测试工具的运用，可以全面了解一个人的能力、个性特点、工作风格等与工作相关的各方面的素质，得出一个诊断性信息，有效地避免了不符合资格的人。这样使每一个候选人客观、公正的被组织筛选，使最终进入公司的员工增强对组织的信任感。

3．管理重点

在高绩效工作系统中，管理重点主要包括以下两个措施。

（1）结果付酬。结果付酬是指企业严格按照员工的工作业绩结果支付薪酬。结果付酬使组织员工充分认识到，决定报酬的关键因素是业绩，而非年资，激励员工在提高绩效方面努力。分配结果的不公平将会产生消极的影响，并最终影响员工的内在动机，并导致企业和员工总体绩效水平下降。因此，严格按照结果付酬可以有效避免分配不公。结果付酬的实施激励员工的绩效行为，促使组织绩效得到提高。

（2）福利支出。福利支出是指企业为员工提供良好的福利待遇，以便吸引、激励并留住优秀员工。员工对自己享受到的福利感到满意，会增强他们的工作满意度、企业归属感和对管理人员的信任感，并且降低他们的离职意向。美国不少学者认为员工福利满意度包括员工对基本福利和职业发展型福利的满意度。基本福利包括假期、病假、事假、工伤保险、医疗保险、人寿保险、退休计划等满足员工安全、生活保障等的基本需要。职业发展型福利是指企业满足员工提高就业能力、工作技能等需要的福利，包括企业为员工提供继续学习、在职培训机会，资助员工学费，灵活安排员工工作和学习时间，根据员工获得的学历证书和学位证书来奖励员工等。美国波士顿大学管理学院教授 Donglsa（1996）指出，21 世纪员工的职业是多变的职业，员工不断地提高自己的工作能力，才能提高自己的任职能力，增大自己的就职可能性。因此，许多员工越来越重视职业发展型福利项目，希望企业为自己提供更多的职业发展机会。

4．人际沟通

人际沟通是一种有效的非物质激励方式。Carolyn 和 Matthes（1995）认为，员工在工作中有沟通的动机，这些动机包括渴望与上司或者同事沟通，以获得愉悦，避免不愉快的场面，接受友爱、获得放松、取得更高的绩效以及归属感。通过沟通，不仅可以很好地满足人的被尊重的需求和社交需求，也使人产生强烈的被重视的心理感受，对调动人的积极性有直接的促进作用。沟通还可以使成员间相互理解，密切人际关系，创造良好工作环境。在高绩效工作系统中，人际沟通主要包括以下两个措施。

（1）业绩反馈。业务反馈主要是指企业及时向员工反馈公司的生产和财务等业绩状况。

（2）情感交流。情感交流是指企业通过举办各种活动，建立一种有效渠道促进员工之间的情感交流。情感是人所独有的，人们的任何认识和行动都是在一定的情感推动下完成的。积极的情感可以焕发惊人的力量去克服困难，消极的情感则会大大妨碍工作的进行。

通过情感交流，使员工的情感需要得到满足，并且使员工之间或员工与组织之间建立一种信任和理解。

（二）能力系统

能力系统是高绩效工作系统的重要组成部分，人力资源管理实践要提升组织绩效，员工必须具备相当的知识和技能，而高绩效工作系统的能力系统不仅包含了对任职者必备知识与技能的要求，即大多数企业耳熟能详的“高能力”，同时也包含了一直以来为多数企业人力资源管理实践者所忽视的“潜在”要求。为了实现高绩效，高绩效工作系统还必须能够使组织员工按照企业所倡导的有效行为方式工作，使得组织员工更有利地发挥他们的能力。能力系统是企业之间长期绩效差异的一个决定因素。高绩效工作系统的能力系统由三部分构成，分别是以内部晋升为标准的人才来源子系统、以教育背景为标准的录用标准子系统和以业绩晋升为标准的资历作用子系统。

1．人才来源

人才来源不仅反映了企业的用人机制和渠道，而且也关系到未来员工的素质和能力是否与企业的前景、价值观和目标相匹配。在高绩效工作系统中，内部晋升形成了高绩效的人才来源方式。

内部晋升是指与其他企业相比，本企业的晋升政策更强调内部晋升，将处于较低组织层次的雇员晋升去填补高组织层次的职位空缺。它使企业和员工增加培训和技能的开发，提供给雇员们努力工作的动机，并且提供一种关于工作场所的公平和正义的感受。同时，内部晋升优化组织内部人力资源配置，激发员工潜能，奖励高绩效员工。Baker 和 Murphy（1988）等指出，晋升同时服务于两个重要的目的：第一，配置资源。晋升是将不同能力的员工和不同要求的岗位进行匹配的一种方法；第二，提供激励。高级职位带来的高收入和名望为处于低级职位的员工提供了激励。

2．录用标准

企业的录用标准直接关系到企业的人才观以及对现有人才培养模式，也关系到现有人才对自我能力的认知。在高绩效工作系统中，教育背景构成了高绩效的录用标准。

这是指在企业的各职位录用标准中与工作经验相比更重视教育背景。相对于以重视工作经验的录用标准相比，以重视教育背景的录用标准对于企业和员工能力的提高主要有以下优势。

（1）使企业和员工建立一种普遍意识，员工必须不断地提高自己的受教育水平和个人理论水平，增强个人的能力和才干。

（2）使企业更加重视对员工的培训和教育，使其适应新的要求不断更新知识，更能适应新技术革命带来的知识结构、技术结构、管理结构等方面的深刻变化。

（3）使企业建立一种“学习性文化”，成为“学习型企业”。在美国，成功的企业将培训和教育作为企业不间断获取效益的源泉。员工同样从中得到好处，“学习型企业”的最大特点是崇尚知识和技能，倡导理性思维和合作精神，鼓励劳资双方通过素质的不断提高以确保企业的不断发展。这种学习型企业与一般企业的最大区别还在于，永不满足地提高产品和服务质量，使企业不断学习进取和创新，从而改变原先通过行政措施或其他不得人心的办法来提高效率的做法。

3．资历作用

资历作用影响着企业对现有员工职业生涯能力的看法态度，同时也影响着员工对个人工作业绩表现的动机。在强调年资的企业与强调业绩的企业，其组织绩效表现差异很大。在高绩效工作系统中，业绩晋升构成了资历作用的标准。业绩晋升是指在企业的晋升政策中，与年资相比更重视业绩表现。通过业绩晋升的能力系统，向员工传达了重视员工的业绩表现和员工能力提高的组织理念。

第四节　胜任特征理论与胜任力模型

一、员工胜任力概述

随着“胜任力”的理念被人们逐渐认同和接受，胜任力模型在我国人力资源管理中也得到越来越多的应用，已经成为建立优秀管理者选拔和培养体系的科学基础。

（一）胜任力的起源与定义

1．胜任力的起源

有关胜任力的研究最早可追溯到“管理科学之父”泰罗对“科学管理”的研究，该研究被称为“管理胜任力运动”。胜任力研究是职业发展的产物。从 19 世纪开始，随着社会与经济的发展，劳动分工细化，出现各种各样的职业和职业群体，而每一种职业群体中都不可避免地出现绩效优劣之分。为了招募和选拔优秀的从业者，在过去两百年里，人们不断地寻找可以预测工作绩效的途径和方法。在很长一段时间里，人们认可智商、工作经历、学术测验、人格特质等来测验和预测从业者的工作绩效，通过测验智商和知识掌握程度来颁发职业资格证书。但是事实证明，智商、人格特质等因素并不能很好地预测未来的工作绩效。到了 20 世纪 60 年代末 70 年代初，美国心理学界开始有报告指出，传统的智力测验和人格测验在预测工作绩效方面有很大的局限性。

在 1973 年，麦克利兰教授在《美国心理学家》杂志上发表了一篇题为《测量胜任力而

不是智力》的论文，提出了“胜任力”的概念。他认为，胜任力是驱动员工产生优秀工作绩效的个性特征的集合，是“一个人所具有的内在的、稳定的特征，它可以使动机、特质、技能、自我影响、社会角色或实测人所能够运用的某项具体指示”。因此，胜任力也可以说成是胜任特征。他还建立了冰山模型，从品质和能力等层面论证了个体与岗位工作绩效的关系。其机理简单地说就是，“如果你想测试谁是一名好警察，那就去看看警察到底做什么，跟着他，列出他所做的事，然后用这些事情作为样板来筛选应聘者”。

这篇文章的发表，标志着胜任力运动的开端。同时，他还提出以下进行基于胜任力的有效测验的六个原则。

（1）最好的测验是效标取样。

（2）应能反映个体学习后的变化。

（3）测验应该公开并让被测试者知道要测试的特征。

（4）测验应该评价与实际的绩效相关的胜任力。

（5）应该包括应答性行为和操作性行为两个方面。

（6）测验应该测试操作性思维模式，最大程度地概括各种行为。

在我国，越来越多的企业通过构建与应用胜任力模型来指导选拔、培训和评价管理者，一些行政部门也构建与应用胜任力模型来对党政领导干部或公务员进行选拔、培训和评价，以实现管理者的内在素质与岗位的匹配，做好选人、用人、育人和留人工作，切实提高管理效率。

这样做，首先，有助于建立以胜任力模型为基础的“人岗匹配”机制。该匹配机制不仅要求任职者的知识、技能与所在岗位相匹配，更重视个人潜在胜任特征与岗位要求的匹配。这就要求以胜任力模型为基础，按照组织未来发展要求，再造岗位职责和工作任务，确定员工新的职务要求。其次，胜任力模型对管埋人员的招聘和选拔有直接的指导作用。例如优秀管理者胜任力要素包括责任感、坚韧性、细心、沉着等。如果在招聘过程中忽视这些要素，将会影响招聘和选拔工作的有效性。再次，该模型对管理者的培训也具有很高的指导与参考价值，应该根据模型包含的要素对在职者进行有针对性的培训。最后，管理者对此模型的了解，有助于对自身进行客观分析评价，在工作中不断提高自己。

2．胜任力的定义

目前，人们对胜任力的界定尚未达成共识。关于胜任力的定义，在学术界有多种说法。有的从组织、团队、个体三个方面对其界定，也有的从分析对象（工作或雇员）上对其进行探讨，所给出的定义林林总总，莫衷一是。根据所查阅的文献，经常被研究者和实践者引用的“胜任力”的定义如下。

McClelland（1973）教授对于胜任力如此定义：胜任力是真正能区分生活成就或工作业绩方面优劣的深层次的个人条件和行为特征。

Boyatzis（1982）认为一个人所拥有的在工作岗位上取得出色业绩的潜在的特征，它可能是动机、特质、技能、自我形象或社会角色或其他所使用的知识实体等。

美国心理学家 Spencer（1993）给出了一个较完整的定义，即胜任力是指能和参照效标（优秀的绩效或合格绩效）有因果关系的个体的深层次特征。这一说法包括三个方面的含义：深层次特征、因果关系和效标参考。

深层次特征是指个体潜在的特征能保持相当长一段时间，并能预示个体在不同情况和工作任务中的行为或思考方式，其基本层面为深层的动机、特质、自我形象、态度或价值观，当然还包括浅层的知识和技能。因果关系指胜任力能引起或预测行为或绩效，一般来说，动机特质、自我概念和社会角色等胜任力能够预测行为反应方式，而行为反应方式又会影响工作绩效，可表述为意图—行为—结果。效标参考是指胜任力能够按照某一标准，预测效标群体的工作优劣，效标参考是胜任力定义中一个非常关键的内容。胜任力如果不能预测有意义的差异，并且与参考的效标没有明显的因果关系，则不能称之为胜任力。

综合以上定义，胜任力是在某一工作中能显著区分一般绩效和高绩效的个体特征，它可以是动机、特质、自我形象、态度或价值观，也可以是某领域的知识、认知或行为技能等素质的集合。

（二）胜任力的内容

根据 McClelland（1993）教授的观点，胜任力包括六个方面的内容：知识、技能、社会角色、自我认知、特质和动机。

（1）知识：职业领域需要的信息（如人力资源管理的专业知识）。

（2）技能：掌握和运用专门技术的能力（如英语读写能力、计算机操作能力）。

（3）社会角色：个体对于社会规范的认知与理解（如想成为工作团队中的领导）。

（4）自我认知：对自己身份的知觉和评价（如认为自己是某一领域的权威）。

（5）特质：某人所具有的特征或其典型的行为方式（如喜欢冒险）。

（6）动机：决定外显行为的内在稳定的想法或念头（如想获得权利、喜欢追求名誉）。

根据著名的冰山理论，可知胜任力特征是分层的，浮于冰山之上的知识、技能部分是我们能直接观察到的信息，而越往下则越难以用一般的方法测得，尤其是接近冰山底部的品质、动机，但恰恰是底部的动机和驱动力决定人的外在行动，对潜在业绩产生的影响最大。

基于胜任力的人力资源招聘就是要求企业人力资源管理部门应尽量根据岗位的要求以及组织的环境，提炼出能使员工能发挥最大潜能的胜任特征，并以此为标准来对候选者进行招聘。

以上六个方面的内容形成了一个有机的层次体系。其中，知识和技能是胜任能力最表层的内容，而社会角色、自我认知、特质和动机则是胜任能力中比较深层的内容。传统的以职位为平台的人力资源管理系统比较重视知识和技能这些表层的内容，而往往忽视社会角色、自我认知、特质和动机等真正决定业绩的深层内容。实际上，越是深层的内容，其

对个体业绩的预测作用越强，效果越稳定。

（三）胜任力的特点

关于胜任力，McClelland（1973）总结了以下五个特点。

（1）了解绩效的最好途径是观察人们实际上做了什么而取得成功（即胜任力），而不是依靠基于智力之类的潜在特质和特性的假定。

（2）测量和预测绩效最好的办法是让人们表现出你想要测量的胜任力的关键方面，而不是实施一个测验来评估潜在的特质和特性。

（3）胜任力是可以学习和发展的，与此相反，特质和特性是遗传获得的，并且很难改变。

（4）胜任力是可见的、可理解的，人们可以理解并达到绩效所要求的胜任力水平。

（5）胜任力和有意义的生活结果联系在一起，这些有意义的生活结果描述了人们在现实世界里一定会表现的方式，而绝非是只有心理学家才能理解的深奥的心理特质或构造。

（四）胜任力类型

通过冰山模型可以看出，胜任力可以归为两个层面：深层特征及浅层特征。深层的特征包括动机、特质、自我形象、态度或价值观，浅层特征包括知识和技能。

深层特征决定了一个人的思考方式和思维定式等个人特质，结合个体所具备的知识、技能等浅层特征共同作用，决定了个体在实际工作和生活上的行为表现。浅层能力特征除了易于观察外，还比较容易开发和培养，如专业知识或专业技能，通过学校教育或专业培训是可以掌握的。相反，不那么直观的深层能力特征就是另外一回事了。由于它都是个体隐藏的特征，难以确定，同时也难以准确量化，但这些恰恰是决定一个人是否适应职位的关键因素。因此，对深层特征的评价和测量是胜任力体系仍然是需要探讨的重点。

这种分类方法虽然一目了然，但具体运用于胜任力模型的建构却远远不够。深层能力特征对于具体的职位能力要求来讲过于宽泛，而且职位要求的能力未必是候选人具备的能力，所以说，深层能力同职位要求能力并无绝对的对应关系。

因此，引入另一种胜任力的分类方法，以便能更好、更准确、更有效地将胜任力运用到具体的管理实践中去。该方法将胜任力分为三类：门槛类胜任力、区辨类胜任力及转化类胜任力。这种分类方法是针对每个具体的职位或工作任务而言的，因而对于具体的胜任力不是一概而论，结合到了具体的岗位或模型。

1. 门槛类胜任力

门槛类胜任力指为保证工作成功完成而界定出的基本标准（最低标准），如“技能”“专业知识”。一般来说，提高门槛类胜任力与取得更高的绩效之间并没有太大的相关性。以跳水比赛为例，它进入决赛的名单是根据之前标准动作的得分排定的，但往往标准动作得分第一的选手都不是最后夺得冠军的选手，因为决赛比的是自选动作。标准动作相当于跳水的门槛类胜任力，可见，门槛类胜任力只是优秀绩效的必要而非充分条件。

2．区辨类胜任力

区辨类胜任力是指那些最有可能将同一职位上的优秀绩效者与一般绩效者区分开来的胜任力。“主动性”“影响力”“决策能力”等都是这类胜任力中常见的。区辨类胜任力是整个胜任力体系研究和运用的基础。

3．转化类胜任力

转化类胜任力是指管理人员和员工普遍都缺乏的素质，一旦他们在这种胜任素质上得到提高和改善，将会大大提高工作绩效。可以说，转化类胜任力是目前缺少的区辨类胜任能力可持续发展的保证。由于这个概念尚处于开发阶段，有关其实际操作方面还有待进一步研究和分析。很多人都认为门槛类胜任力不应放入胜任力模型中，认为其会使人无法将焦点集中于那些对绩效产生重要影响的胜任力。麦克利兰倾向于以上说法。但是，越来越多的人认为，胜任力模型的构成应该包括区辨类胜任力和门槛类胜任力两类，门槛类胜任力虽然没有对优秀绩效起决定作用，但不具备该能力，是肯定不会产生优秀绩效的。

二、胜任力模型

（一）胜任力模型概念

胜任力模型是近年来随着我国人力资源管理理论和实践能力的不断提高而提出的一个全新的概念。胜任力模型具体含义为：对组织或企业中的某一个职位，依据其职责要求所提出的，为完成本职责而需要的能力支持要素的集中表示。它能够具体指明从事本职位的人需要具备什么能力，才能很好地完成该职位职责的需要，是人们自我能力开发和学习的指示器。根据大多数专家学者的看法，胜任力模型一般应包括 6~12 项具体的胜任力。若条目较多，应该将其归为 3~6 个类群。在具体的胜任力条目确定下来以后，要为每一项胜任力列出一个简短的定义，同时还要列出几条行为指标，或者使用特定的行为模式来加以说明。行为指标确定了之后，为每一条行为指标编制出等级量表。

所谓行为指标，就是指个体在工作中展示胜任力的行为方式。行为指标通常用一个来源于高绩效者的访谈中的典型事例来解释和说明。对于为行为指标制定具体的等级量表，通常是运用“最小可视差”原理进行的等级界定。

当各项具体的胜任力和相应的行为指标以及等级量表都确定下来之后，一个基本的胜任力模型就初步建立起来了。虽然用文字表述起来，建立一个基本的胜任力模型不过如此，但其实不然。一方面，选定模型中的各项胜任力本身就是一项相当困难和复杂的任务，何况对每个胜任力制定行为指标也是一项非常复杂的工作。这些就是建立胜任力模型所面临

的主要挑战。

美国心理学家Spencer（1993）对胜任力模型给出了一个较完整的定义，即包括三个方面的含义：深层次特征、因果关联和效标参照。他认为胜任力是指“能将某一工作（或组织、文化）中有卓越成就者与表现平平者区分开来的个人的深层次特征，它可以是动机、特质、自我形象、态度或价值观、某领域知识、认知或行为技能—任何可以被可靠测量或计数的并且能显著区分优秀与一般绩效的个体的特征”。

胜任力模型是将胜任力（职业素养、能力和知识）按内容、角色或是岗位有机地组合在一起，职业素养、能力和知识中的每项内容都会有相关的行为描述。通过这些可观察、可衡量的行为描述来体现员工对于该项职业素养、能力和知识的掌握程度，提炼出能够对员工的工作有较强预测性的胜任力特征，即员工最佳胜任力特征。其研究思路主要是采用探索性思路，在广泛问卷调查、深度访谈的基础上，通过分析，提炼出几大胜任力素质，构建相应模型。研究领域集中在企业，研究对象集中于中高级管理层和核心员工，着重研究企业高级管理者、中级管理层和核心技术人员的胜任特征。胜任力模型是企业核心竞争力的具体表现。能力素质模型的推行可以规范员工在职业素养、能力和知识等方面的行为表现，实现企业对员工的职责要求，确保员工的职业生涯和个人发展计划与企业的整体发展目标，客户需求保持高度的一致性，推动战略目标的实现，从而赢得竞争优势。

（二）胜任力模型的层次

胜任力模型由三个部分构成，分别是企业核心胜任力、岗位族综合胜任力和岗位专业胜任力，如图2-3所示。

企业核心胜任力：是企业价值观、文化及业务需求的反映同行业特点与企业文化相结合的产物，是体现企业发展战略的根本要求，是针对组织中所有员工的、基础且重要的要求，它适用于组织中所有的员工，无论其所在何种部门或者何种岗位。

岗位族综合胜任力：是依据所在的岗位族不同而在多个角色中都需要的能力，但重要程度和精通程度有所不同。岗位族的综合胜任力从另一个角度体现了企业中具有相似职业特性的工作岗位集合之间的联系，它代表了从事某岗位工作和所应具有的基本能力。

岗位专业胜任力：在某个特定角色或工作中所需的特殊的、独特的能力，它来源一岗位的工作特性，是从事该岗位所必须具有的能力，同时也是区分各不同岗位的一个依据。

（三）胜任力模型的构建

1．建立胜任力模型的基本步骤

归纳起来，建立胜任力模型主要有以下几个步骤。

（1）明确目标，定义标准。明确企业发展战略、业务策略、企业文化、核心价值观以及员工的理解和认可状况，明确企业期望的最终结果是什么，使得工作的重点能够放在核心能力和关键行为上。发现阶段要处理的关键问题是确定适合于本公司的能力模型，认清公司的发展战略和目标，把关注点要放在核心能力上，而不是每一个可能的行为。

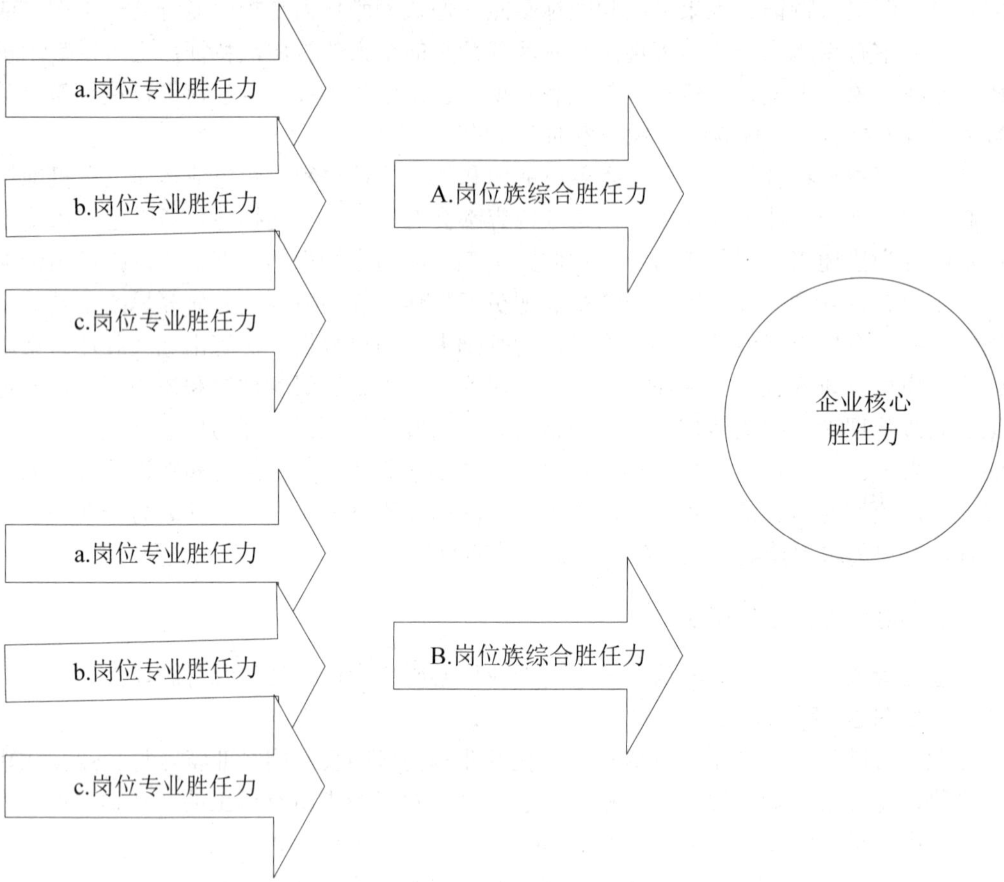

a.岗位专业胜任力
b.岗位专业胜任力
c.岗位专业胜任力
A.岗位族综合胜任力
企业核心
胜任力
a.岗位专业胜任力
b.岗位专业胜任力
c.岗位专业胜任力
B.岗位族综合胜任力

图 2-3　胜任力模型的构成

采用工作分析的各种工具与方法，明确工作的具体要求，提炼出鉴别优秀员工与工作的一般标准。企业应充分考虑自身的规模、目标、资源等条件，选择合适的绩效标准定义方法。绩效标准一般采用工作分析和专家小组讨论的方法来确定。专家小组讨论法是由优秀的领导者、人力资源管理层和研究人员组成的专家小组，就此岗位的任务、责任和绩效标准以及期望优秀领导表现的胜任特征行为和特点进行讨论，得出最终的结论。如果客观绩效指标不容易获得或经费不允许，一个简单的方法就是采用“上级提名”。这种由上级领导直接给出的工作绩效标准的方法虽然较为主观，但对于优秀的领导层也是一种简便可行的方法。企业应根据自身的规模、目标、资源等条件选择合适的绩效标准定义方法。

（2）选取样本进行分析。根据岗位要求，在从事该岗位工作的员工中，分别从绩效优秀和绩效普通的员工中随机抽取一定数量的员工进行调查。根据岗位的具体要求，在从事该岗位工作的员工中，分别从高绩效和普通绩效的员工中随机抽取一定数量的员工进行分析研究。分析方法可以综合运用行为事件访谈法、专家小组讨论法、问卷调查法、全方位评价法、专家系统数据库和实地观察法等获取有关能力素质特征数据样本。一般以行为事件访谈法为主。行为事件访谈法是一种开放式的行为回顾式调查技术，类似于绩效考核中的关键事件法。它要求被访谈者列出他们在管理工作中发生的关键事例，包括成功事件、不成功事件或负面事件各三项，并且让被访者详尽地描述整个事件的起因、过程、结果、时间、相关人物、涉及的范围以及影响层面等。同时也要求被访者描述自己当时的想法或感想，例如是什么原因使被访者产生类似的想法以及被访者是如何去达成自己的目标等，在行为事件访谈结束时最好让被访谈者自己总结一下事件成功或不成功的原因。

行为事件访谈一般采用问卷和访谈相结合的方式。访谈者会有一个提问的提纲以此把握面谈的方向与节奏，并且访谈者事先不知道访谈对象属于优秀组或一般组，避免造成先入为主的误差。访谈者在访谈时应尽量让访谈对象用自己的话详尽地描述他们成功或失败的工作经历，他们是如何做的、感想又如何等。由于访谈的时间较长，一般需要 1~3 小时，所以访谈者在征得被访者同意后应采用录音设备把内容记录下来，以便整理出详尽的有统一格式的访谈报告。

（3）建立胜任力模型。通过行为访谈报告提炼胜任特征，对行为事件访谈报告进行内容分析，记录各种胜任特征在报告中出现的频次。然后对优秀组和普通组的要素指标发生频次和相关的程度统计指标进行比较，找出两组的共性与差异特征。根据不同的主题进行特征归类，并根据频次的集中程度，估计各类特征组的大致权重。此阶段要明确能力、能力级别及各级描述，起草出能力模型。在建立阶段要注意，对能力的定义必须清楚、容易理解并可实施，必须要得到一线经理的支持。关注点要放在可衡量的行为上，核心能力的具体表现是什么。通过各种方法分析的结果，总结提炼能力特征，通过对不同能力特征在调查分析中出现的频次进行分析对比，找出不同特征和绩效结果的关系及其影响的权重。在清晰定义能力、能力级别及各级具体行为描述的基础上起草出胜任力模型。

（4）评估确认。通过面对面评估确认到多个评估人试用，最后进行完整的心理测试，完成评估和确认胜任力模型。验证胜任特征模型可以采用回归法或其他相关的验证方法，也可以采用已有的优秀与一般的标准或数据进行检验，关键在于企业选取什么样的绩效标准来做验证。

（5）使用和完善。胜任力模型建立之后，要和人力资源管理的工作进行衔接，并通过沟通、交流和培训向公司各个层级的员工宣传、推广，打消员工的顾虑，获得理解和认同，以保证实施的效果。然后，及时取得反馈，对发现的问题做必要的改进。其中培训至关重要。通过选取最初确定的绩效标准，对胜任力模型进行不断检验和完善，以保证其效度。胜任力模型的构建方法有焦点访谈法、团体多层次水平考察法、专家调查、专家会议法等。其中，行为事件访谈法在胜任力要素的揭示上最为有效，也是最早建立胜任力模型的方法，是构建胜任力模型的主要方法。

2．胜任力模型构建流程图

为最大可能地保证所构建的胜任特征模型既满足科学性，又满足实用性的要求，胜任特征模型的构建应基本上遵守一定流程，如图 2-4 所示。

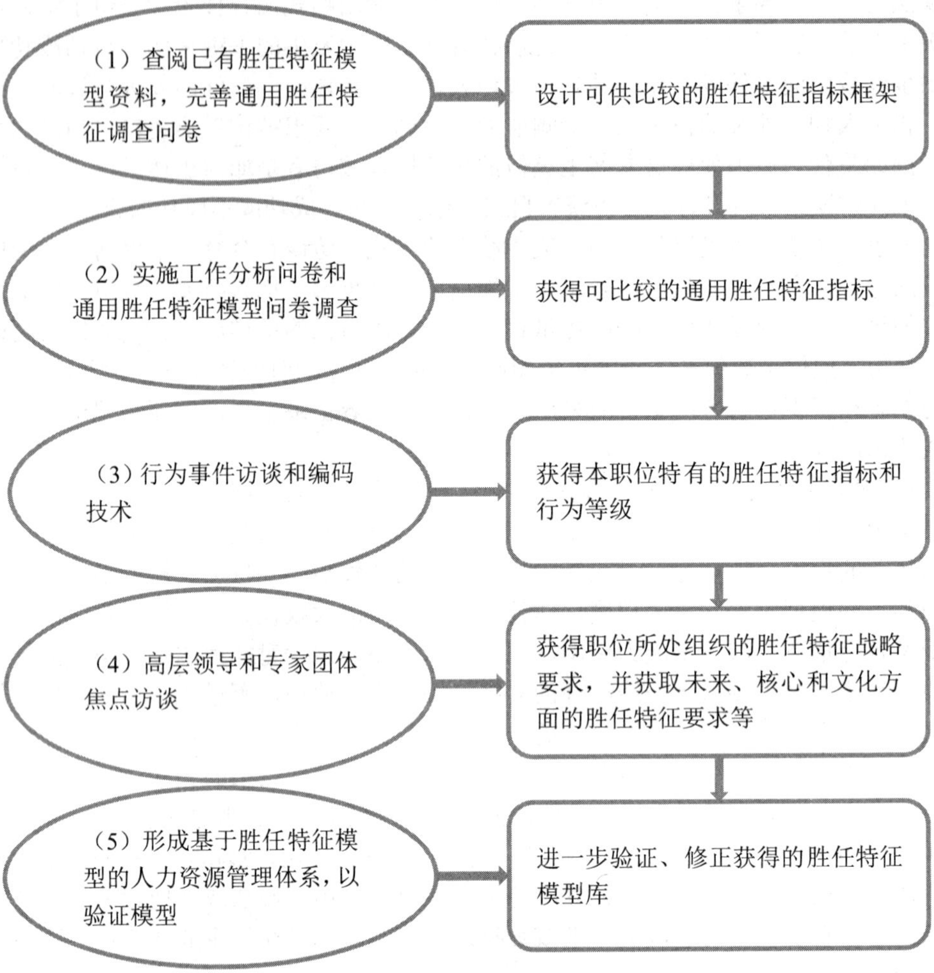

图 2-4　胜任力模型构建流程图

3．岗位胜任力模型

岗位胜任力模型是帮助组织提高人员的选拔、培养、调用、提升等方面工作效率的先进工具。它的建立是一项比较复杂的工程，有一定的工作量。需要中层主管的参与，高层主管的支持，需要一定的时间，需要一定的经费。虽然建立岗位胜任力模型是一项相当复杂的工作，但并非没有规律可循，它的制订流程一般会涉及以下基本步骤。

（1）成立工作小组，明确工作责任。工作小组由领导小组和专家小组组成。领导小组由单位的高层主管和有关职能部门的负责人组成。该小组的职责是负责能力模型建立的领导工作，审定工作计划与方案，解决工作中管理与经费方面的疑难问题。成立领导小组的目的，一方面是对能力模型的审定，另一方面更为重要的是得到高层主管的支持。如果没有高层主管的参与和支持，特别是单位一把手的参与和支持，此项工作就难以顺利开展，还有可能中途夭折。

专家小组分两个类型，一个是综合专家小组，另一个是专业系列专家小组。综合专家小组由人力资源专家、行政主管、技术主管、经营主管等方面的中高级管理者组成。这个小组的职责主要是技术上审定把关的工作。专业系列专家小组是按专业系列划分专家小组，如行政系列专家小组、技术系列专家小组、生产系列专家小组等。这些类型的专家小组由各系列的主管和各系列绩效卓越者或专家组成，其职责是分析确定本系列各岗位的胜任力模型。成立专业系列专家小组，是为了节省时间和经费而采取的一种措施。该小组成员对岗位的职责、工作标准、岗位所需知识、能力与个性特征都非常熟悉，只要经过必要的培训，他们就能很快地、准确地将其能力模型建立起来，而且非常切合实际，有应用价值。

（2）分析相关信息，确定工作重点。需要分析的内容很多，主要有组织战略、岗位职责、组织文化、绩效标准、环境因素等。

组织战略的分析是建立能力模型的基础。首先要认真分析本组织的发展战略明确高层领导关注的焦点和人力资源管理的核心问题，以及组织期望的最终结果是什么。其次，对组织目前的业务和行业特点进行深入分析，明晰业务策略、组织文化、核心价值观以及员工的理解和认可状况。

岗位职责包括岗位任职者履行岗位职责应具备的知识、能力、个性等。岗位职责分析是建立能力模型的必要条件。在建立能力模型前要采集岗位职责方面的信息，因为战略的落实具体体现在岗位职责上。

组织文化具体体现在员工的行为上。建立什么样的文化，员工必须具备什么样的行为，在建立能力模型前要对组织文化进行综合分析，也需要采集相关的信息。由于员工具备的素质与能力同绩效标准紧密联系，因此，在建立能力模型前要对绩效标准进行分类，卓越绩效是什么标准，一般绩效是什么标准，绩效差是什么标准。环境因素也是不可忽略的，建立能力模型时，要充分考虑和分析环境变化对员工提出的挑战。

（3）选定能力模型，明确定义行为特征。在对发展战略、组织文化、绩效标准分析的基础上，选定建立能力模型所需要的基本素质与能力要素，对每个要素的定义进行界定，并对每个要素的高分行为特征和低分行为特征进行分析和描述。

（4）规范模型格式，明确模型内容。岗位胜任力模型的建立，必须设计出标准的模型要素构成及标准等级表格，并在表格中明确具体的填写内容，如能力模型的类别、各类别所包含的要素以及各要素的标准等级等。表格的设计要简单明了。这是能力模型建立的一项重要工作。如果表格不规范，内容不全面就难以建立科学的能力模型。模型的设计，要素的确定，通常根据本单位实际情况确定。

（5）开展技术培训，掌握操作方法。岗位胜任力模型建立的质量如何取决于专家小组成员对有关能力定义及特征的理解程度。由于各部门的主管及绩效卓越者，可能对业务非常精通，但对履行岗位职责应具备的素质与能力的界定，不一定完全清楚，对岗位胜任力模型要素构成及标准等级表格的填写不一定内行。因此，必须对每个专家小组成员，特别是各部门主管进行培训，让每个专家小组成员掌握建立岗位胜任力模型的基本方法，熟悉有关能力要素的定义及行为特征，了解模型表格的填写方法与内容。

（6）采集有关信息，初建能力模型。信息的采集可以以各系列专家小组为单位，对本系列的有关岗位进行分析讨论，确定每个岗位的胜任力要素，并分析确定对每个能力要素要求的具体程度。这个方法比较省事，但可能存在采集的信息不太准确的问题。

另一种信息采集方法是访谈法，即通过对特定人群进行访谈采集信息。这种方法比较耗费时间，但采集的信息相对准确一些。应用此种方法，首先需要确定特定采访的人群，在理想的情况下，是对每个岗位任职者都包括进来。但如果基于实际的考虑，如在职人数比较多或经费有限的单位，此时就要用抽样来替代。抽样要考虑到抽样的比例，在 100 人以下的单位抽样的比例应在 80%左右；300 人以下的单位抽样比例应在 60%左右；700 人以下单位抽样比例应在 40%左右；1 000 人以下单位抽样比例应在 25%左右；3 000 人以下单位抽样比例应在 10%左右；7 000 人以下单位抽样比例应在 5%左右；100 000 人以下单位抽样比例应在 3.5%左右。其次需要考虑采访人员的质量。被采访人员要能够代表整个人群，包括不同的地理位置、工作的任期、性别、年龄、级别和绩效的人。特定人群采集信息的方法主要是一对一采访和团体访谈。一般团体访谈被访谈人数为一人，而且由一个接受过专门训练的专业系列专家小组成员来负责组织。如果一个小组超过 5 个人，让每个人都表达自己的想法，可能时间不允许。如果小组少于 5 个人，小组成员就不能充分交流看法。在对时间和经费预算有一定的限制情况下，可放弃一对一采访方式，而采用团体访谈的形式。但是无论采用哪一种方法都有其利弊。

一对一采访的优点是鼓励在职人员提出真诚的意见，允许采访者寻求更多的细节，减少人们对保密性问题的担忧；其缺点是进行足够的采访来收集充足的数据会浪费大量的时间，而且成本很高。团体访谈优点是提供一个机会来收集更多人的看法，而且效率很高。小组讨论产生的活力可以帮助访谈者获取一些丰富的甚至是意想不到的信息，说明在工作中达到绩效标准所需要的胜任力；其缺点是需要对系列小组专家的访谈者进行培训，同时在自己的同事面前，参加者可能不能开诚布公，需要精心安排和组织。

（7）进行技术审定，验证能力模型。各系列小组分析确定本系列的岗位胜任模型后，综合专家小组要进行技术审定。审定的内容包括各岗位胜任力模型的有关要素是否全面，各要素界定的程度是否准确。要进行纵向和横向比较，统一分析和研究，以提高能力模型的准确度。这样，先由系列专家小组分析讨论提出初步模型方案，再由综合专家小组进行技术审定，既可以弥补其系列专家小组的漏洞，也可以减少综合专家小组的工作量，这是比较科学的运作方案。

综合专家小组进行审定后的能力模型，要通过问卷调查或访谈进行验证。问卷调查的对象要有绩效卓越者、绩效一般者和绩效较差者，各占一定的比例。调查的结果要分类统计分析其相关性，对于相关性较低的要素，要进行研究与分析，必要时可以调整要素。访谈验证也是一样，要注意不同绩效水平者的意见，要分析其相关性，必要时对其能力要素进行更换与调整。

（8）领导小组审定，确定领导小组模型。领导小组对整个岗位胜任模型进行审定，审定通过后即可进行定稿。

（9）应用模型，修订与改善。能力模型建立后，要与人力资源管理的各项工作进行衔接，并通过沟通、交流和培训等方式，向各个层级的员工宣传、推广，打消员工的顾虑，获得理解和认同，以保证实施的效果，及时取得反馈，对发现的问题做必要的改进。通过选取最初确定的绩效标准，对能力模型进行不断检验和完善，以保证其效度。

本章小结

1. 人力资本体现于人身体上的知识、能力和健康。其内涵包含三个方面：第一，人力资本可分为初级和高级两个层次，前者是指健康人的体力、经验、生产知识和技能，后者是指人的天赋、才能和被发掘出来的智慧；第二，人力资本具有不同的生产力形态，包括异质型人力资本和同质型人力资本，前者是指在特定历史阶段中具有边际报酬递增生产力形态的人力资本，后者是指在特定历史阶段具有边际报酬递减生产力形态的人力资本；第三，从个人视角来说，人力资本指存在于人体之中，后天获得的具有经济价值的知识、技术、能力和健康等质量因素之和。从群体视角来讲，人力资本指存在一个国家或地区人口群体每一个人体之中，后天获得的具有经济价值的知识、技术、能力及健康等质量因素之和。

2. 舒尔茨对人力资本理论的贡献在于，他不仅第一次明确地阐述了人力资本投资理论，使其冲破重重歧视与阻挠成为经济学上的一个新的门类，而且进一步研究了人力资本形成的方式与途径，并对教育投资的收益率和教育对经济增长的贡献做了定量的研究。他对未来持乐观态度，他认为决定人类前途的并不是空间、土地、自然资源，而是人的能力。

3. 战略性人力资源管理，就是用来联系企业人力资源管理和组织战略进程，并强调企业各种人力资源管理活动间的协作和一致。战略性人力资源管理有别于传统人力资源管理所扮演的职能性角色，而以总体导向的方式为主，探讨人力资源管理与组织的互动关系，审视组织外在的各项活动与内在的优缺点，确认可能的存在的机会与威胁，将人力资源管理的各项活动与组织竞争战略相结合，提升企业人力资源管理的地位，协助组织获取竞争优势，达成组织目标。

4．胜任力是在某一工作中能显著区分一般绩效和高绩效的个体特征，它可以是动机、特质、自我形象、态度或价值观，也可以是某领域的知识、认知或行为技能等素质的集合。胜任力包括六个方面的内容，它们是知识、技能、社会角色、自我认知、特质和动机。

5．胜任力模型的构建包括五个步骤：第一，明确目标，定义标准；第二，选取样本进行分析；第三，建立胜任力模型；第四，评估确认；第五，使用和完善。

通关密码

虽然中国许多企业目前还是处于人事管理和单向人力资源管理的阶段，但是，随着西方先进管理技术的引进，还是有很多优秀的企业已经逐步进入了人力资源战略与战略人力资源管理的阶段。开篇介绍的案例就是一个很好的例子，说明中国的人力资源正进入一个辉煌的变革期。下面是笔者对中美集团人力资源部门这份文件的一些观点，重点分析了中美集团已经进入了战略人力资源管理的阶段的原因。

1．“与此同时，与集团的飞速发展相比，内部的管理水平却相对滞后。初创期人力资源投入相对不足，使得人力资源管理机制尚未健全，出现了一系列与集团的发展阶段和经营战略要求不相匹配的状况，在一定程度上制约了集团的可持续发展。”（这已经把人力资源管理作为企业战略的一部分，作为公司可持续发展的一部分，将企业发展的瓶颈归因到对人力资源的投入不足，并已经把人力资源作为企业最重要的战略资源。）

2．“中美集团高层决定进行人力资源管理变革，以突破中高层人才瓶颈为切入点，构建基于战略的人力资源管理体系，探索出适应企业成长期发展要求的战略性人力资源管理模式。”（将人力资源变革作为企业变革的推动力，而不是被动地接受，因为企业战略调整而进行的人事调整，足以可见人力资源的变革完全上升到了企业战略的高度，而人力资源变革的成败，也直接决定这个企业未来的发展方向和前景。）

3．人力资源战略：第一阶段，搭建体系性框架，夯实管理基础。用人力资源的框架来支撑企业的战略，从源头开始人力资源工作就渗透到了企业战略的实施中。第二阶段，系统规划，综合提升。将人力资源管理体系统筹到公司系统中去，重视整体效果，而不是从其他部门剥离出来，更加强调公司横向契合。第三阶段，完善升级，实施前瞻性管理。前瞻性的开展人力资源开发工作，为企业战略的实施提供充足的人才储备，与企业战略实现完美的纵向契合。

4．开展人力资源规划，人力资源规划与企业发展战略统筹规划，对公司发展将出现的

人力资源知识、技能需求的变化进行预测，使人力资源工作具有战略性。

5. 为了更好地提升员工的业绩和组织绩效，人力资源部门将关注的重点转移到企业文化建设、员工职业生涯规划、薪酬体系与激励制度、人力资源开发等方面的工作上，不在把员工看作是成本，而是最关键的资源，不断地投资、开发、培训，这样不仅能够牢牢地留住员工，让员工与企业命运同呼吸，而且也形成了强大的执行力，促使公司战略的实施。

从以上几个方面可以看出，中美集团已经逐步进入了战略人力资源管理的阶段，也预示着中国的企业，无论民营还是私营，都会向战略人力资源管理阶段迈进。

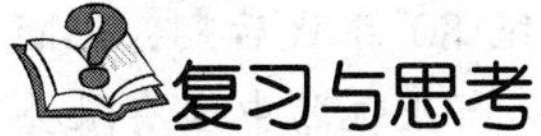

复习与思考

一、名词解释

1. 人力资本
2. 人力资本理论
3. 战略性人力资源管理
4. 高绩效工作系统
5. 胜任力
6. 胜任力模型
7. 人力资源管理模式

二、简答

1. 什么叫作人力资本？
2. 现代人力资本理论的内容是什么？
3. 战略性人力资源管理的特性与内涵分别是什么？
4. 什么叫作高绩效工作系统？它由哪几部分构成？
5. 什么叫作人力资源管理模式？简述一下它的发展历程。
6. 员工胜任力的概念是什么？它的特点有哪些？
7. 简述一下胜任力的内容。
8. 什么叫作胜任力模型？它由哪几部分构成？

三、讨论

1. 举例说明控制型与承诺型人力资源管理模式在企业中的运用。
2. 简述胜任力模型的构建。

四、案例评析

IBM（中国）高绩效工作系统的实施

一、IBM（中国）公司背景介绍

IBM，即国际商业机器公司，1911年创建于美国，是世界上最大的信息工业跨国公司，目前在全球拥有雇员20多万人，业务遍及150多个国家和地区。

IBM与中国的业务联系源远流长。早在1934年，IBM公司就为北京协和医院安装了第一台商用处理机。1979年，在中断联系近30年之后，IBM伴随着中国的改革开放再次来到中国，同年在沈阳鼓风机厂安装了中华人民共和国成立后的第一台IBM中型计算机。

随着中国改革开放的不断深入，IBM在华业务日益扩大。20世纪80年代后期，IBM先后在北京、上海设立办事处。1992年IBM在北京正式宣布成立国际商业机器中国有限公司，这是IBM在中国的独资企业。此举使IBM在实施其在华战略中迈出了实质性的一步，掀开了在华业务的新篇章。随后IBM中国有限公司又在上海、广州、沈阳、深圳、南京、沈阳、武汉、西安等地建立了分公司，并在福州设立了办事处，从而进一步扩大了在华业务覆盖面。伴随着IBM在中国的发展，IBM中国员工队伍不断扩大，目前已发展到1 500多人。在信息发展条件下，组建了IBM大中华地区集团；改变了以产品划分为基础的传统模式，实施以行业划分为基础的发展战略；在中国的几十个城市建立了客户服务中心网络。十几年来，IBM的各类信息系统已成为中国金融、冶金、石化、交通、制造、商品流通等许多重要业务领域中最可靠的信息技术手段。

在长期的发展过程中，IBM始终坚持三个基本的信念：第一，尊重个人，重视机构内每一个成员的尊严和权利，充分调动员工的工作积极性；第二，注重客户服务，力争百分之百的让用户满意；第三，精益求精，无论做哪一项业务都追求尽善尽美。所有这些，形成了IBM的企业精神，同时也使IBM与世界融为一体，深入人心。

在人力资源管理实践中，IBM始终贯彻着四大理念：第一，以员工为企业最重要的资产，“尊重个人”被公司奉为最高信条；第二，注重“尊重员工”，协助自重，适才适职，发挥潜能；人才培养，技术提升原则；第三，强调“杰出尽职的人才组成团体是成功之本”；第四，把每位员工实现自身人生价值的过程，凝聚为企业发展源源不绝的强大动力。

二、IBM（中国）的高绩效工作系统实施

1. 加强基础性人力资源管理

（1）IBM公司招聘人才注重的条件。首先，要考虑公司需要什么样的技术，什么样能力的人，是要本科生还是硕士、博士。从一般的人力需要状态来看，IBM主要考虑四个要点：① 要具备逻辑分析能力。要快速、经常地学习，还要有持续学习的能力。因为高科技行业，以前十年一代产品，现在可能是几个月就一代，更新非常快。那么新产品出来，员工如果不能及时学习，就会落伍，一旦落伍，就会被淘汰。② 要有适应环境的应变能力。

进入新环境就不能再按老习惯做事，必须具备适应、协调和沟通的能力，适应职位的要求。③ 要注重团体精神。不论制造，销售还是服务，绝不是一个人单独完成的，需要每个人都有团队协作精神。④ 要具有创新能力。品德是任何聘雇的先决条件。他们要对一个应聘者的过去进行考察，看其原单位的记录。品德这一关过不去，其他免谈。其次，还要看他们的个人特质与技术能力。例如销售，应看他是否具备销售人员需要的技能、知识。至于产品知识，公司会有完整课程训练。IBM 的招聘工作一年四季都在进行，对应聘者一律公平对待，不会因为是高级经理或其他有影响的人推荐，就把人安插进来。他们特别强调学校招聘，这是从更长远的人力资源角度看。现在还通过网络形式从全国及美国招聘人才。

（2）"人才本土化"策略。"人才本土化"是 IBM 目前的政策和方向。1992 年 IBM 中国公司成立时有不到 200 人，现在已增至 1 500 人，发展速度相当快。公司中国总裁反复强调"这是中国的公司，将来是要中国人经营的"。但这并不表示今天说，明天就可以做到，关键是看每个人的能力，随着企业变迁，规模扩大，对每一个高层职位的要求也越高，只有个人成长速度比公司成长速度快，这样才能脱颖而出。1996 年 IBM 中国公司在本地一线经理人员不到 40 人，一年后已达到 80 人。他们有一个"领导课程"，主要讲述主管需要具备的条件，测试个性是否适合做主管。公司给员工提供"双向前程"，即可根据自己的个性和兴趣选择管理路线或专业人员，薪资是与其贡献成正比的，专业人员并不一定会比管理人员低。

（3）将员工作为重要资产进行培训。首先，全面塑造新员工的培训。新员工进入 IBM 以后，先要进行 4 个月的集中培训，培训内容包括 IBM 的发展历史、规章制度、技术和产品工艺、工作规范和工作技巧。培训采用课堂授课和实地练习两种形式。培训结束后进行考核，合格者获得结业证明，不合格者则被淘汰。4 个月后，受训者有了一个 IBM 员工的基本概念。但是，要成为 IBM 的正式员工，还要经过一年的实习。实习期间公司给每个新员工派一位"师傅"，一对一地进行教学。实习期间，要定期向人力资源部和新员工所在部门反馈实习情况。实习结束后员工要做工作计划和个人发展计划，提出继续做现在岗位工作的深入计划或变换岗位的计划以及职业生涯发展计划。

其次，制度化的老员工培训。IBM 注重在职员工的培训，公司制定了非常完备的员工培训制度和实施计划。培训形式除传统的教师培训外，广泛采用网上培训。IBM 建立了自己的网上大学，员工可以根据自己的时间情况随时安排学习，这解决了他们的学习培训与现实工作的矛盾冲突。课程形式既有教材学习，也有真实或虚拟项目的训练，均有较强的实用性。

IBM 提倡员工边工作边学习，或者在业余时间参加各类课程学习，以提高工作效率和个人发展潜力。员工可以提出自己需要去参加哪些内容培训，只要与工作有关、合理，公司一般都会同意并给予经费。这就有效地兼顾了企业和员工两个方面的培训需要。

最后，选拔和培养管理层的培训。IBM 公司非常重视"接班人"的培养，通过工作岗位轮换等方式来锻炼和选拔管理者的候选人。确认了合格的人员后，IBM 公司会加以任命，使其有机会在管理工作实践中得到锻炼。上一级管理者与人力资源部门则负责对任职者的资格水平进行检验和有效的工作评估，优胜劣汰，整个过程则是公司与未来管理层双方之间互相审视适应的过程。

2. 培育高绩效的能力措施的运用

（1）开放的内部晋升机制。IBM 在内部晋升方面有着自己独特的做法。举个简单的例子：当工程师的业绩与能力达到一定程度时，公司会主动为他们设计发展方向，如是向技术型或管理型还是项目管理型方向发展，工程师和主管双向沟通来决定自己的发展方向。在员工由初级工程师向高级工程师晋升时，技术考核委员会对晋升人员的专业能力、技术辐射力、创新性等方面，向晋升人员主管或本人提问答辩，最后投票决定。考核委员会由相关领域的资深人员组成，代表了不同的技术领域。晋升后的员工有义务每年进行规定次数的技术讲座，来与其他员工分享经验与技术。这种方式同时也给员工传递这样一个信息：可借此机会衡量自己是否符合该职位要求，准确给自身定位。

（2）平等互助的学习环境。企业环境可包含两个方面：外部环境与内部环境。诚然，外部环境对企业的发展有着制约的作用，但是内部环境更是有着决定性的作用。IBM 显然很清楚地认识到了这一点，制定了多项措施营造良好的学习环境：一是“以人为本，共同成长”的核心价值观和“团队合作，沟通互助”的企业文化，为 IBM 建立良好的内部学习环境提供了制度保障。二是在公司内部对新员工均实行为期半年的新员工导师制度，为每位新员工指派一位指导老师，提供工作与学习方面指导与帮助，使新员工很快进入岗位角色。三是针对每年选拔的优秀毕业生设计了“新星计划”，帮助他们快速成长。完成“新星计划”的学员将成为公司技术和管理的中坚力量。四是成立了专利和论文委员会，鼓励员工发明专利与发表论文并对此进行评审，对获奖者予以奖励。五是经常举办关于技术方面的讲座，其中大部分是由公司内部资深员工负责讲解。部门内部也提倡不断进行技术方面的日常交流，与其他员工相互分享学习成果。六是专门创办了 IBM 大学负责员工的培训，并开设网上学习课程，为员工日常学习提供丰富便捷的资源。

3. 富有吸引力的激励措施

IBM（中国）公司在开发本土化人才的战略中充分运用多种激励方式激励本土员工，保证了组织创造高绩效，为其良好的运营奠定了坚实的基础，具体措施如下。

（1）员工共同的激励措施。第一，富有挑战性的工作。IBM 认为，激励的前提首先要为员工提供有兴趣、有挑战、有意义的工作，这对任何员工都很重要。企业为员工提供富有挑战性的工作机会，一方面可以保持本公司的技术领先性，另一方面员工也得到了锻炼，公司的凝聚力也得到了增强。如果员工能挑 100 斤的担子，却只安排了 50 斤，这样势必会造成人力资源的浪费，同时员工尤其是核心人才也不愿意，认为自己的价值未能充分发挥。因此，IBM 的人力资源部门致力于根据员工兴趣与特长为员工设计工作岗位，帮助企业员工实现自身的价值。在能挑 100 斤的情况下，让其挑满，并在其愿意的情况下，适当加压，

使其工作更具挑战性，并激发员工的潜力。当员工觉得现有工作已不再具有挑战性时，管理者可以通过工作轮换的方式把他轮换到同一水平、技术相近，但更具挑战性的岗位上去，并在工作中积极引导他开拓创新。这样，由工作轮换所带来的丰富的工作内容和挑战感，就可以减少员工的枯燥感，提高他们的积极性和忠诚度。

第二，由业绩和市场导向的薪酬。IBM 全球总部人事副总裁高斯说："我们 IBM 这么大的公司能在中国大地上凝聚在一起，其中一个重要的原因就是诱人的薪酬"。IBM 为本土员工提供优越的薪资与福利，更会为表现突出的员工提供高薪，或进行频繁的加薪。IBM 公司在制定本土员工薪酬时经过严密的薪酬福利调查后，遵循随行就市的原则制定员工薪酬，使公司的薪酬具有市场竞争力，确保其薪酬水平与员工创造的价值相对应，甚至不能低于意欲挖角的竞争对手的出价。同时，公司严格根据员工业绩表现"按劳取酬""不能致功，虽有贤名，不予之赏"。他们坚信只有支付了具有绝对竞争力的薪酬，核心人才才有可能不被竞争对手挖走。

第三，卓越的领导和愉快和谐的工作环境。IBM 认为企业要想从根本上具备留住优秀人才的优势，必须要有一个非常好的领导机制和愉快和谐的工作环境，他们深信今天企业中的领导层的素质已经成了企业具有竞争力的因素之一。IBM 公司的管理者大多具备技术背景或具有超脱于技术之外的才能。他们具有敏锐的商业嗅觉，并且能在企业内部营造一种冒险和创新的氛围激发员工的工作热情。此外，IBM 公司通过 CPD 圆桌会议及 CPD 员工对话等，讨论并帮助员工制定职业生涯规划，同时管理阶层积极给员工营造一种宽松和谐的工作环境，如上班穿便装、优良的办公设备、舒适的就餐和体育锻炼空间等。他们深信宽松和谐的工作环境有助于激发员工的创造性，有助于消除员工的工作压力和工作枯燥感。

第四，众多的发展机会和量身定做的职业发展规划。IBM 认为"公司不仅仅依赖于用高薪留住人才"。对于员工，发展机会才是最重要的，为此，公司为本土员工提供了尽可能多的、多种领域、性质各异的发展机会，帮助员工实现职业目标。为了确保每位员工都拥有公平的发展机会，IBM 每年对全体员工进行一次员工发展评估，人力资源部门致力于根据员工兴趣与特长为每一位员工设计工作岗位与职业生涯，给每一名员工建立良好的职业发展规划。员工可不受限制地扩大自己的知识面，在不断学习专业知识的同时，完善自身的气质。IBM 雇佣本土员工更多考虑他们的长期规划，给予他们更多的发展机会和空间，希望员工与公司一起成长。

（2）针对员工个人的激励措施。除了共同的激励形式外，IBM（中国）公司还针对不同的部门制定适合本部门的激励措施。例如在销售部门要使销售人员充分意识到重要工作业绩突出，便有受到奖励的机会。在研发部门 IBM 根据研发人员工作性质的不同，激励措施不同，重在对给研发人员提供更多的成长空间，如公司常常提供高级技术培训、参加高级技术论坛的机会，以激起他们的工作热情。各种奖励方案如下。

第一，公平的考核制度保证奖励的公平性。IBM 所设计的激励制度中所有奖励的基本目的都是提高本土员工的生产效率，从而获得更有竞争力的优势。为了这个目标，IBM 公司在 IBM 激励制度时以本土员工的需要和公司的经营目标为中心。公司考核部门根据员工上一年度的出色业绩确定晋资人员名单，并予以及时的奖励。奖励内容包括晋资、奖金和福利待遇。

第二，多样的职业晋升途径。公司规定企业内部员工晋升岗位有行政管理职位系列和专业技术职位系列。有晋升意愿的员工可根据自己的兴趣与特长选择晋升岗位，如可申请行政管理职位的员工包括：高级管理人员、各级经理、市场研究人员、销售人员、财务人员、物资采购人员、质量检验人员、行政管理及支持人员等。可申请专业技术职位的专业技术人员包括工程部门技术人员、研究和发展部门技术人员以及其他部门的技术人员。

第三，鼓励员工参与企业的管理。IBM 公司在员工的管理方式上积极主张吸纳对公司发展有利的建议，让员工参与企业的管理和发展规划设计。公司经常通过组织员工会谈等方式，鼓励员工提问题或建议，让他们参与决策过程。对员工提出的管理建议，由公司、部门经理或战略研究中心主任直接确认并给予奖励。为保证提议渠道的畅通性，每位员工都能以书面或 E-mail 形式直接向战略研究中心提交合理化建议方案，总经理对上述每一个提案有追加奖励权。对于技术（产品）开发类的建议，能被量化评估其价值的，公司将成立专门的创新评估小组，对其价值评估并实施奖励。要将职工的意见充分沟通，就必须将协调会议分成若干层次。实际上，公司内共有 90 多个这类组织。如果有问题在基层协调会议上不能解决，将逐级反映上去，直到有满意的答复为止。事关公司的总政策，就一定要在首席代表会议上才能决定。总部高级管理人员认为意见可行，就立即采取行动，认为意见不可行，也要把不可行的理由向大家解释。员工协调会议的开会时间没有硬性规定，一般都是一周前在布告牌上通知。为保证员工意见能迅速逐级反映上去，基层员工协调会议会先开。

同时，公司也鼓励员工参与另一种形式的意见沟通。公司里安装了许多意见箱，员工可以随时将自己的问题或意见投到意见箱里。为配合这一计划实行，公司还特别制定了一些奖励规定，凡是员工意见经采纳后产生了显著效果的，公司将给予优厚的奖励。令人欣慰的是，公司从这些意见箱里获得了许多宝贵的建议。如果员工对这种间接的意见沟通方式不满意，还可以用更直接的方式来面对面和管理人员交换意见。① 主管汇报。对员工来说，IBM 公司主管汇报、员工大会的性质，和每年的股东财务报告、股东大会相类似。公司员工每人可以接到一份详细的公司年终报告。这份主管汇报有 20 多页，包括公司发展情况、财务报表分析、员工福利改善、公司面临的挑战以及对协调会议所提出的主要问题的解答等。公司各部门接到主管汇报后，就开始召开员工大会。② 员工大会。员工大会都是利用上班时间召开的，每次人数不超过 250 人，时间大约 3 小时，大多在规模比较大的部门里召开，由总公司委派代表主持会议，各部门负责人参加。会议先由主席报告公司的财务状况和员工的薪酬、福利、分红等与员工有切身关系的问题，然后便开始问答式的讨论。员工大会不同于员工协调会议，提出来的问题一定要具有一般性、客观性，只要不是个人

问题，总公司代表一律尽可能予以迅速解答。员工大会比较欢迎预先提出问题的这种方式，因为这样可以事先充分准备，不过大会也接受临时性的提议。

第四，以温暖人心为目标。IBM 公司不同于其他公司的另一个特点，是允许员工犯错误。他们不仅给优秀的员工以发展的机会，并在员工不能胜任此工作时尽可能为他们挑选其他岗位，而不是将其一下打入另类。所以，许多"不称职"的员工通过岗位调整，也可以干得和其他人一样出色。IBM 的这种以温暖人心为目标的人性管理方式，使得员工能够全身心地投入为企业创造价值的工作中去。在福利方面，除了为员工交纳四金外，公司还提供其他一系列的福利"套餐"，每年为员工交纳人寿保险金，进行体检，组织外出旅游，以及开展其他亲情活动等。每逢员工生病、过生日等都会收到人力资源部送来的礼物，让员工真实地感觉到集体的温暖。这些都增强了企业的内部凝聚力，增进了员工之间的情感互通。

IBM（中国）公司完善的人力资源管理措施——"人才本土化"策略、将员工作为重要资产进行培训、开放的内部晋升机制体系、平等互助的学习环境、富有吸引力的激励措施等，这一系列的高绩效的人力资源管理措施相互配合，提高了人力资本，增加了员工工作动机，减少了员工流动，使得员工的工作满意度和忠诚度提高、生产率增加和离职率降低等。这个实践系统增强了公司的学习能力，并且使得组织结构更好地适应外部环境，提升了员工绩效和企业总体绩效水平。

资料来源：邓志翔. IBM（中国）高绩效工作系统的实施[J]. 现代人才，2009.

【思考题】

1. 请结合案例说明，IBM（中国）公司是如何实施高绩效工作系统的？
2. IBM（中国）公司的成功对你有什么启示？

第三章 人力资源规划

学习目标

★★★★★

- 人力资源规划的定义及其内容。
- 人力资源规划的类型与层次。
- 人力资源规划的方法。

★★★★

- 预测人力资源需求。
- 预测人力资源供给。
- 人力资源供需平衡。
- 人力资源规划编制。
- 人力资源规划的控制与评估。

★★★

- 信息管理系统在人力资源规划中的应用。
- 设计企业人力资源规划方案。

开篇案例

德仁集团该如何进行人力资源规划

德仁集团是沈阳市一家颇有名气的民营企业，成立于2000年，通过多年的发展，其业务范围已包括房地产开发、建筑施工、物业管理、机械制造、高新能源材料和医用骨科材

料的生产与销售。集团总资产为2.6亿元，现有7家子公司和两家控股公司，集团下属的房地产企业在当地有一定的竞争优势，工业企业尤其是高科技企业则处于投入期。2014年年初集团确定了今后五年以“紧紧抓住经济结构战略调整这条主线，以房地产为依托，以高科技为支柱，以相关行业为辅翼，进入多元化发展”为思路，并决定把2014年作为集团的管理年，加强制度建设和流程建设，夯实管理基础，全面提升管理水平。

同中国许多处于发展期的民营企业一样，德仁集团管理工作一直很薄弱，企业的战略管理、治理结构、制度体系、人员素质已不适应集团的持续发展，主要表现在以下几个方面。

1. 企业战略发展问题

德仁集团的前身是一家房地产企业，其房地产部门实力较强，开发的楼盘项目受到了当地人民的欢迎，2005年获得了“沈阳市房地产开发企业综合实力二十强”称号，2006年初又取得了沈阳市某项重点基础设施的建设权，这为企业带来了2 000多亩的土地资源开发权。为了拓宽集团的业务范围，德仁集团早在2004年就与国内某著名高校合资设立了两家高科技企业，分别从事高新能源材料和医用骨科材料的生产与销售，德仁集团作为控股方，以现金和实物资产入股，某高校作为参股方，以专利技术入股。同时，德仁集团积极开展资本运营，从2006起，分别兼并了两家国有工业企业。德仁集团希望通过以上举措，尽早将企业做大，迅速实现经济结构战略性调整的目标。

随着德仁集团全面进入多个行业，资源矛盾也日益凸现出来。由于高科技行业进入的门槛较高，德仁集团在成立两家高科技企业时，根本没作全面的可行性分析。其中一家高科技企业所处行业竞争过于激烈，不具备规模优势，至今尚未盈利，反而亏损累累；另一家高科技企业仍处于项目申报、产品检验阶段，正式投产还有待时日。德仁集团兼并的两家国有工业企业属于微利企业，由于市场竞争激烈，稍有不慎，这两家企业也会陷入亏损的境地，更别说为德仁集团创造利润和尽早收回前期的改制成本了。为了维持这些企业的正常运作，德仁集团只有不停地向它们注入资金，而减少对房地产企业的投入，这就造成了房地产项目建设工期的拖长，影响了房地产项目的资金周转和利润产出。目前的德仁集团，资金运作捉襟见肘，财务指标急剧恶化，一旦国家紧缩银根，企业将面临严峻的生存危机。

2. 企业治理结构问题

德仁集团目前采用的是高度集权的管理模式，其下属子公司虽在企业章程上体现了不同股东持股，但实际上均为董事长一人持股。某高校作为两家高科技公司的参股方，根本没尽到股东的义务，其派驻到公司的人员仅仅是挂名领取工资，对产品的研发和生产工艺极少进行指导，更别说对公司的经营管理。在这种体制下，企业资产的所有者、控制者和经营者的角色重叠，企业的股东会、董事会和监事会形同虚设，经理人员很难发挥积极性，从而逐步形成了凡事都依赖集团公司的思想。以下两个例子能够说明江华集团的集权管理程度：一是下属企业所用的办公用品，即使是一支笔、一个笔记本，原则上要到集团公司来领用，除特殊情况外，一律不得自行购买；二是下属企业的促销活动，无论规模大小，下属企业总经理和集团总经理都无权审批方案，方案必须经由集团董事长审批后才可执行。

目前，德仁集团高管层对于德仁集团究竟是采取集权模式还是采取分权模式进行管理的问题看法不一。持集权观点的人认为集权管理模式有利于集团公司对下属企业进行全面的控制，特别是在老板一人持股的情况下。同时，集权管理模式有利于整合资源，各下属企业只要专注于生产，其采购和营销由集团公司成立相应的部门负责。持分权观点的人认为分权管理模式有利于下属企业在责、权、利体系上的均衡，有利于充分调动下属企业的积极性，但对于"如何放权，怎样才能找到集权与分权的最佳平衡点"，却无法回答。

3. 企业规范管理问题

由于历来形成的"重项目，轻管理"思想，德仁集团对基础管理工作一直未有足够的重视。集团成立至今，虽然制订了许多管理制度和文件，但这些制度和文件均未形成规范的体系，且本身也存在着自相矛盾的地方。企业在运作过程中，往往是发现一个管理漏洞时，就发布一项制度去规范，至于制度的维护和继续执行则无法保障。企业的经理层在管理中更多的是扮演救火队的角色，结果火是越扑越大，管理也是越来越混乱。

2010 是德仁集团的管理年，集团高管层痛下决心要扭转管理上的混乱局面，并通过相关渠道找来了本市一家美资企业的全套管理文件，同时集团职能部门参照该文件制订本企业的管理制度。通过近两个月的时间，职能部门分别在各自的职能范围内制订了管理制度并开始实施，但由于这些制度并未清晰地界定企业的责、权、利体系和制度，在实施前未经过很好的整合，实施起来并未取得理想的效果，反而让很多员工产生了一种无所适从的感觉。

4. 企业人员素质问题

德仁集团地处内陆城市，在人员的招聘选拔上主要是面向当地人员，虽然其员工的工资待遇高于当地的平均水平，但仍难吸引优秀人才加盟。企业的经理层多半来自于本地的国有企业，人员结构不合理且年龄老化。在企业的经理层中，本科及以上文化的有 10 人，大专文化的有 11 人，中专文化的有 3 人；45 岁以上的有 11 人，30~45 岁的有 11 人，30 岁以下的有 2 人。企业的经理层尤其是高管层，缺乏创新精神，满足于自己过去的经验，很少主动接受新的管理思想和理论。德仁集团也曾经高薪聘请过具有 MBA 学历和丰富管理经验的人才来担任企业重要职务，但这些人往往由于无法实现自己的抱负和理想，来企业不久后就纷纷离职。

德仁集团作为民营企业，还未完全摆脱家族化管理的模式。同时当地的政府职能部门也经常有人员需企业安排就业，这就造成了企业内部关系员工的增多，人员管理难度加大。企业高管层虽一再督促人力资源部加强员工培训，但人力资源部却总是以企业管理制度体系尚未完全建立，难以确定培训内容为借口进行推脱。

资料来源：本案例的编写参考了中人网（www.chinahrd.net）案例版面的相关内容，以及赵曙明编写的《商学院院长案例点评》（2003 年出版）一书。

【思考题】

以德仁公司目前的情况，应该进行什么样的人力资源规划，才能和它的战略思路相一致呢?

第一节　人力资源规划概述

随着知识经济时代的到来，人力资源的作用越来越大。当代企业要想顺应时代变化，紧随时代潮流，就必须加强人力资源管理的一项重要工作——人力资源规划。

一、人力资源规划的含义

谈到规划，我们首先会意识到规划是一个预测的过程。那么在企业人力资源管理实务中究竟需要预测什么呢？预测的应该是人力资源的供给与需求。规划的目的又是什么，很显然是使供给和需求相平衡。通过以上分析，我们就不难为人力资源规划下一个定义：人力资源规划是为了实施组织发展战略，运用科学的方法对组织内人力的供给和需求进行预测，并且使之达到平衡状态的过程。

具体来说，我们将对人力资源规划含义进行以下几点说明。

（一）人力资源规划依托于组织战略发展目标

任何管理活动，都要受到组织战略发展目标的指导，否则将毫无意义。如果对组织战略发展目标进行调整，人力资源规划也要进行调整。组织战略发展目标是人力资源规划的基础，人力资源规划是组织发展目标得以实现的保证。

（二）人力资源规划必须要将人力资源战略转化为实际措施

为了使得组织对人力资源的需求得到满足，组织需要尽快落实人力资源战略，尽早拿出人力资源战略实施方案，采取切实有效的措施，以促进人力资源规划的实现，进而促进组织战略目标的实现。

（三）人力资源规划要充分发挥每个人的主观能动性

人力资源规划着眼于员工长期的利益，而不应该局限于短期利益，要充分地调动员工积极性，提升员工的综合素质和工作效率，进而促进组织目标的实现。

（四）人力资源规划要兼顾组织与员工的利益

人力资源规划在保证组织战略目标实现的同时，也要保障员工的利益。企业要关心员工的发展，在物质、精神方面给予员工一定的支持，调动员工的积极性，帮助员工在实现企业目标的同时，实现个人发展目标。

二、人力资源规划的作用

人力资源规划具有先导性和战略性的特点，在实施组织目标的过程中，它不断调整人力资源管理的政策措施，指导组织活动，在人力资源管理活动中起到了重要作用。我国许多大型企业十分注重人力资源规划的重要作用，并且将人力资源规划运用到企业日常管理中，如知名企业华为公司、海信公司、海尔公司等就是运用该项技术的受益者。他们的成功告诉我们，人力资源规划关乎企业发展的未来。接下来我们共同分析人力资源规划具有的重要作用。

（一）人力资源规划为组织战略目标的调整提供保障

人力资源规划是组织战略目标的保障，为组织战略目标提供科学的数据支持。组织高层在调整战略目标时往往要考虑自身的情况和各种资源，尤其是组织内人力资源的情况。这样，组织高层就可以清晰地了解组织内人员余缺情况，增加人员招聘、调整、培训的灵活性，使得灵活管理成为了可能。同时，也为组织高层做出决策提供了便利条件。可以说，人力资源规划与组织战略目标相互依存。人力资源规划依托于组织战略目标，组织战略目标是人力资源规划的重要保证。

（二）人力资源规划有利于组织有效地控制人工成本

人力资源规划可以科学地控制组织内的人员和职务结构，进行科学的分析和调整，避免人员冗杂和职务重复的现象，提高人力资源的利用效率。企业人工成本支出最大的是工资，工资总额取决于人员的分布。如果人员冗杂、职位重复，那么会造成工资总额的大大提高，提升了组织人工成本。通过人力资源规划、预测组织人员变化，可以有效地控制人工成本，提升人力资源利用率。最终使得企业优化经费组合，调整资金空间，为企业节省资金以用于基础设施建设和日常活动的支出。

（三）人力资源规划有利于组织人力资源管理活动科学、有序进行

人力资源规划是组织整个人力资源管理活动的基础，是确保人力资源管理活动顺利进行的保障。人力资源规划为组织人力资源管理活动提供可靠的信息和数据，让组织管理过程可以有据可依、有理可行，使得组织在进行人力资源招聘、薪酬计算、绩效计算、培训等活动的时候大大地减小了随机性。让组织能够明确应该招聘多少人、什么时候补充人员，应该补充哪个层次的人员，该对哪个层次人员进行培训等。因此，人力资源规划确保了组

织人力资源管理活动的科学、有序进行。

（四）人力资源规划有利于组织在发展过程中对人力资源的需求进行规划

任何组织都不是孤立存在的，都会依托于所在的环境。然而，影响环境的因素不断地运动，使得当前环境也是在变化当中的。企业为了谋生存、求发展，就必须顺势而为，调整自己的发展战略。企业的生产规模和经营领域随之变化，进而导致组织人力资源需求的数量、质量、结构发生变化。如果组织能够运用人力资源发展规划技术，及时地预测组织人力资源发展变化趋势，提出相应的政策措施，及时调整现有人员结构，提前为应对组织人力资源变化做好准备。当组织人力资源需求发生变化的时候，企业可以从容不迫地进行应对。

（五）人力资源规划有利于调动组织员工的积极性

人力资源规划展示了组织内部未来发展机会，员工可以清晰地了解自己的需求能否得到满足。组织通过人力资源规划在确保组织目标实现的同时，确保个人目标的实现来促使员工积极工作，发挥主观能动性。组织为了提高生产率，会通过各种方式激励员工，提高员工工作效率和对于企业的忠诚度。人力资源规划让员工对于未来的发展有着清晰的了解，会极大地激发斗志，为了自己的明天而奋斗。

三、人力资源规划的分类

人力资源规划有着众多分类方法，本章将对人力资源规划按照规划的范围、内容、期限、层次、全局性和长远性等主流的分类方法予以展开。

（一）按规划的范围分类

按照人力资源规划的范围分，可以分为整体人力资源规划、部门人力资源规划以及某项具体任务或工作的人力资源规划三类。

1．整体人力资源规划

它是指公司从整体战略层面出发，全盘考查，结合公司自身发展和日常管理实务进行的适合组织良性运转的一系列规划措施。

2．部门人力资源规划

它是指从公司某个部门的角度出发，基于部分发展需求，对于部门内部人力资源供给与需求进行科学的规划。

3．某项具体任务或工作的人力资源规划

它是指对某项具体的任务或者工作进行考查，临时进行人力资源供给与需求科学的规划，去完成某一特定任务或工作。

（二）按规划的内容分类

按照人力资源规划的内容分，可以分为人力资源战略发展规划、人力资源组织人事规划、人力资源管理费用预算、人力资源管理制度建设、人力资源开发规划以及人力资源系统调整发展规划六类。

1．人力资源战略发展规划

根据企业总体发展战略的目标，确定企业人力资源开发和利用的大致方针和策略是各种人力资源具体计划的核心，是事关全局的关键性规划。

2．人力资源组织人事规划

当组织设计调整好人力资源规划以后，相对来说会保持长期稳定状态，但却经常需要根据企业内外部环境进行适应性的调整。

3．人力资源管理费用预算

企业在一个生产经营周期（一般为一年）内，制订人力资源全部管理活动预期的费用支出的计划。人力资源规划的根本目的就是通过分权、分责、分利的人力资源管理活动实现人力资源与其他资源的最佳配置，而企业人力资源管理费用预算则是计划期内人力资源及其各种相关的管理活动得以正常运行的资金保证。

4．人力资源管理制度建设

人力资源管理制度建设是人力资源总规划目标实现的重要保证，包括人力资源管理制度体系建设的程序、制度化管理等内容。

5．人力资源开发规划

人力资源开发规划包括企业全员培训开发规划（员工职业技能的培训规划、员工职业道德的教育规划）、专门人才的培养规划、人员轮换接替规划、员工职业生涯发展规划、企业文化建设等。

6．人力资源系统调整发展规划

规划并非一成不变的，它是一个动态的开放系统，应对其实施过程及结果进行监督、评估，并重视信息的反馈，不断调整规划，使其更切合实际，更好地促进企业目标的实现。

（三）按规划的期限分类

按照人力资源规划的期限分，可以分为中长期规划和短期规划两类。

1．中长期规划

一般来说，五年以上的规划可以称之为长期规划，中期规划期限在一年以上、五年以下。

2．短期规划

一年及以内，一般按照年度编制，具体的时限没有统一标准。

有的企业将短期规划定为3~6个月，将中期规划定为6个月~2年，长期规划则定为2~5年。而有的企业，即使短期规划，也都定在10年以上。显然，具体的规划时限应根据组织的性质、规模来定。

（四）按规划的层次分类

按照人力资源规划的层次分，可以分为总体规划、各项业务规划两类。

1．总体规划

有关规划期内人力资源开发利用的总目标、总政策、实施步骤及总的预算安排。

2．各项业务规划

配备规划、退休解聘规划、补充规划、使用规划、培训开发规划、职业规划、绩效与薪酬福利规划、劳动关系等规划。

（五）按规划的战略层次分类

人力资源规划可分为战略性的长期规划、策略性的中期规划和具体作业性的短期规划，也可分为战略规划和战术规划两个方面。

1．战略规划

人力资源规划的实质是促进企业实现其目标，因此它必须具有战略性、前瞻性和目标性，要体现组织的发展要求。同时还要注意战略规划的稳定性和灵活性的统一。

2．战术规划

人力资源规划是将企业经营战略和目标转化成人力需求，以企业整体的超前和量化的角度分析和制订人力资源管理的一些具体目标和实施计划。战术规划则是根据公司未来面临的外部人力资源供求的预测，以及公司的发展对人力资源的需求量的预测，制订的具体方案。

四、人力资源规划的内容

人力资源规划是人力资源管理的重要组成部分，是人力资源管理得以正常运转的前提，是组织管理者决策的依据。人力资源规划包括两个层次和五个方面。两个层次为总体规划及各项业务计划。人力资源的总体规划是有关规划期内人力资源开发利用的总目标、总政策、实施步骤及总的预算安排。各项业务规划包括配备规划、退休解聘规划、补充规划、使用规划、培训开发规划、职业规划、绩效与薪酬福利规划、劳动关系规划。五个方面为战略规划、组织规划、制度规划、人员规划和费用规划。以下具体介绍人力资源规划的五个方面。

（一）战略规划

战略规划是根据企业总体发展战略的目标，确定企业人力资源开发和利用的方针、政策和策略，是各种人力资源具体计划的核心，是事关全局的关键性规划。在战略规划层次，人力资源规划涉及组织外部的影响，要进行外部因素分析，预测未来对人力资源的需求，估计远期组织内部人力资源数量，调整人力资源规划。

（二）组织规划

组织规划是组织目标层面的规划，站在组织总体的角度，对组织发展的思考和组织行为的设计。组织规划主要包括对企业整体框架的设计，组织信息的采集，处理和应用，组织结构图的绘制，组织调查，诊断和评价，组织设计与调整，以及组织机构的设置等。

（三）制度规划

制度规划是人力资源总规划目标实现的重要保证，制度规划是站在组织制度层面思考问题，通过建立相应的制度体系来完善组织管理体系，使得组织日常管理有理可依，从而形成一套完备的制度体系，用制度规范员工和管理者的行为，确保组织正常运行。其内容包括人力资源管理制度体系建设的程序，制度化管理等。

（四）人员规划

人员规划是对企业人员总量、构成、流动的整体规划。人员规划需要合理填补企业由于各种原因而出现的空缺岗位和新职位，制定部门编制，优化人力资源结构以改善员工绩效以及制订晋升计划以保持后备人才数量。具体包括人力资源现状分析、企业定员，人员需求及供给预测和人员供需平衡等。

（五）费用规划

费用规划是对企业人工成本、人力资源管理费用的整体规划。费用规划使得企业保持恰当的人工成本和总体费用水平，从而有效地开展企业管理活动，包括人力资源费用的预算、核算、结算以及人力资源费用控制。

此外，人力资源规划又可分为战略性的长期规划、策略性的中期规划和具体作业性的短期规划，这些规划与组织的其他规划相互协调联系，既受制于其他规划，又为其他规划服务。

总之，人力资源规划是预测组织未来的任务和环境对组织的要求，以及为了完成这些任务和满足这些要求而设计的提供人力资源的过程。通过收集和利用现有的信息对人力资源管理中的资源使用情况进行评估预测，通过确定未来公司人力资源管理目标来实现公司

的既定目标。

五、人力资源规划程序

人力资源规划是一套系统、科学的方法，经历了收集信息、需求供给预测、确定需求、制定规划、实施规划、进行评估、反馈修正整个过程。人力资源规划的整个程序，如图 3-1 所示。在接下来的章节里，对于人力资源规划程序的具体步骤将会一一讨论，在此不做展开。

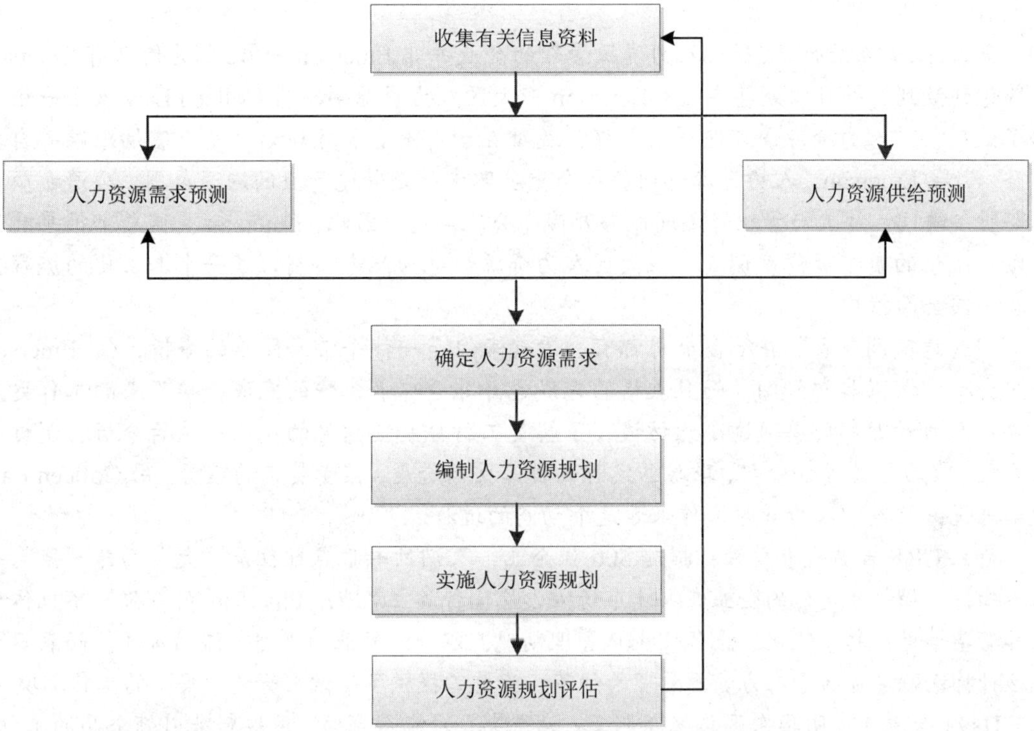

图 3-1 人力资源规划程序

沙场点兵

HR 管理关键在于长远规划

了解 Emerson 的人都知道，这里的员工都很有计划性，他们于每年的上半年，就开始制订第二年的工作目标与详细计划，如公司业绩增长速度至少保持在全国 GDP 平均值的两倍以上等。接下来的每个月、每个季度，各部门都要自我总结，调整业绩目标与工作方法。如 Emerson 旗下的费希尔调压器（上海）有限公司，每年都要为下一年度招聘、培训、沟通等制订详细计划与执行步骤。每季度都会召开一次全体员工大会，总经理亲自发言，通报公司最近进展，以及分公司、全球总公司的发展状况，让员工有更广阔的视野。管理层每两个月都要越级与经理级以下的员工（包括普通工人）直接沟通，了解他们的真实想法。

这种系统性在突发事件来临时往往能派上大用场。费希尔调压器（上海）有限公司曾经有位普通员工不幸患上不治之症后病故，家里一下子失去了经济支柱，但他的家人意外发现，公司曾为他买过保险，因此获得了不少赔偿。这件事也传达了这样一个信号，即公司奉行的是规范化管理。有计划性的人力资源管理可以防患于未然，员工可以放心地工作，全无后顾之忧。

那么，采取系统性、流程化人力资源管理的企业并非 Emerson 一家，但为何只有 Emerson 能够说到做到，并且收效甚丰呢？Emerson 亚太区人力资源副总裁 Colleen Law 女士一语道出了谜底："人力资源管理做得好与坏，关键在于有没有长远规划，是否密切跟踪并自我调整。"在 Emerson，人力资源部门的一个重要职责就是营造开放的沟通氛围，公司希望员工与员工之间、员工与管理者之间能够开诚布公地沟通。因此，Emerson 美国总部很早就开始做系统化的员工满意度调查，亚太区人力资源部也为此专门制订了一个本土化的流程，并在中国全面推广。

"满意度调查表"在很多公司都有，看起来像是一件平常而简单的事情，但 Emerson 公司会把它做得非常仔细。而且表格的完成也并非意味着工作的完成，接下来的工作更为重要：人力资源部门要通过小组访谈，了解员工打分和提意见的原因；然后分析、制订整改方案；最后通过责任分配，跟踪并定时向员工反馈进度，接受员工的监督。用 Colleen Law 的话来说，就是"人力资源工作永远是个动态的过程。"

荷兰 CRF 首席代表蔡蓉：提起 500 强企业，人们的着眼点往往是"大"而非"强"。殊不知，"强"才是好的企业在人才市场上占尽优势的立足点。Emerson 的"强"不仅体现在具有享誉世界的系统化、流程化生产管理制度，以一流的业绩吸引一流的人才，而且善于将这种特色融会贯通于人力资源管理的细节，为员工提供了高效、舒适、安全的工作环境。

Hay（合益）集团华东区总经理邵义：站得高，才能看得远。用规划来引领全局的工作，包括人力资源的工作，是取得长期成功的有效方法。当然，还必须具备一个条件，就是像 Emerson 这样坚持不懈，无微不至。

资料来源：中国人力资源开发网，www.chinahrd.net.

第二节　人力资源需求预测

在商品市场上，产品或服务的需求与供给是永恒的主题。同样，在人力资源管理领域，

研究人力资源需求也同样重要。本章将和各位读者一同分析人力资源需求预测的相关知识。

一、人力资源需求预测步骤

人力资源需求预测是通过对组织运作模式的分析，以及对各类指标与人员需求关系分析，提炼企业人员配置规律，预测未来实现企业经营目标所需的人力资源。需求预测的主要任务是分析影响公司人力资源需求的关键因素，确定公司人力资源队伍的人才分类、职业定位和质量要求，预测未来三年人才队伍的数量，明确与公司发展相适应的人力资源开发与管理模式。值得注意的是，组织的人力资源需求预测主要是基于企业的发展实力和战略目标的现实规划。人力资源部门必须了解企业的战略目标分几步走，每一步需要什么样的人才和人力做支撑，需求数量是多少，何时引进比较合适，人力资源成本分析等内容。然后才能够做出较为准确的需求预测。

人力资源需求预测分为三部曲，分别为现实人力资源需求、未来人力资源需求预测和未来流失人力资源需求预测三部分，具体步骤如下。

（1）根据职务分析的结果，来确定职务编制和人员配置。

（2）进行人力资源盘点，统计出人员的缺编、超编及是否符合职务资格要求。

（3）将上述统计结论与部门管理者进行讨论，修正统计结论。

（4）该统计结论为现实人力资源需求。

（5）根据企业发展规划，确定各部门的工作量。

（6）根据工作量的增长情况，确定各部门增加的职务及人数，进行汇总统计。

（7）该统计结论为未来人力资源需求。

（8）对预测期内退休的人员进行统计。

（9）根据历史数据，对未来可能发生的离职情况进行预测。

（10）将（8）、（9）统计和预测结果进行汇总，得出未来流失人力资源需求。

（11）将现实人力资源需求、未来人力资源需求和未来流失人力资源需求汇总，即得企业整体人力资源需求预测。

在进行人力资源规划的时候，我们需要注意以下几点：首先，预测要在内部条件和外部环境的基础上做出规划，必须符合现实情况；其次，预测是为企业的发展规划服务，这是预测的目的；再次，应该选择恰当的预测技术，预测要考虑科学性、经济性和可行性，综合各方面做出选择；最后，预测的内容是未来人力资源的数量、质量和结构，应该在预测结果中体现。

人力资源需求预测所涉及的变量与企业经营过程所涉及的变量是共同的。在明确组织雇员（包括一线员工和管理者）的技能和数量需求时，必须根据组织的特殊环境，认真考虑上述变量。把预测看成是完善周围的人力资源需求决策的工具，因为好的决策要求拥有尽可能多的信息，以保证对未来的预言更加精确，更加有效。

二、人力资源需求预测技术方法

在进行人力资源需求预测的时候，需要考虑产品或服务需求、经济、技术、财务资源、销售额、组织成长等多种因素，确定人力资源需求的技术方法包括定性分析法和定量分析法，如图 3-2 所示。人力资源需求预测的定性分析法包括：德尔菲技术、现状规划法、经验预测法、分合性预测法、比率分析法等。人力资源需求预测的定量方法包括趋势预测法、统计预测法、工作负荷预测法等，下面让我们一一探讨。

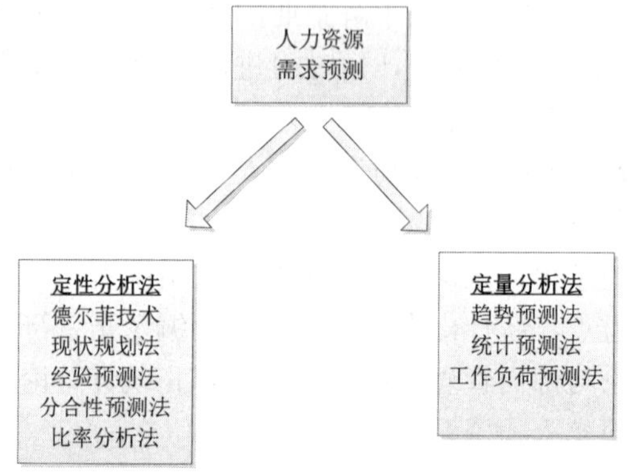

图 3-2　人力资源需求预测技术方法

（一）德尔菲技术

德尔菲技术又称专家会议预测法，是 20 世纪 40 年代末在美国兰德公司的“思想库”中发展出来的一种主观预测方法。德尔菲法分几轮进行，第一轮要求专家以书面形式提出各自对企业人力资源需求的预测结果，反复几次直至得出大家都认可的。通过这种方法得出的是专家们对某一问题的看法达成一致的结果。有时也称专家预测法。

1．德尔菲的特点

（1）吸取众多专家的意见，避免了个人预测的片面性。

（2）采取匿名的、“背靠背”的方式进行，避免了从众的行为。

（3）采取多轮预测的方式，准确性较高。

2．德尔菲法的步骤

德尔菲技术作为一种科学的规划方法，具有较为严谨的步骤（见图 3-3）。

（1）整理相关的背景资料并设计调查的问卷，明确列出需要专家们回答的问题。

（2）将背景资料和问卷发给专家，由专家对这些问题进行判断和预测，并说明自己的

理由。

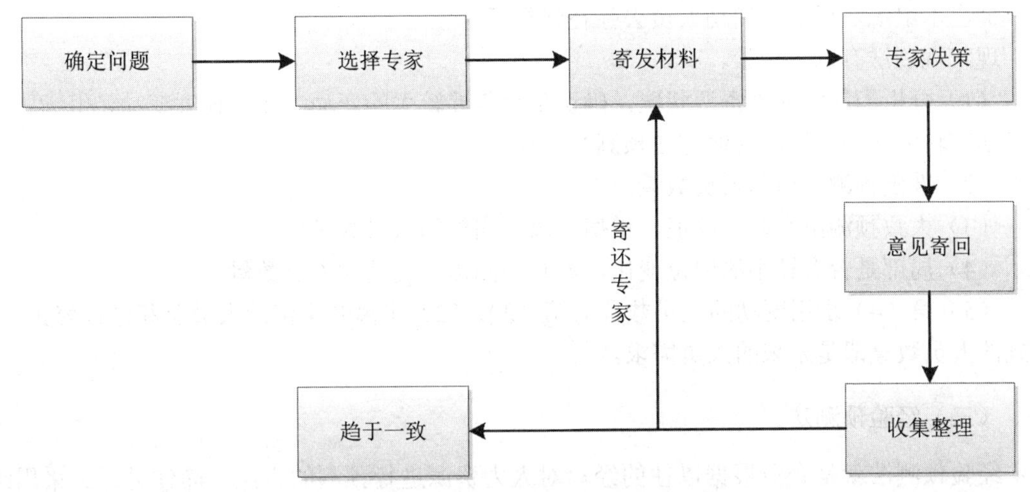

图 3-3 德尔菲技术实施过程

（3）由中间人回收问卷，统计汇总专家们预测的结果和意见，然后将这些结果和意见反馈给专家们，进行第二轮预测。

（4）再由中间人回收问卷，将第二轮预测的结果和意见进行统计汇总，接着进行下一轮预测。

（5）经过多轮预测之后，当专家们的意见基本一致时就可以结束调查，将预测的结果用文字或图形加以表述。

3．采用德尔菲法时需要注意的问题

（1）专家人数一般不少于 30 人，问卷的回收率应不低于 60%，以保证调查的权威性和广泛性。

（2）提高问卷质量，问题应该符合预测的目的并且表达明确，保证专家都从同一个角度去理解问题，避免造成误解和歧义。

（3）要给专家提供充分的资料和信息，使他们能够进行判断和预测，同时结果不要求十分精确，专家们只要给出粗略的数字即可。

（4）要取得参与专家们的支持，确保他们能够认真进行每一次预测，同时也要向公司高层说明预测的意义和作用，取得高层的支持。

（二）现状规划法

人力资源现状规划法是一种最简单的预测方法，较易操作。它是假定企业保持原有的生产和生产技术不变，则企业的人力资源也应处于相对稳定状态，即企业各种人员的配备比例和人员的总数将完全能适应预测规划期内人力资源的需要。在此预测方法中，人力资源规划人员所要做的工作是测算出在规划期内有哪些岗位上的人员将得到晋升、降职、退休或调出本组织，再准备调动人员去弥补就行了。

现状规划法有以下步骤。

（1）分析当前的人力资源状况，确认是否需要较大的变动（如无较大变动，继续下一步，如有较大变动，换用其他方法预测）。

（2）准确预测出退休人员数量。

（3）大致预测出辞职、辞退、重病等离开岗位的人员数量。

（4）局部是否有较小的岗位变化，如有预测需要变动的人员数量。

（5）第（4）步用变动的人员数量对第（2）、（3）步离开岗位的人员总和进行修正后，得到的人员数量即是未来的人员需求。

（三）经验预测法

经验预测法就是企业根据以往的经验对人力资源进行预测的方法，简便易行。采用经验预测法是根据以往的经验进行预测，预测的效果受经验的影响较大。企业在有人员流动的情况下，如晋升、降职、退休或调出等，可以采用与人力资源现状规划结合的方法来制定规划。这是最简单的一种方法。

从微观集成法的角度，可将该预测方法分为“自下而上”和“自上而下”两种方式。

1．自下而上

自下而上法认为，每个部门的管理者最了解本部门的情况，最有资格判断本部门未来的人员需求。为切合实际，首先从企业的基层开始预测。

步骤如下：

（1）最基层的管理者根据本单位组织的情况，凭借经验预测出本单位组织未来对人员的需求。

（2）下级部门向上级部门汇报预测结果，自下而上，层层汇总。

（3）人力资源部门从各级部门收集信息，通过判断、估计，对各部门的需求进行横向和纵向的汇总，最后根据企业的发展战略制订出总的预测方案。

（4）预测被批准后，正式公布，将预测层层分解，作为人员配置计划下达给各级管理者。

2．自上而下

自上而下法认为，高层管理者最清楚企业的发展战略，可以从宏观上掌控企业。为与企业的发展相符，首先从企业的高层开始预测。

步骤如下：

（1）高层管理者先拟定总体人力资源需求计划。

（2）将总体人力资源需求计划逐级下达到各个部门。

（3）各部门根据本部门的情况，对计划进行修改。

（4）汇总各部门对计划的意见，并将结果反馈给高层管理者。

（5）高层管理者根据反馈信息修正总体预测，正式公布，将预测层层分解，作为人员配置计划下达给各级管理者。

很多企业并非严格采取“自下而上”或“自上而下”的方式，而是结合两种方式。如果结合得当，效果会比用单一的方式更好。例如，公司先提出员工需求的指导性建议，各部门按指导性建议确定具体的用人需求，人力资源部门汇总公司的用人需求，形成人力资源需求预测，交由公司高层管理者审批，最后执行。

（四）分合性预测法

分合性预测方法是一种常用的预测方法，它采取先分后合的形势。这种方法的第一步是企业组织要求下属各个部门、单位根据各自的生产任务、技术设备等变化的情况对本单位将来对各种人员的需求进行综合预测。在此基础上，把下属各部门的预测数进行综合平衡，从中预测出整个组织将来某一时期内对各种人员的需求总数。这种方法要求在人事部门或专职人力资源规划人员的指导下进行，下属各级管理人员能充分发挥在人力资源预测规划中的作用。

这种方法比较简单直观，但是由于使用时，一般都要假设其他的一切因素都保持不变或者变化的幅度保持一致，因此具有较大的局限性。它比较适合那些经营稳定的组织，并且主要作为一种辅助方法来使用。

步骤如下：

（1）收集企业在过去几年内人员数量的数据。

（2）用这些数据作图，然后用数学方法进行修正，使其成为一条平滑的曲线，将这条曲线延长就可以看出未来的变化趋势。

（五）比率分析法

这是基于对员工个人生产效率的分析来进行的一种预测方法，是以下列两种因素的比率为依据：一是某些原因性因素，二是所需要的员工数量。进行预测时，首先要计算出人均的生产效率，然后再根据企业未来的业务量预测出人力资源的需求，即

所需的人力资源=未来的业务量/人均的生产效率

例如，对于一个学校来说，一名老师能够承担 40 名学生的工作量，如果 2013 年学校准备使在校生达到 4 000 人，就需要 100 名老师。

使用这种方法进行预测时，需要对未来的业务量，人均生产效率及其变化做出准确的估计，这样对人力资源需求的预测才会比较符合实际，而这往往是比较难做到的。

另外还可以利用比率分析来帮助自己预测其他人的一些人员需求。例如，计算销售人员和文秘人员的比率，然后以此来确定需要增雇多少文秘人员，以达到和销售人员增量的

匹配。

（六）趋势预测法

趋势预测法是利用企业的历史资料，根据某些因素的变化趋势，预测相应的某段时期人力资源的需求。趋势预测法在使用时一般都要假设其他的一切因素都保持不变或者变化的幅度保持一致，往往忽略了循环波动、季节波动和随机波动等因素。一般常用的方法如下。

1．散点图分析

该方法首先收集企业在过去几年内人员数量的数据，并根据这些数据做出散点图，把企业经济活动中某种变量与人数间的关系和变化趋势表示出来，如果两者之间存在相关关系，则可以根据企业未来业务活动量的估计值来预测相关的人员需求量，同时，可以用数学方法对其进行修正，使其成为一条平滑的曲线，从该曲线可以估计出未来的变化趋势。

2．幂函数预测模型

该模型主要考虑人员变动与时间之间的关系，用非线性最小二乘法拟合幂函数曲线模型算出。

（七）统计预测法

统计预测法是指根据过去的情况和资料建立数学模型，并由此对未来的趋势作出预测的一种定量的预测方法。

1．比例趋势预测

这种方法通过研究历史统计资料中的各种比例关系，例如部门管理人员与该部门工人之间的比例关系，员工数量与机器设备数量的比率，考虑未来情况的变动，估计预测期内的比例关系，进而预测未来各类员工的需求量。这种方法简单易行，关键在于历史资料的准确性和对未来情况变动的估计。

2．多元线性回归预测

需要运用多元线性回归预测法，如果其中的某一影响因素与人力资源需求量之间的关系不是直线相关的线性关系，那么，就需要采用非线性回归法来做预测。

3．经济计量模型预测

这种方法首先用数学模型的形式表示出企业的职工需求量与影响企业员工需求量的主要因素之间的关系，然后依据该模型和主要的影响因素变量来预测企业的员工需求量。这种方法比较繁琐、复杂，一般只在管理基础比较好的大型企业里才会采用。

（八）工作负荷预测法

工作负荷预测法，是指按照历史数据、工作分析的结果，先计算出某一特定工作每单位时间（如一天）下每人的工作负荷（如产量），然后再根据未来的生产量目标（或者劳务

目标）计算出所需要完成的总工作量，然后依据前一标准折算出所需要的人力资源数量。这种方法考虑的是企业工作总量和完成工作所需要的人力资源数量之间的关系，考虑的是每位员工的工作负荷和企业总体工作量之间的比率。可用公式表示为：

未来每年所需员工数=未来每年工作总量/每年每位员工所能完成的工作量

=未来每年的总工作时数/每年每位员工工作时数

因此，工作负荷预测法的关键部分是准确预测出企业总的工作量和员工的工作负荷。当企业所处的环境、劳动生产率增长比较稳定时，这种预测方法就比较方便，预测效果也比较好。

沙场点兵

AT&T 人力资源规划的核心：关注高层管理者的素质模型

近年来，AT&T 公司和许多跨国公司一样，在人力资源规划方面，极其重视对所需人员，尤其高管人员的能力要求。公司需要一种"新类型"的经理，这些人对于公司的新产品和服务有丰富的知识，有能力对收购与合并进行管理，并有能力在不确定的环境中有效地行使其职能。

AT&T 重新进行了详细的人力资源规划，并重点对高层管理者的素质和技能进行了描述，借助开发和实行一套职业生涯管理系统来解决高层管理者配备的管理问题。这一系统有两方面的目的：第一，确认公司的新的全球商业计划所要求的管理技能；第二，追踪所有有志于高层管理职位的现有经理的技能水平。这样一个系统将允许 AT&T 能在出现空缺时去"推荐"并最终选择就任人选。

系统中储存了有关 AT&T 的人员和职位的大量的信息。例如，"人员档案"包括了有关每一个经理的信息，如工作历史、教育程度、优点和缺点、领导开发需要、开发计划、培训（参加过的和计划参加的）和特殊技能（例如，对外语的精通程度）。对于每个作为目标的高层管理职位，"职位档案"都列出了如职位头衔、就任地点、技能要求（现在的和将来的）以及这一职位的可能的继任者。

AT&T 借助人力资源规划保持了其组织的高层领导的连续性，具体地说，就是描述定义对于不同的高级职位所需的领导技能，了解有资格甚至某个确定职位的雇员，对每个候选人进行充分的培训开发。

通过这些做法，公司掌握了一个在高层管理职位出现空缺时可以从中进行挑选的全世界的合格内部候选人的后备库。而且，规划具有相当的灵活性，允许公司对突然的变化需要作出快速反应。例如，当巴黎的高层管理职位由于合并而突然出现悬而未决的情况时，这一系统会迅速地确定一个能流畅地使用法语的合格候选人。

资料来源：中国人力资源开发网，www.chinahrd.net.

第三节　人力资源供给预测

一、人力资源供给预测步骤

在完成了人力资源需求预测以后，接下来要做的工作便是了解企业是否能得到足够的人员去满足需求，这样便需要做供给预测。人力资源供给预测，是人力资源规划中的核心内容，是预测在某一未来时期，组织内部所能供应的（或经由培训可能补充的）及外部劳动力市场所提供的一定数量、质量和结构的人员，以满足企业为达到目标而产生的人员需求。其包括内部供给预测和外部供给预测。

在预测未来的人力资源供给时，要明确企业内部人员年龄、级别、素质、资历、经历和技能等特征，必须收集和储存有关人员发展潜力、可晋升性、职业目标以及采用的培训项目等方面的信息。技能档案是预测人员供给的有效工具，它含有每个人员技能、能力、知识和经验方面的信息，这些信息的来源是工作分析、绩效评估、教育和培训记录等。技能档案不仅可以用于人力资源规划，而且也可以用来确定人员的调动、提升和解雇。

在进行人力资源供给预测的时候，首先要做的是企业内部人员供给预测，若内部供给不足，则要考虑外部人员的供给状况。接下来介绍人力资源供给预测的主要步骤。

（1）内部人力资源供给预测。

① 检测组织现有人力资源，了解组织员工现状。

② 分析组织的职务调整政策和员工调整的历史数据，统计出员工调整的比例。

③ 向各部门的人事决策管理人员了解人事调整情况。

④ 根据以上情况，得出预测期内组织内部人力资源供给数据。

（2）外部人力资源供给预测。

① 分析影响外部人力资源供给的地域性因素。

② 分析影响外部人力资源供给的全国性因素。

③ 根据以上情况，得出预测期组织外部人力资源供给数据。

（3）数据汇总，得出总体数据。

二、人力资源供给预测技术方法

（一）人力资源内部供给预测方法

根据企业内部人员信息状态预测可供给的人力资源，以满足未来人事变动的需求。最常用的内部供给预测方法有三种：管理人员接替图、马尔可夫转移矩阵模型和管理人才储备。

1. 管理人员接替图

管理人员接替图是对现有管理人员的状况进行调查、评价后，列出未来可能的管理者人选。该方法被认为是把人力资源规划和组织战略结合起来的一种较有效的方法，在许多公司里运用都取得了较好的结果。

例如，国际商用机器（IBM）公司自20世纪60年代以来就实施了管理者继承计划。该公司宣称实行该计划的目的是“保证高层管理者的素质，为公司遍布世界的所有管理者职位做好人才准备”，从公司分部经理到总经理．都负有执行这次计划的责任，具体工作则由负有人事职责的专门人员来做。再比如说，通用汽车（GM）公司每年也会为公司的高层管理人员作一次鉴定，分析其今后5年内的升迁、接替问题。

管理人员接替图主要涉及的内容是对主要管理者的总评价，包括以下方面。

（1）主要管理人员的现有绩效和潜力，发展计划。

（2）所有接替人员的现有绩效和潜力。

（3）其他关键职位上的现职人员的绩效、潜力及对其评定意见。

管理人员接替图例，如图3-4所示。括号内数字表示该管理者的年龄，竖线旁的字母和数字是对其绩效和晋升可能性的评估。A表示现在就可提拔，B表示还需要一定的开发，C表示现职位不很合适。对其绩效的评估在此分为4个等级：1表示绩效表现突出，2表示优秀，3表示一般，4表示较差。通过这样一张图（还可延续下去)，使得组织既对其内部管理人员的情况非常明了，又体现出组织对管理人员职业生涯发展的关注。如果出现人员不能适应现职，或缺乏后备干部，则组织就可尽早地做好充分的准备。所以，有些企业认为管理者接替图非常有用，甚至认为它是人力资源规划最重要的部分。

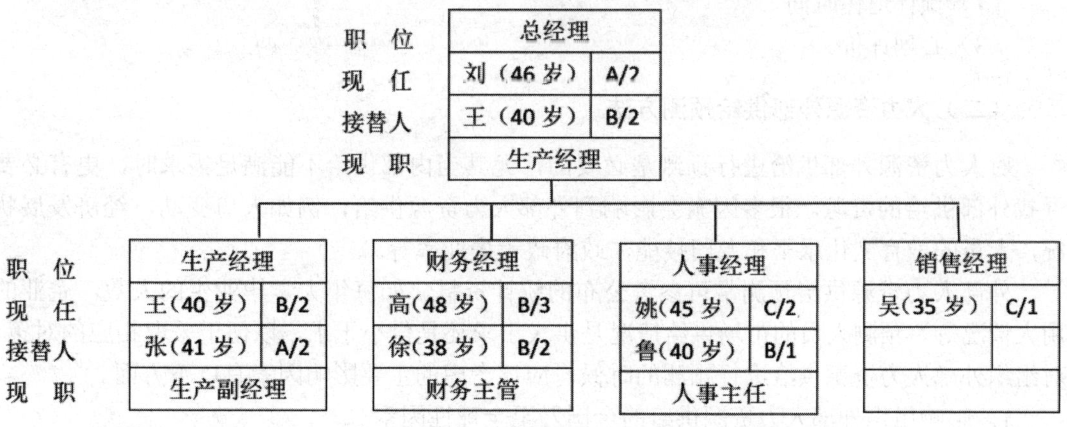

图3-4 管理人员接替图

2. 马尔可夫转移矩阵模型

马尔可夫转移矩阵模型最早在荷兰军队里使用，后扩展应用于企业中，它用定量方法预测具有相等间隔时间的时刻点上各类人员的人数，其基本思想是找出过去人事变动的规律，以此推测未来的人员状况。马尔可夫转移矩阵模型可以和任何预测人力资源需求的方法一起运用，企业可根据最后得出的供求状况及时制订人力资源规划方案。

马尔可夫转移矩阵模型可以预测等时间间隔点上的各类人员分布，在该模型中，假定各类人员都是严格由低向高移动，不存在越级状态，转移率是一个固定的比率，计算公式为

某类人员的转移率（P）= 转移出本类人员的数量/本类原有人员的总量

马尔可夫模型法的计算公式为

$$Y_t = A \times X + B \times Y$$

其中，Y_t 为某类人员在 t 时刻的供给量，A 为该类人员总数，X 为该类人员留存率，B 为下类人员总数，Y 为下类人员晋升率。

3．管理人才储备

管理人才储备是所有组织中一种必不可少的资源。因此，企业对于管理者能力资料的保存要比对于非管理者能力资料的保存更重视。管理人才储备包括有关每位管理者的详细信息，这些将用于确定哪些人有潜力晋升。该方法提供的信息包括以下方面。

（1）工作经历与教育背景。

（2）优势、劣势评价。

（3）个人发展需要。

（4）目前绩效与提升潜力。

（5）专业领域与技术特长。

（6）目标和追求。

（7）预计退休时间。

（8）心理评价。

（二）人力资源外部供给预测方法

对人力资源外部供给进行预测是必要的，尤其当内部供给不能满足需求时，更有必要寻找外部供给的资源。很多因素会影响到外部人力资源供给，例如人口变动，经济发展状况，人员的教育文化水平和专门技能，政府政策失业率等。

外部人力资源供给预测常可参考公布的统计资料，如每年大学毕业生的人数，企业的用人情况等。预测人员的市场供给情况是供大于求还是供小于求，以便于采取相应的对策。对组织外部人力资源供给进行预测的时候，应该考虑的主要影响因素有以下方面。

1．影响组织外部人力资源供给的全国乃至全球性因素

它主要包括：预期失业率、预期经济增长状况、全国乃至全球范围的劳动力市场状况。

（1）通过预期失业率主要可以了解本企业可以从劳动力市场获得的人力资源补充情况。一般而言，失业率越高，人力资源供给越多。预期的失业率与经济增长密切相关。这

方面的信息可以参考各类劳动力统计资料以及专家对经济形式的分析预测。

（2）预期经济增长，主要考虑的是企业所在行业经济的增长状况。如果预期该行业经济增长率下降，则其他相关企业对相关人力资源的需求就会减少，这就使得企业的人力资源供给增加。

（3）全国乃至全球范围的劳动力市场状况，主要包括：在全国乃至全球范围，该行业的人力资源供给状况；全国、全球相关专业的毕业生人数及分配状况；全国、全球范围内该行业相关专业从业人员的薪酬水平和差异；国家以及国际对该类职业在就业方面的政策和法规等。这些因素都将直接影响企业可以从外部劳动力市场中获得的人力资源的数量、能力和结构。

2．影响组织外部人力资源供给的地区性因素

它主要包括：本地区人口总量和人力资源率；本地区人力资源的总体构成，决定了在年龄、性别、教育程度、技能、经验、能力等方面可提供的人力资源的数量和质量；本地区对外来劳动力的吸引力，一般来说，经济发达，地理位置优越的地区对本地区和非本地区的劳动力吸引力较大；企业自身对人力资源的吸引力，包括企业薪酬、知名度、工作条件、工作环境、企业文化等；相对本地区其他企业或者同行业其他企业对人力资源的吸引程度如何。

3．政府的方针、政策和法规对企业进行外部人力资源供给预测的影响

各地政府为了保证本地劳动力的就业率、就业机会，促进本地的发展，往往会颁布一些方针、政策和法律法规。例如，保护残疾人就业；禁止外国劳动力无序进入本国劳动力市场；防止外地劳动力盲目进入本地劳动力市场；不得歧视妇女就业等条例。这都将或多或少地影响外部人力资源的供给。

4．劳动力市场发育状况，对组织外部劳动力供给影响极大

发育良好的劳动力市场，有利于劳动力的自由流动，并能够形成由市场工资率引导劳动力合理流动的机制。但在此时，对市场人力资源供给总量、质量以及结构的分析和预测将比较困难。只有在对全国各地乃至全球的劳动力市场状况有及时的详细的了解和把握，并且建成全国统一的劳动力信息系统时，才能比较方便地完成全国乃至全球劳动力市场的信息收集和分析工作。

第四节　人力资源供需平衡

一、人力资源供求平衡的概念

供求平衡意味着供给与需求保持一个平衡状态，而人力资源供求平衡就是要实现需求

和供给在结构和数量上的一致。当其不平衡时，就应该制订相应的政策措施，以实现组织未来人力资源供求平衡。需求和供给之间有四种结果：供求平衡、供不应求、供过于求、结构失衡。一般来说，组织的人力资源总是处于不平衡的状态，供求完全平衡很难出现。下面通过表 3-1 进一步了解企业发展阶段与人力资源供求状态。

表 3-1　企业发展阶段与人力资源供求状态

企业发展阶段	现　　象	人力资源状态
扩张阶段	需求旺盛	供不应求
稳定阶段	数量上均衡	结构失衡
衰退阶段	需求不足	供过于求

二、人力资源不平衡的调整

（一）供不应求

当人力资源供给小于需求的时候，会出现员工供给的短缺，一般可以采用如下政策措施加以解决。

1．对于企业内部而言

（1）提高员工生产效率。在现有基础上进行技术创新，增添新设备，开创新方法，以提高劳动生产率，降低对人力资源数量的需求。

（2）增加工作时间。在符合《中华人民共和国劳动法》等有关法律的前提下，增加员工的工作时间与工作量，并给予相应的报酬，以应付员工的短期不足。

（3）对现有职工进行培训，使之适应新的工作。可以把内部处于相对富余的人员经过一系列的组织培训，随后安排到人员短缺的岗位上去。使其不仅能适应当前工作，还能适应更高层次的工作。

2．对于企业外部而言

（1）招聘正式员工。根据组织的具体情况，面向社会招聘所需人员，可以录用一些正式员工。

（2）招聘临时工人。使用临时工人，可以增加工作的弹性。如果组织内没有相应编制，则可以招聘一些临时工人以应对人员短缺的现象。如果临时工人表现优异，则可以考虑留用或延长雇佣期。

（3）返聘退休工人。当企业出现人员短缺的现象，如果从外界雇佣新人，则需要一定时间的适应期，不能立刻发挥作用。如果从已经退休的人员中返聘，则能够充分利用退休工人的经验，但是要考虑其身体状况。

（4）工作外包方式。组织根据自身情况，将较大范围的工作整个承包给外部的组织去完成。通过工作外包，可以将任务交给比较有优势的企业专门运作。该方式在我国台湾、日本、欧洲等地十分流行，可以解决工作弹性的问题。

（二）供过于求

产品和服务市场是不稳定的，经济形势时好时坏，生产计划不周密等都可能造成供过于求的情况。对于供过于求，并不是全部采用裁员的办法，因为裁员受到很多限制。现在一般将公司职员分成两部分：核心员工和外围员工。核心是不动的，外围可以随订单数量变化。

1．通过减少员工数量

（1）选择提前退休。部分员工可能同意，部分可能不同意。企业要综合考虑各种情况，提供足够的条件。例如，中国的买断工龄，部分国家修改了劳动法，退休年龄不再整齐划一等。

（2）减少新员工的数量（限制雇佣）。即便因自然减员而空缺，也不补充新员工。

（3）裁员。裁员也是经常使用的方法，用以减少成本开支，应对经济危机。虽然会带来很多不良后果，但企业万不得已也要裁员。目前，全球经济形势不景气，很多企业不得不通过裁员来控制劳动力成本，以提高竞争力。

2．通过减少工作时间

（1）直接减少工作时间。此种方法可以降低工资水平，这是解决企业临时性人力资源过剩的一种方式。将工作时间由原来的 40 个小时减少为 30 个小时，当然这只适于小时制工人。例如，中国一些企业的轮休制度，或者可以增加无薪的假期。

（2）继续减少法定工时，让更多的劳动者分享工作。中国现在的制度工时数是每年 1 976 个小时，而德国仅为 1 600 小时，法国为 1 650 小时，英美为 1 850 小时。所以缩短制度工时仍有很大的空间，制度工时的进一步缩短有利于空出工作岗位给更多的劳动者分享。

3．结构失衡

结构失衡也是一种常见的现象，如高层人员短缺，底层人员富余；技术人员短缺，管理人员富余等。为了缓解此种现象我们可以通过以下几种方式。

（1）组织内部人员合理流动。可以通过组织内部人员的合理流动来满足空缺岗位对人力资源的需求。

（2）对过剩员工进行有针对性的培训。通过培训，提高他们的工作技能，将他们补充到空缺岗位上。

（3）进行组织内外人力资源的流动，以平衡人员的供需。也就是说，从组织外部招聘合适的人员补充到相应的岗位，释放一些岗位过剩的人力资源。

第五节　人力资源规划编制

一、编制人力资源规划的步骤

（一）制订职务编制计划

根据企业发展规划，结合职务分析报告的内容，来制订职务编制计划。职务编制计划阐述了企业的组织结构、职务设置、职务描述和职务资格要求等内容。制定职务编制计划的目的是描述企业未来的组织职能规模和模式。

（二）制订人员配置计划

根据企业发展规划，结合企业人力资源盘点报告，来制订人员配置计划。人员配置计划阐述了企业每个职务的人员数量、人员的职务变动、职务人员空缺数量等。制订人员配置计划的目的是描述企业未来的人员数量和素质构成。

（三）预测人员需求

根据职务编制计划和人员配置计划，使用预测方法，来预测人员需求。人员需求中应阐明需求的职务名称、人员数量、希望到岗时间等。最好形成标明有员工数量、招聘成本、技能要求、工作类别，及为完成组织目标所需的管理人员数量和层次的分列表。实际上，预测人员需求是整个人力资源规划中最困难和最重要的部分。因为它要求以富有创造性、高度参与的方法处理未来经营和技术上的不确定性问题。

（四）确定人员供给计划

人员供给计划是人员需求的对策性计划。主要阐述了人员供给的方式（外部招聘、内部招聘等）、人员内部流动政策、人员外部流动政策、人员获取途径和获取实施计划等。通过分析劳动力过去的人数、组织结构和构成以及人员流动、年龄变化和录用等资料，就可以预测出未来某个特定时刻的供给情况。预测结果勾画出组织现有人力资源状况以及未来在流动、退休、淘汰、升职及其他相关方面的发展变化情况。

（五）制订培训计划

为了提升企业现有员工的素质，适应企业发展的需要，对员工进行培训是非常重要的。培训计划中包括了培训政策、培训需求、培训内容、培训形式、培训考核等内容。

（六）制订人力资源管理政策调整计划

计划中明确计划期内的人力资源政策的调整原因、调整步骤和调整范围等。其中包括招聘政策、绩效考评政策、薪酬与福利政策、激励政策、职业生涯规划政策、员工管理政策等。

（七）编写人力资源部费用预算

其中主要包括招聘费用、培训费用、福利费用等费用的预算。

（八）关键任务的风险分析及对策

每个企业在人力资源管理中都可能遇到风险，如招聘失败、新政策引起员工不满等，这些事件很可能会影响公司的正常运转，甚至会对公司造成致命的打击。风险分析就是通过风险识别、风险估计、风险驾驭、风险监控等一系列活动来防范风险的发生。

二、编制人力资源规划的具体内容

经过了人力资源供需预测与平衡的环节后，人力资源规划正式进入了编制环节。在人力资源编制的过程中，我们不仅要做好总体规划，同时也要兼顾各项业务计划，提供调整供需的各项政策与措施。在编制人力资源规划的过程中，应该对规划的时间段、规划达到的目标、情景分析、具体内容、制订者与指定时间等要素加以考虑，如表 3-2 所示。

表 3-2　某公司的人力资源规划

规划的时间段：
规划达到的目标：
情景分析：
具体内容分析：
规划的制订者：
规划的指定时间：

（一）时间段

时间段也就是规划时间的长短，在规划时间段的过程中，要明确规划时间段的起止时间，以量化的形式表述出来。切勿模糊不清，要清晰地表示何时开始，何时结束。

（二）目标

在编制人力资源规划目标的时候，切勿凭空设计，而是要结合组织目标，且依托于组织目标。在编制时，要尽可能地用数据说话，力求简明扼要。

（三）情景分析

在进行情景分析时，要注意分析当前情景和未来情景。当前情景分析时要注意分析当前人力资源情况和下一步规划。在进行未来情景分析时，要科学地预测未来人力资源供需情况，指出制订该计划的依据。

（四）具体内容

具体内容是人力资源规划的核心部分，具体内容包括：项目编号、项目内容、执行时间、负责人、检查人、检查日期与预算等。

（五）规划制订者

明确规划制订者是为了责任到人，制订者既可以是一个单独的人，也可以是一个组织。

（六）规划制订时间

指定人力资源规划的制订时间。

在编制人力资源规划的时候，也同样需要遵循一定的步骤，具体步骤如图 3-5 所示。

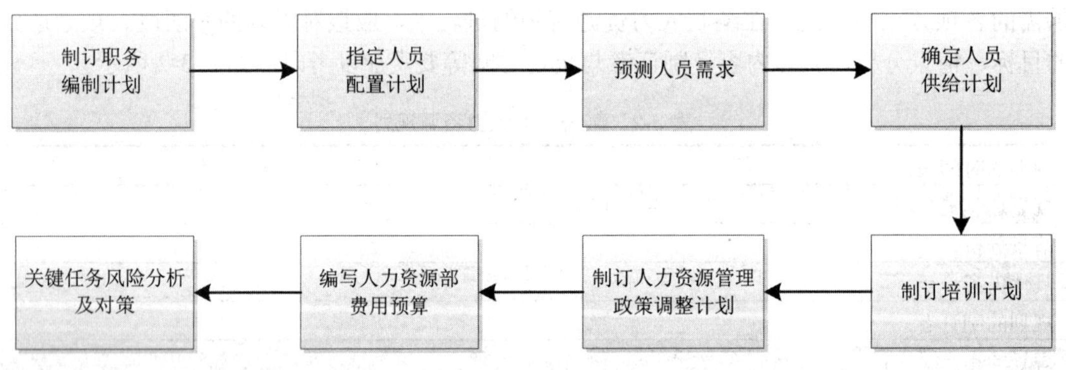

图 3-5　人力资源规划编制步骤

沙场点兵

预测提升竞争力

飞利浦公司最近决定在荷兰新开设一家工厂，以发挥其竞争优势。该公司一个重要的竞争优势是在荷兰已经有现成的生产设施。另一个优势是该公司对荷兰的劳动力具有很大的吸引力。该公司在建厂前进行了周密的战略研究。当然，它所关注的重要因素之一，就

是合格的人力资源的供给问题，公司怎样做才能使今后 10 年乃至 20 年的劳动力供给与公司的发展特点相适应。荷兰工人的基本特点是在工作生涯中，并不习惯从一个地点移动到另一个地点，因此员工的工作调动很是困难，而员工的更换几乎是不可能的。鉴于这些因素，为保持其竞争优势，该公司正在试图制订一个切实可行的人力资源规划，并且结合现有生产工人的特点，拟采用工作轮换和工作丰富化的组织措施，以提高人力资源的机动性和适用性。

资料来源：中国人力资源开发网，www.chinahrd.net.

第六节 人力资源规划的控制与评估

人力资源规划的最后一步是人力资源规划的控制与评估，虽然是最后一步，但是控制与评估却需要管理者定期或者不定期地进行下去，这样才能确保人力资源规划过程科学、高效。人力资源规划不是一成不变的，它是一个动态开放的系统，通过控制与评估，最终促进组织目标更好地实现。

古语云：“未雨绸缪，方能滴水不漏。”在控制与评估时，需要考虑多方面的问题，尽可能地降低规划的不确定性，增强规划的可行性，为组织目标的实现贡献力量。人力资源规划控制与评估需要考虑如下几个问题。

一、预测所依据的信息的质量

在进行控制的时候，要充分地考虑所要预测信息的质量，要严把质量关，严格把握信息来源，保证信息的广泛性、详尽性、可靠性。当出现误差时，要认真分析信息的误差及原因。

二、主要影响因素与需求的相关度

在进行控制时，要对选择的主要影响因素进行分析，同时要考虑需求的相关度，确保规划适合于本组织，使本组织获得收益。

三、对组织内部事务的熟悉程度

虽说外来的和尚好念经，但是外来者却对于组织和组织中的成员十分陌生，因此开展工作存在一些障碍。如果人力资源管理者对于组织内部事务熟悉程度很高，则能够清晰地考虑组织需求，制定适合于组织的规划。

四、人力资源规划的重要程度

人力资源规划在决策者心中的重要程度也是需要考虑的一个重要因素。如果决策者对于规划足够重视，则会提供各种便利条件和想尽各种措施，不遗余力地按照规划开展活动。反之，规划则有可能变成一纸空文。

五、人事部门与职能部门之间的关系

人力资源规划不仅仅属于人力资源部门，而是为整个组织进行的规划。如果人力资源部门与其他部门水火不容，对于规划的实施工作很难进行下去。因此，保持良好的沟通也是需要注意的问题。

六、人力资源规划落实程度

管理者要评估人力资源规划是否得到落实，有哪些方面已经落实，哪些方面需要改进。只有这样，人力资源规划才不至于变成一纸空文。

七、信息交流的难易程度

在进行人力资源规划时，要因地制宜。因为规划是属于整个组织，如果在各部门间实现的难易程度不同，则会造成员工不平衡的心理，影响组织工作效率。

八、规划是否有实施的可行性

规划的目的是使组织目标更好地实现，因此规划是否可行十分重要。如果不符合组织实际，多么好的规划也是海市蜃楼，空无缥缈。评估规划是否有可行性，则是决定组织发展的关键一步。

第七节　人力资源管理信息系统

一、人力资源管理信息系统过程

人力资源管理信息系统，是指一个由具有内部联系的各模块组成的，能够用来搜集、

处理、储存和发布人力资源管理信息的系统，该系统能够为一个组织的人力资源管理活动的开展提供决策、协调、控制、分析以及可视化等方面的支持。

完善的人力资源系统包括企业外部的人力资源供求信息以及对这些信息的影响因素、企业现有的人力资源的信息、企业内部的人力资源供求信息以及对这些信息的影响因素三方面内容。接下来介绍人力资源管理信息系统的过程，如图 3-6 所示。

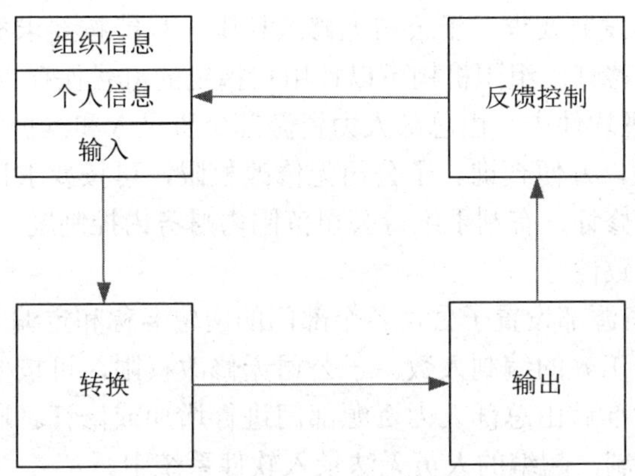

图 3-6　人力资源管理信息系统运作流程

（一）输入

输入就是向人力资源信息系统提供原始信息或第一手数据的过程，输入的信息包括组织信息和个人信息。其中，组织信息主要是组织的政策、程序。个人方面的信息主要包括个人自然情况、知识情况、能力状况等内容。

（二）转换

转换是一个去其糟粕、取其精华的过程，也就是说对于输入的信息进行深加工，使其对组织更为有用。这一步可以借助相关软件进行处理。

（三）输出

加工好的信息需要呈献给系统外部，则需要此步骤的输出过程。输出的结果能够辅助组织进行更好的决策，但是请注意输出的结果仅仅是给管理者的一个建议，而不是代替管理者决策。

（四）反馈控制

反馈控制是确保这个过程科学、有序地进行下去的一种手段，提高整个组织的有序性。

二、人力资源信息系统实现功能

（一）组织管理

（1）总部人力资源部负责统一设置与管理各子公司的组织架构，规范部门、科室的名称，保证符合总部战略发展要求。子公司无修改权限，只能按要求提交修订申请，经批准后由总部人力资源部门修订。组织机构可以按用户指定的方式保存当时的数据。

（2）人力资源管理软件中，由总部人力资源部负责录入和维护各子公司的部门职责，并与其组织架构相关联，方便查询。子公司无修改权限，可按要求提交修订申请，经批准后由总部人力资源部门修订，有利于维持公司范围内财务内控制度、管理流程、体系文件、规章制度在职责上的一致性。

（3）由总部人力资源部设置子公司各个部门的岗位名称和定编人数，可以控制各类人员（正式员工、派遣员工）的编制人数。子公司无修改权限，可按要求（新增岗位、岗位修订）提交申请，经批准后由总部人力资源部门进行增加或修订。通过人力资源管理软件对定岗定编的监督和控制，超编的人员无法录入软件系统中。

（4）人力资源管理软件中，根据子公司管理的需要，由总部人力资源部设置不同格式的岗位说明书模板（岗位职责和任职资格），各子公司选择相应的模板，负责将本公司的岗位说明书录入人力资源管理软件系统。

（5）总部人力资源部可审查所有公司的岗位说明书，各子公司人力资源部门只能修订本公司的岗位说明书，人力资源管理软件系统中记录并保留修订痕迹。

（二）人事管理

（1）人事档案分为在职、离职、退休、后备等不同的人员类比。系统内置丰富的人事档案字段。用户可自行定义人事档案的数据字段，可自行设计人事档案界面。

（2）人事档案中包括薪酬记录、考勤记录、绩效记录、培训记录、社保记录、调岗记录、调薪记录、奖惩记录等常用数据子集。用户也可自行增加新的数据子集，可以针对子集进行独立的导入、导出、统计分析。

（3）系统支持人事业务的在线办理，包括入职、转正、调岗、调薪、奖励、处分、离职、复职等。这些业务既可以直接办理，也可以通过系统工作流程平台进行审批处理，业务办理的结果直接记录在人事档案中。

（4）人事档案数据支持分部门管理。各分公司或部门可以独立管理本部人员。

（5）支持使用人事档案的所有字段（包括自定义字段）组合查询。查询条件可以保存为查询模板，快捷查询与组合查询可以联合使用。

（三）薪酬管理

（1）在人力资源管理信息系统中，设置地区的险种，上下限，单位个人缴纳比例，每年可以根据当地的变化情况自动维护。在人力资源管理软件中设置员工社保缴费基数的变更审批流程，员工社保基数的变更经过批准后才能生效，并保留修订痕迹。

（2）每月新增人员以后，输入个人的保险基数，可以自动生成保险相关的个人数据并引入工资发放中，统一形成当月的社保报表。

（3）员工在离职以后，系统能停止该员工的保险并在工资里面进行体现。

（4）系统里面能体现不同性质（直接和派遣）员工的保险以及形成不同的数据分析。

（5）用户可以自定义薪酬账套。通过计算公式、等级表等方式，实现岗位工资、级别工资、工龄工资、学历津贴、考勤扣款、社保扣款、绩效奖、个人所得税等各类常见的工资项目。

（6）可实现一月多次发放工资，支持多次工资合并计税。

（7）支持年终奖的十二个月分摊计税。

（8）薪酬数据支持分部门管理，各分公司或部门可以独立管理本部的薪酬。

（9）薪酬数据支持在线批量编辑。

（10）薪酬发放支持标准的工作流审批。

（11）员工可以在线进行薪酬申诉。

（12）每月薪酬数据自动记录在人事档案中。

（13）系统内置薪酬报表，包括：各部门员工薪酬明细表、各部门及岗位薪酬汇总表、部门月工资条打印表、职务薪酬汇总表、部门及岗位薪酬多月合计表、部门及岗位多月薪酬对比表、员工薪酬多月合计表。

（14）在人力资源管理软件中，对孕期、哺乳期、长期病假人员进行不同的管理，提醒各部门主管人员提前做好工作交接的准备。

（15）根据员工每天的考勤数据（与考勤机接口）以及请假休假记录，统计分析员工每月的实际出勤状况，生成员工的月度考勤汇总表。

（四）招聘管理

（1）招聘需求计划与申请：各用人部门可以提出招聘申请，或者有岗位空缺自动形成招聘需求，系统按预设的流程审批规则生成审批人，各审批人审批确认后对外发布职位需求。

（2）在有职位申请后，招聘专员可以在招聘外网、内部招聘频道上发布和修改职位需求。同时，还可以通过集团本部的网站直接发布招聘需求，系统做到无缝链接。

（3）外部应聘者可以通过招聘外网投递简历，员工可内部应聘职位。系统自动收集内外部的简历（与公司网站和主流人力资源招聘网站集成）。

（4）对应聘各职位的简历进行筛选，对合适的人才安排面试，面试通过后，可以发送体检通知，并且在整个流程中可与各参与者实现邮件互动。对于暂不需要的简历存储至候选人才库，对未录用的应聘者自动发送未录取通知。

（5）对面试笔试通过的应聘者进行录用，维护其录用记录，其资料转入员工基本信息库。

（6）进行招聘效果分析，包括数据来源渠道分析，有效简历分析，录用比例分析等用户自己定义的分析。

（五）培训管理

（1）培训管理包括培训课程管理、培训教材管理、培训讲师以及学员管理。实现所有的培训资源在网络上都是共享的。实现教材与教师和归属课程以及课件相关联，对企业内授课教材进行统一管理，可实现教材上传网上查阅，同时教师与学员也可以通过网络实现互动管理。

（2）设计培训计划，包括计划维护、新增培训计划、输入计划单基础信息。计划单基础信息包括所属部门、计划单编号、计划单名称、开始时间、终止时间、预计费用等。不同的计划可选择不同的培训机构、课程、教材。

（3）能够辅助培训报名，可维护参加培训的员工及员工要培训的课程，支持在线报名。支持同时开多个班、梯次开班、多时间段班的情况。可以及时查询学员报名情况并进行调整。

（4）对审批的计划单进行培训实施，记录培训过程文档。

（5）辅助进行培训评估，培训评估分为讲师培训效果评估、学员评估、整体评估，针对历史上已结业的培训课程进行统一汇总管理，便于及时掌握各课程平均开班评估效果、各讲师平均授课效果等。

（6）进行培训调查，包括调查表维护、新增调查表、发布调查表、终止调查表、调查投放、调查统计，主要用于培训开班前和培训结束后的调查。可自定义网上问卷调查表的模板。

（7）对培训记录进行统计分析，如培训合格率，人员参与情况，培训成本分析表等形成相关的分析。

（8）进行在线培训，支持 E-Learning 在线培训考试系统。

（六）绩效管理

（1）支持 360 度考核、平衡计分卡、KPI 考核等多种模式，针对不同岗位（如高层、中层、基层）和部门考核，自定义各类考核表模板与考核周期（年度、季度、月度等），建立考核方案与计划，系统自带标准指标库并支持自定义的指标库和考核参数。

（2）支持考核主体在考核过程中与考核客体的沟通，同时允许被考核者通过系统填写

述职报告，考核申述等。考核主体与考核客体都可以通过系统来达到沟通的目的。

（3）量化的指标可以通过各个考核主体提供的数据直接形成考核结果，非量化的指标可以由不同的考核主体给出分数和权重等相关因数，形成考核结果。

（4）可实现绩效结果与绩效工资和资金的关联运用，以及绩效结果自动纳入员工的绩效考核档案记录，可方便实现绩效结果的查询。

（七）员工自助

（1）在人力资源管理软件中，建立公司管理制度的查阅目录，将相关的管理制度、法律法规等以网页的形式录入在人力资源管理软件中，方便子公司查询，使管理制度在整个公司保持一致，版本有效。

（2）在人力资源管理软件中，员工可以查询自己的过往工资发放记录信息，社会保险缴纳信息，可以修改自己授权范围内的信息，如家庭住址等。

（3）在人力资源管理软件中，员工可以填写自己的请假、休假信息，可以查询相关的信息审批流程以及最后的答复信息。

（4）人力资源管理软件支持问卷调查，可以是针对部门的，也可以是针对具体项目的调查。统计出调查结果，通过人力资源管理软件提交到总部人力资源部，供高层领导决策参考。员工可以参与问卷调查。

（八）领导查询

（1）查看组织机构情况，查看授权范围内的人力资源分布情况以及相关的统计分析数据。

（2）可以在网上审批工资，员工请假单等相关数据。

（3）作为一个普通员工角色拥有员工自助的相关权限，同时也可以在授权范围内对相关的事务进行管理。

三、员工隐私和人力资源信息系统

毫无疑问，人力资源信息系统将大大提高人力资源规划的效率。但是，在引进这些电脑系统之后，同时也带来了一些问题。其中最值得关注的就是人力资源信息系统使得侵犯员工的隐私变得容易。这个系统的界面越友好，未经许可的进入就越有可能导致私人信息被泄漏。

当组织在开发人力资源信息系统的时候，员工的权利也应该被保护。尽管不可能让组织来保证员工的私人信息不被其他人窥探，但是一些防护措施可以被采取来降低这种风险。表 3-3 简要列出了一些相关措施的步骤。

表 3-3　人力资源信息系统中保护员工隐私的措施

寻找最佳的收集信息的途径
将所收集的信息严格限定在组织目标所需要的范围内
向员工通报所收集的信息以及将如何使用这些信息
让员工来修正信息并且进行维护和更新
将敏感的信息同其他资料分离开来
将信息的使用严格限定在实现组织目标所需行为的范围内
除非本人同意，禁止信息向外界公开

沙场点兵

香港的中资企业的人力资源规划

香港的中资企业，是属于社会主义公有制性质的企业，但实行的是资本主义的经营管理方式。企业与员工的关系是雇主与员工的雇佣关系。

香港的中资企业在制订人力资源总体规划时的指导思想是积极为业务发展服务，最大限度地激励全体员工的积极性、创造性，完成和超额完成企业的目标任务。根据这一总的规划指导思想，各单位制订的具体政策内容非常广泛，几乎涉及员工的衣、食、住、行、康、乐等各个方面。

中资企业的人力资源规划具有以下特点。

（1）具有较大的灵活性。在制订具体的人事政策时，必须考虑到公司的经济承担能力，人员编制、工资福利、晋升、奖励、招聘、辞退等各个方面都必须根据需要来决定。中旅集团介绍说，他们企业是根据业务发展，广泛收集人力，补充流失，既适当增加又防止人浮于事的指导原则，从严控制。在执行过程中，各所需单位还可以根据需要增加或减少。业务不好的公司，即使总公司在规划时多给编制数，他们也不会要。

（2）具有很强的竞争性。人才竞争是企业竞争最突出的表现，在总体规划下的具体人事政策必须适应竞争的需要。在劳动力短缺的香港，人事政策更需要具有吸引力、凝聚力，才能留住人才。根据华润、中银、中旅集团人事部的负责人介绍，这几家大的中资企业员工的工资水平属于同行业的中上等，在福利待遇、教育和工作环境上优于同行业，这一点正好适应了当代香港人做工不仅讲工资，而且讲发展、讲环境的就业观点。因此，香港员工的平均流动率为25%~30%，而这三家中资企业只有13%左右。

（3）严肃性。中资企业制订当地员工管理人事政策时，必须遵守当地的法律规定，并且必须根据法律规定的修改或变动，随时修订企业的人事政策。如果违反了法律规定，公司或员工可以随时投诉。香港政府专门设有劳资审判处解决此类问题，各集团公司人事部也专门有熟悉当地法律规定的人员负责当地员工的管理，公司与员工相互都必须按“雇佣

合约”议定的条款办事，谁违反了谁就得负法律责任。

（4）具有相对自主权。中资企业的人事政策，在不违背当地法律规定的前提下，对一些特殊问题各单位可以根据具体情况做出决定。如高于规定标准的各种福利待遇、奖金等，各个企业不尽相同。

资料来源：经管之家，bbs.pinggu.org.

第八节 战略规划和人力资源规划

世界上许多著名的跨国企业一般通过以下三种途径：将人力资源管理与公司经营战略联系，即为实现公司战略目标而选择人力资源管理方式；在一定战略目标或环境下预测人力资源的需求并实施管理；在战略目标与组织相统一的整体中努力融入人力资源管理。因此，将战略规划与人力资源规划相结合为大势所趋，

图 3-7 将战略规划与人力资源规划进行了模型化。一旦战略被确定了，人力资源管理职能必须要发挥其作用来保证战略的成功，从而帮助组织实现其目标。

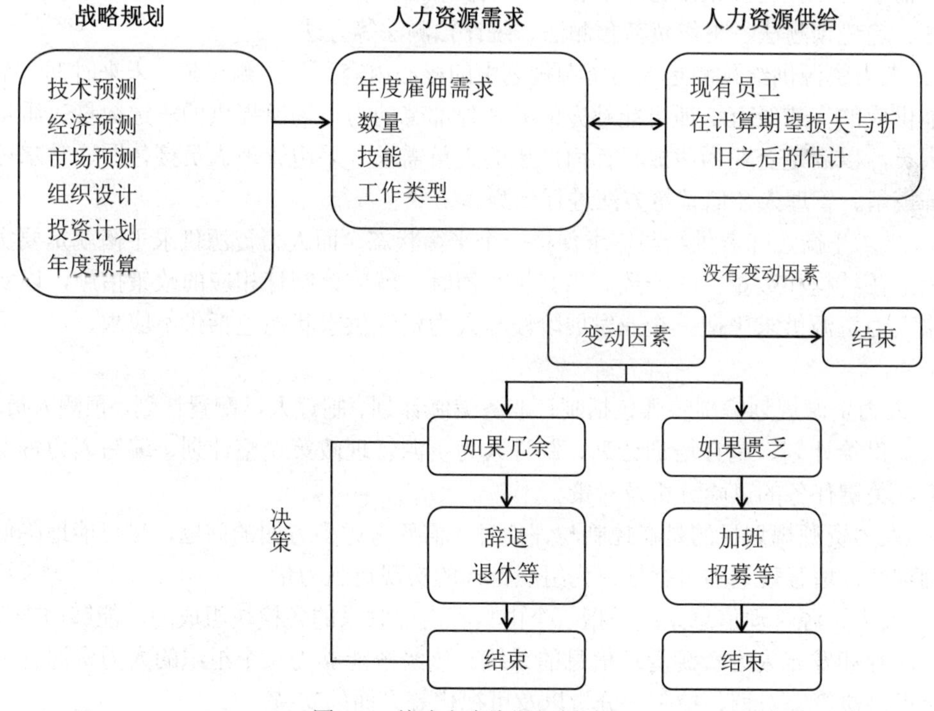

图 3-7 战略人力资源规划过程

由于对人力资源政策同组织整体战略之间的紧密联系有了共识，人们开始重视一门全新的管理学领域——战略人力资源管理。人力资源管理的战略视角有一个最核心的命题，就是人力资源政策将对组织的获利能力产生直接的影响。因此，人力资源必须同组织的战略使命相一致。例如，在一个稳定的环境中，组织的战略是保持较低的发展速度，那么它的人力资源政策可能同一个在不确定环境中拥有快速增长战略的组织大相径庭。尽管目前如何在实证研究方面来验证这一命题还处于起步阶段，但是大量的理论研究和实践活动已经能够证明这一命题的可信性。

本章小结

1．人力资源规划是为了实施企业发展战略，完成企业的生产经营目标。根据企业内外环境和条件的变化，运用科学的方法对企业人力资源需求和供给进行预测，制订相应的政策和措施，从而使企业人力资源供给和需求达到平衡。

2．人力资源需求预测需要对现实人力资源需求、未来人力资源需求预测和未来流失人力资源需求进行预测，采用德尔菲技术、现状规划法、经验预测法、分合性预测法、比率分析法、趋势预测法、工作负荷预测法、统计预测法等方法。

3．人力资源供给预测是人力资源规划中的核心内容，是预测在某一未来时期，组织内部所能供应的（或经有培训可能补充的）及外部劳动力市场所提供的一定数量、质量和结构的人员，以满足企业为达成目标而产生的人员需求。采用管理人员接替图、马尔可夫转移矩阵模型、管理人才储备等方法进行预测。

4．供求平衡意味着供给与需求保持一个平衡状态，而人力资源供求平衡就是要实现需求和供给在结构和数量上的一致。当其不平衡时，就应该制订相应的政策措施，以实现组织未来人力资源供求平衡。企业发展阶段与人力资源供求状态包括供不应求、供过于求和结构失衡。

5．人力资源规划编制步骤包括制订职务编制计划、制订人员配置计划、预测人员需求、确定人员供给计划、制订培训计划、制订人力资源管理政策调整计划、编写人力资源部费用预算、关键任务的风险分析及对策。

6．人力资源规划目的是在控制与评估时，需要考虑多方面的问题，尽可能地降低规划的不确定性，增强规划的可行性，为组织目标的实现贡献力量。

7．人力资源管理信息系统是指一个由具有内部联系的各模块组成的，能够用来搜集、处理、储存和发布人力资源管理信息的系统。该系统能够为一个组织的人力资源管理活动的开展提供决策、协调、控制、分析以及可视化等方面的支持。

通关密码

德仁公司问题众多，我们应该从以下三个方面制订相应的人力资源规划。

1. 注重人力资源管理与企业发展战略相结合。既然德仁公司的发展战略是“紧抓经济结构战略调整为主线，以房地产为依托，以高科技为支柱，以相关行业为辅翼，进入多元化发展”，那么德仁公司应该加大高科技技术人才的引进和培养。

2. 建立专门的、完善的、高效的人力资源管理机构，全方位构建人力资源管理体系。要根据企业的发展情况因事用人，而不是因人做事。决不让企业有多余的人，也不让企业有事无人做。

3. 完善企业管理制度，必须严格执行，这样才能体现制度的作用。先有完善的企业管理制度，然后才能有规范的员工行为准则。员工有了完善的行为准则，才能朝企业的目标方向共同努力。

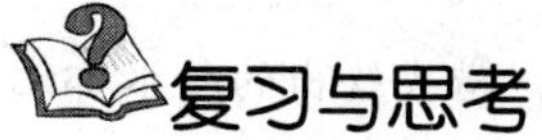

复习与思考

一、名词解释

1. 人力资源规划
2. 德尔菲技术
3. 现状规划法
4. 经验预测法
5. 管理人员接替图
6. 马尔可夫转移矩阵模型
7. 人力资源供需平衡

二、简答

1. 什么是人力资源规划？它有哪些作用？
2. 人力资源规划的种类和内容有哪些？
3. 人力资源规划的过程有哪些？
4. 如何进行人力资源需求与供给预测？有哪些预测方法？
5. 如何建立人力资源信息系统？

三、讨论题

1．针对目前高科技企业的人力资源流动率较高的问题，请制订相应的政策和措施，同时制订人力资源规划方案。

2．你认为中国企业在人力资源规划方面存在哪些问题？如何改进？

四、案例评析

再失副总裁，万科乱象谁之过

在刚刚公布一份不错的年中报的第二天，万科执行副总裁袁伯银离职，这是年内离职的第四个副总裁，第三个执行副总裁。袁伯银的离职此前并没有透露出半点风声，但这个消息却很快在行业内扩散开去。

“最近市场进入调整期，人员流动很频繁，上海有企业的副总裁到营销经理整个团队都被挖走，万科被同行挖‘墙角’很正常。”8 月 9 日下午，北京的一家开发商告诉记者，一般住宅企业挖“墙角”首先都会瞄准万科和中海，而商业地产企业则是万达，但意外的是挖走的又是一个执行副总裁。

知情人士称，不少“猎头”正在行业内出没，即便普通的员工，猎头给出的薪水都比现有的工资水平超出 50%以上，高级管理层的价码将更高。

万科总裁郁亮在同一天下午举行的发布会上表示，万科的高管相对来说比较稳定，近期离职的人遇到的问题都是“中年危机”，这些人在下半场的时候选择了外部。

10 日晚间，成都明德管理咨询机构的分析师张智良向本报记者分析说，万科近期的经营运作理念可能与之前比有一定变化，为留住人才也需要更好地理顺这个关系。

万科先后有执行副总裁徐洪舸、副总裁肖楠、执行副总裁刘爱明离职，袁伯银与刘爱明一样，都是 2007 年万科实施“007 行动”时，从行业外引进的具有大型企业管理经验的职业经理。万科内部的通报表示，他是“外部引进人才在万科落地的成功典范”，袁伯银最新的去向是红星美凯龙的总裁。

近几年的快速扩张，让万科提前在 2010 年进入千亿时代。一家管理咨询机构的人士向本报记者分析说，这种快速扩张的模式，必然面临规模扩大后的管理和组织架构设置的问题，万科需要摸索着做，出现一些人才流动也很正常。“但我认为万科应当在人才的配置和管理上进行深刻反思，包括对管理人才如何适度的放权和收权，让人才更尽其用显得尤其重要。”

万科是一个同行公认的好企业，却并不是人才发展空间很大的企业，这种内部竞争充分化的机制，并不容易让人才上位。在一些咨询机构的人士看来，近期高管的频繁离职，万科在用人机制上还有一些需要提高的地方。

郁亮在发布会上坦言，应当研究如何给职业经理人更大的发展空间，如何从机制上保

证经理人积极性的发挥。“我认为股权激励是辅助作用，有这个机制比没有好，但机制需要不断完善。”

自万科2008年推出股权激励制度以来，仅2010年兑现过一次，2011年新版的股权激励计划曾一度被认为实现起来并不容易。

万科公布的半年报显示，上半年万科业绩继续保持稳定增长，张智良分析说，由于管理存在一定的惯性，高管离职对万科近期的影响有限，最终的影响在明年才能体现出来，这也是考验万科的人才培养体系的时候。

郁亮称，近期高管的不断流失也将对万科的人才梯队形成挑战，只有能够始终培育出不同层级、不同年龄段，有梯度的优秀职业经理人，万科的事业才可以常青下去。

一家管理咨询机构的人士称，完全将高管短期内的频繁流失归咎于股权激励计划并不全面，万科换代之后应当有更全面的反思，为何这些挖过来的人才选择流向外部，而不是在内部获得提升。

资料来源：张一鸣. 再失副总裁万科反思激励机制[N]. 中国经济时报，2011-08-12.

【思考题】

1. 什么原因导致万科高管频频离职？
2. 万科该如何亡羊补牢，进行科学的人力资源规划？

第四章 工作分析与设计

学习目标

★★★★★

- 工作分析的内容。
- 工作分析的步骤。
- 工作分析的方法。
- 工作分析的技术。
- 工作分析在人力资源管理中的重要作用。
- 工作设计的基本类型和具体方法。

★★★★

- 工作分析的概念。
- 工作设计的概念。
- 工作设计的影响因素。

★★★

- 工作说明书编制基本方法。
- 描述随着工作特征的变化，工作设计将会如何变化。

开篇案例

春城公司的工作分析

春城公司是辽宁省一家房地产开发公司。近年来，随着当地经济的迅速增长，房产需

求强劲，公司有了飞速的发展，规模持续扩大，逐步发展为一家中型房地产开发公司。随着公司的发展和壮大，员工人数大量增加，众多的组织和人力资源管理问题逐渐显现出来。

公司现有的组织机构，是基于创业时的公司规划，随着业务扩张的需要逐渐扩充而形成的。在运行的过程中，组织与业务上的矛盾已经逐渐显现出来。部门之间、职位之间的职责与权限缺乏明确的界定，扯皮推诿的现象不断发生；有的部门抱怨事情太多，人手不够，任务不能按时、按质、按量完成；有的部门又觉得人员冗杂，人浮于事，效率低下。

公司的人员招聘方面，用人部门给出的招聘标准含糊不清，招聘主管往往无法准确地理解，使得招来的人大多难以让人满意。同时目前的许多岗位不能做到“人事匹配”，员工的能力不能得以充分发挥，严重挫伤了士气，并影响了工作的效果。以前，公司的员工晋升是由总经理直接负责的。现在公司规模大了，总经理已经几乎没有时间来与基层员工和部门主管打交道，基层员工和部门主管的晋升决定只能以部门经理的意见为依据。而在晋升中，上级和下属之间的私人感情成为了决定性的因素，导致有才干的人并不能获得提升。因此，许多优秀的员工由于看不到自己未来的前途，而另寻高就。在激励机制方面，公司缺乏科学的绩效考核和薪酬制度，考核中的主观性和随意性现象非常严重。员工的报酬不能体现其价值与能力，人力资源部经常可以听到大家对薪酬的抱怨和不满，这也是人才流失的重要原因。

面对这样严重的形势，人力资源部开始着手进行人力资源管理的变革。首先从进行职位分析、确定职位价值开始。职位分析、职位评价如何开展、如何抓取职位分析、职位评价过程中的关键点，去为公司本次组织变革提供有效的信息支持和基础保证，是摆在春城公司面前的重要课题。

首先，他们开始寻找进行职位分析的工具与技术。在阅读了目前国内流行的基本职位分析书籍之后，他们从其中选择了一份职位分析问卷，作为收集职位信息的工具。然后，人力资源部将问卷发放到了各个部门经理手中，同时他们还在公司的内部网上也发了一份关于开展问卷调查的通知，要求各部门配合人力资源部的问卷调查。据反映，问卷在下发到各部门之后，却一直搁置在各部门经理手中，而没有发下去，很多部门是等到人力部开始催收时才把问卷发放到每个人手中。而且，由于大家都很忙，很多人在拿到问卷之后，都没有时间仔细思考，草草填写完事。还有很多人在外地出差，或者任务缠身，自己无法填写，而由同事代笔。此外，据一些较为重视这次调查的员工反映，大家都不了解这次问卷调查的意图，也不理解问卷中那些生疏的管理术语，何为职责、何为工作目的，许多人对此并不理解。很多人想对疑难问题向人力资源部进行询问，可是也不知道具体该找谁。因此，在回答问卷时只能凭借自己个人的理解来进行填写，无法把握填写的规范和标准。

一个星期之后，人力资源部收回了问卷。但他们发现，问卷填写的效果不太理想，有一部分问卷填写不全，一部分问卷答非所问，还有一部分问卷根本没有收上来。辛劳调查的结果却没有发挥它应有的价值。与此同时，人力资源部也着手选取一些职位的员工进行访谈。但在试着谈了几个职位的员工之后，发现访谈的效果也不好。因为，在人力资源部，能够对部门经理访谈的人只有人力资源部经理一人，主管和一般员工都无法与其他部门经理进行沟通。同时，由于经理们都很忙，能够把双方凑在一块，实在不容易。因此，两个星期的时间过去之后，只访谈了两个部门经理。

人力资源部的几位主管负责对经理级以下的人员进行访谈，但在访谈中，出现的情况却出乎意料。大部分时间都是被访谈的人在发牢骚，指责公司的治理问题，抱怨自己的待遇不公平。而在谈到与职位分析相关的内容时，被访谈人往往又言辞闪烁，顾左右而言他，似乎对人力资源部这次访谈不太信任。访谈结束之后，访谈人都反映对该职位的熟悉还是停留在模糊的阶段。这样持续了两个星期，访谈了大概 1/3 的职位员工。王经理认为时间不能拖延下去了，因此决定开始进入项目的下一个阶段——撰写职位说明书。可这时，各职位的信息收集却还不完全，怎么办呢？人力资源部在无奈之中，不得不另觅他途。于是，他们通过各种途径从其他公司中收集了许多职位说明书，试图以此作为参照，结合问卷和访谈收集到一些信息来撰写职位说明书。

在撰写阶段，人力资源部还成立了几个小组，每个小组专门负责起草某一部门的职位说明，并且还要求各组在两个星期内完成任务。在起草职位说明书的过程中，人力资源部的员工都颇感为难，一方面不了解其他部门的工作，问卷和访谈提供的信息又不准确；另一方面，大家又缺乏写职位说明书的经验，因此，写起来都感觉很费劲。规定的时间快到了，很多人为了交稿，不得不急急忙忙，东拼西凑了一些材料，再结合自己的判定，最后成稿。

最后，职位说明书终于出台了。人力资源部将成稿的职位说明书下发到了各部门，同时，还下发了一份文件，要求各部门按照新的职位说明书来界定工作范围，并按照其中规定的任职条件来进行人员的招聘、选拔和任用。但这却引起了各部门的强烈反对，很多直线部门的管理人员甚至公开指责人力资源部，说人力资源部的职位说明书是一堆垃圾文件，完全不符合实际情况。

于是，人力资源部专门召开了一次会议来推动职位说明书的应用。人力资源部经理本来想通过这次会议来说服各部门支持这次项目，但结果却恰恰相反。在会上，人力资源部遭到了各部门的一致批评。同时，人力资源部由于对其他部门不了解，对于其他部门所提的很多问题，也无法进行解释和反驳。因此，会议的最终结论是，让人力资源部重新编写职位说明书。后来，经过多次重写与修改，职位说明书始终无法令人满足。最后，职位分析项目不了了之。

人力资源部的员工在经历了这次失败的项目后，对职位分析彻底丧失了信心。他们开始认为，职位分析只不过是“雾里看花，水中望月”的东西，说起来挺好，实际上却没有什么大用，而且认为职位分析只能针对西方国家那些管理先进的大公司，拿到中国的企业来，根本就行不通。原来雄心勃勃的人力资源部经理也变得灰心丧气，但他却一直对这次失败耿耿于怀，对项目失败的原因也是百思不得其解。

资料来源：郑晓明. 人力资源管理导论[M]. 北京：机械工业出版社，2011.

【思考题】

1. 在职位分析项目的整个组织与实施过程中，该公司存在着哪些问题?
2. 如果你是人力资源部新任的主管，让你重新负责该公司的职位分析，你要如何去开展?

第一节　工作分析概述

一、工作分析的概念

（一）工作分析的定义

随着企业的建立，具有特定任务与职责的工作随之出现。本着因事设职，因材器使的原则，一些具备特定素质的人员便突显出其作用。不过，为了实现企业战略目标，提升经营管理水平，就需要确定企业内工作性质和职责，需要明确哪些类型的人才能够胜任这一工作岗位，而这一过程就是工作分析。

具体来说，所谓工作分析，就是对组织中各工作的特征、规范、要求以及对完成此工作的员工的素质、知识、技能要求进行描述的过程。通过对现有工作进行分析，为其他人力资源管理实践收集信息，是其他人力资源管理活动的基础。工作分析的结果是形成工作描述书与工作规范书。

（二）工作分析的相关术语

开展工作分析任务，对组织结构进行了解势在必行。同时，还需要对组织成员所从事的各种活动进行了解，并需要使用一些有关的术语。由于工作分析与工作设计密切相关，工作分析的术语同时也是工作设计的术语。下面将逐一解释。

（1）工作要素：一组相关的活动和职责，是不能再分解的最小动作单位。

（2）任务：一组工作要素的集合，为了达到某个目的结合在一起的工作要素集合，是工作分析的基本单位。

（3）责任：为取得关键成果而完成的一系列相关联的任务集合。

（4）职位：当职责与责任相结合时就界定了一个职位，是组织的基本构成单位。

（5）职务：主要任务和责任相同的一组职位的集合。

（6）职业：一组相似的职务形成一种职业。

（7）工作族：一组相似的职业构成了工作族，工作族是以职位分类为基础的。

工作分析中所使用的这些工作术语之间存在着密切的关系，图 4-1 描述了工作分析中使用的基本术语和它们之间的关系。

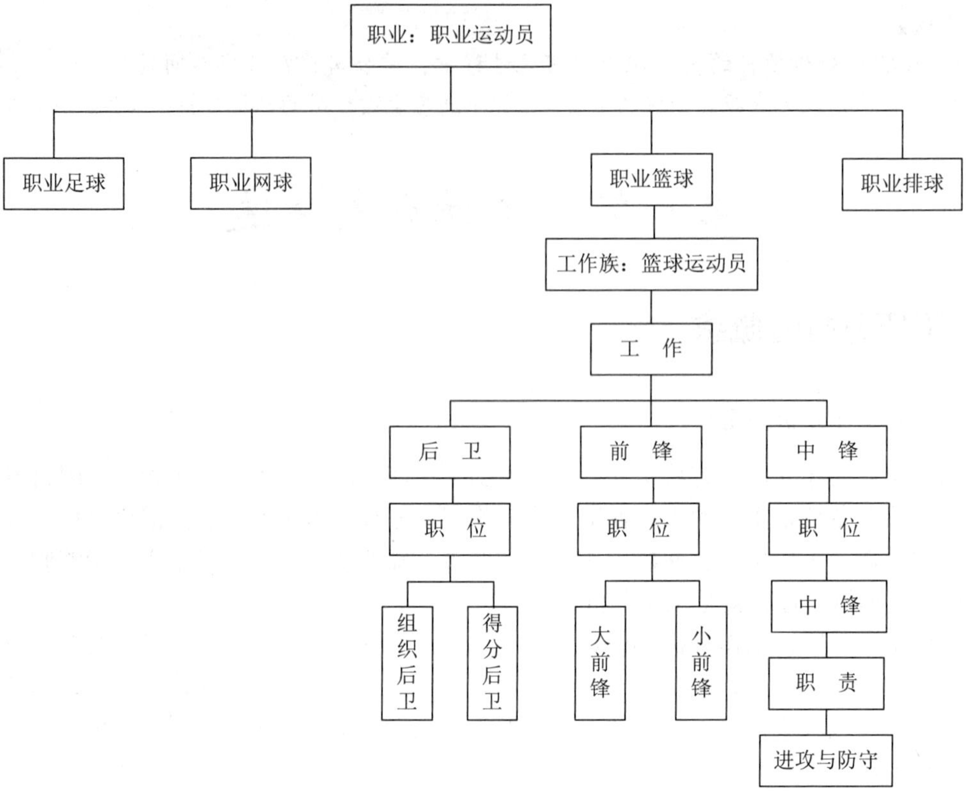

职业：职业运动员

职业足球　职业网球　职业篮球　职业排球

工作族：篮球运动员

工　作

后　卫　前　锋　中　锋

职　位　职　位　职　位

组织后卫　得分后卫　大前锋　小前锋　中　锋

职　责

进攻与防守

图 4-1　职业篮球队范围内职业、工作族、工作、职责和任务

二、工作分析的内容

现如今，我们正处于信息飞速发展的时代，变化是这个时代的主题，无论是组织结构，还是任务和内容。工作分析成为了适应变化的重要选择，通常情况下，它包含着两方面内容：工作描述与工作规范。

（一）工作描述

工作描述具体说明了工作的目的与任务、内容与特征、责任与权力、标准与要求、时间与地点、流程与规范、环境与条件等问题（见表 4-1）。工作描述并没有一个统一的范式，但一般应包括以下内容。

1．工作概况

工作概况旨在说明工作名称、工作代码、所属部门、工作时间与地点、工作关系等。

2．工作目的

工作目的用简短而精练的陈述来说明组织为什么要设立这一工作。通常，工作目的用

一句话就足够表达清楚了，但一定要表示从组织机构的观点来看这一工作的意义和目的。

表 4-1　人力资源经理工作描述

工作名称：人力资源经理部门：人力资源管理

日期：2015 年 1 月 1 日

工作的一般描述

负责一个大的办事处或机构的人事活动管理工作。负责包括招聘、测试、甄选、评估、任命、提升、调动、建议调整部门员工状况，以及管理向员工发布必要的信息系统等人力资源管理项目的计划和管理工作。在主管的指导下工作，但在从事特定的任务上可以主动地、独立地做决定。

工作活动

1. 参与到整个计划和决策过程，提供有效一致的人事服务。
2. 通过公告、会议和人事接触等形式向组织各个层次传达政策。
3. 面试和评价应聘者，并对他们进行分级。
4. 为组织空缺职位招聘和筛选应聘者，并回复合格者的申请。
5. 与主管一起商议人事问题，包括配置问题、留用或解聘试用员工、调动、降级和解聘终身员工。
6. 监督测试管理工作。
7. 发起人事培训活动，并使它们与办公人员和管理者的工作相适应。
8. 建立有效的服务评价体系，培训管理人员进行员工评价。
9. 管理员工人事档案。
10. 直接或通过下属来管理一群员工。
11. 从事分配的相关工作。

一般资格要求

1. 经验和培训：

应当在人力资源管理领域有相当的经验，至少 6 年。

2. 教育：

毕业十四年制的学院或大学，人力资源、工商管理、工业心理学等专业。

3. 知识、技能和能力：

熟悉人力资源管理人员筛选与分配的原则和实践，能进行工作评估。

4. 责任：

能够管理一个由 3 个人力资源管理专职人员、1 个秘书和 1 个办事员组成的部门。

3．工作职责

工作职责是一项工作最终要取得的结果和陈述，换言之，为了完成本项工作的目标，任职人员应在哪些主要方面开展工作活动并必须取得什么结果。这是工作描述的主体部分，必须详细描述。

4．工作规模

工作规模是为了说明工作规模有多大，通常用罗列数据的形式表示该项工作的直接或非直接影响。

5．工作条件

工作描述还应该完整说明执行工作任务的条件。

6．社会环境

社会环境说明完成工作任务所需要涉及的工作群体的人际相互关系，完成工作所需要的人际交往数量和程度，与组织内各部门的关系，工作活动涉及的社会文化、社会习俗等。

7．聘用条件

说明工作任职人在组织中的有关工作安置等情况。

（二）工作规范

工作规范就是对工作任职人的要求的说明，也就是为完成特定工作所必备的生理要求和心理要求，如表 4-2 所示。

表 4-2　工作规范书示例

<table>
<tr><td colspan="3">职位名称</td><td></td><td>直接上级</td><td></td></tr>
<tr><td colspan="3">职位编号</td><td></td><td>下属人数</td><td></td></tr>
<tr><td colspan="3">所属部门</td><td></td><td>任职者姓名</td><td></td></tr>
<tr><td colspan="3">工作地点</td><td></td><td>任职者性别</td><td></td></tr>
<tr><td colspan="6">职位核心目的（该职位设立核心目的和意义，特别是该职位对公司独一无二的贡献。具体包括：依据什么开展工作，通过做什么工作，达成什么结果）</td></tr>
<tr><td rowspan="10">工作职责</td><td>类别</td><td>编号</td><td>概述</td><td colspan="2">描述</td></tr>
<tr><td rowspan="2"></td><td>1</td><td></td><td colspan="2"></td></tr>
<tr><td>2</td><td></td><td colspan="2"></td></tr>
<tr><td rowspan="2"></td><td>3</td><td></td><td colspan="2"></td></tr>
<tr><td>4</td><td></td><td colspan="2"></td></tr>
<tr><td rowspan="2"></td><td>5</td><td></td><td colspan="2"></td></tr>
<tr><td>6</td><td></td><td colspan="2"></td></tr>
<tr><td rowspan="3"></td><td>7</td><td></td><td colspan="2"></td></tr>
<tr><td>8</td><td></td><td colspan="2"></td></tr>
<tr><td>9</td><td></td><td colspan="2"></td></tr>
<tr><td colspan="6">任职资格</td></tr>
<tr><td colspan="4">学历和经验</td><td colspan="2">关键素质/能力</td></tr>
<tr><td colspan="4">行业及专业知识：
其他知识和技能：
学历：
工作经验：
应接受培训：</td><td colspan="2"></td></tr>
</table>

1．一般要求

一般要求包括年龄、性别、学历、工作经验等。学历可以分为六个等级：研究生以上、大学本科、大学专科、高中、初中、小学以下。

2．生理要求

生理要求包括健康状况、力量与体力、运动的灵活性、感觉器官灵敏度。

3．心理要求

心理要求包括一般智力、各种能力、性格、气质、兴趣、爱好、态度、事业心等。

三、工作分析的作用

人力资源管理者、专业人员和一般的管理者认识到工作分析有许多作用。其中的一些人甚至相信在是否需要进行工作分析这个问题上不存在选择。行政法规、各种公民权利都规定得很清楚。现在的问题是怎样去进行一场可受法律保护的工作分析，而不是究竟是否要进行一些工作分析。

一项能视为良好的工作分析必须能够提供下面的作用。

（1）应该生成一个全面的清晰的工作描述。

（2）必须评价工作行为的经常性和重要性。

（3）它必须能够对一项工作所要求的知识、技能、能力和其他特征做出精确的估计。

（4）它必须能够说明工作职责和这些知识、技能、能力和其他特征之间的关系。也就是说，它必须要清楚地判断哪些知识、技能、能力和其他特征对一项工作职责是重要的。

除了帮助组织满足它们的法律要求，工作分析与人力资源管理项目和活动也是紧密联系的。它在下面每一项领域都经常用到。

（一）招聘和甄选

工作分析信息帮助招聘者为组织寻找和发现适当的人。并且为了雇佣到合适的人，挑选测试评估一项工作所必需的大部分关键技能和能力。这些信息来自工作分析。

（二）培训和职业发展

了解工作所需的技能对建立有效的培训计划必不可少。另外，只有在工作分析信息的帮助下，人们才能有效地从一个职业阶段发展到另一个职业阶段。

（三）报酬

报酬常常与工作的职责和责任相联系。因此，需要准确评估不同工作应有的适当的报酬。

（四）战略计划

管理者越来越多的认识到，工作分析是组织整体战略计划工作中的另一个重要的工具。有效的工作分析能帮助组织改变、减少工作以及其他工作和工作流程的重组，以适应不确定环境下的变化要求。

从刚才所列的事项我们可以清楚地看到，工作分析的作用包括了人力资源管理活动的整个领域。实际上，人们无法想象如果没有工作分析信息，组织将如何有效地开展雇佣、培训、评估、报酬和人力资源的优化。但是，工作分析的价值并不仅局限于人力资源管理。事实上，组织的计划、控制和指挥等所有方面的管理者都能从工作分析信息中受益。

四、国内工作分析面临的挑战

在人力资源管理界存在这样一种声音“工作分析是否有存在的必要呢？”“工作分析在走下坡路吗？”“工作分析这杆大旗能打多久？”为什么业界有那么多质疑呢？因为随着科技的发展，公司越来越强调团队合作，描写工作说明书的参数越来越少，而共同点越来越多；传统的工作分析强调工作职责的界定严格区分，而现实中的工作确又是紧密联系在一起，高度的分析观点冲突导致原有的工作分析与工作的大趋势已严重不相符合；传统的工作分析的前提与新型的员工管理方面有明显的区别，这种区别是导致人力资源管理工作者对这个工具的担忧之处。虽然担忧不无道理，但我们可以肯定地回答：工作分析是需要的，不仅今天需要，将来一定还需要。工作分析作为人力资源管理实践生存的土壤一定存在，否则没有土壤哪里还有结果呢？但时代变得如此之快，人力资源管理工作者对“以能力为模式”的工作分析偏爱程度将比传统工作分析更强，但非常可惜的是，这种新型的工作分析模式还未能以法律的形式规定下来。

另外还有一层含义，中国劳动合同法的出台，也对企业的员工劳动合同管理提出了高水平和严水准的要求，凡是遵法守纪的公司都会向招聘的员工提供职位说明书，这也是未来证明自己遵法守纪的书面文件。

1．员工弱化岗位、依存于团队而工作

现在流行的工作分析多是在企业和岗位发展比较稳定的时代里进行的，我们是为某一既定岗位而招来一个人从事该岗位工作，这份工作可以几个月甚至几年不变，这是企业所希望的，这对管理人员和员工来讲，都是不错的结果。

但现在情况已发生了变化，再用旧的眼光和思维考虑这类问题，将会导致高级人才的流动。我们也可从 IBM 等国际知名的跨国公司的员工轮换工作的用工制度发现，员工不再是坐在自己的岗位上一动不动，他们是有想法的，他们希望为公司做出巨大贡献，他们想做公司所有的工作。其实这也是企业希望见到的，企业也希望员工是“多面手”，而不仅仅是“一面手（SPECIALIST）”，因此作为公司的人力资源管理工作者在进行工作分析时，就不能只考虑过程而不注重结果，我们可以将“工作作用”作为分析的重点，这与时下重视结果的观点是一致的。

以团队形式出现的企业，关注“工作作用”而非“工作岗位”将会是一个大势所趋，这是因为，一个人在团队中工作，我们要考察的是团队是否已完成了工作，此队员在完成此项目过程中所起的作用将比此队员是否完成了本岗位规定工作更有意义。

2．企业需要结合战略并面向未来的“工作分析”

传统的工作分析是面向现有工作进行分析，形成对现有工作的描述，缺乏前瞻性，事实上企业的长远规划通常是比较长期的计划，是对未来的展望，即我将来能成为什么。例如，企业需要裁员，我们可以用传统工作分析来确定企业现有多少工作岗位，需要裁多少岗位。然后，面向企业的未来进行工作分析，即将来企业可能会保留多少岗位，用来作为企业制定招聘、绩效、培训、薪酬、晋升等人力资源政策的基础。

我们将面向未来进行工作分析的结果作为企业战略的一部分，企业的人力资源战略从而与企业的发展战略有了高度一致，HR 与 CEO 自然也能保持一致，不管如何，具备前瞻性和灵活性将是未来对 HR 提出的较大挑战！

以上分析，是基于对现有人力资源状况的理解，是对未来人力资源管理工作者可能遇到的挑战的考虑，任何时候，人力资源管理工作都脱离不了它所生存的土壤即环境，若离开环境谈之，将与“纸上谈兵”无异。因而所有的研究思路均是依科学为据，否则与“墙上画饼充饥”如出一辙。本文研究工作分析的未来发展方向亦是立足现实，关注工作分析生存环境而成的。

沙场点兵

益华公司的工作分析

益华国际饮料有限公司是一家生产奶茶的外商独资企业。由于开创初期实施了卓有成效的经营战略，使产品一炮打响，并迅速占领了国内市场。随着市场的扩大，企业规模也急剧扩张，生产线由初期的两条扩展到十二条，人员也增加到上千人，随之而来的是管理上暴露出的种种问题。首先是出现了大量的“窝工”现象，即有的岗位员工疲于奔命，有的岗位员工无所事事；其次是令出多门，同一个问题很多部门都在管，要求互相矛盾，结果适得其反，反而没人管；最为突出的是报酬问题，各部门人员都觉得自己付出比别人多，而得到的并不比别人多，所以都认为不公平。生产部门的人强调自己的劳动强度大。确实，在炎热的夏季，车间温度高达 40 多摄氏度，劳动强度可想而知。经营部门的人员强调，我们整天在外边跑，既辛苦又承受着巨大的心理压力。还有的部门强调自己的责任重大等，大家各执一词。又快到分奖金的时候了，究竟该怎么分配？袁总经理决定聘请外界专家协助解决。专家们经过一番调查研究，决定从工作分析开始。

资料来源：http://zygh.studentboss.com/html/xllc/2014/0829/6094.html.

第二节　工作分析的步骤与方法

作为战略人力资源管理的重要手段之一，工作分析是每一个人力资源管理者必须熟练掌握的一项专业技术。工作分析是对组织内部各项工作系统分析的过程，这个过程包括一系列事先确定的步骤以及特定的方法。

一、工作分析的步骤

工作分析作为人力资源管理重要环节，是通过准备阶段、调查阶段、分析阶段和完成阶段四个步骤实现的（见图 4-2）。

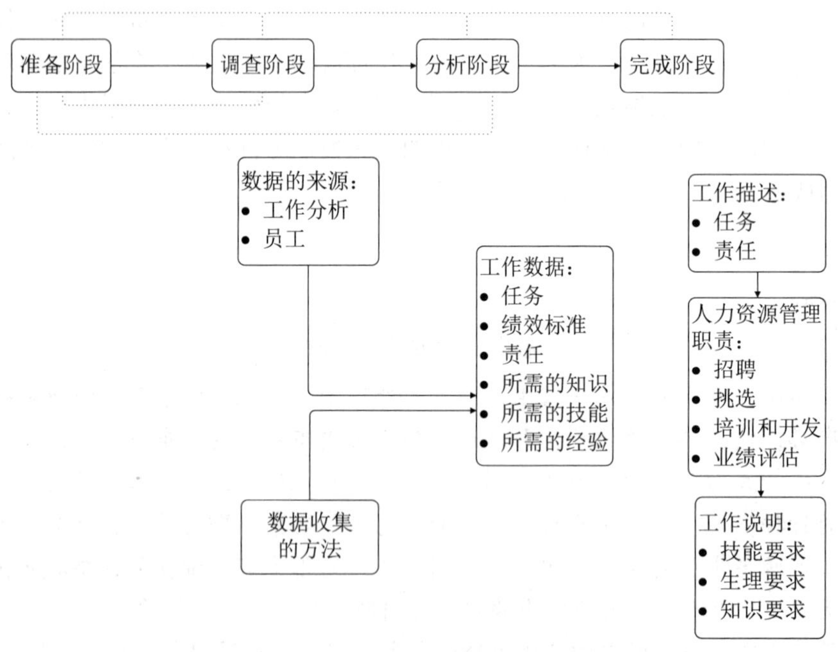

图 4-2　工作分析的步骤

在进行工作分析前，必须了解工作分析过程中的基本原则。

（1）重在分析，而不是将工作内容罗列到工作说明书中。要根据所得信息，判断工作的必要性，避免遗漏或职责交叉。

（2）工作分析的对象是职位，而非任职者。工作分析者应做到对工作的客观、工作分析、避免受任职者影响。

（3）描述事实而不是工作分析人员的主观推断。

只有在具体实施中重视以上三个基本原则，才可能使得工作分析的结果客观、有效、有价值。

工作分析一般分为四个阶段：准备阶段、调查阶段、分析阶段和完成阶段。这四个阶段关系密切，相互关系，相互影响。

（一）准备阶段

准备阶段是工作分析的第一阶段，主要的任务是对工作分析进行全面的设计，包括确定分析的组织、样本和规范、建立关系等。具体工作如下。

（1）成立相关的工作分析小组或委员会。

（2）确立工作分析小组开展工作的原则与要求。

（3）确定工作分析的意义、目的、方法及步骤。

（4）在组织内向有关人员进行工作分析的宣传，使其具有良好的心理准备。

（5）确定调查与分析的样本，并使其具有代表性。

（6）把各项工作分析分解成若干工作元素和环节，确定工作的基本难度。

（二）调查阶段

调查阶段主要任务是对整个工作流程、工作环境、工作内容和任职人等方面要进行全面调查的过程。具体任务如下。

（1）设计各种调查问卷和调查提纲。

（2）针对不同的调查目的、不同的调查对象灵活运用不同的调查方法。

（3）广泛收集有关工作的特征及需要的各种数据。

（4）收集工作任职人特征信息。

（5）对收集来的有关工作、工作人员的特征信息重要性以及发生的频率等做出等级评定。

（三）分析阶段

分析阶段主要的任务是对调查收集的整个工作的特征与任职人的特征结果进行认真分析。具体任务如下。

（1）仔细审核已经收集过的各种信息。

（2）创造性发现有关工作和任职人的关键特征。

（3）归纳、总结出工作分析的必要材料。

（四）完成阶段

完成阶段是在前面三个阶段工作的基础上，形成工作分析的最终结果，也就是工作描述书和工作规范书，这也是本阶段的任务。具体包括以下工作。

（1）根据收集的有关工作的信息，草拟出工作描述书、工作规范书。

（2）将草拟的工作描述书、工作规范书与实际工作进行对比。

（3）修正工作描述书、工作规范书。

（4）经过多次反馈、修订，形成最终的工作描述书、工作规范书。

（5）将工作分析的成果运用于实践中，注重实际工作过程中的反馈信息，不断完善工作描述书、工作规范书。

（6）对工作分析工作进行总结评估，将工作描述书、工作规范书进行归档保存，建立工作分析成果的管理制度，为以后的工作分析提供信息。

二、工作分析的方法

工作分析必须选择可操作的最好的方法来进行。但在选择之前，还必须对组织和它的工作有一个整体观念。这可以为工作分析提供部门、单位和工作之间的整体架构图。另外，还可以促使工作分析对组织整体工作流程的更好的理解。

为了获得关于组织结构和流程等有用的观念，需要掌握工作分析的相关方法。工作分析的方法分为定性方法与定量方法两种。

（一）定性方法

1．工作分析信息表法

工作分析信息表可以运用到观察、面谈、问卷和工作日志中的任何一种工作分析方法中，来收集基本的关键信息。工作分析人员在收集信息时对工作、工作职责和要求，有一个全面的把握，如表4-3所示。

表4-3　工作分析信息表示例

你的工作名称：__________代码日期：__________ 分类名称：__________部门：__________姓名：__________ 机构主管名称：__________ 主管姓名：__________工作时间：__________上午：__________到下午：__________
你工作的综合目标是什么？
1．你最近的工作是什么？如果是在其他组织，请写出组织名称。

续表

2．你通常希望晋升到什么职务？
3．如果你是其他人的主管，请列出他们的姓名和工作名称。
4．如果你管理其他人，请指出属于你管理职责一部分的活动。 雇佣发展指挥惩罚 导向训练绩效测量解聘 培训咨询提拔其他 时间安排预算报酬
5．你如何描述你的工作的成功完成及结果？
6．工作职责：请简短描述你所做的，以及可能的话，如何做的。对你认为最重要和最难的职责进行说明。 a．日常职责： b．定期职责（请说明是每周、每月还是每季度）： c．不定期职责： d．履行这些职责需要多长的时间？ e．你现在正从事不必要的职责吗？如果有，请说明。 f．哪些你正在履行的职责是不包括在你的工作中的？如果有，请说明。
7．教育：请指出这项工作要求的教育程度，而非你本人现有的教育背景。 a．无须正式的教育背景 b．高中程度以下 c．高中程度及同等学力 d．两年专科学历及同等学力 e．四年专科学历及同等学力 f．本科以上学历或具有专业资格证书
列出所需的更高学历或特定的专业执照或证书。请指出你从事这项工作时具有的教育程度。
8．经验：请指出从事你的工作所需的工作经验。 a　不需要 b．1 个月以下 c．1~6 个月 d．6 个月到 1 年 e．1~3 年 f．3~5 年 g．5~10 年 h．10 年以上
9．技能：请列举从事你的工作所需的所有技能。（例如，利用某种工具、方法和系统进行工作的准确程度、机敏性和精度等）
10．设备：你的工作需要一定的设备吗？需要或者不需要。如果需要，请列出所需的设备以及你使用的程度。

在职人员需要完成工作分析信息表。他们提供的答案（当然，一些问题得不到回答，因为在职者不知道答案）将用于最终采用的数据收集技术的具体架构中。表 4-3 是某种工作分析信息表的一部分。

除了实际的工作分析外，对工作分析信息表的信息进行分析也应该考虑到不同在职人员的差异。工作分析人员不能认为所有的在职人员和他们的主管以同样的方法看待一项工作。为了防止对一项工作产生错误的看法，工作分析人员需要对不同的在职人员收集信息。工作分析人员应该尽可能地对男性员工和女性员工、老员工和新员工、高绩效和低绩效员工收集信息（这要看他们是否对工作的看法有差异）。最后，工作分析人员不能认为所有的在职人员和主管对工作同样了解，因为研究表明对工作了解太少会导致错误的工作描述。

2．问卷调查法

问卷调查法就是根据工作分析的目的、内容等，设计一套岗位调查问卷，由被调查者填写，再由调查者将问卷加以汇总，从中找出有代表性的回答，用于对工作相关信息进行描述的一种方法。

问卷调查的关键是设计问卷，如表 4-4 所示。问卷设计是一项非常专业的工作，必须将需要获得的信息转化为简单明确的问题。问卷设计形式分为开放型、封闭型和混合型三种。无论采取何种设计方式，问卷问题的设计都应围绕分析的工作岗位进行设计。

表 4-4　问卷调查样表

<table>
<tr><td colspan="6">一、基本信息</td></tr>
<tr><td>姓名</td><td></td><td>岗位名称</td><td></td><td>职位编号</td><td></td></tr>
<tr><td>所属部门</td><td></td><td>直接上级</td><td></td><td>从事本工作时间</td><td></td></tr>
<tr><td colspan="6">二、工作职责</td></tr>
<tr><td colspan="6">1．职责概述（描述本岗位设置的目的和主要工作目标）</td></tr>
<tr><td colspan="6">2．工作具体事项</td></tr>
<tr><td colspan="2">每日必做的工作</td><td colspan="2">负责程度（负全责，部分/协助）</td><td colspan="2">完成工作所占工作时间的比重</td></tr>
<tr><td colspan="2">（1）</td><td colspan="2"></td><td colspan="2"></td></tr>
<tr><td colspan="2">（2）</td><td colspan="2"></td><td colspan="2"></td></tr>
<tr><td colspan="2">每周/每季度必做的工作</td><td colspan="2">负责程度（负全责，部分/协助）</td><td colspan="2">完成工作所占工作时间的比重</td></tr>
<tr><td colspan="2">（1）</td><td colspan="2"></td><td colspan="2"></td></tr>
<tr><td colspan="2">（2）</td><td colspan="2"></td><td colspan="2"></td></tr>
<tr><td colspan="2">突发、临时性的工作</td><td colspan="2">负责程度（负全责，部分/协助）</td><td colspan="2">完成工作所占工作时间的比重</td></tr>
<tr><td colspan="2">（1）</td><td colspan="2"></td><td colspan="2"></td></tr>
<tr><td colspan="2">（2）</td><td colspan="2"></td><td colspan="2"></td></tr>
<tr><td colspan="6">三、工作权限</td></tr>
<tr><td colspan="6">为了更好地完成工作，您觉得还需增加哪些权限</td></tr>
</table>

续表

四、工作联系	
评分标准：1——几乎没有，2——偶尔，3——经常，4——频率较高	
组织内部部门（人员）	分值
组织外部机构（人员）	分值
五、指导监督	
1．您直接领导的下属人数	
2．被监督的对象	
六、工作失误之处及带来的影响	
1．工作中容易出现失误的地方及其原因	
2．工作失误带来的影响 □只对自己的工作有影响　　□对整个部门工作有影响　　□对整个组织的工作有影响	
请举 1~2 个例子说明	
3．工作失误的影响程度 □很严重　　□严重　　□比较严重　　□没太大的影响	
七、工作压力（单选）	
1．工作时间是否要求精神高度集中，若是，约占工作时间的比例大概是多少（　　） A．10%~20%　　B．2l%~40%　　C．41%~80%　　D．81%~100%	
2．工作中是否经常迅速地做出决定（　　） A．几乎没有　　B．偶尔　　C．较多　　D．经常	
3．工作中是否需要运用其他跨专业的知识（　　） A．几乎没有　　B．偶尔　　C．较多　　D．经常	
4．工作对灵活性、创造性方面的要求如何（　　） A．几乎没有要求，大部分工作都是常规型的、程序化的工作 B．大部分工作都是常规型的、程序化的工作，偶尔会要求灵活变通，处理临时性的问题 C．经常会要求自己有较新的创意用来完成工作 D．需要快速地在不固定的情况下对突发事件做出处理	
5．工作任务量（　　） A．较轻　　B．适度　　C．较重　　D．不均衡，有时较闲，有时特别忙	
八、工作时间	
1．每天工作时间共计（　　）小时，自（　　）开始，至（　　）结束	
2．加班情况说明	
九、培训与发展	

续表

<table>
<tr><td colspan="3">1. 企业组织的培训</td></tr>
<tr><td>企业组织的培训项目（内容）</td><td>培训课程（内容）</td><td>培训时间</td></tr>
<tr><td>（1）</td><td></td><td></td></tr>
<tr><td>（2）</td><td></td><td></td></tr>
<tr><td>（3）</td><td></td><td></td></tr>
<tr><td colspan="3">2. 为了更好地完成工作，您觉得还需进行哪些方面的培训</td></tr>
<tr><td>企业组织的培训项目（内容）</td><td>培训课程（内容）</td><td>培训时间</td></tr>
<tr><td>（1）</td><td></td><td></td></tr>
<tr><td>（2）</td><td></td><td></td></tr>
<tr><td>（3）</td><td></td><td></td></tr>
<tr><td colspan="3">十、关键业绩考核指标</td></tr>
<tr><td colspan="3">（1）</td></tr>
<tr><td colspan="3">（2）</td></tr>
<tr><td colspan="3">（3）</td></tr>
<tr><td colspan="3">建议</td></tr>
<tr><td colspan="3">十一、工作环境</td></tr>
<tr><td colspan="3">请简要地描述一下您的工作环境，有何建议</td></tr>
</table>

（1）开放型问卷。开放型问卷是指设计的问卷只有问题而没有给出备选的答案，由被调查人根据自己的判断，自由地回答问卷所提出的问题。由于被调查者可以自由回答问题，因此调查者容易获得某些新的或更为全面的信息；但同时也可能会收集到一些无效的信息，且难以对收集到的信息进行统计和对比分析。

（2）封闭型问卷。封闭型问卷是指由调查者先设计好所要调查问题的备选答案，被调查者在其中选择合适的答案即可。封闭型问卷要求规范化、数量化，适合于用计算机对结果进行统计分析。但它的设计比较费时，也不易获得较为全面的信息。

（3）混合型问卷。混合型问卷就是将封闭型问卷与开放型问卷有机地结合，其问题既包括开放型问题也包括封闭型问题。

此外，对于问卷的设计，我们应该注意以下几点。

① 越短越好——人们通常不喜欢填表格。

② 解释问卷是用来做什么的——人们想要知道为什么要填写表格。

③ 简单——不要试着使用专业的词汇，而是使用最简单的语言来陈述和提问。

④ 使用之前测试问卷——为了改进问卷，要求一些在职人员完成并评价它的特点。测试使得分析人员进一步确保问卷的有效性。

3．直接观察法

直接观察法用于标准的、工作周期短的体力劳动，如自动流水线上的员工、保险公司的档案人员及仓库保管人员所进行的工作。工作分析人员必须观察从事这些工作的人员的一个有代表性的例子。观察通常不适用于涉及重要的脑力活动的工作，如科学研究者、律师或者是数学家的工作。

观察的技巧要求训练工作分析人员观察与工作相关的行为。在进行观察时，工作分析人员应尽可能地避免唐突，他或她必须站在一旁以便工作人员进行工作。工作分析观察的提纲如表 4-5 所示。

表 4-5　工作分析观察提纲（部分）

被观察者姓名：_______日期：_______

观察者姓名：_______观察时间：_______

工作类型：_______工作部门：_______

观察内容：_______

1．什么时候开始工作？_______

2．上午工作多少个小时？_______

3．上午休息几次？_______

4．上午完成产品多少件？_______

5．平均多少时间完成一件？_______

6．与同事交谈几次？_______

7．每次交谈时间为？_______

8．室内温度为_______

9．抽了几支香烟？_______

10．喝了几次水？_______

11．什么时候开始午休？_______

12．出了多少次品？_______

4．面谈

与在职人员进行面谈常常与观察结合起来。面谈可能是收集工作分析信息使用最广泛的技术。它使得工作分析人员可以与在职人员进行面对面的交流。在职人员可以向工作分析人员提问，而工作分析人员也可以通过面谈，解释从工作分析得到的知识和信息将如何来使用。

面谈可以对单个在职人员，一组在职人员或者对了解这项工作的主管人员进行。通常，面谈将使用结构化的问题，以便不同个人和小组的答案可以进行比较。

虽然面谈可以产生有用的工作分析信息，但是了解它潜在的局限性也是很必要的。面谈难以标准化，不同的面谈人员可能会问不同的问题，而同一个面谈者也会无意识地对不同的回答者问不同的问题。另外，面谈者还可能无意识地歪曲回答者提供的信息。最后，面谈的成本会非常高，特别是不能进行集体面谈。

5. 工作日记或日志

工作日记或日志是在职人员对工作职责、职责的频度和何时完成职责的记录。这种方法要求在职人员记录日记或日志。遗憾的是，大多数人不会遵守规定去记日志。如果每天都记下日志，它能提供关于工作的非常好的信息。每天的日志也可以成为周记、月记的基础。这就可以区别开日常和非日常的工作职责。在试图对难以观察的工作进行分析时，工作日记和日志非常有用，如工程师、科学家以及高级管理人员从事的工作。表 4-6 是公关宣传部经理的工作日志。

表 4-6　公关宣传部经理的工作日志

6 月 9 日星期二			工作活动
开始时间	结束时间	所用时间（分钟）	
8:30	9:30	60	审阅企业宣传专员交来的最新一期《万家人》稿件，对稿件的内容和排版设计提出意见
9:30	11:30	120	与广告公司协商广告有关事宜，品牌管理专员同时参加
11:30	12:00	30	继续阅读稿件
13:00	14:30	90	到集团公司主任办公室谈话，讨论关于举办大型广场晚会的问题
14:30	15:30	60	向公共关系专员传达集团办公室主任对广场晚会的意见，并讨论有关具体实施的问题，让公共关系专员草拟具体的实施计划
15:30	16:00	30	与几个媒体的朋友通电话，讨论广告宣传的有关问题
16:00	17:30	90	与企业宣传专员讨论对最新一期《万家人》杂志的意见，并进一步讨论对今后该杂志发展的意见
6 月 10 日星期三			工作活动
开始时间	结束时间	所用时间（分钟）	
8:30	9:00	30	回复几个业务有关的 E-mail
9:00	11:00	120	面试两个公关宣传专员的应聘者
11:00	12:00	60	与人力资源部的员工关系主管讨论《万家人》杂志的有关问题
13:00	15:30	150	参加市场部有关暑期促销活动的会议
15:30	16:30	60	文化演出公司前来洽谈有关大型广场晚会的事项
16:30	17:30	60	审阅《万家灯火》双周刊的大样

续表

6 月 11 日星期四			工作活动
开始时间	结束时间	所用时间（分钟）	
8:30	9:30	60	广告公司送来最新的广告样片，提出修改意见
9:30	10:30	60	在各部门、各分公司的兼职宣传员工作会议上讲话
10:30	12:30	90	回复 E-mail，处理信件、传真
13:00	17:30	270	去参加大型广告传媒博览会
17:30	21:00	210	领导全部门员工准备明天迎接上级单位和新闻媒体到公司参观的事宜
6 月 12 日星期五			**工作活动**
开始时间	结束时间	所用时间（分钟）	
8:30	12:00	210	接待上级单位和新闻媒体参观
12:00	13:30	90	陪同领导午餐
13:30	14:30	60	与部门员工一起开会，总结本次接待参观中的经验教训。并对部门一周的工作进行总结，提出下周的主要工作安排
14:30	17:30	180	撰写本周的工作总结和下周工作计划

6．关键事件法

关键事件法要求岗位工作人员或其他有关人员，描述能影响其绩效好坏“关键事件”，即对岗位工作任务造成显著影响的事件。

（1）关键事件的特征。

① 关键事件所产生的个人绩效和组织绩效具有内在的必然联系。

② 关键事件关注的是达成绩效和组织目标过程中的行为及结果。

（2）关键事件的分类。关键事件按性质可分为正向关键事件和负向关键事件。

① 正向关键事件指对个人绩效及组织绩效产生积极影响的关键事件。

② 负向关键事件指对个人绩效及组织绩效产生消极影响的关键事件。

（二）定量方法

上述文字对这几种工作分析信息的收集方法只是进行了一般的说明，它们形成了在各种类型的组织中流行的具体的方法的基础。如果这些具体方法得到适当的使用，它们可以提供系统的定量程序，通过这些程序，人们可以知道哪些工作职责正在实现，执行这项工作需要什么知识、技能、能力和其他个性特征。同时，还有五种更加流行的定量方法，它们是功能工作分析、职位分析问卷和管理职位描述问卷、弗莱希曼工作分析系统法、工作分析计划表法。

1．功能工作分析

功能工作分析是对工作分析和描述进行大约 50 年的积累和总结的结果。它最初出现于

20 世纪 40 年代末，并成为改进《职业名称字典》中所含的有关工作这一类名称的机制。《职业名称字典》是美国雇佣服务机构对工作信息进行描述的主要参考来源。

《职业名称字典》的最新版本运用功能工作分析的基本描述语言描述了 20 000 多种工作。它采用九位数的代码对这些工作进行分类。如果有人对工作的一般描述感兴趣，《职业名称字典》是一个很好的起点。

表 4-7 展示了《职业名称字典》对几种工作的描述。所列的工作的代码的前三位数（如气象学者—025）列出了职位代码、名称和行业。后面的三位数（062）指明了工作执行者对数据、人和事件可以负责和判断的程度。最后的三位数（010）用于对可负责和判断程度相同的职位群，按照工作名称的字母顺序进行分类。

表 4-7　《职业名称字典》中的工作描述

025.062-010 气象学者
分析和解释从地表和高空的气象站、卫星和雷达收集的气象资料，准备对公众和其他使用者进行报告和预测。研究和解释天气报告、地图、照片以及预兆图来预测长期和短期天气情况。通过电报和电话向媒体和其他使用者发布天气信息。为空运海运、农业、防火及空气污染控制等部门准备专门的预报和简报。发布飓风和强风暴警报。可能在气象站指导预报服务，可能从事基础或应用的气象研究，可能建立观测站并配备人员
166.117-014 雇员福利管理者
为雇员服务的办公人员；管理者，福利，为商店、工厂和其他工业和商业机构的员工指导福利活动的人员；安排体检、急救及其他医疗活动；安排图书馆、食堂、游戏设施和教育课程的建立和运行；组织跳舞、娱乐和出游。保证光线是充足的，卫生设施是充分有序的，机器是安全的。可能会访问员工家庭，察看他们的住房和一般的生活条件，可能的话，并建议改进；可能会帮助员工解决个人的一些问题，如为他们的孩子介绍日常护理，在个人冲突或感情失调方面提供咨询
184.117-022 进出口代理国外代理
协调进出口代理商的国际交通活动，在国内外船运上达成谈判协议；计划和指挥空运和水运交通驶往国外目的地；对从事接收装运货物，管理文件、运货单，评估费用及收集运费的员工进行监督管理；作为国外客户的中介人，与国内客户进行商议，解决问题并达成共同协议；与国外航运界协商以达成互惠的航运操作协议。可能会与海关官员协商来放船和解决海关延迟。可能会准备交易报告以方便托运人和国外承运人
187.167-094 度假农场管理者
指挥度假农场的运作；制订发放广告、公开性、来客率和信用等方面的政策；策划休养和娱乐活动，如露营、垂钓、打猎、骑马以及跳舞；指导假日论坛等活动；指导财务记录的准备和保管；指导其他活动，如繁殖、饲养以及展览马匹、骡子和其他牲畜等
732.684-106 棒球手套造型师
利用加热的模子、槌棒和锤子来打洞、造出手指、消除缝隙以造出棒球手套形状；把手套从手形的加热了的模子上造出手指；用橡胶槌棒击打手套的手指和手掌，用球状的锤子消除接缝和不平的地方，形成手套口袋；把手套从模子上拿下，伸手进去，用拳头击打手套，检查手套是否在视觉上和感觉上都很舒服和适合

《职业名称字典》的描述帮助工作分析人员了解一项特定的工作中所涉及的内容。而功能工作分析可以用于更详细和全面地描述一项工作的内容。功能工作分析主要关注于形成精确描述大量工作的通用语言，这样，其他专家也可以安心地使用它们。以下是对功能工作分析的简短总结。

功能工作分析假定工作可以用在职人员在工作中存在的三种基本关系来描述。为了完成工作中的任务，工作者必须在物理上与“事物”相联系，运用精神资源处理“数据”，并与“人”相互作用。一项工作与这三种关系牵涉的程度形成了功能工作分析所要进行的工作描述的基础。运用行为术语，工作的这三种关系可以根据复杂性（从低到高）组成一个连续的集合。表 4-8 提供了一个刻度，并在每个刻度项上举出了一个例子。

表 4-8　FJA 工人功能刻度及示例

组织实例		
个人功能刻度	刚加入公司的售货员	公司教练
1A：获得指示－帮助	留在指定的区域	教授要求的项目
1B：服务	向顾客发送样品	回答训练者的问题
2：交换信息	提问及估计顾客需求	要求训练者提供反馈
3A：信息探源	介绍顾客到产品经理	向训练者提供其他资料
3B：劝说	打动顾客购买产品	向训练者指明重要性
3C：训练	鼓励新的销售助理	检查和帮助训练者的计划
3D：指引	适时取悦顾客	创造轻松的教学气氛
4A：咨询向顾客说明产品	定义和澄清	关键概念
4B：讲解	说明产品如何使用	教授新的计算机软件
4C：处理	n/a（不适用）	n/a（不适用）
5：管理	安排助手的工作	评价训练者的学习情况
6：协商	与顾客讨价还价	向 HR 副总要求更多的预算
7：指导	在职业问题上向助手提供忠告	帮助新教练传授培训项目
8：学习	为新的售货员树立榜样	树立发展十分重要的观念

功能工作分析的优点是每一个工作有一个定量的分数。因此，工作可以用于组织报酬和其他人力资源管理，因为具有相似等级的工作被假定是相似的。例如，所有分数为 5、6、2 或者 2、0、1 的工作可以划归为一组并基本上同等地对待。

2．职位分析问卷

普渡大学的研究者们提出了一种对工作进行定量分析的结构问卷。它叫作职位分析问卷。职位分析问卷包含 195 项，表 4-9 列出了其中的 11 项。因为这个问卷要求相当的经验和较高的阅读理解能力，所以要由经过训练的工作分析人员来填写。工作分析人员必须判断每一项是否适用于特定的工作。

表 4-9 职位分析问卷表格范例

使用程度：NA：不曾使用	1：极少	2：少
3：中等	4：重要	5：极重要
1．资料投入		
1.1 工作资料的来源（请根据任职者使用的程度，来审核下列项目中各种来源的资料）		
1.1.1 工作资料的可见来源		
1．书面资料（书籍、报告、文章、说明书等）		
2．计量性资料（与数量有关的资料，如图表、报表、清单等）		
3．图画性资料（如图形、设计图、X 光片、地图、描图等）		
4．模型及相关器具（如模板、钢板、模型等）		
5．可见陈列物（计量表、速度计、钟表、划线工具等）		
6．测量器具（尺、天平、温度计、量杯等）		
7．机械器具（工具、机械、设备等）		
8．使用中的物料（工作中、修理中和使用中的零件、材料和物体等）		
9．尚未使用的物料（未经过处理的零件、材料和物体等）		
10．大自然的特点（风景、田野、地质样品、植物等）		
11．人为环境特点（建筑物、水库、公路等，经过观察或检查已成为工作资料的来源）		

职位分析问卷包含的 195 项分为了以下六个主要的部分。

（1）资料投入。在职人员从何处以及怎样获得工作资料？

（2）智力处理。从事这项工作要使用什么样的推理、决策和计划过程？

（3）工作输出。从事这项工作需要什么样的物理劳动和工具？

（4）与其他人的关系。从事这项工作需要与他人建立什么样的关系？

（5）工作背景。这项工作是在什么样的自然和社会背景中？

（6）其他工作特征。除了前面五部分描述的情况外，还与什么其他活动、条件和特征相关？

可以利用计算机程序基于七个维度对职位分析问卷的等级进行打分：（1）决策；（2）沟通；（3）社会责任；（4）熟练工作的进行情况；（5）体能活动；（6）操作工具或设备；（7）处理信息。根据所得的分数可以促进工作分析的发展和工作之间的比较。

与其他工作分析方法一样，职位分析问卷法有优点也有缺点。它最大的优点是它得到了广泛的使用和研究。同时，可获得的证据表明它是一种可以用于各种目的的有效方法。也是在工作要求的能力中建立差异的有效方法。相同工作的工作分析等级几乎没有差异，所以，它是可靠的。

职位分析问卷法的主要问题是它的长度，完成它需要时间和耐心。同时，因为没有描

述特定的工作活动，工作中的行为活动会歪曲工作的实际任务。例如，打字员、肚皮舞演员和男芭蕾舞演员的外形可能十分相似，因为他们都涉及精确的机械运动。一些研究认为，职位分析问卷法只能测量工作的固定形式。如果这是事实，那么它不能提供一项工作的通用知识之外更多的东西。

3．管理职位描述问卷

对管理职位进行工作分析对工作分析人员是一个很大的挑战，因为不同职位，不同层级和不同行业（如工业、医药、政府）间的不一致性。数据控制公司曾试图对管理职位进行系统的分析，研究结果是提出了管理职位描述问卷。

管理职位描述问卷列出了与管理者的工作内容和责任相关的 208 项问题。它是对管理工作的综合描述，可以用于大多数的工业企业中。管理职位描述问卷的最新版本有 15 个部分。将问题归入不同的部分可以减少填写所需的时间，还可以帮助对回答进行解释。

（1）基本信息

（2）决策

（3）计划和组织

（4）管理

（5）控制

（6）监督

（7）商议与改革

（8）联系（见表 4-10）

（9）调整

（10）代表

（11）监控商业指示器

（12）全部的等级

（13）知识、技能和能力

（14）组织图

（15）评论和反应

为了实现组织目标，经理和顾问需要在多个水平上与组织内部的员工和组织外部有影响的人进行交流，这些接触的目的包括告知、获得信息、影响、促销、销售、指导、合作、结合以及谈判等方面。

提示：描述这些联系的本质需要完成如表 4-10 所示的表格。

4．弗莱希曼工作分析系统法

该系统认为能力是引起个体绩效差异的原因，因此在分析时主要是对与工作有关的 52 个能力维度进行评价，这些能力维度如表 4-11 所示。

表 4-10　用 MPDQ 评价内部和外部联系

步骤 1：

在表格中选择代表你主要的内外部联系的项目。

步骤 2：

根据联系的重要性进行评分：

0——不重要

1——有一点重要

2——重要性一般

3——比较重要

4——非常重要

步骤 3：

如果有其他联系，请描述它的性质和目的。

联　系	目　的		
内部	交流过去、现在和将来行为和决策的信息	影响他人的行为和决策，使其与自己的目标一致	指导或结合他人的计划、行为和决策
执行长官			
副总裁			
总经理、地区经理、主管			
部门经理、区域经理			
分支经理或顾问			
单项产品经理			
高级雇员			
一般雇员			
外　部	提供、获得或交换信息或建议	提高该组织的产品或服务	销售产品或服务
相当于本公司地区经理或更高等级的顾客			
低于地区经理等级的顾客			
主要供应商的代表			
供应商为公司提供服务的职员			
有影响的社会组织的代表			
个人，如申请人、股东			
政府人员			

表 4-11　弗莱希曼工作分析系统中的 52 种能力因素

1．口头理解能力	12．归纳推理能力	23．多方面协调能力	34．动态力量	45．外围视觉
2．书面理解能力	13．信息处理能力	24．反应调整能力	35．躯干力量	46．景深视觉
3．口头表达能力	14．范畴灵活性	25．速率控制	36．伸展灵活性	47．闪光敏感性
4．书面表达能力	15．终止速度	26．反应时间	37．动态灵活性	48．听觉敏感性
5．思维敏捷性	16．终止灵活性	27．手臂稳定性	38．总体身体协调性	49．听觉注意力
6．创新性	17．空间定位能力	28．手工技巧	39．总体身体均衡性	50．声音定位能力
7．记忆力	18．目测能力	29．手指灵活性	40．耐力	51．语音识别能力
8．问题敏感度	19．知觉速度	30．手腕手指速度	41．近距视觉	52．语音清晰性
9．数学推理能力	20．选择性注意力	31．四肢运动速度	42．远距视觉	
10．数字熟练性	21．分时能力	32．静态力量	43．视觉色彩去分力	
11．演绎推理能力	22．控制速度	33．爆发力	44．夜间视觉	

企业在运用这种方法时，需要将这 52 个维度都展示给专家，由专家指出每一个尺度图中的哪一个点数能够最恰当地代表某一特定工作所要求的能力水平，最后根据评价的结果绘制出某种工作所要求的能力的全图。

5．工作分析计划表法

工作分析计划表法是由美国劳工部创立的名为工作分析计划表的系统研究工作和职业的工作分析法。采用该分析法时，由训练有素的工作分析人员负责收集信息。该方法的一个主要构成部分就是评价完成的工作。在这里，需要对工人在完成一项工作中涉及的有关数据、人员和事务做出评价。每类指标均由不同层次的职能组成，层次越高越难完成。工作职能部分的编码代表了三个指标中每一种类最高层次的内容。

该方法中的工人特征评价部分主要与工作要求的资料有关。它主要包括了总体学历名称、具体的职业准备、能力、个性、兴趣、体力要求和环境条件等几个方面。任务说明部分具体地描述了要完成的工作，既包括常规任务，也包括临时任务。

上述介绍的几种方法各有优缺点，通常在组织中，工作分析人员不仅仅使用一种方法来获取信息，而是将各种方法结合起来使用，这样效果会更好。

沙场点兵

工作描述常用的动词

1．针对计划、制度、方案、文件等：编制、制订、拟定、起草、审定、审核、审查、转呈、转交、提交、呈报、下达、备案、存档、提出意见。

2．针对信息、资料：调查、研究、收集、整理、分析、归纳、分析、总结、提供、汇报、反馈、转达、通知、发布、维护管理。

3．关于某项工作（上级）：主持、组织、指导、安排、协调、指示、监督、管理、分配、控制、牵头负责、审批、审定、签发、批准、评估。

4. 思考行为：研究、分析、评估、发展、建议、倡议、参与、推荐、计划。

5. 直接行动：组织、实行、执行、指导、带领、控制、监管、采用、生产、参加、阐明、解释、提供、协助。

6. 上级行为：许可、批准、定义、确定、指导、确立、规划、监督、决定。

7. 管理行为：达到、评估、控制、协调、确保、鉴定、保持、监督。

8. 专家行为：分析、协助、促使、联络、建议、推荐、支持、评估、评价。

9. 下级行为：检查、核对、收集、获得、提交、制作。

10. 其他：维持、保持、建立、开发、准备、处理、执行、安排、监控、汇报、经营、确认、概念化、合作、协作、获得、核对、检查、联络、设计、测试、建造、修改、执笔、起草、引导、传递、翻译、操作、保证、预防、解决、介绍、支付、计算、修订、承担、谈判、商议、面谈、拒绝、否决、监视、预测、比较、删除、运用。

资料来源：中国人力资源开发网，www.chinahrd.net.

第三节　工 作 设 计

分析是手段，设计是目的，全方位地工作分析是为了更好地给组织匹配能够促进良性发展的工作岗位。基于优化人力资源配置、为员工创造更能实现员工自我价值的环境的目的，工作设计便应运而生。工作设计与工作分析一样都是人力资源管理的一项基础性工作，它是以工作分析的结果对工作进行再设计，二者密切相关。

一、工作设计的内容与原则

（一）工作设计的内容

工作设计是指为了有效地达到组织目标与满足个人需要而进行的工作内容、工作职能和工作关系的设计。也就是说，工作设计是一个根据组织及员工个人需要，规定某个岗位的任务、责任、权力以及在组织中工作的关系的过程。

工作设计的主要内容包括以下八个部分。

（1）工作任务。要考虑工作是简单重复的，还是复杂多样的，工作要求的自主性程度怎样，以及工作的整体性如何。

（2）工作职能。指每项工作的基本要求和方法，包括工作责任、工作权限、工作方法以及协作要求。

（3）工作关系。指个人在工作中所发生的人与人之间的联系，谁是他的上级，谁是他

的下级，他应与哪些人进行信息沟通等。

（4）工作结果。主要指工作的成绩与效果，包括工作绩效和工作者的反应。

（5）对工作结果的反馈。主要指工作本身的直接反馈（如能否在工作中体验到自己的工作成果）和来自别人对所做工作的间接反馈（如能否及时得到同级、上级、下属人员的反馈意见）。

（6）任职者的反应。这主要是指任职者对工作本身以及组织对工作结果奖惩的态度，包括工作满意度、出勤率和离职率等。

（7）人员特性。主要包括对人员的需要、兴趣、能力、个性方面的了解，以及相应工作对人的特性要求等。

（8）工作环境。主要包括工作活动所处的环境特点、最佳环境条件及环境安排等。

（二）工作设计的原则

一个好的工作设计可以减少单调重复性工作的不良效应，而且有利于建立整体性的工作系统，此外可以为充分发挥劳动者的主动性和创造性提供更多的机会和条件。工作设计的原则由以下五个部分组成。

1．给员工尽可能多的自主权和控制权

工作设计的时候，部门主管尽可能地给予员工更多的自主权和控制权，避免事必躬亲。例如，维修部经理允许维修人员自己订购零件和保管存货。

2．让员工对自己的绩效做到心中有数

主管不应该仅仅要求员工去做工作，更应该让员工对自己的绩效有清楚的认知。例如，主管与下属进行定期的绩效反馈面谈，并且建立渠道让员工了解同事和客户对自己的评估。

3．在一定范围内让员工自己决定工作节奏

主管不应该横加干涉，要在一定范围内给予员工自由支配时间。例如，实行弹性工作时间政策。

4．让员工尽量负责完整的工作

主管不应该将任务布置的支离破碎，避免降低员工的成就感。例如，建立项目管理制度，使员工独立负责一个项目从而接触一项工作的全部过程。

5．让员工有不断学习的机会

学习型组织是现代企业发展的必然趋势，员工需要不断地充电学习。例如，让员工参加各种技能的培训并进行工作轮换，丰富员工所掌握的技能。

二、工作设计需要考虑的因素

一个成功有效的工作设计，必须综合考虑各种因素，即需要对工作进行周密的有目的的计划安排，并考虑到员工的具体素质、能力及各个方面的因素，也要考虑到本单位的管理方式、劳动条件、工作环境、政策机制等因素。具体进行岗位设计时，必须考虑以下几方面的因素。

（一）员工的因素

人是组织活动中最基本的要素，员工需求的变化是岗位设计不断更新的重要因素。岗位设计的主要内容就是使员工在工作中得到最大的满足。随着文化教育和经济发展水平的提高，人们的需求层次提高了，除了一定的经济收益外，他们希望在自己的工作中得到锻炼和发展，对工作质量的要求也更高。

只有重视员工的要求并开发和引导其兴趣，给他们的成长和发展创造有利条件和环境，才能激发员工的工作热情，增强组织吸引力，留住人才。否则随着员工的不满意程度的上升，带来的是员工的冷漠和生产低效，以致人才流失。因此岗位设计时要尽可能地使工作特征与要求，适合员工个人特征，使员工能在工作中发挥最大的潜力。

（二）组织的因素

岗位设计最基本的目的是提高组织效率，增加产出。岗位设计离不开组织对工作的要求，具体进行设计时，应注意以下方面。

（1）岗位设计的内容应包含组织所有的生产经营活动，以保证组织生产经营总目标顺利有效地实现。

（2）全部岗位构成的责任体系应该能够保证组织总目标的实现。

（3）岗位设计应该能够有助于发挥员工的个人能力，提高组织效率。这就要求岗位设计时全面权衡经济效率原则和员工的职业生涯和心理上的需要，找到最佳平衡点，保证每个人满负荷工作，使组织获得生产效益和员工个人满意度及安宁两方面的收益。

（三）环境的因素

环境因素包括人力供给和社会期望两个方面。

1．人力供给

工作设计必须从现实情况出发，不能仅仅凭主观愿望，还要考虑与人力资源的实际水平相一致。例如，在人力资源素质不高的情况下，工作内容的设计应相对简单，在技术的引进上也应结合人力资源的情况，否则引进的技术没有合适的人使用，造成资源的浪费，影响组织的生产。

2．社会期望

社会期望是指人们希望通过工作满足什么。不同的员工其需求层次是不同的，这就要求企业在进行岗位设计时将“人性”考虑在内。

在21世纪，激励越来越受到管理者的重视，因为它是对员工从事劳动的内在动机的了解和促进，从而促使员工在最有效率、最富有创造力的状态下工作。工作设计直接决定了人在其所从事的工作中干什么、怎么干，有无机动性，能否发挥其主动性、创造性，有没有可能形成良好的人际关系等。优良的工作设计能保证员工从工作本身寻得意义与价值，可以使员工体验到工作的重要性和自己的工作责任，及时了解工作的结果。从而产生高度的内在激励作用，形成高质量的工作绩效及对工作高度的满足感，达到最佳激励水平，为充分发挥员工的主动性和积极性创造条件。只有这样，组织才能形成具有持续发展性的竞争力。

三、工作设计的方法

在对工作本身有了全面的了解之后，管理者针对不同的工作设计方式来选择不同的方法，根据心理学、管理学、工程学以及人类工程学等理论研究成果，工作设计的方法分为工作扩大化、工作轮换、工作专业化和工作丰富化四种。

（一）工作扩大化

工作扩大化是使员工有更多的工作可做。通常这种新工作同员工原先所做的工作非常相似。这种工作设计能够带来高效率，是因为不必把产品从一个人手中传给另一个人，从而节约时间。此外，由于完成的是整个产品，而不是在单单从事某一项工作，这样在完成该成品时，员工的成就感会大大提升。该方法是通过增加某一工作的工作内容，使员工的工作内容增加，要求员工掌握更多的知识和技能，从而提高员工的工作兴趣。

一些研究者报告说，工作扩大化的主要好处是增加了员工的工作满意度和提高工作质量。IBM 公司则报告工作扩大化导致工资支出和设备检查的增加，但因质量改进，职工满意度提高而抵消了这些费用；美国梅泰格（Maytag）公司声称通过实行工作扩大化提高了产品质量，降低了劳务成本，工人满意度提高，生产管理变得更有灵活性。

工作扩大的途径主要有两个："纵向工作装载"和"横向工作装载"。"装载"是指将某种任务和要求纳入工作职位的结构中。"纵向工作装载"来扩大一个工作职位，是指增加需要更多责任、更多权利、更多裁量权或更多自主权的任务或职责。"横向工作装载"是指增加属于同阶层责任的工作内容，以及增加目前包含在工作职位中的权力。

（二）工作轮换

工作轮换法是为减轻对工作的厌烦感，而把员工从一个岗位换到另一个岗位。这样做有以下四个好处。

（1）能使员工比日复一日地工作更能对工作保持兴趣。

（2）为员工提供了个人行为适应总体工作流的前景。

（3）增加了个人对自己的最终成果的认识。

（4）使员工从原先只能做一项工作的专业人员，转变为能做许多工作的多面手。

这种方法并不改变工作设计本身，而只是使员工定期从一个工作转到另一个工作。这样，员工将更加具有适应能力，其工作也将更加具有挑战性。员工从事一个新的工作，往往具有新鲜感，能激励员工做出更大的努力。日本的企业广泛实行工作轮换，对于管理人员的培养发挥了很大的作用。

（三）工作专业化

工作专业化也称“充实工作内容”。充实工作内容是对工作内容和责任层次基本的改变，旨在向工人提供更具挑战性的工作。它是对工作责任的垂直深化。通过对动作和时间的研究，将工作分解为若干很小的单一化、标准化及专业化的操作内容与操作程序，并对员工进行培训和适当的激励，以达到提高生产效率的目的。

工作专业化设计方法的核心是充分体现效率的要求。它有以下特点。

（1）由于将工作分解为许多简单的高度专业化的操作单元，可以最大限度地提高员工的操作效率。

（2）由于对员工的技术要求低，既可以利用廉价的劳动力，也可以节省培训费用和有利于员工在不同岗位之间的轮换。

（3）由于具有标准化的工序和操作规程，便于管理部门对员工生产数量和质量方面控制，保证生产均衡和工作任务的完成，而不考虑员工对这种方法的反应。因此，工作专业化所带来的高效率有可能被员工的不满和厌烦情绪所造成的旷工或辞职所抵消。

在实行工作专业化时，应遵从下列五条原则。

（1）增加工作要求。应该以增加责任和提高难度的方式改变工作。

（2）赋予工人更多的责任。在经理保留最终决策权的条件下，应该让员工拥有对工作更多的支配权。

（3）赋予员工工作自主权。在一定的限制范围内，应该允许员工自主安排他们的工作进度。

（4）反馈。将有关工作业绩的报告定期地、及时地反馈给员工，而不是反馈给他们的上司。

（5）培训。应该创造有利环境来为员工提供学习机会，以满足他们个人发展的需要。

（四）工作丰富化

工作丰富化是以员工为中心的工作再设计，也是一个将公司的使命与职工对工作的满意程度联系起来的概念。它的理论基础是赫茨伯格的双因素理论。它鼓励员工参加工作的

再设计，这对组织和员工都有益。工作设计中，员工可以提出对工作进行某种改变的建议，以使他们的工作更让人满意，但是他们还必须说明这些改变是如何更有利于实现整体目标的。运用这一方法，可使每个员工的贡献都得到认可，而与此同时，也强调了组织使命的有效完成。

工作丰富化与工作扩大化的根本区别在于，后者是扩大工作的范围，而前者是工作的深化，以改变工作的内容为主。工作丰富化的核心是体现激励因素的作用。实现工作丰富化的条件包括以下几个方面。

（1）增加员工责任。不仅要增加员工生产的责任，还要增加其控制产品质量，保持生产的计划性、连续性及节奏性的责任，使员工感到自己有责任完成整个工作的组成部分。同时，增加员工责任意味着降低管理控制程度。

（2）赋予员工一定的工作自主权和自由度，给员工充分表现自己的机会。员工感到所做的工作依靠他的努力和控制，从而认为工作的成败与其个人职责息息相关。工作对员工就有了重要的意义。实现良好工作心理状态的主要方法是给予员工工作自主权。同时，工作自主权的大小也是人们选择职业的一个重要考虑因素。

（3）反馈。将有关员工工作绩效的数据及时地反馈给员工。了解个人工作绩效是形成工作满足感的重要因素，如果一个员工看不到自己的劳动成果，就很难得到高层次的满足感。反馈来自工作本身，来自管理者、同事或顾客等。例如，销售人员可以从设备的正常运转以及生产管理人员和设备操作人员那里得到反馈。

（4）考核。报酬与奖励要取决于员工实现工作目标的程度。因此要定期对员工进行考核，检查其目标实现程度。

（5）培训。要为员工提供学习的机会，以满足员工成长和发展的需要。

（6）成就。通过提高员工的责任心和决策的自主权，来提高其工作的成就感。

工作丰富化的工作设计方法与常规性、单一性的工作设计方法相比，虽然要增加一定的培训费用、更高的工资以及完善或扩充工作设施的费用，但却提高了对员工的激励和工作满意程度。进而对员工生产效率与产品质量的提高，以及降低员工离职率和缺勤率带来积极的影响。况且企业培训费用的支出本身就是对提高人力资源素质的不可缺少的投资。

若管理者希望通过增加工作的多样性、完整性、重要性、自主性、反馈性以丰富工作的内容，他可采取以下五个步骤。

（1）确定自然的工作单元。这意味着尽可能让集体工作构成一个完整和有意义的整体。工作单元可以根据地理位置产品或生产线、业务或顾客来划分。

（2）合并任务。尽可能把独立的和不同的工作合成一个整体。

（3）建立和顾客之间的联系。这意味着使生产者和产品的使用者（其他生产部门、顾客、销售团体等）相联系。这样可以让生产者知道产品优劣的判断标准。

（4）直接分派任务。尽可能地给生产者计划、参与、控制自己工作的权力。这样，不需要经过其他部门专门培训，生产者的控制能力就会获得提高。这种控制能力也意味着给予生产者计划工作、控制存货、预算资金和质量控制的权责。

（5）公开信息反馈渠道。这意味着尽可能让生产者了解更多的有关生产结果的信息，如成本、产量、质量、组织结构、消费者的抱怨等。

四、工作设计的类型

根据强调重点的不同以及各学科领域的发展，工作设计主要分为四种类型：效率型工作设计法、激励型工作设计法、生物型工作设计法和知觉运动型工作设计法。

（一）效率型工作设计法

效率型工作设计法强调用可以实现效率最大化的简单的方式来构建工作，强调任务的专门化、简单化和重复性。这种基于工作效率的设计方法使得工作安全、简单、可靠，使得员工工作中的精神需要最小化。科学管理就是最早的效率型工作设计方法。

（二）激励型工作设计法

激励型工作设计法通过工作扩大化、工作丰富化、工作轮换、自主性团队、工作生活质量等来提高工作的激励性。该方法强调寻求可能对员工的心理价值和激励潜力产生影响的工作特征，将员工满意度、内在激励、出勤率等行为变量看作工作设计的重要结果。赫茨伯格的双因素理论就是一个典型的代表。

（三）生物型工作设计法

生物型工作设计法缘于人类工程学，通常用于体力要求比较高的职位的工作设计，目的是降低某些特定的职位对于体力的需求，从而使得任何人都能够完成这些职位上的工作，该方法非常关注对机器和技术的设计。

（四）知觉运动型工作设计法

知觉运动型工作设计法基于人的心理能力和心理局限。心理能力在工作中体现为信息处理能力，该设计是通过采取一定的方法降低工作对信息加工的要求，从而改善工作的安全性、可靠性和使用者反应，确保工作没有超出员工的心理能力和局限。根据这种思想，在实施工作设计时，工作设计人员应首先观察能力最差的人所能达到的工作能力水平，然后按照这种水平确定具体的工作要求。

总之，在工作设计中，四种方法的综合运用为组织高效运转提供了便捷条件。表 4-12 对上述四种方法进行了总结与概述。

表 4-12　工作设计类型

工作设计方法	积极的结果	消极的结果
效率型方法	● 更少的培训时间 ● 更高的利用率 ● 更低的差错率 ● 精神负担降低	● 更低的工作满意率 ● 更低的激励性 ● 更高的缺勤率
激励型方法	● 更高的工作满意度 ● 更高的激励性 ● 更高的工作参与度 ● 更高的工作绩效 ● 更低的缺勤率	● 更多的培训时间 ● 更低的利用率 ● 更高的错误率 ● 精神负担出现可能性大
生物型方法	● 更少的体力付出 ● 更低的身体疲劳度 ● 更少的健康报怨 ● 更少的医疗事故 ● 更低的缺勤率 ● 更高的工作满意度	● 设备或工作环境变化带来了更大的财务成本
知觉运动型方法	● 出现差错的可能性降低 ● 发生事故的可能性降低 ● 精神负担和压力出现的问题可能性降低 ● 更少的培训时间 ● 更高的利用率	● 较低的工作满意度 ● 较低的激励型

资料来源：（美）雷蒙德·A. 诺伊·约翰·霍伦拜克，拜雷·格哈特. 人力资源管理：赢得竞争优势[M]. 刘昕，译. 北京：中国人民大学出版社，2001：161.

沙场点兵

龙虎之争

龙队和虎队是两只龙舟队，两支队伍进行了很长时间的训练后，开始了正式的比赛，比赛结果是龙队获胜，虎队落后于龙队 1 千米。看到这个结果，虎队的领导很不服气，召集大家开会分析原因，经过研究后，发现龙队成员的组成是 8 个划桨员，1 个掌舵员，而虎队恰恰相反，虎队的成员组成是 8 个掌舵员，1 个划桨员，不过虎队领导并未看重这一点，而是聪明地认为，是 8 个掌舵员当中没有中心，没有层次。

于是，虎队领导调整了掌舵员的组织结果，其中 4 个掌舵经理，全面负责掌握航向，3 个区域掌舵经理，分工负责自己的区域，剩下的 1 个为行政后勤人员，为掌舵经理提供后勤服务，同时监督划船员的行为，仍然只有一个划船员。于是两队又进行了很长的训练后再次进行比赛，这次比赛的结果，不用说大家已经知道了，这次比赛结果还是龙队赢，虎队落后 2 千米。虎队领导很恼火，比赛结束后马上召集大家开会，经过讨论，大家一直认为是划船员工作不力，予以开除，行政后勤员工作监督不力，予以处分，但是考虑他为领导服务细心周到，功过相抵，不予追究，而领导班子成员每人发一个红包，以奖励他们共同发现了根本问题。

这就要求我们做工作分析，通过工作分析，发现组织管理中存在的结构问题，职责问题，岗位设置问题，为企业管理打下基础。

资料来源：中国人力资源开发网，www.chinahrd.net.

第四节　工作分析和战略人力资源管理

“我不是一个人在战斗，不是一个人”是体育评论员黄健翔的经典解说词，然而这句话对于现代企业的“工作”定义同样适用。极不相同背景的人所组成的跨学科、跨功能的团队变得越来越普遍。多数的组织都存在着各式各样的再造，这不可避免地使工作分析产生了新问题。今后，工作描述不再是对“工作”这个静态实体的描绘。相反，战略工作分析将能够把握现在和未来。为此，本节将结合战略人力资源管理对工作分析进行系统解析。

一、工作分析和员工能力

过去的十年里，一些人力资源部门已经随着商业和管理特征的不断变化，逐渐进行了工作分析改进。与从事一项特定工作所需的传统的知识、技能和才能相比，能力是员工做好不同的工作或存在于整体组织所需具备的更加通用的属性。人力资源实践中能力的使用，反映了组织希望达到以下目标。

（1）在特定的工作之外交流工作需求。

（2）用更通用的能力术语描述和衡量组织劳动力。

（3）以能力（而非特定的职务）为中心设计和执行员工配置计划，提高员工配备的灵活性。

一旦开展了全面的工作分析并生成了高质量的工作描述和工作说明书，组织就能利用这些信息进行设计和再设计工作。这些信息对构造工作单元、职责和任务，以及帮助组织达到最优的绩效和最高的满意度都是非常有用的。然而，没有一个最好的方法来设计工作，这就意味着对工作设计的选择需要基于组织最关键的需求达到平衡。

二、工作—生活平衡与工作设计

组织正调集更多的资源和注意力来帮助员工平衡他们的工作和家庭需要。员工统计数据上的一些变化发现了这种工作和家庭之间的矛盾。例如，将会有更多的女性和单身父母加入员工队伍。他们的主要工作常被认为是照顾家庭，所以，他们在试图继续平衡家庭和工作的优先性时感觉到了压力。

组织怎样来应对这一挑战？虽然没有最初预料的那么夸张，但组织还是出现了提供灵活的工作安排以满足员工不同需要的趋势。灵活工作安排包括工作分担、弹性工作制和远程办公。组织相信，通过使员工更灵活地控制他们的工作活动，员工能够更好地平衡工作和家庭的需求。许多人还指出，提供和鼓励员工参与到这类照顾家庭的工作安排的组织还可以获得下面几项好处：更高的员工雇佣和保持率、改进的员工士气、较低的旷工和延误以及更高水平的员工生产率。

（1）工作分担是指让两个或更多的员工分担一份工作职责和工作时间，而且让他们都受益的工作安排。成功进行这种工作分担项目，有一些关键的步骤，包括：识别可以分担的工作，了解员工的个人分担方式，并把能在时间和技能上互补的员工进行配对。

（2）弹性工作时间制是员工可以选择何时上班的另一种灵活工作安排。例如，员工可以选择一周 4 天，每天 10 个小时，而不是一周 5 天，每天 8 小时的工作时间。

（3）远程办公指的是这样一种工作安排：允许员工部分或全部时间在家工作，通过电话、传真和计算机与办公室保持联系和通信。有一家公司已经采用了系统的方法来运行远程办公项目，虽然它常常遭到那些害怕失去控制权和更倾向于同员工面对面接触的管理者的反对。

三、工作设计：下一步挑战

除了再造的独有特征所带来的挑战外，许多组织还意识到，除非认真关注员工如何使用他们的技能，否则再造难以实现。对这些变化的适当的回答来自库柏和莱布伦达的能力结盟项目（CAP）。CAP 涉及在再造组织中系统地研究、分析和评价工作和从事工作所需的技能。为了达到这个目的，CAP 确定了员工现有的技能层次以及识别了技能之间的差距。当发现再造组织中缺少某一项技能时，它将会通过培训、调换和外购等一系列的项目来加以弥补。如果没有这些或类似的努力，再造也许将不会成功。因此，工作分析人员和其他人力资源专业人员在再造过程中是至关重要的一环，他们将关系到组织未来的竞争优势。

本章小结

1. 本章强调了工作分析与工作设计在人力资源管理活动和计划中的重要作用。人力资源管理诊断模型中每一个部分都会在一定程度上受到工作分析的影响。工作是组织建立的主要元素，因此，清楚理解组织中每一项工作的每一个特征对组织至关重要。

2. 工作分析是对现有职务的客观描述，它是整个人力资源管理的重要基础性工作。工作分析所形成的工作说明书与工作规范书对人力资源计划、招聘、选择、开发、绩效评价、报酬与福利、安全与健康、员工和劳动关系、人力资源研究等有重要意义。

3. 工作分析通过准备阶段、调查阶段、分析阶段和完成阶段四个步骤实现。工作分析的方法有很多，可以分为定性方法和定量方法两大类。定性方法具体包括工作分析信息表法、问卷调查法、观察法、面谈、工作日记或日志。定量方法具体包括功能工作分析、职位分析问卷、管理职位描述问卷、弗莱希曼工作分析系统法、工作分析计划表法。

4. 工作设计就是对工作完成的方式以及某种特定工作所要求完成的任务进行界定的过程。工作设计的方式主要有工作轮换、工作扩大化、工作丰富化等。工作设计的主要方法有效率型工作设计法、激励型工作设计法、生物型工作设计法、知觉运动型工作设计法。

5. 21 世纪的工作设计不仅仅是对于岗位进行思考与设计，应该结合当前世纪管理潮流，结合战略人力资源管理特征，将工作分析和员工能力，工作—生活平衡以及公司总体战略放在一起进行分析。

通关密码

对于该公司存在着哪些问题的探索，我们应该从以下四个方面解答。

（1）随着 A 公司的不断发展，规模的不断扩大，业务的不断增加。公司现有的组织机构，随着业务扩张的需要逐渐扩充形成，工作的内容和性质必然发生变化。在运行的过程中，组织与业务上的矛盾已经逐渐凸显出来。

（2）工作职责边界不明。部门之间、职位之间的职责与权限缺乏明确的界定，不断发生扯皮推诿的现象。

（3）人员配置不合理，效率流程低。有的部门抱怨事情太多，人手不够，任务不能按时、按质、按量完成；有的部门又觉得人员冗杂，人浮于事，效率低下。

（4）缺少合理的晋升机制、人员招聘和绩效考核标准。在晋升中，上级和下属之间的私人感情成为了决定性的因素，有才干的人往往却并不能获得提升；在招聘过程中，用人

标准含糊；在激励机制方面，工作成果及其表现没有合理的标准，员工的报酬不能体现其价值与能力。

对于如何去开展的问题，我们可以从以下五个方面展开职位分析。

（1）首先要重新了解公司的文化，对各岗位进行初步的了解。弄清公司的大致情况，与上层领导进行必要的沟通，得到领导的支持。

（2）在对公司文化及各岗位有了更深的了解，并得到高层管理者的支持后，对人力资源部进行人员分配，组成工作小组，分工负责与协作。

（3）进入职位分析的准备和计划阶段。

（4）进行职位分析要对职位信息进行收集、整理分析。因此，在准备好相关事项后，带领本部门收集岗位分析的资料即调查和分析。

（5）在对公司进行调查，得到有效准确的信息后，就要将信息应用到职位说明书的编写中。

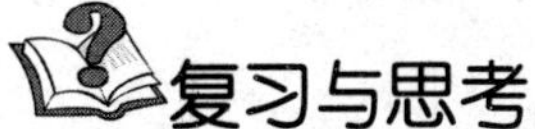

复习与思考

一、名词解释

1. 工作分析
2. 工作分析信息表
3. 工作特征模型
4. 工作扩大化
5. 工作丰富化
6. 工作族
7. 工作说明书
8. 管理职位描述问卷
9. 组织图
10. 职位
11. 职位分析问卷
12. 战略工作分析
13. 技能多样性
14. 工作设计

二、简答

1. 什么是工作分析，工作分析在人力资源管理中有什么作用？

2．工作分析的内容有哪些？

3．工作分析的步骤是什么？

4．工作分析的方法有哪些？试比较它们的优缺点。

5．工作分析与工作设计区别是什么？

6．工作设计的方法有哪些？

三、讨论题

1．请你写一份大学学生会干部的工作描述书和工作规范书。

2．你认为现阶段导致工作再设计的主要因素是什么？我国存在这样的现象吗？

四、案例评析

一份“招聘专员”工作说明书

桂青公司是一家生物制药企业，为了扩大规模，拟招收招聘专员职务，下面是从职务说明和任职资格两方面，进行详细阐述“招聘专员”的工作说明书。

职务名称：招聘专员

所属部门：人力资源部

直接上级职务：人力资源部经理

职务代码：XL-HR-021

工资等级：9~13

一、职务说明

（一）工作目的

为企业招聘优秀、合适的人才。

（二）工作要点

1. 制订和执行企业的招聘计划。

2. 制订、完善和监督执行企业的招聘制度。

3. 安排应聘人员的面试工作。

（三）工作要求

认真负责、有计划性、热情周到。

（四）工作责任

1. 根据企业发展情况，提出人员招聘计划。

2. 执行企业招聘计划。

3. 制订、完善和监督执行企业的招聘制度。

4. 制订面试工作流程。

5. 安排应聘人员的面试工作。

6. 应聘人员材料管理。

7. 应聘人员材料、证件的鉴别。

8. 负责建立企业人才库。

9. 完成直属上司交代的所有工作任务。

（五）衡量标准

1. 上交的报表和报告的时效性和建设性。

2. 工作档案的完整性。

3. 应聘人员材料的完整性。

（六）工作难点

如何提供详尽的工作报告。

（七）工作禁忌

工作粗心，留有首尾，不能有效地向应聘者介绍企业的情况。

（八）职业发展道路

招聘经理、人力资源部经理。

二、任职资格

（一）生理要求

年龄：23 岁至 35 岁

性别：不限

身高：女性：1.55m~1.70m　　男性：1.60m~1.85m

体重：与身高成比例，在合理的范围内均可

听力：正常

视力：矫正视力正常

健康状况：无残疾、无传染病

外貌：无畸形，出众更佳

声音：普通话发音标准、语音和语速正常

（二）知识和技能要求

1. 学历要求：本科，大专以上需从事专业 3 年以上。

2. 工作经验：3 年以上大型企业工作经验。

3. 专业背景要求：曾从事人事招聘工作 2 年以上。

4. 英文水平：达到国家四级水平。

5. 计算机：熟练使用 Windows 和 Ms Office 系列。

（三）特殊才能要求

1. 语言表达能力：能够准确、清晰、生动地向应聘者介绍企业情况；并准确、巧妙地解答应聘者提出的各种问题。

2. 文字表述能力：能够准确、快速地将希望表达的内容用文字表述出来，对文字描述很敏感。

3. 观察能力：能够很快地把握应聘者的心理。

4. 逻辑处理能力：能够将多项并行的事务安排得井井有条。

（四）综合素质

1. 有良好的职业道德，能够保守企业人事秘密。

2. 独立工作能力强，能够独立完成布置招聘会场、接待应聘人员、应聘者非智力因素评价等事务。

3. 工作认真细心，能认真保管好各类招聘相关材料。

4. 有较好的公关能力，能准确地把握同行业的招聘情况。

（五）其他要求

1. 能够随时准备出差。

2. 不可请 1 个月以上的假期。

资料来源：改编自“温州人力资源网”案例文章，http://news.0577hr.com/new_861.html.

【思考题】

1. 请对该工作说明书进行评价。

2. 请结合案例，谈一谈编写工作说明书应该注意哪些问题。

员工招聘与选拔

学习目标

★★★★★

- 战略招聘的内涵。
- 人与组织匹配的整合框架模型。
- 内部招聘和外部招聘的方法。
- 人员甄选的方法。

★★★★

- 甄选决策的成本—收益分析工作分析的概念。
- 企业招聘效果的评估指标体系。
- 人员甄选的标准。

★★★

- 人员招聘的含义和意义。
- 我国招聘评估的相关研究。

开篇案例

北京同仁堂医药集团公司人员选聘程序

北京同仁堂集团公司是我国中药行业著名的老字号企业，至今已有数百年的历史。改革开放后，同仁堂组建集团公司股改上市、不断适应市场、改革创新、奋力拼搏，经济运行质量有了很大的提高。作为高新技术产业，特别是面对集团要进军生物制药、电子商务等高科技领域的战略，目前的人才状况不能适应其发展。在市场竞争日趋激烈的今天，谁拥有一流的人才，谁就拥有一流的企业和产品，谁就能在市场竞争中取胜。正是在这样一个背景之下，同仁堂医药集团公司决定于2000年年初面向社会公开招聘中高级专业人才，并委托一家北京市咨询有限公司来做此项工作，这是公司人事管理制度的一个创新。

在前期准备过程中，工作人员达成共识，即关注企业文化，尽量挑选与企业文化相匹配的应聘人员。北京同仁堂集团公司本身有着很好的品牌和形象，在招聘宣传中重点突出其平实、稳重的特点，以及市场经济下新的生机。广告用语也突出类似特征。

招聘信息发出不久，收到300多份简历。按照应聘职位分别归类登记并输入数据库后，按照预计的招聘程序开始选聘工作。

第一，履历表的筛选。选聘工作之前，人事部已经根据工作岗位规范确定出各类人员的选拔标准，并确定使用统一的筛选标准。履历表提供了许多有用的信息，那些在专业技术和经历方面比较适合公司发展目标，且与同仁堂医药集团公司的企业文化基本融合的应聘者将成为筛选出的优胜者。

第二，人事专家面谈。面试是招聘中常用的获得信息的手段，对人事决策具有直观作用。面试的目的是双重的，即信息的收集和对候选人的评价，它弥补了其他选拔手段中信息空白的不足。同仁堂公司强调这种面谈的现实作用，借此评估那些只能通过面对面的相互交流才能测出来的因素，如语言表达、自信心及人际交往能力。公司着重考察应聘者的适应组织环境能力、与人友好相处能力，由此推断什么工作能充分发挥应聘者的才智。五个人事工作人员面试后，依据印象和感觉对应聘者进行综合评估，并筛选出优胜者。

第三，心理测试。各种测评工具都各有所长，它们的功能不同，适用对象和解释的范围也不同。根据不同岗位的需要把心理测试工具分成一般管理人员、中高级管理人员、专业技术人员（财会、营销、策划）三类方式。在策略上采用择优策略，尽可能全面地了解所有应聘人员的情况，从能力、性格、动机、兴趣等各个角度和层次上做广泛测查。依据职位要求综合性地评估各人的优势、与职位的匹配程度，从中选择最具综合优势的人员。采用择优策略，在测验设计上要求全面、详细。能力测试、个性测试和职业适应性测试都被采用，同时确定不同的职位考察的内容侧重点，形成不同测验维度的权重关系，这些差异在测验设计和评估标准上都有具体体现。同仁堂公司特意把心理测试安排得比较靠后，用于那些最可能被录用的候选人，达到真正的择优目的。

在这个基础之上，公司注意考察另外一些问题，如能否适应国有企业的工作，稳定性如何，期望薪金如何。对于一些期望较高的候选人，人事工作人员会与其详细讨论。通过这一阶段筛选，剩下的应聘者基本满足相关职位的要求。

第四，专业理论方面的测试。公司采用了结构化面谈的方式。考官主要有从社会上请来的拟聘岗位方面的技术专家、医药集团公司领导、用人部门的主管经理和人事面谈专家。面试主要以技术专家为主导，用人部门主管经理和人事面谈专家从各方面来综合考察候

选人。

面试工作结束后的第二天，由各方面专家、公司相关人员、咨询公司组成最后评议组对剩余候选人排序，确定出最终候选人。

资料来源：张德. 人力资源开发与管理案例精选[M]. 北京：清华大学出版社，2002.

【思考题】

同仁堂在人才选拔时，运用了哪些筛选方法呢？

第一节　招 聘 概 述

众所周知，招聘也称“找人、招人”或“招新”。就字面含义而言，就是某主体为实现或完成某个目标或任务而进行的择人活动。作为获取人力资源的重要手段和基本工作，招聘在企业管理实务中发挥着重要的作用。随着企业的发展，对人才的需求就越来越多，所以需要不断吸纳人才。如何在市场上招聘到组织需要的合适人才是人力资源管理工作的一项重要任务。

一、招聘的定义

招聘是随着雇佣关系的出现而在组织内出现的一种活动，在组织管理中属于出现比较早的一种活动，一般由主体、载体及对象构成，主体就是用人者，载体是信息的传播体，对象则是符合标准的候选人，三者缺一不可。招聘的概念随着招聘活动的不断科学化和丰富化而得到充实和提炼。

从人力资源管理的角度而言，招聘是企业通过多种方法，根据发展战略和现有人力资源情况，提出人员需求，结合空缺岗位的工作职责、任职资格等相关内容，选择合适的招募途径，采取有效的甄选方式挑选符合要求的人员，录用并安置到空缺岗位上。它由两个独立的过程组成，一是招募，二是筛选。

二、招聘的目的

人员招聘是组织通过劳动力或人才市场获取人力资源的活动。它是组织根据自身发展的需要，依照市场规则和本组织人力资源规划的要求，通过各种可行的手段及媒介，向目标公众发布招聘信息，并按照一定的标准来招募、聘用组织所需人力资源的全过程。招聘的最直接目的就是弥补企业人力资源的不足，这是招聘工作的前提。具体地说，企业的招聘一般源于以下几种目的。

（1）企业如今的人力资源总供给量不能满足企业或各个岗位的总任务目标（即计划总业务量或计划总产量），需要补充。

（2）填补企业或各个岗位正常替补流动人员引起的职位空缺。

（3）满足企业或各个岗位的生产技术水平或管理方式的变化，对人力资源的可能需求量。

（4）满足新规划事业或新开辟业务所需的人员需求。

三、招聘的意义

人员招聘对组织来说意义重大。如同生产高质量的产品必须有高质量的原材料一样，组织的生存与发展也必须有高质量的人力资源。如何获得人力资源对组织而言就显得尤为重要，它直接关系到企业各级、各类人员的质量和企业各项工作的开展。招聘的意义主要体现为以下几个方面。

（一）关系到企业的生存和发展

招聘的结果表现为企业是否获得所需要的优秀人才，而人才是企业生存发展的第一要素，只有拥有高素质的人才，企业才能繁荣昌盛，才能在市场竞争中立于不败之地。

（二）减少离职，增强企业内部的凝聚力

有效的人力资源招聘，可以使企业更多地了解应聘者到本企业工作的动机和目的。一方面，企业可以从诸多候选者当中选出与企业发展目标相一致并愿意与企业共同发展的员工；另一方面可以使应聘者更多地了解企业及应聘岗位，让他们根据自己的能力、兴趣与发展目标来决定是否加盟该企业。有效的双向选择可以促使员工愉快地胜任所从事的工作，减少人员离职，增强企业的内部凝聚力。

（三）招聘工作影响着人力资源管理的费用

作为人力资源管理的一项职能，招聘工作的成本构成了人力资源管理成本的重要组成部分。招聘成本主要包括广告的费用、宣传资料的费用、招聘人员的工资等，全部费用加起来一般是比较高的，例如在美国，每雇佣一个员工的招聘成本通常等于这名员工年薪的1/3。因此，招聘活动的有效进行能够大大降低人力资源管理的成本。

（四）扩大企业知名度，树立企业良好形象

招聘工作需要严密的策划，一次好的招聘策划与活动，一方面，可以吸引众多的求职

者，为应征者提供一个充分认识自己的机会；另一方面，既是企业树立良好的公众形象的机会，也是企业一次好的广告宣传。成功的招聘活动，能够使企业在求职者心中、公众心目中留下美好的印象。

（五）为企业输入新生力量，增强企业的创新力

企业根据人力资源规划和工作分析的要求，通过招聘，将新的人员配备到已有的岗位上。新的人员在工作中注入新的管理思想、新的工作模式，这会给企业带来制度创新、管理创新和技术创新，增强了企业的创新力。

四、招聘的原则与要求

（一）因事择人原则

所谓因事择人，就是员工的选聘应以实际工作的需要和岗位的空缺情况为出发点，根据岗位对任职者的要求选用人员。这样才能做到目标明确，有的放矢。

（二）公开、公平、公正原则

公开就是要公示招聘信息、招聘方法，这样既可以将招聘工作置于公开监督之下，防止以权谋私、假公济私的现象，又能吸引大量应聘者。公平与公正则要求对所有的应聘者一视同仁，不得人为地制造各种不平等的限制，确保招聘制度给予合格应聘者平等的获选机会。

（三）竞争择优原则

竞争择优原则是指在员工招聘中引入竞争机制，在对应聘者的思想素质、道德品质、业务能力等方面进行全面考察的基础上，按照考查的成绩择优选拔录用员工。

（四）效率优先原则

效率优先原则就是用尽可能低的招聘成本录用到合适的员工。公司的招聘成本有限，如何在低成本的条件下，选择能够为公司所用，为公司创造财富的人才成为了人力资源管理者的课题。

沙场点兵

中兴通讯的人才招聘——选聘一流人才

通讯公司的最大特点就是高速发展。对于中兴通讯这类的行业开拓者来说，这里的高

速发展有着两个方面的含义：一是企业业务的高度膨胀，市场份额不断扩大；二是技术的更新换代持续加快。高速发展的公司面临的首要问题就是人力资源的扩张。人力资源短缺往往是限制业务拓展的主要障碍之一。例如市场份额更多更大时，由于人手问题而无暇顾及一些客户就可能造成客户的流失。因此，中兴通讯一直非常重视招聘，并提出了“以一流的标准选聘和培训员工”的理念。

什么是一流人才？对此，中兴通讯的定位是“在某一个专业领域里的国内前 5%”，这群人是一流人才。这在其每一次招聘中都得到了体现。随着招聘的积累，中兴通讯目前的1万多名员工，面试人员也就超过 10 万人，搜索的简历超过 30 万份到 50 万份。谈到花费这么多的精力与时间选聘员工时，中兴通讯人力资源中心主任陈健洲先生很肯定地说，这很值得！员工选聘就是从一组求职者中挑选最适合特定岗位要求的人的过程，而企业招聘工作对选择过程的质量影响很大，如果符合条件的申请人很少，组织可能不得不雇用条件不是十分理想的人，企业就不得不加强培训工作，这增加了隐性成本。而且高能力员工和低能力员工之间生产率差别估计高达 3:1。因此，选择了一流人才可以获得很大的益处。陈健洲还形象地比喻说，只要这些一流的人才还列在企业的工资单上，这种益处就会不断延续下去。

资料来源：中国人力资源开发网，www.chinahrd.net.

第二节　招　　募

招募是指组织确定人力资源需求，吸引候选人来填补岗位空缺的活动，是企业根据招聘计划，开始招聘工作的第一步。

一、组建招聘团队

招聘组织是一般由主管人力资源管理工作的企业负责人牵头，以人力资源管理部门为主，吸收有关部门和人员参加。在现代企业中，人力资源管理已经越来越依赖于全体经理。

（一）人力资源管理部门在招聘方面的责任

招聘和录用是人力资源管理专职人员必须具备的专业技能之一。作为人力专员，他们必须学会分析企业或者部门应该招聘多少人，招聘什么样的人。人力资源管理部门在招聘方面的责任是整体性的，通过招聘满足企业作为一个整体对人力资源的需求。

（二）其他部门经理在招聘方面的责任

其他部门经理在招聘方面的责任是提出增补雇员、审阅申请表、与应聘者面谈、培训

员工、帮助上层管理人员制订职业生涯发展规划等。二者的区别如表 5-1 所示。

表 5-1　人力资源管理部门与其他部门在招聘方面的职责划分

	其他部门主管人员	人力资源管理部门
招聘职责	● 列出特定工作岗位的职责要求，以便协助进行工作分析 ● 向人力资源管理人员解释对未来雇员的要求以及雇员类型 ● 描述出工作对人员素质的要求，以便人力资源管理人员能够设计适当的甄选方案 ● 同候选人面谈，做出决策	● 在部门主管人员所提供资料的基础上编写工作描述和工作说明书 ● 制订出雇员晋升人事计划 ● 开发潜在合格求职者来源并开展招聘活动，力争为组织聚集到一批高质量的求职者 ● 对候选人进行初步面谈，然后进行推荐

二、确定招聘规模

无论组织的规模如何，在进行招聘之前都应明确招聘的范围和规模，也就是说要明确哪些岗位需要多少人员，以及获得这些人员大致需要招募多少求职者。只有在此基础上，才可能制订合理的招聘工作预算，配备相应的招聘工作人员。运用以下方法确定招募的范围和规模。

（一）根据“人员需求报告单”确定招聘

从总体上说，招聘是根据人力资源规划进行的。就具体程序而言，招聘工作始于正式签发的“人员需求报告单”或“人员需求表”。人员需求报告单是体现了人员规划所确定的人员需求及空缺岗位的工作性质、任务、任职者资格和指导人员招聘工作的正式文件。它可由组织的有关业务部门与人力资源管理部门共同签发，也可由组织的高层领导签发，由人力资源管理部门具体执行。人员需求报告单的基本格式，如表 5-2 所示。

表 5-2　人员需求报告单

<table>
<tr><td>工作编号</td><td></td><td>职位名称</td><td></td><td colspan="2">要求上岗日期</td></tr>
<tr><td colspan="2">补充人员的原因（例如：人员流动导致职位空缺）</td><td colspan="4"></td></tr>
<tr><td colspan="2">对任职者的最低资格要求</td><td colspan="4"></td></tr>
<tr><td colspan="2">主要工作职责和任务</td><td colspan="4"></td></tr>
<tr><td>签发日期</td><td></td><td colspan="3">签发部门或签发者盖章</td><td></td></tr>
</table>

（二）推算求职人数与空缺职位的合理比率，确定人员招聘规模

空缺职位数与求职者数不是一对一的关系，求职者数应大于空缺职位数。在正式开始招聘工作之前，必须确定空缺职位与候选者的比例。在推算这一比例时，要参考本组织在人员招聘、征选和录用方面的历史数据，考虑本组织人员招聘和征选录用常规程序，如一般安排几轮面试、测试等。此外，还要考虑本次招聘时期人力资源市场情况。事实上，这个比例并非数学计算的结果，而是经验推测的结果，但它对确定一次招聘工作的规模具有重要意义。凡是具有一定历史并注重人力资源管理工作研究的组织，都能比较合理地推算出这个比例。在本组织缺乏经验或历史数据的情况下，可以参考同类组织的经验确定大致比例。

例如，某大型公司需要招聘 20 名会计人员，根据本公司的经验，人员招聘、甄选程序第一轮筛选比例为 6:1，即每 6 名求职者只有 1 名进入第二轮；第二轮筛选比例为 5:2，即每 5 名求职者只有 2 名进入第三轮；第三轮筛选比例为 2:1。该公司从 600 名应征者中甄选录用 20 名合格人员，所设计的比率图如图 5-1 所示。

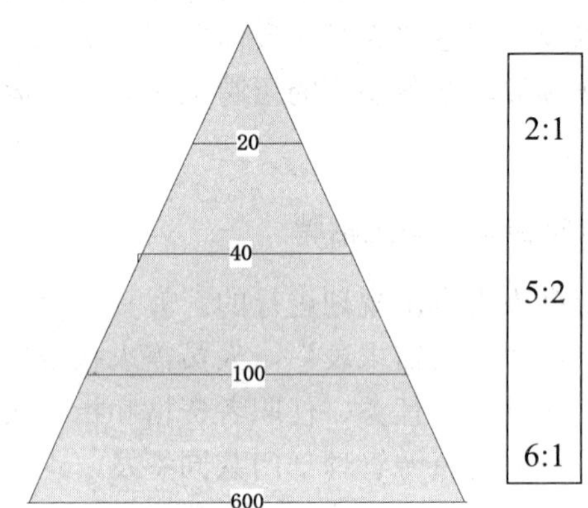

图 5-1　某企业求职人数与空缺职位的比率

三、确定招聘渠道

一般来讲，人员招聘的渠道主要包括内部招聘和外部招聘，无论哪种渠道，在招聘过程中都发挥了重要作用。

（一）内部招聘

内部招聘即先向组织现有人员传递有关职位空缺信息，吸引其中具有相应资格且对有关职位感兴趣的人员。申请者若通过筛选合格后，则以调任或提升的方式安置到有关职位。当然，在调任或提升后，这个人的原任职位可能出现空缺，需由组织内部其他相应人才来

补充，或从组织外部招聘合格者来补充。

内部招聘应遵循公开、公正的原则，使每一个职工都感到自己有被提升的机会，从而发挥内部招聘的优势，起到调动全体职工积极性的作用。否则，不但招聘不到合格的人选，还会影响职工的情绪。实施内部招聘，可以使用布告法、推荐法和档案法三种方法，方法比较如表 5-3 所示。

表 5-3　内部招聘方法比较

招聘方法	优　点	缺　点	功　用
布告法	1．省时、经济 2．有效激励员工 3．提高员工的工作安全感、工作满意度和组织忠诚度 4．体现了公平竞争原则	如果已有内定人选，则面试所有应征者就会浪费很多时间，同时还可能导致内部的不公平情绪	1．让组织现有员工有机会将自己的技能、兴趣、资格、经验和职业目标与工作机会相比较 2．最常见的内部招聘法，适用于非主管级别的职位
推荐法	1．不需要对员工做大量的资历调查 2．员工对任职资格比较了解，相对更容易符合岗位要求 3．被推荐者不会轻易离职	选用人员的面比较窄，容易形成非正式群体，从而影响组织团结，削弱组织效能	1．通过本组织员工的各种推荐方式，为人力资源部门的招聘提供选择 2．可用于内部招聘，也可用于外部招聘
档案法	1．省时、经济、高效 2．可以在整个组织内发掘合适的候选人	1．对档案信息要求比较高，必须准确、可靠、全面 2．透明度低员工参与较少，对员工的影响力小	1．了解员工在教育、培训、经验、技能、绩效等方面的动态信息，帮助用人部门寻找合适的人员补充缺位 2．识别具备特殊能力的员工，引导、发挥其创造性技能，推动企业不断发展

1．布告法

在本单位的告示板、宣传栏或其他引人注目的地方，张贴职位空缺和工作招标告示，吸引现有人员投标。

布告法的目的是使企业中的全体职工都了解到哪些职务空缺，需要补充人员，使职工感觉到企业在招聘人员这一方面的透明度与公平性，并认识到在本企业中，只要有能力，便不会被埋没，总有“奔头”，有被提升的机会，有可能重新选择自己感兴趣的工作。这有利于提高职工的士气，培养积极进取的精神。使用这一方法时应注意：第一，告示必须贴在引人注目之处；第二，内部招聘告示的张贴时间应早于对外招聘时间，一般至少早一周，使内部人员能感受到这种优先权，并有时间认真考虑是否参加投标；第三，告示应详细说明职位对任职者的资格要求，以及做出任用决定所遵循的规则和标准；第四，一旦做出任用或不任用的决定，应立即通知申请者本人，以便尽早消除因盲目等待而可能产生的对现任工作的焦躁情绪。

2．推荐法

推荐法可用于内部招聘，也可用于外部招聘，是由本企业职工根据企业的需要推荐其熟悉的、可以胜任某项工作的人员供人事部门考核。这种方法常得到广泛应用，并行之有效，原因是推荐者本人对企业较熟悉，对空缺职务的要求也较了解。在推荐某人之前，对职务要求及申请者的能力已有相应的考虑，因此成功的可能性较大。并且，在企业内部采用这种方法，往往是上级推荐下级，这也有利于企业的管理及对申请人的全面考核。当然，采用这一方法应注意任人唯贤，而不能讲面子、看关系。

3．档案法

许多企业的人事部门，都备有管理人员及工程技术人员甚至普通职工的个人资料档案，从中可以查找到企业现有人员的教育、培训、经验、技能、绩效等情况，帮助企业管理人员及招聘者确定符合空缺职位要求的人员。档案管理对于企业确定现有职工素质状况及内部提升来说，是非常重要的，但是此档案中的个人资料必须是可靠、应时并尽可能详细的，需不断地加以补充，才能真正起到作用。当然，在确定了人选以后，还要征求本人的意见，看其是否对新职位感兴趣。档案法常常和布告法及推荐法联合使用，以起到互为补充的作用。

（二）外部招聘

作为员工招募的重要组成部分，外部招聘主要渠道有：社会中介机构、广告招聘、校园招聘、网上招聘、人才招聘会等。外部招聘渠道的比较如表 5-4 所示。

表 5-4　外部招聘的主要渠道

招聘方法	优　点	缺　点
社会中介机构	1．针对性强，命中率高 2．应聘者范围较广，不易形成裙带关系 3．招聘过程短，效率高 4．中介机构的良好服务可帮助组织强化招聘效果，提高美誉度	1．可能会聘用到被政府强制应聘的人员 2．需要一定的中介费用，且信誉较好机构收费较高 3．运作情况良莠不齐，招聘失败风险较高
广告招聘	1．信息发布迅速，覆盖面广，可引起较多求职者响应，备选率大 2．成本较低 3．使应聘者对组织有所了解，减少盲目性 4．可同时发布多种类别工作岗位信息 5．可给组织保留许多操作上的优势	1．广告费用较高，小规模组织往往难以承受 2．应聘者较多造成招聘工作量加大，费用增加

续表

招 聘 方 法	优　　点	缺　　点
校园招聘	1．能够达到直接、深度沟通，避免双方选择的盲目性 2．可录用率较高，从而提高招聘效率 3．形式灵活，运作方便，并节省大量的宣传费用 4．具有良好的社会效应，是校企双方的宣传良机	1．费钱费时 2．招聘受毕业生毕业时间限制，无法满足组织急需人才的需求状况 3．应聘者普遍缺乏工作经验，增加组织培训投入
网上招聘	1．信息传播广，速度快，影响大 2．招聘成本效益较高 3．招聘效率高，反应及时 4．不受时间、空间等的限制，利于双向自由选择 5．在如“非典”等非常时期中作用重大	1．真实性和严肃性较差 2．信息量过大，容易被忽视 3．很多自知不符条件的应征者的申请造成组织工作量加大 4．受到上网条件的限制
人才招聘会	1．可减少招聘过程中的硬件投入 2．避免信息传递过程中的失真现象 3．实现了人才和用人单位的双向选择 4．招聘主题明确，流程规范，信誉度高	1．人力、物力、财力投入较大 2．时间受招聘会召开日期的限制

1．委托社会中介机构负责招聘

（1）职业介绍机构。职业介绍机构是指那些专门提供就业和就业服务的中介机构。职业中介机构掌握大量求职者的信息和企业需要招聘职位的信息，他们能帮助选拔人员，为招聘企业节省时间和费用，提高招聘的效率。当企业需要招聘数量较多、种类较复杂的劳动力时，可以委托职业介绍机构专门为自己进行招聘工作。

（2）猎头公司。猎头公司是指那些专为用人单位寻找和推荐高级管理人员与专业技术人才的专门机构。他们一般从事两类业务：一是为企业搜寻待定人才，二是为各类高级人才寻找工作。猎头公司作为企业和人才的中间桥梁，掌握着大量人才供求的信息。他们通晓各种企业组织对特殊人才的需求，同时根据市场变动及时收集大量的人才信息，拥有自己的人才数据库，因此通过猎头公司招聘的人才一般成功率较高。

2．广告招聘

广告是外部招聘最常用的方式。招聘企业通过报纸、杂志、广播、电视等媒体，向社会公开招聘人才。一方面，它能传达企业招聘的信息，吸引求职者前来应聘；另一方面，还可以通过招聘广告，对企业本身进行宣传，扩大企业的知名度和影响。广告招聘的最大特点是辐射面广、传播速度快。但采用这种途径招聘时，应注意广告内容的编制和广告媒体的选择，这是广告招聘工作中的两个重要环节。各种媒体的比较如表5-5所示。

表5-5 广告媒体类型比较

媒体类型	优点	缺点	适用范围
报纸	1．成本低，制作简便 2．发行广泛，信息量大 3．常集中于某一区域 4．分类广告清晰易辨	1．缺乏生动性和直观性 2．受众不确定 3．容易被忽视，制作效果差	1．某个特定地区的招聘 2．短期内需要补充的职位 3．候选人数量较大的职位 4．较高流失率的行业
杂志	1．指向性最为明确 2．印刷精美，具有保存价值 3．有效时间长，重复阅读率高 4．广告大小弹性可变	1．传播周期较长 2．发行量和发行区域受限 3．难以短时间达到招聘效果	1．职位的专业性较强 2．候选人的地区分布较广 3．空缺的职位对于组织来说并非迫切需要
广播	1．受众面广 2．传播速度迅速 3．成本低廉，使用方便	1．信息的储存性差，难以记录和查询 2．只能传送声波信号，不能传送图像信号	1．需要迅速扩大影响，将组织的形象宣传与人员招聘结合起来，同时进行 2．引起潜在应聘者的注意
电视	1．传真性强 2．受众面广，影响面大，比广播更能吸引受众	1．制作成本高，技术复杂 2．传播受时间、空间限制 3．存储性差，受众不便考查	1．印刷广告效果不佳时使用 2．用于扩大企业形象 3．用于迅速引起注意
网络	1．费用低 2．传播速度快，覆盖面广，信息量大，联系方便快捷	1．地域传播广 2．信息过多，容易被忽略 3．受上网条件限制	1．各种类型的人员 2．大范围招聘或跨国企业全球招聘

3．校园招聘

学校是人才高度集中的地方，也是现代企业获得人力资源的主要途径之一。国内外许多企业每年都会选择校园招聘来获取大量的可用之才，并把校园招聘视作自我宣传、树立形象的良好机会。

综合校园招聘的经验，企业在校园招聘时应注意以下几个方面的问题。

（1）做好充分的准备工作。准备工作主要是按照招聘工作的流程，安排好招聘的时间和地点，准备好校园招聘广告与求职申请表。

（2）选派高素质人员组成招聘小组。招聘人员应热情、主动地派发招聘资料，及时、准确、全面、诚恳地回答同学的提问，而不是消极地等待学生投递简历，把招聘会当成搜集简历等应聘材料的一个场所。

（3）选择合适的学校。校园招聘不可能漫天撒网，必须根据企业的招聘计划和财务预算有重点地选择部分学校进行招聘。

（4）与学校毕业生就业办公室保持密切联系。一方面能确保企业及时获得学生的信息，另一方面能确保企业空缺岗位和招聘信息及时、完整、准确地传达给学生。取得学校的支持和帮助是提高招聘效率的重要途径。

4．网上招聘

网上招聘费用低，辐射面广，不受地域限制，而且灵活快速。因此，网上招聘越来越受到人力资源管理人员的重视。

5．人才招聘会

人才招聘会是企业与求职者双向交流接洽的场所，企业通过参加人才招聘会直接获得大量应聘者的相关信息，既节省费用，又缩短招聘周期，并可以在信息公开、竞争公平的条件下，公开考核，择优录取。

人才招聘会是一种比较传统的招聘方式。如果采用招聘会的方式选拔人才，就必须为参加招聘会做好充分的准备。

（1）准备一个有吸引力的展位，这在人才招聘会上尤其重要。如何让自己的公司出类拔萃，从而在招聘会的竞争中取胜，从某种意义上来说，不亚于在业务上与其他公司的竞争，此时树立给公众的企业形象是最直接的，影响也是最深远的。

（2）准备好相关资料和设备，如宣传品和登记表格。如果现场需要用到计算机、摄影仪、电视机、放像机、录像机、照相机等设备，应该提前做好准备。

（3）招聘人员也应做好充分的准备。它包括如何回答求职者可能会提到的问题，做到对答如流。另外，招聘人员在招聘会上要着正装，服装服饰要整洁大方。在招聘会上，招聘人员要及早进入会场，将一切布置妥当，迎接求职人员入场。同时，要时刻保持良好的精神风貌，不要在展台里交头接耳。切忌在求职者走后对他们进行评论，一方面对求职者不够尊重，另一方面可能会令其他求职者望而却步。当招聘会结束后，一定要整理好收集到的简历，供有需求的人员进行筛选。

招聘渠道利弊比较如表 5-6 所示。

表 5-6　招聘渠道利弊比较

	利	弊
内部招聘	可提高被提升者的士气	容易造成“近亲繁殖”
	对员工的能力可更准确地判断	未被提升的人或许士气低落
	能较快地胜任工作	“政治的”勾心斗角
	可调动员工工作的积极性	必须制订管理与培训计划
	有利于吸引外部人才	可供选择的人员有限

续表

	利	弊
外部招聘	有比较广泛的来源	可能引来企业窥察者
	“新鲜血液”有助于拓展企业的视野	会造成组织中有人对自己的前途失去信心
	可节省在培训上耗费的大量时间和费用	
	在小企业不会形成政治支持者、小集团	新员工需要较长时间的“调整期”或熟悉时间，缺乏人事基础

四、制订招聘简章

招聘简章作为企业招聘工作的依据，在整个招聘过程中发挥着重要的作用。招聘简章在招聘工作中，既起着告示的作用，又作为招聘的宣传大纲。一份完整的招聘简章一般需要包括：招聘单位概况、工作或专业介绍、招聘名额、对象、条件和地区范围、报名时间、报名地点、证件、费用、面试时间、面试地点、试用期、合同期以及录取后的各种待遇。表 5-7 给出了招聘简章范例。

表 5-7　中原地产招聘简章

<table>
<tr><td colspan="3">公司介绍：中原集团创立于 1978 年，是一家以房地产代理业务为主，涉足物业管理、测量估价、按揭代理、资产管理等多个领域的大型综合性企业，旗下拥有旗舰品牌中原地产，以及利嘉阁地产、宝原地产、森拓普、利尊等多家子公司及附属品牌，是房地产代理行业及相关服务领域的先行者和市场引领者。同时，敢于大胆尝试，努力开创全方位多元化服务的中原集团，其业务范围还涉及投资移民、人事顾问、数据整合及软件开发等多个领域。</td></tr>
<tr><td>岗位：置业顾问/门店经理/储备销售主管</td><td>招聘（10）人</td><td>薪资（3 000~4 500）元/月</td></tr>
<tr><td colspan="3">岗位要求：
1．20 岁以上，35 岁以下，户籍，专业，性别不限。
2．良好的沟通及表达能力，能以客户时间为本，渴望高薪。
3．身体健康，品行端正，无不良嗜好。
4．做事认真踏实，高度的工作意识，具有良好的团队精神。
5．外语能力不限，若擅长日、韩、英语者尤佳，提供住宿。</td></tr>
<tr><td>岗位：行政秘书</td><td>招聘（10）人</td><td>薪资（2 500~2 800）元/月</td></tr>
<tr><td colspan="3">● 岗位要求：
● 保障底薪：底薪 2 500~2 800 元/月，缴纳各类社会保险。
● 晋升通道：完善的职业晋升计划及空间。
● 绩效奖金：转正后享受公司当季度分红。
● 各类补贴：根据级别员工可享受商业保险、定额的通信及交通费补贴等公司福利。
● 工作地点：根据需求就近分配。</td></tr>
</table>

续表

福利及休息休假	佣金提成：提成最高达 35%税前收入（业绩优秀销售员可获得月收入 8 000~12 000/月，上不封顶）。 专业培训：全面房产业务知识培训（房地产法规，交易按揭流程，营销实战技巧等）。 晋升通道：完善的职业晋升计划及空间（置业顾问→营业主任→分行经理→高级经理→区域总监）。 绩效奖金：业绩达标者可定期获得公司的业绩奖励（如奖品及奖金，一般金额在 5 000 元左右）。 各类补贴：员工可享受商业保险、定额的通信及交通费补贴等公司福利。
工作地点	公司提供住宿或就近分配
联系地址	上海延安西路 889 号 23-26 楼

资料来源：中国人力资源开发网，www.chinahrd.net.

制订招聘简章的过程中，人力资源管理部门应该本着既实事求是，又热情洋溢的原则，尽量表现企业的优势。招聘简章传递给潜在应聘者的信息将影响应聘者数量或未来留用率，具体需要注意以下几点。

（1）对工作职位的条件和待遇，不论是优势的方面还是不利的方面，都应对应聘者作真实的介绍，这样可以使应聘者的期望值不高于实际情况，从而提高被录用者对工作的满意程度。

（2）必须合理确定招聘条件。招聘条件是考核录用职工的依据，也是确定招聘对象与来源的重要依据。能否合理地确定招聘条件，关系到能否满足生产需要，也关系到人力资源能否得到合理利用。如果招聘条件定得过高，脱离了劳动力资源的实际，势必难以招收到职工，生产工作需要的人力资源得不到及时补充；如果招聘条件定得过低，则不利于提高职工整体素质，不利于生产建设事业的开展。所以企业应当根据生产工作的需要，以及人力资源状况，合理确定招聘条件。

（3）招聘简章必须简明清楚，招聘基本条件一目了然，同时还要留有余地，使应聘的人数比所需求的人数多一些。企业的招聘工作，除了向社会公布招聘简章的方法外，还可借助开放的固定劳动力市场定期或不定期招聘，或从人才交流机构以及人才服务实体中心登记的现有人员中招聘。但无论哪种方式，企业都要注意招聘过程中的管理工作。

所谓发布招聘信息就是向可能应聘的人群传递企业将要招聘的信息。制订了招聘简章后，向可能应聘人群传递组织招人的信息则为此时的重点。需要注意的是，发布招聘信息应注意一些原则，具体如下。

（1）面广原则。发布招聘信息的面越广，接受该信息的人越多，应聘的人中有合适人选的概率就越大。

（2）及时原则。在条件许可的情况下，招聘信息应该尽量早地向人们发布。这样有利于缩短招聘进程，而且有利于使更多的人获取信息，使应聘人数增加。

（3）层次原则。招聘的人员都是处在社会的某一层次的。要根据招聘岗位的特点，向特定层次的人员发布招聘信息。

沙场点兵

思科的招聘智慧

位于美国加州圣约瑟的思科（Cisco）是一家拥有 4 500 名员工的大型公司，从 1993 年起就开始探索如何更好地利用互联网服务于客户。为此，思科创立了两个主页：一个面向员工，一个面向公司外部人员。

内部主页帮助思科成为一个无纸化公司，也使员工接触到更多的信息，包括发布招聘信息。外部网页为上网者提供了有关公司情况与工作机会的信息。求职者只要敲击“机会”，便可以看到相关的工作信息。此外，思科还对难以招募到的职位注明“热门机会”。有时，思科还会对这些岗位做一个简单的说明，通常采用销售和营销的心理方法。

同时，为了确保招聘的质量与数量，思科还将招聘的触角伸向了各个角落。在有些大学的主页上，思科会提供举行招聘会的具体日期和地点。而且，在网络上还能搜索到思科对大学生进行指导和培训的具体项目，以及公司的背景资料，如津贴、利润结构、社区关系哲学等。这对吸纳优秀的年轻技术人员是非常有效的。当然，这些信息也会出现在公司的企业文化主页上。对这些信息，尤其是工作列表，每星期思科都会更新一次，上面还包括教你一些如何将个人简历通过电子邮件或传真的形式发送到公司的信息。思科的数据库里存储了 2 万多份有效的个人简历，并且每天还从互联网上收到 50~70 份新的简历。这为招聘积聚了大量的信息。

同思科的内部网址类似，公司外部的网址同样也为公司的人力资源部节省了不少时间。简历被自动扫描输入，人力资源经理们可以通过关键字来搜索要找的信息，而不用在浩如烟海的纸堆中翻来翻去。例如，公司现在需要一个会计人员，招聘经理只需要在电脑中输入“ATM”，计算机就会自动检索出所有包括这个词的简历来，非常之快。而且，采用互联网招聘高能力、高素质的人员也节省了经理们不少宝贵的时间。思科公司的人力资源副总裁芭芭拉·贝克认为：“互联网为我们提供了一种很好的自我筛选的方法。我们寻找的是高技术的人才，而这些人在互联网上很容易找到。这个方法很省钱，而且如果你在报纸上登招聘广告，来应聘的人会很多，可是其中很多人并不是我们需要的有这方面经验的人。”

资料来源：中国人力资源开发网，www.chinahrd.net.

第三节 甄 选

人员甄选是企业招聘的重要阶段，招聘中的人员甄选过程是指综合利用心理学、管理学等学科的理论、方法和技术，对候选人的任职资格和对工作的胜任程度，即与职务的匹配程度，进行系统的、客观的测量和评价，从而做出录用决策。

现在最为广泛使用的人员甄选的标准是基于职位分析之上的胜任力模型，也可以称作素质模型。在胜任力模型产生之前，人员甄选标准可以说是各式各样，没有统一的形式（因第二章中已对员工胜任力的特点进行了详细介绍，本部分不再赘述）。

（一）胜任力模型的作用

胜任力模型是企业核心竞争力的具体表现，建立、推行胜任力模型可以规范员工在职业素质、能力等方面的行为表现，实现企业对员工的职责要求，确保员工的职业生涯和个人发展计划与组织的整体目标保持高度的一致性，推动战略目标的实现，从而赢得竞争优势。胜任力模型对人力资源管理活动的作用具有以下几点。

1．工作分析

基于胜任力的分析注重研究工作绩效优异的员工，突出与优异表现相关联的特征及行为，结合这些人的特征和行为定义这一工作的职责内容，它具有更强的工作绩效预测性，能够更有效地为挑选、培训员工以及为员工的职业生涯规划、奖励、薪酬设计提供参考标准。

2．人员甄选

基于胖任力的挑选可以帮助企业找到有核心的动机和特质的员工，既避免了由于挑选失误所带来的不良影响，也减少了企业的培训支出。尤其是为工作要求较为复杂的岗位挑选候选人，如挑选高层技术人员或高层管理人员。在应聘者基本条件相似的情况下，胜任力模型在预测优秀绩效方面的重要性远比与任务相关的技能、智力或学业等级分数等显得重要。

3．绩效考核

胜任力模型的前提是找到区分优秀与普通的指标，以它为基础而确定的绩效考核指标。这是经过科学论证并且系统化的考核体系，体现了绩效考核的精髓，真实地反映员工的综合工作表现。让工作表现好的员工既得到回报，又能提高工作积极性。对于工作绩效不够理想的员工，根据考核标准以及胜任力模型，加以培训或其他方式帮助员工改善工作绩效，达到企业对员工的期望。

4．员工培训

培训的目的与要求是帮助员工弥补不足，从而达到岗位的要求。而培训所遵循的原则是投入最小化，收益最大化。基于胜任特征分析，针对岗位要求结合现有人员的素质状况，为员工量身定做培训计划，帮助员工弥补自身的不足。有的放矢地突出培训的重点，省去分析培训需求的繁琐步骤，杜绝不合理的培训开支，提高了培训的效果，进一步开发员工的潜力，为企业创造更多的效益。

5．员工激励

通过建立胜任力模型能够帮助企业全面掌握员工的需求，有针对性地采取员工激励措施。从管理者的角度来说，胜任力模型能够为管理者提供管理并激励员工努力工作的依据；从企业激励管理者的角度来说，依据胜任力模型可以找到激励管理层员工的有效途径与方法，提升企业的整体竞争实力。

（二）建立胜任力模型的方法

建立胜任力模型的方法有很多，包括直接观察、问卷调查、专家小组等。目前普遍采用的、比较有效的主体方法是行为事件访谈的方法，其他方法是作为辅助性的方法。行为事件访谈法主要是让被访谈者给出自己如何开展工作的具体行为性事例。最常见的操作方法是让被访谈者讲述自己实际工作中最成功的几个事例和最不成功的几个事例，针对每个事例，访谈者都会进行不断探测，引导被访谈者提供关于当时处于什么样的情境、所要完成的任务目标是什么、实际采取了哪些行动、最终的结果怎样等信息，并且注意区分被访谈者所想的和实际所做的。访谈的对象包含绩效出众者，也包括绩效平平者。根据被访者提供的行为事件信息，研究者将按照特定的程序和标准进行编码、归纳总结，最后得出胜任力模型。

1．人员甄选的环节

与招募相比，人员的甄选无论是对组织还是对人力资源的其他工作产生的影响更为直接、更为关键，所以必须详细周密地做出安排。而整个甄选过程的每个步骤都有一个关键决策点，应聘者如果达不到该决策点的要求就要被淘汰，只有通过该决策点的应聘者才能继续参加下面的选拔。在选拔与录用的这些步骤中，测试与面试是比较复杂和关键性的步骤，其余的相对比较简单。

（1）申请表/简历的审查。对求职人员申请表及个人简历的评价是招聘录用系统的重要组成部分。在求职者众多、面试成本压力大的情况下，企业也往往将申请表和简历的筛选作为人员选择的第一步，从中剔除大量不合要求的人员，从容安排下一步的筛选。

（2）个人简历与申请表的特点。简历是求职者用来向企业提供其背景资料和进行自我情况陈述的一般方法，没有严格、统一的规格。简历一般由求职者自动递交给企业，由人力资源部或招聘部门进行评价。个人简历的优点在于形式灵活，有利于求职者充分进行自我表达。但由于缺乏规范性，个人简历内容的随意性较大，有时不能系统、全面地提供企业所关注的所有信息。另外，个人简历还有可能存在自我夸大的倾向，需要招聘组织对所提供信息予以核查与证实。

精心设计的申请表可以克服个人简历的上述弊端，系统、详细地提供企业所关注的信息。所以很多企业在进行人员招募活动时，会预先设计"求职人员申请表"，与个人简历配合使用。

一张完整的申请表格应当使组织了解到以下四方面的信息。

① 有关申请人的客观信息。如姓名、年龄、性别、受教育的情况等。

② 申请人过去的成长与进步情况。如申请人的工作经历，过去工作中所取得的成绩，所担任的工作岗位，所获得的奖励与肯定。

③ 申请人的工作稳定性和求职动机。如工作迁移的次数，离职的原因。

④ 可以帮助组织预期求职者实际工作绩效的信息。在国外一项对大型企业零售商店和超级市场的人员信息研究中发现，对工作申请表中"没有自己的汽车""与父母居住在一起"等问题的回答与该员工的偷窃行为呈正相关。由此看来求职申请表的设计十分关键，需要组织进行分析与研究。

设计求职申请表时需要注意的事项为求职人员申请表的设计要以职位说明书为依据，每一栏目均有一定的目的，避免繁琐、重复。

2．笔试

笔试是一种最古老又最基本的人员甄选方法。它是让应聘者在试卷上答事先拟好的试题，然后根据应聘者解答的正确程度予以评定成绩的选择方法。这种方法主要通过测试应聘者的基础知识和素质能力的差异，判断该应聘者对招聘岗位的适应性。

笔试法一般分为两类，一类是论文式笔试法，也称主观性笔试法。这种测试法采用应试者依据题目写论文的形式进行答题，阐述自己对于某一问题的主张和见解。其优点在于能够较真实地反映出应试者的文字水平和综合运用知识的能力、逻辑思维能力以及材料整理分析能力等。但是，这种测试方法的命题内容的分布面较窄、选择程度较低，而且评分标准也不易统一，主观性较大，容易受各种外界因素的干扰和影响。

另一类是问卷式笔试法，也称客观性笔试法。其做法是让考生在规定的时间内通过填空、选择和判断等方式，用简明的文字或符号来回答很多问题。它具有试题量大、范围较宽、评分标准明确以及选择性强等特点，可以比较全面地检验考生对于基础知识和专业知识的掌握程度，而且能够确保试卷评分客观、公允。不足之处在于过分强调机械记忆，不适用于深层次运用知识能力的考察。

从总体上说，笔试既有优点，也有缺点，具体如表 5-8 所示。

表 5-8　笔试的优缺点

优　点	缺　点
1. 经济性 2. 广博性 3. 客观性 4. 机会均等	1. 难考出实际能力，偏重于机械记忆 2. 不易发现个人的创造性和推理能力 3. 不能全面地考察应聘者的细节

基于笔试的缺陷，在实践中，人事部门一般通过调整笔试成绩在甄选与录用权重中所占比例的方法来规避其存在的问题。如在国家公务员的招聘过程中，近年来，笔试成绩有逐步缩小的趋势，有的省份从原来的 70%下调为 50%，甚至 30%。从原则上来说，不同岗位这一比例应该有所不同。因为，招聘低层次的人员，笔试的科学性比较容易把握，其在招聘录用中所占的权重系数应当相对大一些，而招聘高层管理人士或专业人才，则需要格外注意命题科学化的问题，其在整个招聘与录用中的权重系数也应当相对小一点。

3. 面试

面试是最常见的招聘方式。应聘者与面试考官直接交谈，面试考官根据应聘者在面试中的回答情况和行为表现来判断应聘者是否符合岗位要求。面试的优点非常明确，由于用人部门直接接触应聘者，故而能够综合了解应聘者各方面的素质。同时，面试还可以核对应聘者个人材料的真实性。

（1）面试的程序。

① 面试前的准备阶段。面试前，面试考官要事先确定需要面试的事项和范围，写好提纲，并且在面试前要详细了解应聘者的资料。面试前的准备工作主要有：确定面试的目的；选择合适的面试考官；科学地设计面试问题；选择合适的面试类型；确定面试的时间和地点。

② 面试开始阶段。面试开始，面试者要努力创造一种和谐的气氛，使面试双方建立一种信任、亲密的关系，解除应聘者的紧张和顾虑。

③ 正式面试阶段。采用灵活的提问和多样化的形式交流信息，进一步观察和了解应聘者。此外，还应察言观色，密切注意应聘者的行为与反应，对所问的问题、提问方式的变换、问话时间以及对方的答复都要多加注意。所提问题可根据简历或应聘申请表中发现的疑点，先易后难逐一提出，尽量创造和谐自然的环境。面试时，可以由考官或记录员进行专门的记录。

④ 结束面试阶段。面试结束前，考官应该给应聘者一个机会，询问应聘者是否有问题要问，是否有加以补充或修正错误之处。不管录用与否，均应在友好的气氛中结束面试。如果对某一应聘者是否录用有分歧时，不必急于下结论，还可以安排第二次面试。同时，要整理好面试记录表。

⑤ 面试评价阶段。面试结束后，应根据面试记录表对应聘人员进行评估。评估可采用

评语式评估，也可采用评分式评估。评语式评估的特点是可对应聘者的不同侧面进行深入的评价，能反映出每个应聘者的特征，但缺点是应聘者之间不能进行横向比较。评分式评估则是对每个应聘者相同的方面进行比较，其特点正好与评语式评估相反。

（2）心理测试。根据“特质理论”，每个人的个性基本结构的单元是特质。特质表示在不同时间和各种情况下，人的行为的某些类型及其规律性。心理测试就是基于上述理论，通过对人的一组强观察的样本行为，有系统地进行测量，来推论人的心理特点。心理测试的优缺点如表 5-9 所示。

表 5-9　心理测试的优缺点

优　点	缺　点
1．迅速	1．测试理论所依据的数学工具往往需要较硬性的条件
2．比较科学	2．测试效果的可靠性难以把握
3．比较公平	3．每个受测者的测试表现受环境因素及内在因素影响
4．可比性	4．心理测试的技术性很强，有不少测试需要心理学专家参与才能应用

现在常用的心理测试主要有智力测试、一般能力倾向测试、特殊能力测试、成就测试、人格测试、创造力测试等。其中在甄选过程中所用的主要是能力测试和个性测试两种。

① 能力测试。能力测试分为一般能力测试、特殊能力测试和成就测试。

一般能力测试主要是测试应聘者的思维能力、想象力、记忆力、推理能力、分析能力、数学能力、空间关系能力及语言能力等。一般通过词汇、相似、相反、算术计算、推理等类型的问题进行评价。在测试中得高分者被认为具有较强的能力。需要注意的是，某种特定的测试只对某类特定的工作有效。显而易见，挑选高层管理者与挑选一般工作人员的能力测试应当是不同的。

特殊能力测试是指独特于某项职业或职业群能力的测试，如动手的能力、身体的协调性、空间感等。另外还包括一些专业基础知识和专业技能等。在美国，常用的方法有明尼苏达操作速度测试、克劳福德小零件灵巧性测试和普通拼板测试等。这种测试又被称为能力倾向测验，它既可以反映一个人不易受环境影响的能力特点，又可以反映一个人较容易受到教育和训练影响的知识技能水平，还可以反映一个人的现有水平并对其未来发展做出预测，因此大量被运用于员工的选拔和安置。

成就测试是考察一个人已经拥有的能力，主要测试应聘者已经具备的有关工作的能力水平，例如测试一名打字员每分钟能打多少字等。

② 个性测试。一个人工作做得好坏，不仅取决于这个人的能力高低，还取决于他的个性品质。因此，把应聘者的个性品质纳入招聘、甄选过程中来就十分必要。尤其是对那些将要被选拔出来从事管理工作的人来说，个性品质的重要性就更加突出。一般来说，个性品质主要包括人的态度、情绪、价值观、性格等方面的特性。个性测试可以测量出候选人

个性的基本方面，如内向性或外向性、稳定性或狂躁性以及形形色色的动机等。

对此心理测试一是要注意对应聘者的隐私加以保护；二是要有严格的程序；三是心理测试的结果不能作为唯一的评定依据。

目前世界上比较流行的个性品质测试方法主要有以下四种。

- 影射法。在测试中，给受测者提供一个诸如墨渍或云状的图画，对其进行模糊刺激，然后要求受测者对此进行解释或做出反应。由于刺激是模糊的，所以受测者的解释必然来自内部，其所做出的诠释或反应实际上是他们内心状态的一种折射。绝大多数人会将自己的情感态度及对于生活的理想要求融入到自己的诠释中，由此测验出应聘者的个性品质。除了以上所介绍的方法外，属于影射法的还有：要求应聘者编造成或创造出一些东西或故事，或要求应聘者完成某种材料，如完成某个句子等，以及要求应聘者依据某种原则对刺激材料进行选择排列法等。
- 个性品质问卷调查法。通过应聘者对个性品质调查表中的问题进行回答，依据得分统计来判断应聘者的个性品质倾向。调查表中的问题一般包含与行为、态度、感觉、信仰等有关的陈述式问题。
- 兴趣测试法。兴趣测试法是将应聘者的兴趣与各种人士的兴趣相比较，判断应聘者适合从事什么工作。兴趣测试在招聘中具有有效性的理论依据是，如果一个人对自己所从事的工作感兴趣，或者这一工作符合他的兴趣偏好，就可能会做得更好。同时，它还基于这样的假设，如果应聘者在兴趣方面与绩效优异的在职人员大致相同的话，这些候选人在将来的工作中成功的可能性也许更大。
- 情境模拟法。这是指根据被测试者应聘的职务，编制一套与该职务实际情况相似的测试项目，将被测试者安排在模拟的工作情景中处理各种问题，进而对其进行评价的一系列方法。

情境模拟的主要方法有以下五种。

- ➢ 公文处理。公文一般有文件、备忘录、电话记录的上级指示、报告等，被测试者根据自己的经验、知识、能力、性格、风格去处理 5~10 份文件。
- ➢ 谈话。包括电话谈话、接待来访者、拜访有关人士。
- ➢ 无领导小组。考官给出一个与工作有关的题目，让一组被测试者自由讨论，从而观察每个人的主动性、说服力、口头表达能力、自信心、心理压力的耐受力、精力和人际交往能力等。
- ➢ 角色扮演。要求被测试者扮演一个特定管理角色来处理日常管理问题，侧重了解一个人的心理素质和潜在能力。
- ➢ 即席发言。给被测试者一个题目，让其稍做准备后发言，以了解反应理解能力、语言表达能力、气质风度及思维发散等素质。

以上情境模拟法是否采用，取决于通过面试了解求职者行为的深度，以及有无时间和经费用于这种特定的选拔程序。

（三）甄选决策的成本—收益分析

组织想要对采用哪种类型的甄选工具的问题进行决策，就必须进行成本—收益分析。最终，对上述问题的回答很大程度上取决于甄选过程的效用。这里的效用是指，甄选体系在证明组织录用人员的能力上的准确程度。其效用分为两个部分：统计效用，是指甄选技术预测合格者的准确程度；组织效用，是一个成本和收益的问题，部分依赖于统计效用。换句话说，决定是否应该开发和使用这种甄选体系，最终取决于它为组织带来的收益是否超过它的成本。

甄选的成本—收益分析需要对与甄选体系相关的成本进行估计。直接成本包括如测试的价格、面试人员的薪酬和在工作样本测试中的设备费用。间接成本包括如甄选中采用了毒品检测，而对公众形象的影响。

组织还必须估计由于采用了甄选体系，雇用到更为优秀的员工，从而能为组织带来多大的效益。这些效益可能来自产出的提高，如质量水平的提高或数量的增加、缺勤率的降低、事故率的降低和人员流动率的降低等。

有时当组织管理人员想要知道甄选的成本时，他们实际上就是想知道它是否能带来收益。这一基本问题取决于很多因素。有效的甄选程序能带来巨大的收益，错误的甄选程序会带来巨大的风险，特别是在错误的甄选决策造成的直接和间接成本都很高的情况下。设想一下，当航空公司做出失败的甄选决策录用了不合格的飞行员时所涉及的代价。飞行员的差错造成的设备毁坏或受损，能使公司损失数百万美元，并且再多的钱也不能弥补可能发生的人员伤亡。

关于甄选和它的成本—收益分析的最后一个要点——组织招聘员工的方法要与其他人力资源计划直接配合起来。培训是最重要的持续性工作。在甄选和培训之间需要做出很多权衡。至少，组织必须认识到在甄选上花费更多的钱就会大大减少需要花费在培训上的钱，特别是甄选能使组织招聘到更有能力的员工。

沙场点兵

宝洁公司的笔试

笔试主要包括3部分：解难能力测试、英文测试、专业技能测试。

（1）解难能力测试。这是宝洁对人才素质考察的最基本的一关。在中国，使用的是宝洁全球通用试题的中文版本。试题分为5个部分，共50小题，限时65分钟，全为选择题，每题5个选项。第一部分：读图题（约12题），第二和第五部分：阅读理解（约15题）；第三部分：计算题（约12题）；第四部分：读表题（约12题）。整套题主要考核申请者以下素质：自信心（对每个做过的题目有绝对的信心，几乎没有时间检查改正）；效率（题多时间少）；思维灵活（题目种类繁多，需立即转换思维），承压能力（解题强度较大，65分钟内不可有丝毫松懈）；迅速进入状态（考前无读题时间）；成功率（凡事可能只有一次机会）。考试结果采用电脑计分，如果没通过就被淘汰了。

（2）英文测试。这个测试主要用于考核母语不是英语的人的英文能力。考试时间为2个小时。45分钟的100道听力题，75分钟的阅读题，以及用1个小时回答3道题，都是要用英文描述以往某个经历或者个人思想的变化。

（3）专业技能测试。专业技能测试并不是申请任何部门的申请者都需经过该项测试，它主要是考核申请公司一些有专业限制的部门的同学。这些部门有研究开发部、信息技术部和财务部等。宝洁公司的研发部门招聘的程序之一是要求应聘者就某些专题进行学术报告，并请公司资深科研人员加以评审，用以考察其专业功底。对于申请公司其他部门的同学，则无须进行该项测试，如市场部、人力资源部等。

资料来源：中国人力资源开发网，www.chinahrd.net.

第四节 录 用

一、测验分数的合成

在做录用决策前，首先要选择适当的测验分数合成方法，即如何处理通过各种测评方法和渠道所收集的有关申请者的定性和定量信息。其次要确定录用标准。录用标准不可太高也不可太低。最后，要留有备选人员的名单。从目前所掌握的文献资料来看，测验分数合成的方法主要有表5-10所列的几种。

表5-10 测验分数合成方法

类 型	主 要 内 容
临床判断	● 根据经验对各测验分数做直觉的组合 ● 比较适于应用在特殊的、非典型的模式中 ● 能从整体上对各个因素加以综合考虑，每个判断都是针对特定的个人做出的 ● 主观加权容易受评定者偏见或个人好恶的影响 ● 对评定者有较高的要求

续表

类　　型	主 要 内 容
推理法	● 根据某种理想加权程序做推理性加权 ● 加权分为单位加权、等量加权和差异加权 ● 一般而言，当用于预测的测验较少时，可根据各测验间的实证关系来做差异加权 ● 测验较多时，单位加权和差异加权同样奏效
多重分段	● 只把人分成达到最低标准和未达到最低标准两类 ● 前提假设：不同测验间不具有互偿性 ● 多重分段分为综合分段和连续栅栏 ● 在顺序安排上，首先采用最有效的测验，依此类推
多重回归	● 同时采用几个测验来预测一个效标 ● 输入资料连续，用来作为预测源的特质具有互偿性，而预测源与效标间又是直线关系 ● 可导出每个人预测效标的分数，有利于选拔不同专长的人 ● 常常先用多重分段拒绝后，再来计算可接受者的预测效标分数
区分分析	● 搜集每一个成员的各种资料，找出不同特征 ● 确定能对这些团体加以区别的测验 ● 将最能区分的团体测验组合起来，得到区分方程式，使团体间差异最大，团体内差异最小 ● 将个人测验分数带入区分方程，看与哪个团体分数模式最相符

二、员工录用的原则

在处理完收集的数据之后，人力资源管理部门需要进行录用工作，录用工作也同样具备一些原则，具体如下。

（一）人事相宜

所谓人事相宜是指企业能够根据员工的个性特长安排相应的工作。每个被录用的员工能得到一个适合自己能力和特长的工作和岗位，同时企业的每项工作和每个岗位都能录用到合适的员工来承担。这样就能做到人事相宜。

（二）取长补短

能真正发挥自身的特长，是每个人的愿望，但要做到这一点并非易事。韩国著名企业家李秉哲说：“如果一个经营者把因材施用看得很容易，就无法做出一个经营者的正确判断，我把我 90%以上的精力都用在了人事工作和因材施用上了。”所以在用人安排中要尽量把他放在一个能发挥其长处，而弥补其短处的地方。

（三）用人不疑

企业高层领导及部门主管对所录用的员工要有充分的信任和尊重，不能对他们有太多的防备心理，否则会使新员工感到很不舒服，而不愿意为企业服务。因为在录用过程中同样存在双向选择问题。企业领导如果不注意这一点，可能会把已得的人才赶走。所以，企业领导要真心诚意地关心员工的工作和生活，在感情上多与他们沟通，并保证他们应有的权利。这样员工会有一种归属感，愿意为企业服务的思想也就产生了。

三、员工录用的过程

（一）签订试用合同

员工进入企业之前，要与企业签订试用合同。员工试用合同是对员工与企业双方的约束和保障。试用合同一般包括以下主要内容：试用的职位、试用的期限（一般为 3~6 个月）、试用期的报酬与福利（一般是正式录用后工资的 60%左右）、员工在试用期应进行的培训、员工在试用期的工作绩效目标及应承担的责任与义务、员工在试用期应享受的权利、员工转正的条件、试用期企业解聘员工的条件、员工在试用期辞职的条件与义务、员工试用期被延长的条件等。

（二）员工的试用

试用是对员工的能力和潜力、个人品质与心理素质的进一步考核。在试用期要做好以下工作。首先，要让新员工熟悉工作岗位、工作部门和整个企业的基本情况，如企业的目标、过去、经营计划等，促进新员工从外来者向内部人员转换，使他们了解工作目标以及此项职位在企业中的地位。其次，企业应让员工了解企业的规章制度。如人事制度、工资制度、福利制度等。最后，让新员工熟悉企业的环境。如安排新员工参观车间、办公室以及将新员工介绍给周围的同事。成功的试用，一方面可以进一步扩展和获取新员工的各种信息，使人员的录用更正确；另一方面，会加快新员工从外来人转换为内部人的进程，避免新员工在工作后的一两个星期甚至一两天提出辞职的现象。

（三）正式录用

当员工试用期满后，如果其工作表现和能力符合正式录用的条件，那么企业就可以将其转正为正式员工。在特殊情况下也可以提前转正（如员工在试用期内绩效明显、工作态度优秀、工作热情很高），这样适当缩短试用期也可以调动员工的积极性。

正式录用过程中，用人部门与人力资源部门应完成以下主要工作：员工试用期的考核鉴定；根据考核情况进行正式录用决策；与员工签订正式的雇佣合同；给员工提供相应的

待遇；制订员工发展计划；为员工提供必要的帮助与咨询等。

确定正式录用过程后，向员工分发录用通知书（见表 5-11）即可。

表 5-11　员工录用通知书示例

××先生/小姐：
您应聘本公司人力资源专员职位，经审查您提供的申请资料和您的面试成绩，经人力资源部核定，并报总经理确认，依本公司录用规定给予录用，现热忱欢迎您加入本公司行列，有关报道事项如下，敬请参照办理。
您的报道日期：2015 年 7 月 1 日前
报道地点：桂青公司综合服务楼 307
报道时需携带资料： 录用通知书； 居民身份证原件及复印件两张； 最高学历证书原件及复印件一张； 资历、资格证书（或上岗证）； 报道日前两周内的体检合格证明； 非本市户口需携带外出就业证明； 一寸近期照片三张； 原单位的离职证明。
如果您接受本公司的录用，请在您收到本通知书的 5 日内（以当地邮局邮戳为准）将签署后的本录用通知书回执以快递或挂号形式寄回本公司，否则视为您自动放弃该职位。
如果您签署了本录用通知书的回执并回馈给公司，而又未在本公司通知确定的日期前报道，将承担违约金 3 000 元。如果您签署了本录用通知书的回执并回馈给公司，而公司不能在本通知确定的日期接受您的报道，公司将承担违约金 5 000 元。
本通知书生效的前提如下：
您提供的入职申请材料真实、客观、完整； 您具备胜任本职位的身体健康状况。
本次录用联络人　　，联系方式　　，人力资源部　　，以上事项若有任何疑问或困难，请与　　联系。 桂青公司（人力资源部） 2015 年 1 月 27 日

沙场点兵

宝洁公司的校园招聘

有一位宝洁的员工形容宝洁的校园招聘："由于宝洁的招聘实在做得太好，即便在求职这个对学生比较困难的关口，自己第一次感觉自己被人当作人来看，就是在这种感觉的驱使下，我应该说是有些带着理想主义来到了宝洁。"

1. 前期的广告宣传

派送招聘手册，招聘手册基本覆盖所有的应届毕业生，以达到吸引应届毕业生参加其校园的招聘会的目的。

2. 邀请大学生参加其校园招聘介绍会

宝洁的校园招聘介绍会的程序一般如下：校领导讲话，播放招聘专题片，宝洁公司招聘负责人介绍公司情况：招聘负责人回答学生问题，发放宝洁招聘介绍材料。宝洁公司会请公司有关部门的副总监级别以上的高级经理以及那些具有校友身份的公司员工来参加校园招聘会。通过双方面对面的直接沟通和介绍，向同学们展示企业的业务发展情况及其独特的企业文化、良好的薪酬福利待遇，并为应聘者勾画出新员工的职业发展前景。通过播放公司招聘专题片，公司高级经理的有关介绍及具有感召力的校友亲身感受介绍，使应聘学生在短时间内对宝洁公司有较为深入的了解和更多的信心。

3. 网上申请

从2002年开始，宝洁将原来的填写邮寄申请表改为网上申请。毕业生通过访问宝洁中国的网站，点击"网上申请"来填写自传式申请表及回答相关问题。宝洁的自传式申请表是由宝洁总部设计的，全球通用。宝洁在中国使用自传式申请表之前，先在中国宝洁的员工中及中国高校中分别调查取样，汇合其全球同类问卷调查的结果，从而确定了可以通过申请表选拔关的最低考核标准。同时也确保其申请表能针对不同文化背景的学生，仍然保持筛选工作的相对有效性。申请表还附加一些开放式问题，供面试的经理参考。

因为每年参加宝洁应聘的同学很多，一般一个学校就有1 000多人申请，借助于自传式申请表可以帮助其完成高质高效的招聘工作。自传式申请表用电脑扫描来进行自动筛选，一天可以检查上千份申请表。宝洁公司曾做过一个测试，在公司的校园招聘过程中，公司让几十名并未通过履历申请表这一关的学生进入到了下一轮面试，面试经理也被告之"他们都已通过了申请表筛选这关"。结果，这几十名同学无人通过之后的面试，没有一个被公司录用。

资料来源：中国人力资源开发网，www.chinahrd.net.

本章小结

1. 招聘是随着雇佣关系的出现而在组织内出现的一种活动，是在企业总体发展规划的指导下，制订相应的职位空缺计划，并决定如何寻找合适的人员来填补这些职位空缺的过程。它由两个独立的过程组成，一是招募，二是筛选。

2. 人员招聘分内部招聘和外部招聘，内部招聘有布告法、推荐法、档案法等，外部招聘有委托社会中介机构负责招聘、校园招聘、广告招聘、网上招聘、人才招聘会等。

3．人员甄选是指综合利用心理学、管理学等学科的理论、方法和技术，对候选人的任职资格和对工作的胜任程度，即与职务的匹配程度，进行系统的、客观的测量和评价，从而做出录用决策。人员甄选的标准是胜任特征模型，甄选的方法有笔试、面试、心理测试、情景模拟等。

4．人员录用是招聘工作的最后阶段，包括发出录用通知、试用及正式录用。人员录用应坚持人事相宜、取长补短、用人不疑的原则。除此之外，还要做好人员招聘评估。

通关密码

北京同仁堂公司采用了履历表的筛选、人事专家面谈、心理测试和专业理论测试四种方法。其中，履历表筛选是在选聘工作之前，人事部已经根据工作岗位规范确定出各类人员的选拔标准，并确定使用统一的筛选标准；面试是招聘中常用的获得信息的手段，对人事决策具有直观作用；心理测试也同样是企业筛选过程中不可或缺的一部分；专业理论方面的测试中，同仁堂公司采用了结构化面谈的方式。多种筛选方法综合运用，保证了人员甄选工作的公平、有序地进行。

复习与思考

一、名词解释

1．招聘
2．战略招聘
3．内部招聘
4．外部招聘
5．人员甄选
6．甄选决策的成本—收益分析
7．人员录用

二、简答

1．怎么理解人员招聘的含义和意义？
2．怎么理解战略招聘？
3．人员招聘有什么渠道，这些渠道又包括哪些方法？
4．人员甄选有什么标准？

5. 人员甄选有什么方法以及甄选决策的成本—收益分析是怎样的？
6. 怎么理解员工录用的原则及其过程？
7. 怎么理解我国目前对招聘评估的相关研究？

三、讨论

1. 当今人才竞争越来越激烈，请问高科技企业如何招聘到优秀人才？
2. 请撰写一份报纸招聘广告并根据广告设计一份求职申请表。

四、案例评析

松下公司招聘实录

宽敞肃静的天极网会议室里，人头攒动，《21世纪人才报》为松下举办的招聘会正在这里举行。一进大厅就可以看到醒目的条幅："松下招聘专场"，经过简单的时间安排介绍，招聘会正式开始。

主考官经过一小时的单独面谈后，大家都聚集在大会议内。正式的现场模拟活动启动。

第一回合：简介

当记者踏进会议室时，活动已经开始。坐在会议室里大概有20个应聘者，他们正在进行着自我介绍，每个人以最简短的语言介绍自己，结束以后，主考官提出一个问题："介绍完后，谁能记住其中三个人的名字？"这个时候，就两个人举手，然后把三个人的名字报了出来。"谁能记住两个？"此时又有三个人举手。"谁能记住其中五个？"没有人再把手举起来。这一回合结束了。

但是记者却深深地被主考官吸引住了。这似乎不像是老调重弹的面试方式，其中充满了种种的杀机，关键要看应聘者是否有这样的素质。也许自我介绍是很多场合下使用的一种方式，但是又有多少人会记住刚才那个人说了什么，只是一心想着自己如何介绍得更出色和吸引人。却不想，主考官要的就是这些反应。

第二回合：组织团队

当记者还在感叹时，下个环节又开始了。这个回合是要看大家的分工合作能力。

这个时候，大家被分为两组，在规定时间内，每个组要为自己的团队起一个名字，选一个队长，为自己谱一曲队歌，还要定出自己队伍的口号。看似简单的工作，却能甄别每个组合作的能力。这种游戏似乎让每个在场的人又回到了童年时代。第一小组有两个女生，第二组是清一色男生。

第一组按照分工，开始了行动，先是选出自己团队的领导，然后讨论团队的名字，完全忘记了自己这个团队的人是来跟自己竞争职位的，而是融在了一起。一切定论后，开始探讨自己的队歌和口号。为了能够让自己的队歌和口号更动人，这个组的队长先让一个人负责开始思考队歌，口号大家一起来商谈。一切定局后，他们还扯开了嗓子练习自己的队歌。在旁边观看的记者也被这种气氛感染了。这种众心一致的场景非常动人，况且是在招聘现场，而那些常规的面谈、考试程序都被抛到了九霄云外。在这里，他们好像就是同事，在做自己团队应该做的事情。

但是男性组似乎就有些令人诧异，他们两个一组，三个一伙的探讨着各自的话题，也许他们讨论的是同样的话题，但是大家不是共同讨论，而是分散。记者唯一的感受：他们在面试，但是忘记了主考官要考的是什么。直到主考官提醒他们为止。

正当第一组的人忘我地进行自己的队歌排练时，主考官拿出一张残缺的纸，问大家："你们有谁注意到我的这张纸缺了一角？"

"我注意到了。"有几个人回答。

"我知道，因为你在面试我的时候把纸撕掉一角的。"其中一个男士说。

"那你们有没有注意在你们面试坐的椅子的腿边有个纸团，直到面试结束，都没有人把它拣起来。"

鸦雀无声。

"好了，你们继续吧。"

整个会场被一组的歌声给渲染了，第二组的人也开始亮开了自己的嗓门。会场的气氛欢快愉悦，谁也不会想到这是在招聘，外面的人会以为这是在开文艺座谈会。

第三回合：建立团队

招聘工作在主考官的带领下，紧张有序且乐趣盎然地进行着。

随后进入的现场模拟是建立自己的市场部的结构。根据市场的需求，制订出所需要的职位和职位功能及适合这个职位的人所具有的素质。

看到他们的题目，记者想起自己在企业时所做的这个训练，即使工作了那么久，也很少有人知道自己所在职位的功能和所应具有的素质。但是对企业来说，每个职位都要起到一颗螺丝钉的作用，否则就是资源浪费。所以，这些工作在招聘的时候就需要人力资源部经理要做好，其实也是对他们的一种考验。

这个模拟需要大量的纸，这时工作人员把纸分发到两个桌上，但被主考官阻止了，说，"今天的工作，都需要我来做，谁要什么东西也要跟我说，其他人不能多做。"

纸被收了回来。

主考官在题板上写了几个字：资源是有限的，也是无限的。

这其中的道理，但愿他们都能明白。

讨论完毕，需要每个组的队长把自己的结构图画到题板上。但是他们不知道的是，只有一支笔，谁先走到题板前，谁就先得到在题板上板书自己结构图的机会。靠近题板最近的第一组却错过了机会；只好退下来。

第一组的队长只好口述自己的结构图。但是第二组的人似乎并没有认真地听着对手的方案，他们也许认为是说给主考官听，跟他们没有任何关系。但是却不料，每一个细节都是主考官要考的内容，今天的场景完全打乱了他们的阵脚。"你们对第一组的结构有何想法？"主考官终于问到了他们没有想到的问题。

众人无言。

第四回合：挑选产品

主考官把三种产品给了两个团队，让他们选择自己的产品，用自己的市场眼光，挑选出一种对市场更有冲击力的产品。结果他们挑选的产品都是相同的。

随之让他们制定产品的方案。

两个组马上进入工作状态。当他们聚精会神地做事时，主考官发布了一条新闻：翰林汇经过潜心研究，向市场推广一款软件，市场价是 1 000 元，但是不久，清华同方推出同样功能的产品，市场价只有 725 元，所以，翰林汇的市场受到了重挫。为什么呢？他的话让大家停顿了一下，但是话一结束，他们又回头研究自己的方案。记者实在纳闷，为什么主考官在这个时候来打断他们的思路，而且是一个不相关的信息。为此记者问了主考官。他说："这个信息听起来是多余的，事实上，要看他们什么时候会意识到，他们的产品是相同的，现在他们两个组就犹如两个竞争对手，但是他们有没有注意对方在做什么？有没有观察邻桌在做什么，现在他们好像都没有这样做。因为市场方案是要根据市场的动态来做的，要时刻观察着竞争对手在做什么。"

记者恍然大悟。在记者的工作生涯中，经历过两个厂商的生死搏斗，现在想来，这种保持竞争的意识要时刻存在，特别是来应聘市场人员的。佩服主考官的精明，但是也为这些人才们感到遗憾。

第五回合：市场推广

一套具体的市场推广方案，能体现一个市场人员应该具备的最基本的素质。也许今天的方案并不是很优秀，但是可以看出这个人的市场基本功。对他们来说，这是最重要的一个环节。在他们策划方案的时候，他们两个组谁都没有去注意对方的动态，更别说主考官的行为了。主考官在题板上写了一行字：游戏规则—制订者、执行者。而且把这行字圈了起来。但是这行字在那里默默地被挂了半个小时，都无人问津，更别说看它一眼。主考官实在看不下去了，就问了他们一个问题："你们当中有谁做过公关？"这个时候就有人零星地站起来说"我做过"。"在公关当中，有没有人做过政府公关？""政府公关是不要做的。"但是似乎底气不足。然后又开始了谋划。主考官无奈地摇了摇头，自言自语地说了一声："我尽力了。"观察细节，不只是某个行业的从业人员应该具有的素质，而是在我们的生活中时刻要使用的。更何况是在应聘。难道这样的轻松的环境使他们放松了警惕？在这个游戏开始时，规则是由主考官制订了，可是却没有人理会主考官想要的是什么，他的规则是什么。

做方案时依然，如果不知道这个市场的规则是什么，即使再漂亮的方案，如果不符合游戏的规则，照样行不通。主考官的意旨不完全在漂亮的方案上，重要的是这个方案的思路和可执行的程度。不管怎么样，直到上午的活动结束，都没有人去注意到竞争对手在做什么？也没有人关心松下这个外来企业在进入中国市场时所面临的政府公关。

第六回合：等待

时间在快乐且有压力的氛围中进行了一半。

12 点到了，是大家午餐和休息的时候。主考官对他们说："12:00—13:00 是午餐时间，13:00 正式开始。"

但是他对下面的服务人员说："13:00—14:30 不允许给他们水喝，谁问都说不知道，就让他们等。"游戏更好玩了。

午饭回来后，看着一屋子坐着的人，一个都没有动，好像在等待着抽奖号码的公布。

第七回合：逐一面谈

14:30 终于到了。

等待的结果是再等待。当别的人被主考官叫去面谈时，他们剩下的还是等待。直到下午 17 点才结束今天的招聘。

气氛仍然很热烈，一整天的面试是前所未有的，但是这么长的时间，却没有任何一个人感到劳累，如果有的话，应该是这个主考官。

"这样的招聘会是我第一次遇到，感到在里面学到了很多东西，而且还交了这么多朋友。很幸运参加这样的招聘会。"一个即将离开现场的应聘者说。

资料来源：引用自中华考试网，www.examw.com.

【思考题】

1. 松下公司在这次招聘活动中采用了哪些方法？各种方法有什么优点和缺点？
2. 为什么松下公司要采取这些方法？
3. 从松下公司的招聘过程中，你有哪些启示？

员工培训

学习目标

★★★★★

- 培训的内涵、意义和目的。
- 培训与开发的学习原理。
- 有效的员工培训系统设计和实施过程。
- 培训的主要形式和内容。

★★★★

- 培训方法的优缺点以及适用范围。
- 培训评估的方法与体系。
- 培训需求分析和效果评估方法。

★★★

- 新技术运用对员工培训方法所带来的好处。
- 员工培训开发的传统意义与现代意义上的差异与联系。
- 成功的员工开发的方法及其用途。

开篇案例

煮茶论英雄——统一 VS 康师傅

调查显示，中国的茶饮料市场暂时还是统一、康师傅等几家大企业的天下。康师傅的市场份额为 46.9%，统一占 37.4%，两大品牌的市场份额达 84.3%。康师傅占据茶饮料霸主

地位，无疑是茶饮料市场最大的赢家；统一为市场渗透率增长第二的品牌。统一、康师傅各有何优劣势？谁是未来最后的赢家？

随和 VS 压力

统一企业长期视员工如子弟，甚至欢迎员工介绍亲戚、同乡进到统一任职。从好的方面讲，这是统一人的向心力强，可以在统一安身立命，全力以赴。缺点是每天准时上下班，久而久之，是否会变成公务员文化？在这种相对随和的环境里成长起来的员工，学习的压力相对轻一点。

康师傅总部是中国大陆的顶新集团，四个老板有三个驻守内地，都不超过五十岁。面对年纪比较小的老板，康师傅底下来自四面八方的专业经理人若没冲劲与绩效，随时得卷铺盖走人，因此顶新集团的专业经理人很少有自信自己可以做到退休。在天津的康师傅总部，一些员工上整天班，还要充电学习。相对来说，学习的压力更重一些。

员工本土化 VS 主管本土化

统一讲究“人力资源本土化”，现在企业的中、基层主管，基本都是本地人。统一的人才本土化策略分两种，一个是培训本土化员工，二是培训本地经理。统一在投资生产线上比较保守，康师傅则是快速布建生产线。

现在康师傅各分部的厂长 50%来自于大陆，营业部的主管 70%来自大陆，财务主管达到 50%。未来康师傅会进一步本土化。相对来说，它的本土化主要集中在“主管和经理”一层的人物，而在普通员工方面，尚不及统一。

内部提拔 VS 用人用尽

统一的多数员工都是从基层提拔上来的。员工进入企业后，一般会被安排从事促销、市场推广等基层工作，与消费者进行面对面沟通。作为台资企业，统一十分注重内部文化传承，多采用内部培养和内部晋升，对每个员工都有一套专门的培养计划。在统一看来，每个企业均有各自的企业文化和经营理念，而他们的企业用人理念是——拒绝“空降兵”。他们认为经常跳槽的“空降兵”与企业文化之间存在冲突，需要时间来衔接，这是一种企业管理时间及精力的浪费。

康师傅用人用尽，两三年长处用尽，就得走人，因此顶新换人换得很快。不过顶新总裁室副总经理兼发言人滕鸿年指出，这不是顶新用人现实，而是每个人进一个公司，能不能适应一个公司，两三年就可以看出来。滕鸿年也指出，在康师傅工作的第一二年，绝对要为这个企业打拼。这也是学习的阶段，如果你有贡献，心理就会平衡。工作五年后，在职务上的发挥就有综合的指数可以评估，这也是一个升迁的关卡，如果升得上去，你就可以留下来。到了第八年可能又会遇到瓶颈，这时你要准备好接受考验。

资料来源：杨敏. 人力资源管理[M]. 北京：经济管理出版社，2009.

【思考题】

你认为康师傅和统一的培训方式侧重点是什么，各有什么优缺点?

第一节 员工培训概述

一、培训与开发的含义

在日常管理中，“培训”“开发”两个术语常相互替用，实际两者并不相同。员工培训是指企业或针对企业开展的一种提高人员素质、能力、工作绩效和组织贡献，而实施的有计划、有系统的培养和训练活动。员工开发是指为员工未来发展而开展的正规教育、在职实践、人际互动以及个性和能力的测评等活动。开发活动以未来为导向，员工要学习与员工当前从事的工作不直接相关的内容。

培训针对员工的工作现状与工作要求之间的差距，通过知识、技能等的传递，使员工更好地胜任工作；开发则针对员工潜在的需要，如晋升、归属等，使员工在未来承担更大的责任，两者之间的具体区别，如表 6-1 所示。

表 6-1 培训与开发的区别

项目		培训	开发
相同点		1. 根本目的在于提高人力资源质量和工作绩效水平 2. 对象是企业员工 3. 是有计划、连续的工作	
不同点	目标	着眼于短期技能和知识的提高，强调短期目标	着眼于未来知识和能力的提高，强调长期目标
	关注焦点	现在	将来
	与当前工作的相关性	高	低
	持续时间	短，具有集中性和阶段性	长，具有分散性和长期性
	范围	窄	宽
	工作经验的运用程度	高	低
	收益	近期内见效	是人力资本投资，在未来取得收益

二、培训的目标

培训与开发的目标就在于使得员工的知识、技能、工作方法、工作态度以及工作的价值观得到改善和提高，从而发挥出最大的潜力，提高组织和个人的业绩，推动组织和个人不断进步，实现组织和个人的双重发展。培训实质上是一种系统化的智力投资，企业投入人力、物力对员工进行培训，员工素质提高，人力资本升值，公司业绩改善，获得投资收益。它区别于其他投资活动的特点在于它的系统性。它是由多种培训要素组成的系统，包

括了培训主体、培训客体、培训媒介、培训的计划子系统、组织子系统、实施子系统、评估子系统、需求分析过程、确立目标过程、订立标准过程、培训实施过程、信息反馈过程、效果评价过程等。

总而言之，如图 6-1 所示。评估可以提供有关各种培训目标被完成的信息，其中一些重要的目标有以下几个。

- 培训的有效性。在培训中，受培训者是否学到了技能或者获得了知识或能力。
- 转移的有效性。在培训中学到的知识、技能或能力是否引起了工作中绩效的改进。
- 组织内的有效性。在同一个组织内，受培训后的工作绩效与受培训前的工作绩效相比如何。
- 组织间的有效性。在一个组织内被证明是有效的培训计划在另一个企业是否能成功。

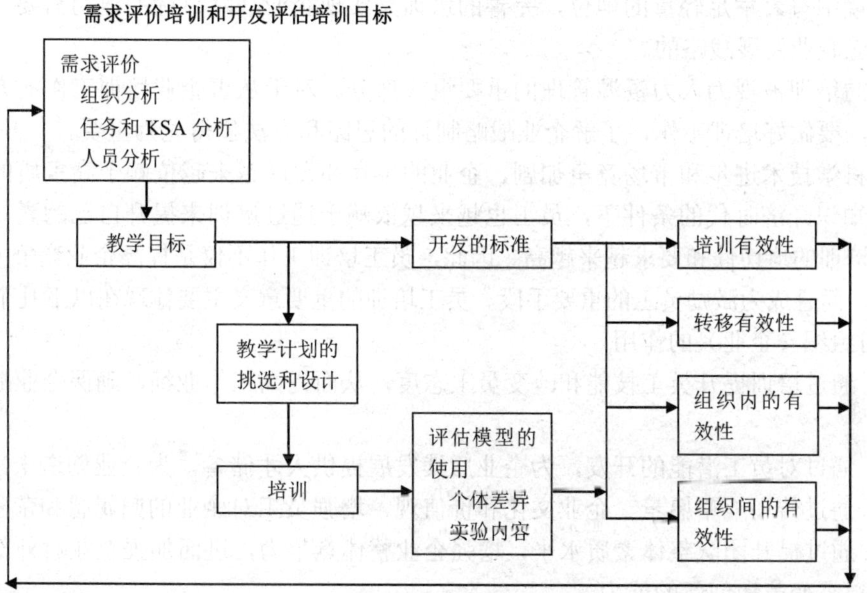

需求评价培训和开发评估培训目标

需求评价
组织分析
任务和 KSA 分析
人员分析
教学目标
开发的标准
教学计划的挑选和设计
培训
评估模型的使用
个体差异
实验内容
培训有效性
转移有效性
组织内的有效性
组织间的有效性

图 6-1　培训和开发的一般系统模型

这些问题（目标）导致了不同的评价程序，用来检查培训和开发完成了哪些目标以及是否全部完成。

三、战略性培训的特点、要求与作用

（一）特点

战略性培训是企业必须具备的战略性人力资本投资，不是可有可无的选择，而是企业发展必不可少的战略性工作，关系到企业能否长期健康发展。

（二）要求

通过对组织的目标、资源、特点、组织氛围、环境等因素的分析，准确地找出组织存在的问题和问题产生的根源，以便确定培训是否是解决这类问题的最有效的方法。哪些地方需要培训，实施培训的环境和条件如何，达到什么样的效果。

（三）培训在人力资源管理中的作用

培训与人力资源管理的招聘、绩效考核、薪酬等其他环节紧密相连。培训与开发活动是否有效果，很大程度上决定了其能否有力地支持人力资源管理的相关工作。培训在当前的企业环境中有着举足轻重的地位，完善的培训是实现企业战略目标的迫切需要，而且其一定是适应企业发展战略的。

企业的培训被视为人力资源管理的重要组成部分。对于从事企业培训工作的人力资源部门而言，要做好培训工作，了解企业战略制订的思路和方法显得尤为重要。

随着科学技术进步和市场竞争加剧，企业的生存和发展越来越依赖于高素质的员工，同时，在知识经济时代的条件下，员工也越来越依赖于通过培训来提升自己的素质，员工主动接受培训的迫切性和要求越来越高。因此，员工培训工作不仅是提高企业竞争力的重要组成部分，而且成为激励员工的重要手段。员工培训的重要意义主要体现在以下几个方面。

1．对组织（企业）的作用

（1）通过培训提升员工技能和改变员工态度，从而提高工作业绩，确保企业战略目标的达成。

（2）通过对员工潜能的开发，为企业后续发展提供人才储备，为企业创造未来价值。

（3）通过传递战略愿景、企业文化和价值观，增强员工对企业的归属感和荣誉感。

（4）通过提升团队整体素质水平，增强企业整体竞争力，进而加强企业对外部环境的适应性，提高变革和创新的能力。

（5）培训是公司对管理人员的知识管理。

（6）培训是最好的福利，特别是与员工职业生涯规划结合起来的培训，同时满足了组织目标和个人目标的实现，是吸引和留住人才的重要手段。

2．对员工的作用

（1）提升了知识和技能，防止知识老化和技能过时，增强了个人竞争力。

（2）提高了员工的学习能力，增强了自信心和安全感。

（3）挖掘了自我潜力，增加升职加薪的机会。

（4）拓展了自我视野，激发了进步的意愿，有利于个人职业生涯的发展。

尽管目前仍有一些企业认为培训预算应随利润大小而波动，但最初的“培训成本观”

已正在逐步淡化，进而转变为如今的“培训投资观”。培训实质上就是一种系统化的智力投资。企业投入人力、物力对员工进行培训，员工素质提高，人力资本升值，公司业绩改善，获得投资收益。

李嘉诚说，“没有什么生意比人才的利润更高！”在外企，培训不被视为费用的支出，而是被视为一种投资。摩托罗拉公司培训部主任比尔·维根豪恩说，“我们有可靠的数据说明，培训的投入与产出的比值为 1:30，这就是我们为什么注重人员培训的原因。因为，凡是在工作中出现的问题，最终肯定能从培训中找到原因；凡是从培训中省下来的钱，也最终会从废品中流出去。”

四、培训的种类

培训作为现代企业的必修课，已经被管理者越来越重视。在企业培训实务中，入职培训、在职员工培训、经理和厂长培训、管理人员培训、工程技术人员培训比较常见。

（一）新员工入职培训

新员工入职后，一般都会经历一段适应期后才会进入稳定工作期，在不同的时期，企业所安排的培训内容及相应的目标是不一样的，如表 6-2 所示。

表 6-2　不同工作阶段员工培训的主要内容及目标

阶　　段	培 训 内 容	培 训 目 标	说　　明
入职适应期	1．企业文化：包括企业核心价值观、企业使命、经营理念、人才理念、企业形象等 2．企业及业务、产品知识：包括企业发展、组织架构、产品知识、行业状况、市场状况、发展前景等 3．公司制度与规范，包括薪酬制度、晋升制度、报销制度、会议制度、生产制度、考勤制度、工作纪律与要求等 4．基本技能：包括电脑操作、公文写作、公文汇报、协同工作、外语能力等 5．职业素养：包括行为规范、职业道德、职业心态、日常礼仪、时间管理、交流沟通、团队意识等	了解、熟悉企业的基本情况、掌握基本的工作规范与技能，帮助新员工尽快地融入企业、适应岗位工作，从而顺利度过入职适应期	这是新人真正入职上岗工作所需经历的阶段

（二）在职员工的培训

由于社会经济技术的发展、企业经营活动的调整以及员工工作岗位的变迁，公司都要求员工掌握新知识、新技能，树立新观念。因此，对在职员工进行定期的、连续的培训是必不可少的。

培训形式包括不脱产的一般文化教育（如夜校、电大、函授大学等）；岗位培训教育（了解岗位必需的理论知识、专业知识和实践知识)；专题培训教育（如企业制订新的发展规划、采用新的管理方法时，必须对有关人员进行专题培训)；转岗培训（当对部分管理人员或员工进行内部调动时，应进行转岗培训，针对新岗位的要求补充必要的新知识、新技术、新能力)；脱产进修（主要用来为企业培养紧缺人员）等。

（三）厂长和经理的培训

如何把厂长和经理尽快培养成符合市场经济要求的企业家，是关系到企业能否快速、持续发展的战略性课题。

培训内容包括市场经济所要求的系统管理理论和技能。如管理学、市场学、会计学、企业经营战略、涉外经营、国际贸易、国际金融和财务、企业文化、人力资源开发与管理、工业工程、服务管理等，这些都是企业家必备的管理知识。

培训形式包括工商管理硕士学位班，聘请有关专家举办脱产培训班，出国考察培训等。

（四）管理人员的培训

企业要发展，只靠厂长、经理是不够的，还要有一批德才兼备、掌握现代管理理论和方法的中层和基层管理人员，必须加强对他们的培训。

培训形式包括文化课培训；管理知识培训班（不脱产或半脱产，有计划、有步骤地进行轮训)；企业内部研讨活动等。

（五）工程技术人员的培训

工程技术人员一般都有一定的学历、工作经验和学习能力。但鉴于知识更新速度加快，技术发展日新月异，所以有必要安排他们进修或接受再教育。

对工程技术人员的培训形式主要有去大学进修（脱产或半脱产)；专题培训（有针对性地请专家教授来企业讲学或者派有关人员去企业外参加专题学术会议、专题研讨会或专题报告会)；出国进修和考察。

五、培训中的学习原理

（一）学习的界定

培训的一个重要职能是促进学习，能够帮助员工尽快掌握关系企业生存与发展的知识和技能。对学习的界定一般有两种。

1．侧重能力角度

从能力角度界定学习，是以美国人力资源管理学家加格纳、梅德克和诺易等为代表，认为学习是指相对长久且不属于自然成长过程结果的人的能力的变化，其与特定的学习成果有关。学习成果可分为五类：言语信息、智力技能、运动技能、态度、认知策略。

2．侧重行为角度

从行为角度界定学习，是以西方行为主义学派为代表，认为学习是一种获得知识的过程，得到的经历体验导致持续的行为改变。换言之，学习是通过经历体验而导致持续的行为改变。经历体验可以被划分为源于人自身（内在）和源于环境（外在）两种。分辨（内在）学习能力，考虑的是人所具有的知识。过程化（外在）学习能力，或者说“学习怎么做”，考虑的是人类实施行为的能力。

界定的侧重点不同，但实质内容是一致的，如表现为人类内部的学习经历体验，是人们已经掌握的知识，属于言语信息的学习成果；而表现为人类外部的学习经历体验，则包括智力技能、运动技能、态度和认知策略，是人们对知识的获得过程。其中，智力技能和运动技能属于技能范畴。

（二）三种学习理论

在人力资源管理与开发中，行为主义学习理论、认知主体学习理论、建构主义学习理论三种学习理论较为常见。

1．行为主义学习理论

美国心理学家约翰在 1913 年引入“行为主义”这一名词。内省是当时一种广泛应用的心理学研究方法。它用来发现在人们的大脑内发生的事情。其通过尽可能讨论知觉经历和思想过程的内省方式去探索和发现人们的行为和结果。

2．认知主体学习理论

认知主体心理学认为我们所学的是思维。学习思维过程是重要的，也是经得起检验的，而并不像行为主义认为的直接观察和检验。认知主体学派关于学习的主要观点包括：在研究可观察行为的同时，也研究思维过程；行为是由认知思维过程决定的；我们学习认知结构及达到目标的方式；问题的解决涉及一个人的洞察力和理解力。

3．建构主义学习理论

建构主义源自关于儿童认知发展的理论，最早提出这一理论的学者可追溯至瑞士心理学家皮亚杰。“学习的含义”（即关于“什么是学习”）与“学习的方法”（即关于“如何进行学习”）是建构主义学习理论的基本内容。

（1）关于学习的含义。知识不是通过教师讲授得到，而是学习者在一定的情境即社会文化背景下，借助其他人（包括教师和学习伙伴）的帮助，利用必要的学习资料，通过意义建构的方式而获得的。“情境”“协作”“会话”“意义建构”是学习环境中的四大要素。

- 情境——学习环境中的情境必须有利于学习者对所学内容的意义的建构。
- 协作——贯穿在学习过程的始终。
- 会话——协作过程中不可缺少的环节。

- 意义建构——整个学习过程的最终目标。意义建构指事物的性质、规律以及事物之间的内在联系。

学习的质量是学习者建构意义能力的函数，而不是学习者重现教师思维过程能力的函数。换句话说，获得知识的多少取决于学习者建构有关知识的意义的能力，而不取决于学习者记忆和背诵教师讲授内容的能力。

（2）关于学习的方法。建构主义提倡在教师指导下以学习者为中心的学习，既强调学习者的认知主体作用，又不忽视教师的指导作用。教师是意义建构的帮助者、促进者，而不是知识的传授者与灌输者。学习者是信息加工的主体、是意义的主动建构者。其在学习过程中从以下几个方面发挥主体作用。

- 用探索法、发现法去建构知识的意义。
- 在意义建构过程中，要求学习者主动收集并分析有关的信息和资料，对所学习的问题提出各种假设并努力加以验证。
- 把当前学习内容所反映的事物尽量和自己已经知道的事物相联系，并对这种联系认真地进行思考。联系与思考是意义建构的关键。协商有自我协商与相互协商（也叫内部协商与社会协商）两种，自我协商是指自己和自己商量什么是正确的；相互协商则指学习小组内部相互之间的讨论与辩论。

（三）学习的 16 条原理

美国管理学家汤姆戈特所著《第一次做培训者》一书中，总结了关于成人学习的 16 条原理，这些原理的主要内容包括以下方面。

（1）成人是通过实干而学习的。这是最终意义上的学习，亲自动手达成的结果能给学员留下深刻的感性认识。

（2）运用实例。

（3）成人是通过与原有知识的联系、比较来学习的。

（4）在非正式的环境氛围中进行培训。培训场地和培训室座位布置的选择。

（5）增添多样性。

（6）消除恐惧心理。

（7）做一个推动学习的促进者。

（8）明确学习目标。

（9）反复实践，熟能生巧。实践是有效手段。

（10）引导启发式的学习。引导是培训所期望的最终效果。

（11）给予信息反馈。及时、不断地学习。

（12）循序渐进，交叉训练。

（13）培训活动应紧扣学习目标。

（14）良好的初始印象能吸引学员的注意力。

（15）要有激情。

（16）重复学习，加深记忆。

（四）学习的分类

学习主要分为三类。

（1）知识学习——又称为认识能力学习，类似于前面界定的言语信息的学习。

（2）技能学习——又称为肌肉性或精神性运动技能的学习，类似于前面界定的智力技能和运动技能的学习。

（3）态度学习——又称为情感性学习，它与人的价值观和利益相联系。

（五）学习的原则

1．必须激励受培训者去学习

首先，一个人必须想要学习。在培训的背景下，动机影响一个人对培训的热情。受培训者保持注意力集中在培训活动上，巩固所学的内容。其信念和知觉影响动机。如果受培训者没有受到激励，在培训计划中他们获得不到什么东西。

2．受培训者必须能够学习

学习复杂的事情，一个人必须要有些才能。你认为数千次的重复训练和数小时的培训能使任何一人都能击中一个联盟棒球投掷手投掷出的曲线球吗？学习能力在培训计划的进度中，促使教的东西被理解以及往后应用到工作中起到了重要的作用。

3．学习必须被巩固

行为心理学家已经证明特有的行为得到及时的强化时，学习效果最好。例如，学习者由于新的行为而得到奖赏，诸如工资、认可和提升，以这种方式满足了需求。应当将学习效果纳入绩效考核的标准中，这就为学习设置了标杆，当达到时，就会有一种成就感。可以说，这些标准为富有意义的反馈提供了测量方法。

4．培训必须为实践提供支持

员工接受培训后，需要时间消化所学的内容，接受它、吸收它，并要建立信心。这需要实践和材料的重复。

5．展示的材料必须富有意义

公司必须为连续的学习提供适当的材料（案例、问题、讨论大纲、阅读书目）。培训者在有效率的培训过程中进步更快。

使用的学习方法应尽可能地多样化。是厌倦，而不是疲劳破坏了学习。任何方法，无论是老式的讲座或程序化的学习，还是有挑战性的电脑游戏，如果过度使用，都将让一些学习者疲倦。

6．材料必须被有效地传达

必须以统一的方式进行沟通，还要有足够的时间被给予去消化材料。

7．教授的材料必须能转移到工作中

培训者必须竭尽全力使培训与工作现实尽可能地接近。这样，受培训者在日后的实践工作中便能有效地将所学知识加以运用。

沙场点兵

西门子培训

西门子公司针对新员工设计了一个“导入计划”，以帮助他们尽快适应工作。该培训管理计划不脱产，时间为六个月。新进入公司的员工必须根据每一阶段的培训，不断地调整自己的心态和工作状态，以最快的速度适应工作环境。培训期同时也是试用期，公司可以随时解雇不称职员工。

除了对新员工的必要培训，西门子还为每一个员工提供了一流的培训和个人发展机会。西门子深信员工的知识、技能和对工作的胜任能力是公司最宝贵的资源，也是公司成功的基础。为了配合公司在中国的业务发展，使本地员工获得现代化、高质量的培训与教育，西门子公司于 1997 年 10 月在北京成立了西门子管理学院。该学院的培训涵盖了高级管理培训教程、业务和管理研讨会、职业和商务等几大领域，旨在提高公司中层管理人员的管理能力，加速管理人员本地化并在不同的领域培养员工的各种能力。西门子管理学院不断地改进和拓展培训项目，为员工未来的发展做准备。在公司内部的网站上，每个阶段都明确公布出下一步的人才需求倾向和培训方向。有志于在新岗位上锻炼的员工，可以根据自己的情况决定自己参加哪种培训，真正做到了心中有数。

资料来源：立达博济培训网，www.ldbj.com.

第二节　培训的方法

古语云：“授之以鱼，不如授之以渔”。作为企业人力资源管理实务必不可少的环节，培训的目的就是授之以渔的过程。通过一系列的培训，让员工提升自我，创造价值，早日成为组织所需要的人才。因此，正确而科学的培训方法就显得尤为重要。本章将从演示法、专家传授法和团体建设法三方面展开。

一、演示法

演示法是将受训者作为信息被动接受者的一些培训方法。主要包括以下几种方法。

（一）讲座法

讲座法是指培训者用语言传达想要受训者学习的内容，讲座的形式多种多样，表 6-3 描述了不同形式的讲座方法。这种学习的沟通主要是单向的——从培训者到听众。不论新技术如何发展，讲座法一直是受欢迎的培训方法。在讲座法中，培训者做出相关内容的讲座，并使受培训者参与到学习材料的讨论中来。有效的教室陈述用视听教学补充了讲座的不足，视听教学的手段有黑板、幻灯片、实物模型。这些讲座通常是要被录像或录音的。这种方法允许培训者的信息被传播到许多地方，也可以为了受培训者的需要而经常重复。讲座法是按照一定组织形式有效传递大量信息的培训方法，其成本最低、时间最节省。讲座的形式之所以有用，也是因为它可向大批受训者提供培训。除了作为能够传递大量信息的主要沟通方法之外，讲座法还可作为其他培训方法的辅助手段，如行为示范和技术培训。

表 6-3　不同的讲座方法

讲 座 形 式	具 体 方 式
标准讲座	培训者讲、受训者听、并汲取知识
团体讲座	两个或两个以上的培训者讲不同的专题或对同一个专题不同看法
客座讲座	客座发言人按事先约定的时间出席并介绍讲解主要内容
座谈小组	两个或两个以上的发言人进行信息交流并提问
学生发言	各受训者在班上轮流发言

当然，讲座法虽然便捷、清晰易懂、成本低、时间短，但是也存在一些不足（见表 6-4）。

表 6-4　讲座法的优缺点

方　　法	优　　点	缺　　点
讲座法	● 培训不占用大量的时间，形式比较灵活； ● 可随时满足员工某一方面的培训需求； ● 讲授内容集中于某一专题，培训对象易于加深理解	讲座中传授的知识相对集中，内容可能不具备较好的系统性

（二）视听教学法

视听教学法是指利用人的视觉和听觉的感性认识，加深理解，提高教学效果的教学方法。它主要是使用幻灯、影片、收音机、电视机模型等视觉和听觉手段说明解释教材，从而提高教学效率的方法。

实验证明，比起传统的教学方式来，视听教学效率可以提高 25%~40%。因为通过视听教学法，学习者借助于视听觉教材的具体生动的表现，可以加深印象、提高兴趣。同时，视听觉教材具有强烈的情绪感染力，可以激发学习者的学习动机，使他们积极从事学习活动。此外，视听觉教材可以把学习内容在同一时间内一次性地揭示出来，因而可以提高学习指导的效率。最后，视听相结合的多通道教学比起传统的单通道教学效果更好，有利于记忆的保持和巩固。

视听教学方法比讲述教学方法虽然更容易掌握，但它仍然需要一定的练习，需要重视视听手段的使用方法。另外，由于视听教学是靠具体的、感性的、情感的认识，因而对事物抽象的、本质的认识上有一定的缺陷，如表 6-5 所示。

表 6-5　视听教学法的优缺点

方　法	优　点	缺　点
视听教学法	● 比讲授或讨论给人更深的印象。且教材内容与现实情况较接近，不单单是靠理解，而是借助感觉去理解； ● 生动形象且给听讲者以新鲜感，所以也比较容易引起受训人员的关心和兴趣； ● 视听教材可反复使用	● 视听设备和教材的购置需要花费较多的费用和时间； ● 选择合适的视听教材不太容易； ● 受训人员受视听设备和视听场所的限制

（三）远程学习法

远程学习法通常被一些在地域上较为分散的企业，用来向员工提供关于新产品、企业政策或程序、技能培训以及专家讲座等方面的信息。远程学习法包括电话会议、电视会议、电子文件会议，以及利用个人电脑进行培训。培训课程的教材和讲解可通过互联网分发给受训者。受训者与培训者可以通过电子邮件以及 QQ、MSN、微博、微信等网络聊天工具进行交流讨论。

虽然远程教学法能够节省费用和时间，但是也同样存在着一些不足，如表 6-6 所示。

表 6-6　远程学习法的优缺点

方　法	优　点	缺　点
远程学习法	● 无须将学员从各地召集到一起，大大节省了培训费用； ● 网络上的内容易修改，可及时、低成本地更新培训内容； ● 可充分利用网络上大量的声音、图片和影音文件等资源，增强课堂教学的趣味性，从而提高学员的学习效率； ● 进程安排比较灵活，学员可以充分利用空闲时间进行，而不用中断工作	● 要求企业建立良好的网络培训系统，这需要大量的培训资金，中小企业由于受资金限制，往往无法花费资金购买相关培训设备和技术； ● 某些培训内容不适用于网上培训方式，如关于人际交流的技能培训就不适用于网上培训方式

二、专家传授法

专家传授法强调的是“参与”。它有利于开发受训者特定的技能，促使受训者理解技能和行为如何应用于工作中，也可使受训者亲身经历一次工作任务完成的全过程，也就是进行一次“演习”。

（一）在职培训

使用最广泛的培训方法（正式和非正式的）是在职培训。据相关数据估计，超过 60% 的培训是在工作中发生的。雇员被置于真实的工作情形中，有经验的雇员或主管会告诉他们工作任务的完成诀窍。

系统性的在职培训的一种方法是工作教学培训系统。在这个系统中，培训者首先培训主管，然后主管们接下来培训雇员。表 6-7 描述了该系统培训的步骤。

表 6-7　工作教学培训（JIT）方法

准备教一个工作这些是你必须做的：
1. 为了有效地、安全地、经济地和聪明地完成工作，决定什么内容是必须教给学习者。
2. 准备好正确的工具、设备、供应品和材料。
3. 适当地安排工作场所，正像工人被期望的那样。
然后，你应该通过以下四个基本步骤对学习者教学：
第一步——（学习者的）准备
1. 使学习者自由自在。
2. 查明他或她对有关工作的了解程度。
3. 使学习者感兴趣和渴望学习工作。
第二步——（运作和知识的）表达
1. 为了使新知识和运作被接受，利用告诉、展示、举例说明和提问等方法。
2. 缓慢的、清楚的、完全的和耐心的教学，每次一点。
3. 检察、提问和重复。
4. 确定学习者真正明白学习内容。
第三步——绩效尝试
1. 通过让他或她完成工作，测试学习者。
2. 以为什么、如何、何时或哪里开始问问题。
3. 观察绩效、纠正错误，如果有必要的话，重复教学。
4. 直到学习者完全掌握才停止。
第四步——后续行动
1. 使雇员主动。
2. 经常性的检查确保学习者遵循教学。
3. 直到这个人在正常的监督下能胜任工作时，逐渐停止额外的监督和结束后续行动。
记住——如果学习者没有学会，教师就没有教好。

在职培训在材料、培训人员工资等方面资金花费较少，很受管理者的喜爱，但是也存在诸如任务过程不统一等缺点，具体如表 6-8 所示。

表 6-8　在职培训的优缺点

方　法	优　点	缺　点
在职培训	● 在材料、培训人员工资或指导上投入较少的时间； ● 培训时可以使被培训者亲身参与实践； ● 大量节省时间成本	● 管理者与同事完成一项任务的过程并不一定相同； ● 传授有用技能的同时也许传授了不良习惯

（二）案例研究

另一种广泛使用的培训方法是案例研究，这种方法使用组织中真实决策情形或发生在另一个组织的情形的书面描述。经理人员被要求学习案例来确认问题、分析问题，提出解决办法，然后选出最好的解决办法并执行。如果在经理人员和教员之间有互动，那么将有更多的学习发生。教员的角色是催化剂和帮助者。一个优秀的教员能够使每个人都参与到解决问题中。

案例研究对某些种类的材料更有帮助。例如，对于商业政策的分析，案例学习比更严格的结构化方法要好。再如，听一个讲座，给出一个公式比从一个案例中梳理出公式要容易得多。有优秀的教员和好的案例，案例研究会是提高和了解理性决策的有效工具。

培训者在使用案例研究时必须提防主导讨论、一些人主导讨论或把讨论引向他或她偏爱的解决办法等问题。作为催化剂，教员应该鼓励不同的观点，在经理们遗漏的点上展开讨论，应该全面准备。

案例研究的一个变化是事件方法。在事件方法中，最初仅仅给出一个问题的轮廓。学生被分配到一个角色，然后以这个角色来观察事件。如果学生问了正确的问题，可以得到额外的数据。每个学生“解决”案例，形成了基于类似的解决办法的小组。然后，每个小组系统地陈述形式，小组争论或角色扮演他们的解决办法。教员可以描述案例实际发生了什么和结果，然后各小组通过结果来比较他们的解决办法。对于参加者来说，最后一步是尝试着把这些知识运用到他们实际的工作情形中。

（三）角色扮演

角色扮演是案例方法和态度开发计划的交叉。每个人在情境（如一个案例）被分配到一个角色，并被要求扮演这个角色和对其他扮演者做出反应。扮演者被要求假装成情境中的焦点人物，并像那人那样对刺激做出反应。提供给扮演者的是有关情境的背景信息和其他扮演者，例如，一个简单的剧本提供给参加者。有时，角色扮演被制作成录像，并作为开发情形的部分被重新分析。通常，角色扮演适用于 12 人左右的小组。这种方法的成功取

决于扮演者扮演被分配到的角色的能力。如果实施得好，角色扮演可以帮助经理人员更了解他人的感受，对他人的感受也更加敏感。但是角色扮演也存在着一些不足之处，如表 6-9 所示。

表 6-9 远程学习法的优缺点

方 法	优 点	缺 点
角色扮演	● 学员参与性强，学员与讲师之间的互动交流充分，可以提高学员培训的积极性； ● 角色扮演中特定的模拟环境和主题有利于增强培训效果； ● 在角色扮演过程中，学员可以互相学习，及时认识到自身存在的问题并进行改正，明白自身的不足，使其各方面能力得到提高； ● 具有高度的灵活性，实施者可以根据需要改变受训者的角色，调整培训内容，同时，角色扮演对培训时间没有任何特定的限制，视要求而决定培训时间的长短	● 场景是人为设计的，如果设计者没有精湛的设计能力，设计出来的场景可能会过于简单，使受训者得不到真正的角色锻炼、能力提高的机会； ● 实际工作环境复杂多变，而模拟环境却是静态的，不变的； ● 扮演中的问题分析限于个人，不具有普遍性； ● 有时学员由于自身原因，参与意识不强，角色表现漫不经心，影响培训效果

尽管角色扮演是二者的交叉，但是角色扮演的一般形式和案例方法的比较能够提出它们之间的一些不同点，如表 6-10 所示。

表 6-10 案例研究与角色扮演不同点比较

案 例 研 究	角 色 扮 演
1．为分析和讨论提出问题	1．把问题置于现实的情境中
2．使用已经在公司里或其他地方发生过的问题	2．使用当前的或发生在工作中的问题
3．与他人一起处理问题	3．参加者身入其中处理问题
4．用智力的参考框架处埋情绪和态度的问题	4．用经验的参考框架处理情绪和态度的问题
5．强调使用事实和做出假设	5．强调感觉
6．培训判断练习	6．培训情绪控制
7．提供分析问题的实践	7．提供人际关系技能的实践

（四）管理游戏

本质上，管理游戏描述了公司、产业或企业的运作特征。在决策做出之后，这些描述以可以操纵的方程式的形式出现。管理游戏强调问题解决能力的开发。

在典型的管理游戏的计算机程序中，游戏者的团队被要求做出一系列运作（或高层管理）决策。例如，在一个游戏中，游戏者对一些事情做出决策，诸如产品的价格、原材料的购买、生产安排、借款、市场营销和研发费用。当团队中的每个人都做出了决策，这些决策的相互关系根据模型被计算（人工或计算机）。例如，如果价格与销售量线性相关，价格下降 x%，将根据一般价格水平影响销量。在做出最后决策之前，团队中的游戏者要把个人的决策与团体其他成员的决策相调和。然后，每个团队的决策与其他团队的决策进行比较。团队的利润、市场份额的结果是可以比较的，由此来确定胜者或最佳的团队绩效。

游戏的优势包括几个相互作用的决策的整合、试验决策的能力、决策中反馈机制的提供和利用不充分的数据做出决策的要求，这通常模拟了现实工作。大多数游戏的主要批评是关于决策制订的新奇性或反应性的缺乏、开发和管理的成本、一些模型的不现实和许多参加者寻求赢得游戏的关键而不是集中精力做出好的决策。许多参加者似乎感觉到游戏是被暗中操纵的——因为一些因素甚至单个因素可能是胜利的关键。

三、团体建设法

团队建设法是基于团队着手的，用以提高团队或群体成员的技能和团队有效性的培训方法。它注重团队技能的提高，以保证进行有效团队合作。

（一）行动学习

行动学习法给团队或工作群体一个实际工作中所面临的问题，让团队队员合作解决，并制订出行动计划，再由他们负责实施该计划的培训方式。一般地，行动学习包括 6~30 个员工，其中包括顾客和经销商。

（二）团队培训

团队培训是通过协调在一起工作的不同个人的绩效，从而实现共同目标的方法。团队培训的主要内容是行为、知识和态度。团队的行为是指团队成员必须采取可以让他们进行沟通、协调、适应且能完成任务以实现目标的行动。

（三）户外培训

户外培训是利用结构性的户外活动来开发受训者的团队协作和技能的一种培训方法。大多数计划都模仿拓展训练计划，它起源于 20 世纪 60 年代早期。撑筏过河、爬山、夜间搜索、团体竞争、划船比赛、爬绳和问题解决练习是户外培训中受人欢迎的形式。

综上所述，以上所介绍的各种方法适用的范围、效果都有所不同。在企业培训实务中，管理者需要灵活选择，选择最科学、最合理的培训方法。表 6-11 是对各种方法的学习成果转化有利程度、开发和使用方法成本及方法有效性的比较，管理者可以根据需要进行选择。

表 6-11　各种培训方法的比较

	演示法			专家传授法				团队建设法		
	讲座	视听教学	远程学习	在职培训	案例研究	角色扮演	管理游戏	行动学习	团队培训	户外培训
学习成果										
语言信息	是	是	是	是	是	否	是	否	否	否
智力技能	是	否	否	否	是	否	是	否	是	否
认知策略	是	否	否	是	是	是	是	是	是	是
态度	是	是	是	否	否	是	否	是	是	是
运动技能	否	是	是	是	否	否	否	否	否	否
学习环境										
目标明确	中	低	低	高	中	高	中	中	高	高
实践机会	低	低	低	高	中	中	中	中	高	中
有意义内容	中	中	中	高	中	中	中	低	高	高
反馈	低	低	低	高	中	高	中	中	中	高
交流	低	中	中	高	高	高	高	高	高	高
成本										
开发成本	中	中	中	中	中	高	中	中	中	低
管理成本	低	低	低	低	低	中	中	中	中	中
成效	好	一般	一般	有组织效果好	一般	一般	一般	一般	一般	好

沙场点兵

英特尔：给新员工人情味的帮助和支持

英特尔有专门的新员工培训计划，例如上班第一天会有公司常识的培训，其中包括介绍各部门规章制度，在什么地方可以找到所需要的东西等。然后由经理分给新员工一个“伙伴”，新员工不方便问经理的随时都可以问他，这是很有人情味的一种帮助。英特尔还会给每位新员工一个详细的培训管理计划，第一周，第二周，第一个月，第二个月新员工分别需要做到什么程度，可能需要什么样的支持，都可以照着这个去做，公司也会随时追踪。新员工在三到九个月之间，会有一周关于英特尔文化和在英特尔怎样成功的培训。另外，公司会有意安排许多一对一的会议，让新员工与自己的老板、同事、客户有机会进行面对面的交流，尤其是和高层经理的面谈，给了新员工直接表现自己的机会。

资料来源：改编自环球网校，www.edu24ol.com.

第三节　培训的过程与管理

企业的培训实施是按照一定的程序进行的。程序化的培训是其可操作性、目的性和有效实施的基本保证，并且良好的组织和管理可以使这种程序化的培训落到实处，起到事半功倍的理想效果。

一、培训的过程

按照培训的时间序列和内在逻辑，可以将培训分为评估阶段、实施阶段和评价反馈三个阶段，如图 6-2 所示。

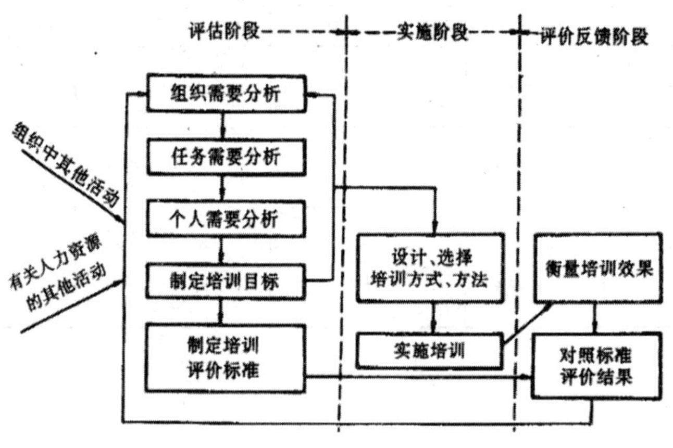

图 6-2　企业培训的过程

（一）培训需求分析

它是在规划实施培训活动之前，由培训组织者、主管人员等采取一定方法，对员工的知识、能力与组织的目标和对应岗位的要求是否相适应等方面进行系统的鉴别与分析，以确定是否需要培训及培训内容的一种过程。它也是确定培训目标、制订培训计划和实施培训项目的基础，也是进行效果评估的依据。其包括组织分析、任务分析与个人分析三项内容。培训需求分析是确定是否需要培训及避免无效培训的环节，如图 6-3 所示。

1．组织需求分析

确定组织范围内的培训需求，以保证培训符合组织的整体目标与战略要求，并为其提供可利用的资源和管理以及培训活动的支持。组织需求分析包括以下三方面内容。

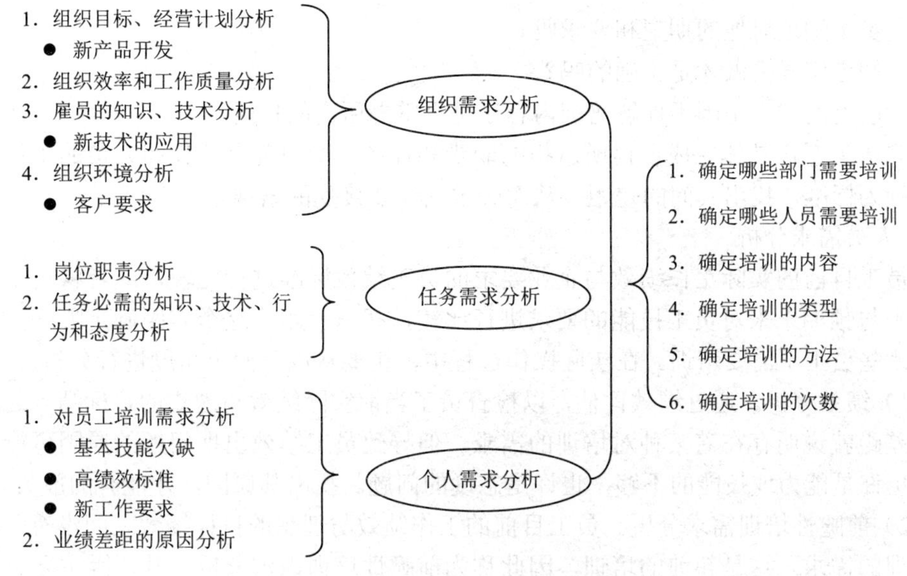

图 6-3　培训需求分析的环节

（1）组织的人力资源需求分析。通过预测本组织未来在技术上、销售市场上及组织结构上的变化，了解现有职工的能力并推测出未来将需要哪些知识和技能，从而估计出哪些职工需要在哪些方面进行培训，以及这种培训真正见效所需要的时间。分析的关键是要找出组织目标与培训需求之间的联系，要求组织人员在能力水平上必须满足组织运行与发展的需要。

（2）组织的效率分析。它要求必须对组织以往考绩的统计数据进行分析。对生产、成本、安全、质量、设备保养维修等方面指标的仔细检查，能有助于发现培训需要。但要注意在查阅这些统计数据时，要全面考虑影响这些指标的各种因素，包括组织的生产效率、人力支出、产品的质量和数量、浪费状况、机器的使用和维修。对这些因素加以分析，制订出相应的效率标准。如有不能达到效率标准要求的，就要考虑使用培训的手段加以解决，同时这些标准也是培训效果的评价指标。

（3）组织文化的分析。它是组织的管理哲学及价值体系的反映。不要只注重技术性的问题，还应同时注意思想方面的问题。通过培训可以将组织完整的价值体系输入到每一个员工的头脑中，从观念上指导他们的工作行为。例如，出勤、纪律、离职等现象，职工的牢骚、投诉、建议等常能反映员工态度与士气方面的问题，这是可以通过适当培训来解决与克服的。

2．任务需求分析

确定培训的内容，即员工达到理想的工作绩效所必须掌握的知识和技能。了解以下问题，能够更好地做任务需求分析。

- 被研究的工作岗位所要求的绩效标准是什么？
- 被研究的员工的实际表现与要求的标准有差距吗？
- 这种差距会造成什么样的后果与损失？

- 员工知道对他的期望和要求吗？
- 知道怎样去做才是正确的吗？
- 问题的产生是因不理解培训内容还是没掌握所需的技能？

研究员工怎样具体完成各自所承担的职责和任务，即研究具体任职人员的工作行为与期望的行为标准，找出其间的差距．从而确定其需要接受的培训。

3．人员需求分析

将员工目前的实际工作绩效与企业要求的员工绩效标准进行比较，或者将员工现有的技能水平与预期未来对员工技能的要求进行比较，找出差距，这个差距确定哪些员工需要培训，哪些员工不需要培训。在实际操作过程中，主要从以下两个角度进行分析。

（1）绩效分析。通过绩效评估，以检查员工当前实际绩效与理想的目标绩效之间的差距，有差距就说明存在着某种对培训的需求。但导致员工绩效出现问题的原因可能是多方面的，也许是能力或技能的不够，也许是态度的问题。找出其原因，才能有的放矢。

（2）前瞻性培训需求分析。员工目前的工作绩效与理想的目标绩效之间没有差距，也会有培训的需求。这是超前的培训，因此称为前瞻性培训需求分析。其原因主要有：工作岗位调动、工作晋升及环境变化如新技术的应用，新产品开发等，对原岗位的员工在知识、技能等方面提出了新的要求，自然培训需求也就产生了。

总之，培训是为了解决所发现的问题，没有问题就无须培训。所以对各企业的培训必须做细致的分析，照搬其他企业现成的培训计划，虽然省时省力，但往往由于没有针对性，做的是无效培训。

4．培训需求分析的技术

常用的收集培训需求的方法一般有八种，具体包括：观察法、问卷调查法、关键者咨询法、访谈法、测验法、记录和报告法、群体讨论法、关键事件法。各种方法的优缺点比较可参考表 6-12。

表 6-12　培训需求信息收集方法优缺点比较

需求收集方法	优　　点	缺　　点
观察法： 以旁观者的角度观察员工在工作进程中表现出来的行为	1．基本上不妨碍考察对象的正常工作和集体活动 2．所得资料与实际培训需求之间的相关性较高	1．必须熟悉被观察对象所从事的工作程序及工作内容 2．在进行观察时，被观察对象可能故意做出假象
问卷调查法： 采用不同的抽样方式选择对象回答问题，形式有开放式、等级量表式等	1．可在短时间内收集到大量的反馈信息 2．花费较低 3．无记名方式可使考察对象畅所欲言 4．易于总结汇报	1．需要大量的时间和较强的问卷设计能力、分析能力 2．很少能够得到问题的原因和解决方法等信息 3．无法获得问卷之外的内容

续表

需求收集方法	优　点	缺　点
关键者咨询法： 通过询问特定的关键人物来了解信息	1. 管理层对下属的培训需求会比较熟悉 2. 操作较简单，费用较低	1. 个人的主观好恶会影响调查结果 2. 得到的结果未必会代表全体培训需求
访谈法： 是结构性或非结构性、正式的或非正式的对某些特定人群的谈话	1. 有利于发现具体问题、问题的原因及解决方法 2. 有利于培训双方建立信任关系，易于得到员工对培训工作的支持	1. 耗时较多 2. 很难分析和得到数量性结果 3. 需要较高的访谈技巧
测验法： 类似于观察法，可以测验员工的工作熟练程度和认知度，发现员工学习成果的不足之处	1. 可以确定已知问题的原因，是技能的缺失或态度 2. 结果容易量化比较	1. 测试项目数量较少，有效程度有限 2. 测试项目多，费时费力且测验对象可能产生抵触情绪
记录和报告法： 用分析资料的方式考察相关的文献	1. 便于收集 2. 可以了解员工已接受过哪些培训	1. 不能显示问题的原因及解决办法 2. 多反映过去的情况，而不是员工现在的真实情况
群体讨论法： 类似于访谈法，可集中于工作分析或问题分析等专题	1. 可充分了解相关信息 2. 利于总结多种原因和解决方法 3. 降低员工对问题提出者的“依赖性反映”	1. 耗时多 2. 数据比较散乱，难合成或量化处理
关键事件法： 调查对员工或顾客发生重大影响的事件	1. 易于分析和总结 2. 可以弄清是培训需求还是管理需求	1. 事件的发生具有偶然性 2. 容易以偏概全

（二）制订培训计划

1. 确定培训对象

一般而言，企业有以下四种人需要培训。

（1）新招聘的员工。对新员工进行培训，可以使他顺利地进入工作状态，使他们有一个良好的工作开端，有效地发展职业生涯，为企业或组织的发展建功立业。

（2）希望改进目前工作的人。这类员工一般是企业或组织的骨干力量，对他们进行培训可使他们更加熟悉自己的工作和技术，提高生产及经营水平，从而以更好的工作业绩完成组织目标。

（3）组织要求的并且自己有能力掌握其他技能的人。对于这类人员的培训，情况比较复杂，一般分为两种：一种是企业的技术骨干，通过更新知识可以发展为复合型人才；一种是为满足转岗的需要。对于后者，即使这些人不是企业的技术骨干，通过培训也完全可以担当和胜任新岗位的工作，而且通常这些新岗位都是一些重要和复杂的工作岗位。

（4）有潜在能力的人。有潜在能力的人，一般都是企业的特殊人才，具有一定的创新能力和创造力潜质。对此类人进行培训，目的是挖掘和激发其潜在的才能，以促使其为企业和组织的发展做出更大的贡献。因此企业往往期望通过培训，使其掌握各种不同的管理知识和岗位技能，以便能够进入担负更大责任、更重要或更高层次的工作岗位。

2．确定培训目标

根据培训需求分析结果，指明员工接受培训后组织期望达到的效果。培训目标要明确告诉员工，培训课程结束后，应掌握哪些知识、信息及能力，并为确定培训对象、内容、时间、教师、方法等具体内容提供依据；为制订培训计划提供明确的方向；同时它又可作为培训结束后效果评估的依据。有了培训目标、员工学习才会更加有效，因此确定培训目标是员工培训必不可缺的环节。

培训前的目标不明确，是许多企业无法对培训效果进行评估的主要原因。培训目标应具有确切性、可检验性和均衡性。它主要可分为三大类：（1）知识目标——培训后受训者将知道什么；（2）行为目标——他们将在工作中做什么；（3）结果目标——通过培训组织要获得什么最终结果。

例如，一个妇产科护士进行安全培训项目的目标，可以阐述为：（1）知识目标——使受训者能够精确地描述剖腹产手术正确操作程序；（2）行为目标——观察到的违反手术正确操作程序的情况发生频率应低于每人每年一次；（3）结果目标——妇产科造成产妇损伤的事故应该要减少到 0.1%。

3．培训计划的内容

一个完善的培训计划应该包括以下几个方面：

（1）培训需求和目的。

（2）培训时间和进度。

（3）培训地点和场所。

（4）培训内容和方法。

（5）培训负责机构。

（6）培训评价方法。

（7）培训对象。

（8）培训经费预算。

培训计划必须解决下述问题：

（1）培训什么样的人？

（2）什么样的人负责培训？

（3）怎么样进行培训？

（4）在什么地方进行培训？

（5）培训的内容要求是什么？

（6）如何对培训进行评价？

（三）培训实施

1．培训准备

在培训实施之前应该做好准备，场地、物料、设备、自我都需要进行检测或调整，具体如表6-13所示。

表6-13　培训实施准备

准备类别	准备内容
场地布置	教室温度以及通风状态、桌椅位置摆放、光线等
物料准备	签到表、培训反馈表、学员手册（或资料袋，包含课程表、讲义、纪律要求等）、白板笔等培训教具、培训小礼物、茶点或其他展示样品等
设备检查	电脑调试（电脑接线、网线是否连接好）、视听器材（麦克风、音箱，光碟）、测试投影仪（清晰度、屏幕大小等）、录像器架、相机等
自我准备	熟悉培训内容和流程、形象/着装/面貌/发型、振作精神，消除紧张情绪

2．培训的具体实施

一切准备工作就绪，就应按照培训计划中规定的程序和进度实施培训。实施过程中应特别注意以下问题：

（1）培训的组织工作应做到责任到人，每个环节都有专人负责。

（2）帮助受训人员明确培训目的，端正态度。

（3）严格培训纪律，对受训人员的考勤情况提出明确要求并做详细记录。

（4）及时收集受训人员对培训所做出的反馈（意见、建议和要求等）并记录在案。

（5）培训结束后及时对受训人员进行考核。

（6）必要时，根据考核情况对受训人员进行适度的奖惩。

3．培训的档案管理

培训档案包括培训签到表、培训反馈表、考核试卷、培训档案卡、培训心得、培训座谈记录表、行动改进计划表、跟踪与辅导表等。

培训档案由人力资源部分类统一存放。其中，培训档案卡按照部门分类存放，培训签到表、培训反馈表、考核试卷、培训心得、培训座谈记录表、行动改进计划表、跟踪与辅导表按照培训的类别及时间的先后顺序予以归档。

4．培训的结案报告

培训结束后，应对培训反馈表中提交的反馈意见进行汇总分析，撰写培训结案报告。该报告主要包括：

（1）培训概况：课程、目标、培训类别或形式、讲师、时间、地点、受训对象。

（2）培训出勤情况：应到学员人数、实到学员人数、缺勤原因等。

（3）培训反馈表的发放及回收情况。

（4）培训反馈表的总结报告。

（5）培训纪律情况。

（6）培训组织及服务情况。

（7）异常情况及改进建议。

（8）现场剪影等。

5．培训的成果转化

企业以盈利为目的，很多企业花钱做培训，老板看不到培训效果，就抱怨是人力资源培训负责人组织不到位，培训组织者抱怨说是其他部门不配合，而其他部门抱怨说是培训师不专业所致。研究表明，一般情况下，培训直接带来的效果仅产生 10%~20%，也就是说 80%~90%的培训资源被浪费了。这对任何一个面临激烈竞争和追求高效率的企业来说都是无法容忍的。在降低企业培训成本的同时增强培训的实际效果，促成培训知识的有效转化，就成了企业迫切需要解决的问题。

因此，培训的工作不能仅仅是开展了就可以，还应跟进实施培训的成果转化工作。培训转化是指通过培训及课程资源的利用达到预期目标，使培训的内容转化为员工的操作技能和行动方式，带动员工整体素质的提升，从而带动企业整体业绩的提升以及形成良好的投入产出收益。它强调的是过程与结果并重原则。

（四）培训效果评价

美国威斯康星大学教授柯克帕特里克于 1959 年提出的培训效果评估的四层次模型。它是最有影响力的，也是被全球职业经理人广泛采用的模型，如表 6-14 所示。该模型认为评估必须回答四个方面的问题，从四个层次分别进行评估，即受训者的反应（受训者满意程度）、学习（知识、技能、态度、行为方式方面的收获）、行为（工作中行为的改进）、结果（受训者获得的经营业绩）对企业的影响。

表 6-14　柯克帕特里克的培训评估模型

评估层次	内　　容	可询问的问题	衡量方法
反应层	观察学员的反应	1．学员喜欢该培训课程吗？ 2．课程对自身有用吗？ 3．对培训师及培训设备等有何意见？ 4．课堂反应是否积极主动？	问卷、评估调查表填写、评估访谈
学习层	检查学员的学习结果	1．学员在培训项目中学到了什么？ 2．培训前后、学员知识、技能等方面有多大程度的提高？	评估调查表填写、笔试、绩效考试、案例研究

续表

评估层次	内　容	可询问的问题	衡量方法
行为层	衡量培训前后的工作表现	1．学员在学习基础上有无改变行为？ 2．学员在工作中是否用到培训所学的知识、技能？	上级、同事、客户、下属进行绩效考核、测试、观察和绩效记录
结果层	衡量公司经营业绩变化	1．行为改变对企业的影响是否积极？ 2．企业是否因培训而经营的更好？	考察事故率、生产率、流动率、士气

二、培训的组织和管理

为了做好员工的组织和管理工作，管理者必须系统规划、落实责任、制定政策、创造条件、改进方法。

（一）系统规划

做好规划是取得良好培训效果的前提。培训计划必须从企业的战略高度出发，满足组织和员工两方面要求，考虑企业资源条件以及员工素质基础，考虑人才培养的超前性及培训结果的不确定性，确定员工培训的目标，选择培训的内容和方式。

（二）落实责任

员工培训必须有组织保证，为此必须明确员工的培训责任。员工培训，各级主管应该负主要责任。企业领导要对本企业员工培训负主要责任；各部门领导要对本部门员工培训负主要责任。企业人事主管以及员工培训职能机构，应当好各级主管的参谋，为主管提出的培训目标，制订科学的培训方案，实施主管批准的培训计划，不断研究改进培训方案。

（三）制定政策

为调动培训对象的积极性，要制订一套激励政策。它以培训与使用相结合、培训与未来收入相结合、培训与奖励相结合为基础。

（四）创造条件

人员投入是创造条件的首要任务。员工培训要选拔教员。教员包括专职培训师，也包括带徒弟的师傅。教员必须严格把关，确保“名师出高徒”和“严师出高徒”。

（五）改进方法

方法是必要的，好的方法带来好的结果。培训时应该注意解决培训内容的实用性，克服培训过程中应用所学知识的心理障碍。

沙场点兵

DELL 公司“太太”式培训

DELL 公司培训销售人员采取的是“太太”式培训。所谓“太太”式培训，就是把销售经理比喻为销售新人的“太太”。销售经理像太太一样不断地在新人耳边唠叨、鼓励，才能让新人形成长期的良好销售习惯，从而让销售培训最终发挥作用。培训是由培训经理跟销售经理一起完成的。销售新人不仅向直线经理汇报。还要向培训经理汇报。培训经理承担技能培训和跟踪、考核职能，每周给销售新人排名，用 E-mail 把排名情况通知他们；销售经理承担教练和管理职能。通过新人的最终执行，达到提高业绩的目的。先是为期三周的集中培训，由专家讲解销售的过程和技巧，邀请有经验的销售人员来分享经验。然后每周末召开例会，销售经理与培训经理都参加，检查新人上周工作进度，讨论分享工作心得，分析新的销售机会，制订下周的销售计划。销售经理与培训经理、新人们一起讨论新人的成长、下一步的走向。最终，“太太”在工作中能够自觉指导新人运用销售技巧，及时鼓励新人，有效管理新人。

“太太”式培训的效果非常惊人，用数字可以说明：DELL 销售代表每季度平均销售额达 80 万美元。而没有“太太”式培训的时候，新人第一季度平均销售额为 20 万美元，经过这样的培训，新人在第一季度的平均业绩达到 56 万美元，远远高于以前销售新人 20 万美元的销售额。

资料来源：http://tuozhan.yjbys.com/ruzhi/205406.html.

本章小结

1．培训是企业向员工传授其完成本职工作、提高工作能力所必须掌握的各种知识和技能（如与工作相关的知识、技能、价值观念、行为规范等）的过程。从广义上来说，是创造智力资本的途径。企业要想在激烈的竞争中脱颖而出，就必须重视并努力开展员工的培训工作。

2．培训与教育、开发、训练有明显的不同，因此企业要注意区别，发挥培训的作用。为了做好培训要掌握直接传授型培训法、实践参与型培训法、态度型培训法、科技时代的培训方法，并根据企业的实际情况进行内部培训。

3．在企业培训开发员工的过程中，培训人员可以利用学习曲线和学习原则，有针对性地设计培训方案，选择合适的培训方式，综合运用学习方法，将员工培训开发效果提升到较为理想的境界。

4．企业要按照培训需求分析、培训计划、培训实施、培训评价的流程展开培训。

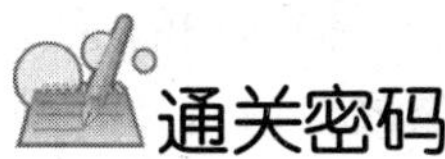

通关密码

对于康师傅来说，康师傅强调结果导向，以绩效作为考核量度，十分注重学习型组织的构建。由于强调结果，使得员工自觉地进行充电学习。同时，康师傅注重对本土化领导的培养与开发。它的优点是执行力强，学习氛围浓厚，但是缺点是过于严苛，凝聚力不够。

对于统一而言，统一强调和谐的氛围，构建随和的环境，迫使员工学习的压力就小了很多。统一强调文化传承，在培训中注重将企业文化注入到员工的头脑之中，培养和开发符合公司价值观的人才。它的优点是向心力强，员工价值观相同，环境比较宽松，缺点是容易让员工产生懈怠心理。

复习与思考

一、名词解释

1．培训
2．教育
3．开发
4．训练
5．培训需求分析
6．培训计划
7．培训实施
8．培训评价

二、简答

1．什么是培训？
2．企业为什么要做培训？
3．如何区分培训与教育、开发、训练的区别？
4．培训有哪些分类？
5．企业培训有哪些方法？
6．企业如何选择内部培训方法？
7．企业一般的培训管理流程是怎样的？

三、讨论题

1．培训需求分析表明，管理者的工作效率不高的原因在于：他们不愿意向他们的下属授权。假设你现在必须在探险性学习和交互式视频两种培训方法中进行选择，请问：两种培训方法的优缺点是什么，你会选择哪一种培训方法，为什么？

2．为什么企业应当重视员工培训，企业可以从中获得什么样的收益，同时存在何种风险？

四、案例评析

六级人才 五大法则——美国通用电气的培训体系

500强公司中排名前列的美国通用电气公司之所以强大，很重要的原因在于人才培训，尤其是在培训管理人员上的一贯投入。美国通用电气公司每年花在培训方面的费用超过6亿美元，约为研究与开发费用的一半。美国通用电气公司的培训体系可概括为："六级人才、五大法则"。

人才六级培训系统

韦尔奇先生说过："美国通用电气是由人才经营的。我的最大成就就在于发现一大批这样的人才。他们远比大多数公司的总裁优秀、精明。这些第一流领导人才在美国通用电气公司中如鱼得水。"

美国通用电气管理发展学院是公司最重要的"领导者培训基地"。公司每年向学院拨款10亿美元，每年在此接受培训的人数超过一万人，包括新任经理和高级管理人员。其培训课程大致可以分成两类：一类是以尚未走上管理岗位但具有领导潜能者为对象的初级课程；另一类则是以经理以上现任企业管理人员为对象的高级课程。前者分为两个等级，后者分为四个等级。

第一级：在这个类似于金字塔形的人才培训系统中，最基本的是"领导基础"课程，参加学习的主要是在美国通用电气公司工作了6个月至3年、有培养前途的20多岁的年轻职员。为了培养代表本公司文化的管理人员，美国通用电气公司在培训上面下足了工夫。"领导基础"课程每年要举办16次，约有八百多人参加，在一星期内打好进一步深造的基础。具体内容有：答辩技巧、与不同国籍学员组成小组顺利开展教学活动的方法、财务分析方法等。美国通用电气公司要求所有的管理人员都具备本公司的价值观，尽可能最大限度地保持员工的统一性，增强其作为公司一员的归属意识。

第二级：是以未来经理为培养对象的"新经理成长"课程。参加这个课程的人都是具有较大的潜在能力、在公司内达到"A"级的30岁左右的职员。在这里主要学习经营决策的方法、成长案例分析、评价下属的方法、财务知识等。曾经接受过培训的一位公司CEO说："公司不是为了培养普通的管理人才，而是要培养实战性的人才，他能够预料今后可能

出现的问题并制订出决策和战略。”

第三级：则是进入了美国通用电气公司首席执行官韦尔奇亲自参与执教的现任经理培训队伍。韦尔奇每月亲自担任讲师一次，直接对管理人员讲课。作为公司领导人如此潜心管理人才培训，这在全世界都是罕见的。这个课程每年举办7次，由六七十人组成一个班，进修期为三个星期。在这里学习的都是美国通用电气公司工作8~10年、持有本公司股份购股权资格的职员。参加者有30%是来自美国以外的员工。学习内容包括：经营战略的制订方法、如何管理国际型集团、为解决美国通用电气公司目前面临的问题提供思路等。

第四级：是以来自世界各地的美国通用电气公司下属企业负责人为对象的名为“全球性经营管理”的课程。每年举办3次，每届3个星期，一个班级40人，学员要求至少在美国通用电气公司有 8 年的工龄。生产、销售、市场和保障部门差不多以相等的比例派员进修。美国通用电气公司在全世界拥有30余万名员工，每个人平时都随身携带一张卡，名为“美国通用电气价值观”卡。卡中对管理人员的警戒是：（1）痛恨官僚主义；（2）开明；（3）讲究速度；（4）自信；（5）高瞻远瞩；（6）精力充沛；（7）果断的设定目标；（8）视变化为机遇；（9）适应全球化。这些价值观都是美国通用电气公司进行培训的主题，也是决定公司职员能否晋升的最重要的评价标准。

第五级：是美国通用电气公司在领导者培训中最重视的“在实践中学习”课程，此课程的学习对企业发展战略的影响是相当大的。这种学习差不多就是共同探究美国通用电气公司面临的问题及解决方法的智囊团活动。学员们同奋战在海外的智囊顾问一样发挥自己的聪明才智。具体的学习课程有：企业领导方法、美国通用电气所处的竞争环境、组织变革、企业伦理学、财务分析以及战略运作方式等。最后一个课程内容是在以首席执行官韦尔奇为首的美国通用电气公司30位最高领导的面前汇报成果、回答提问。

第六级：是以高级企业负责人为对象的“经营者发展”课程。一年举办一次，一个班级40人，历时3周。学员都是美国通用电气公司有10年以上工龄的高级经营管理者。这项培训的不同之处在于其活动的独立性，由美国通用电气公司所属集团CEO提供赞助资金，将自己行业发展的某个设想提交给这个班级进行研讨，提出实施方案，就像出钱请管理顾问公司帮助解决实际问题一样。当然，除此以外还要学习一个跨国企业领导者必须掌握的有关政治、经济、社会的发展趋势的知识以及参加美国通用电气公司面临的各种经营课题的探讨等。

培训管理人员的五大法则

美国通用电气公司的人才培训机构不仅为自己培养了一批卓越的经营管理人才，也为美国企业界输送了不少能力过人的企业家。它究竟有什么秘诀呢？作为美国通用电气公司董事长兼总经理的韦尔奇先生认为，公司决策层应该是由被物色出的第一流领导组成。

第一流的领导应具备如下条件。

（1）他应该有远见，而且能够把这个远见生动而有力的传达给团队，使之成为团队的共同远见。

（2）他应该有巨大的潜力，不但如此，他还能激发别人的潜力，并把别人的最大长处挖掘出来（通常是在全球范围内）。

（3）他应该有“棱角”，即有提出强硬要求的本事和勇气，在提出强硬要求时必须态度坚决，但也必须公正和绝对廉明。

（4）他应是教练，他不但自己是“世界之最”，而且还能设法派出全部由第一流人员组成的团队去上场参加竞赛。

美国通用电气经营开发研究所的宗旨是为公司培育领导人才和管理人才。每年大约有六千多名来自美国通用电气公司在世界各地下属企业的负责人或经营管理人员来这里进修，经理级以上的课程大多数由美国通用电气公司的领导授课。首席执行官韦尔奇平均每星期要来这里讲一课。他担任这里四门课程的教授，每次都以教师的身份为学生进行 3 个小时以上的授课，一年约有 1 000 名学生亲自聆听他的课程。当然，这种授课并不是像我们在一般大学里经常看到的那种单向的教师向学生的“灌输”，而是一种双向互动的交流。韦尔奇先生说：“我十分希望那是一种敢于反驳上司的出自内心的对话”。学生，也就是那些来自基层的干部们，都会直言不讳地向他们的最高领导陈述自己的见解，一旦出现对公司实际经营有益的建议就会得到采纳。

自从 1981 年就任 CEO 以来，韦尔奇直接面授过的学员已达到 1.7 万人，每年听他讲课的学员近 1 000 人。总结起来，美国通用电气公司在用人方面有下面五大法则。

1. 忘掉资历，忘掉经验

在美国通用电气公司，只要一个被看作有管理者潜能的人，不管他的资历和经验如何，都会得到各种锻炼的机会。48 岁的藤森就是受惠于美国通用电气公司良好的培训机制，一步一步升到美国通用电气总部总裁的。藤森在工作 10 年以后才进入美国通用电气公司。仅仅半年之后，藤森就在韦尔奇面前提出要开发南美医疗器械市场的建议，获得韦尔奇的赏识。“当时我十分紧张，幸亏事先在美国同事面前已操练过几十次，才顺利地过关。”从此，这个名叫藤森的日本人就给韦尔奇留下了深刻的印象。

没多久，藤森便被任命为美国通用电气亚洲医疗器械系统公司的市场开发部经理。10 个月以后又被提升为美国通用电气横河医疗器械公司的市场开发部部长，那年藤森只有 36 岁。1990 年，藤森又被任命为负责统管美国通用电气公司的全球 CT 事业部总经理，1997 年晋升为美国通用电气公司总部的副总裁。

2. 培养下属是义务

在一般的企业里，经常可以看到晋升欲望强烈的上司掠夺下属的功绩，占为己有，总是千方百计地排挤可能成为自己竞争对手的人物，特别是在强调实力的企业，员工之间的这种竞争十分激烈，上司根本不会把培养下属当一回事。为避免这种现象发生，美国通用电气公司把“将下属看作未来的领导来培养”作为提拔管理人员的一个条件来看待。

当然，在具体实施中，有着严谨的检验措施，这就是不仅上司可以评价下属、下属也可以评价自己上司的“360 度评价”机制。如果某一级管理人员不热心对下一代领导者的培养，就会立刻被他的下属打上“失去领导者资格”的烙印。“360 度评价”可以称得上是美国通用电气公司的一大特色。尽管评价是按工作成绩和公司价值观两项标准进行的，不过，公司更注重的是员工所具有的价值观。韦尔奇反复明确表示：“即使工作成绩出色，但如果不具备公司的价值观，那么，这样的人公司是不会要的。”

3. 掌握普遍“真理”

美国通用电气公司还致力于培养未来的领导者在任何事业部门都用得上的“具有普遍意义的经营本领”。因为美国通用电气公司有涉及 11 个行业的多个事业部。在美国通用电气管理发展学院进修的、来自美国通用电气不同行业的学员们会组成一个个小组，大家一起探讨各自在经营上所遇到的难题。这些小组虽然都是由美国通用电气公司的成员组成，但是其作用就像来自公司以外的专家顾问团。小组的成员回到各自的岗位以后，会就诸如“六个西格玛”（6∑）等问题在全公司开展活动，不断交换看法。哪个事业部门有了好的经验，就立即拿来参考。新近走上美国通用电气公司资金服务部常务董事职位的和田桌，过去曾长期在医疗器械行业任职。1991 年进入美国通用电气日本公司担任开发部部长，翌年调任美国通用电气横河医疗器械系统公司任销售总部副部长兼总经理，1998 年 1 月才调往美国通用电气资金服务部负责通信销售工作。

从医疗器械的销售一下子转到金融机构工作，和田桌并无突兀局促之感。因为他在美国通用电气横河医疗器械公司短短 6 年半的工作时间内，已换过 8 种工作。困难总是争先恐后地向他挑战，他都成功地征服了。所以现在到了新的环境，他仍然有成功跨越的信心。

4. “能者”就必须“多劳”

在美国通用电气公司有这么一条方针：越是优秀的人才，越要让他到新兴的行业或者经营不景气的行业中去从事棘手的工作。因为如果连优秀的人才都不能改变困难企业的局面，那企业的竞争力就无从谈起。在他们完成了“脱困”任务以后，公司又会再派给他们其他困难的任务。“最难的是要将困难事业引向成功的道路，走上正轨以后就谁都干得好了”，河田肯定地说。

藤森同河田一样，1992 年调任美国通用电气医疗器械系统公司负责全球的 CT 事业部工作以来，5 年时间里总共换过 4 次工作。看看美国通用电气公司的其他许多领导者的经历，也是频繁地变换岗位。有能力的领导者反而不断派给艰巨的任务，以锻炼他们的经营能力，这是美国通用电气公司培养优秀领导者的又一个法宝。

5. 屡败屡战，必有所成

当然向困难挑战多了，失败也就不可避免。此时给予“从头再来”的机会，是美国通用电气公司培育人才的又一法则。只要抓住机会，不管怎么样都可以振作精神，重新再来。

石川泰彦是韦尔奇早年工作过的美国通用电气塑料太平洋公司的市场经理，在这之前，他在美国通用电气日本公司负责向日本市场推广电冰箱。为了将在日本毫无知名度的美国通用电气电冰箱推介给日本消费者，石川也是费尽了心机，但结果并不理想。就在这时，一个机会来到了石川面前，那就是美国通用电气塑料太平洋公司汽车零部件市场经理一职正虚位以待。“接任这个与自己过去干的行业完全不同的工作是一个很大的挑战，但我不顾一切地上马干了，倒也干出了成绩。”石川回想当时的情景说。在向日本汽车“三强”推销美国通用电气产品的工作中，石川的才能得到了淋漓尽致的发挥。1995 年，石川调回日本任日本美国通用电气塑料公司营业总监，1997 年起，他作为“六个西格玛”活动的领头人活跃于公司上下。

资料来源：(美) 韦尔奇. 赢[M]. 北京：中信出版社，2013：24-25.

【思考题】

1. 请结合案例说明，通用公司是如何进行员工培训发展的?
2. 你如何理解石川泰彦的成功?

绩效管理

学习目标

★★★★★

- 绩效管理的目的和意义。
- 企业对员工实施绩效管理的过程。
- 有效的绩效管理系统所需要达到的标准。
- 绩效考评的方法及其运用。
- 绩效考评实施与执行过程。

★★★★

- 不同绩效信息来源的优点与缺点。
- 360 度绩效考评方法。

★★★

- 行为与绩效的关系。
- 影响员工绩效的因素。

开篇案例

海尔的 OEC 绩效管理模式

誉为“海尔管理之剑”的 OEC 管理就是一种富有特色的绩效考核管理。它由三个部分组成，分别是目标系统、日清系统和有效激励机制，即“日事日毕，日清日高”。它把企业核心目标量化到人，把绩效责任落实到每一个员工，并将考核的周期缩短到天。OEC 管理法由三个系统构成：目标系统、日清控制系统和有效激励机制系统。它是海尔生存的基础，是海尔对外扩张、推行统一管理的基本模式，也是海尔走向世界的资本。

海尔的目标标准体系：

- 根据企业发展方向，市场竞争需求确定合理的目标。
- 进行目标管理：将企业的大目标分解到各部门，再分解到每个员工的身上。
- 目标特征：指标具体、可以度量，将量化值编成小册子。目标分解到人：责任人、主管人、配合人、审核人等。如冰箱有156道工序，545项责任都落实到人，并规定第一道工序不出废品。
- 做到管理不漏项，事事有人管，人人都管事，并将责任人、检查人明确显示出来。
- 做到企业内所有人都十分清楚自己每天该干什么，按什么标准干，如何达到优秀标准。

海尔的日清控制体系

- 日事日毕：当天发生的问题，当天解决。
- 日清日高：要求职工坚持每天提高1%，70天工作水平可提高一倍。
- 日清方法：自清，职能管理部门现场复审，自检、互检、专检。
- 复审中发现的问题：随时纠偏，连续发现不出问题，必须提高目标值。

海尔的有效激励体系

- 激励原则：公平、公正、公开。
- 每天公布每人的收入，工资公开，使员工感到相对公平。
- 制订合理的计算依据，对每个岗位量化考核，使劳动与报酬直接挂钩，报酬与质量直接挂钩。

海尔有一套完善的绩效考核制度，业绩突出者进行三工“上”转，试用员工转为合格员工，合格员工转为优秀员工；不符合条件的进行三工“下”转，甚至退到劳务市场，内部待岗。退到劳务市场的人员无论原先是何种工种，均下转为试用员工。试用员工必须在单位内部劳务市场培训 3 个月方可重新上岗。同时，每月由各部门提报符合转换条件员工到人力资源管理部门，填写《三工转换建议表》，然后由人力资源管理部门审核和最后公布。

对于刚毕业的大学生，其典型的转换历程往往是这样安排的：首先到生产一线、市场一线等部门锻炼，为期一年，在这一年当中，员工都是试用员工。试用期一年满后，由人力中心公布事业部所需人数及条件，本人根据实际情况选择岗位。如果经考核合格，则可以正式定岗，同时转为合格员工。在合格员工的基础上，历时 3 个月，如果为企业做出很大贡献，被评为标兵、获希望奖等，可以由部门填写《三工转换建议表》，并交到人力资源管理部门审核。审核合格后，发给当事人转换回音单，通知已转为优秀员工，并在当月兑换待遇。

在海尔集团内部，三工的比例保持在 4∶5∶1，整个转换过程全部实行公开招聘、公平竞争、择优聘用。通过“三工转换”，员工的工作表现被及时加以肯定，解决了员工在短时期内得不到升迁，积极性受到影响的问题。

检验处有位老员工，一次由于工作疏忽，将一台应换侧板的冰箱盖上了周转章，转到了下道工序，没有严把质量关，造成损失达 2 000 元以上，因此被按规定由合格员工转换成试用员工。这对他的震动很大，他拿出“三工”转换制度小本，一遍遍地到有关部门咨询可以上转的标准。

在那之后的 4 个月中，他针对本岗位的薄弱环节，提出合理化建议十几条，有 2/3 被相关部门采纳，并在一次生产中及时发现并处理了上一班员工生产的 7 个废箱体，避免了一次重大质量事故的发生，因此又按规定转换为合格员工。

这位老师傅接到通知书后，激动地说，自己的努力没白费，心里的一块大石头总算放下了，工作干劲也更大了。后来，他又以更大的贡献成为了优秀员工。

在市场竞争如此激烈的今天，开发新产品的确是企业生死存亡的大事，市场开发首先要做的就是产品开发。张瑞敏认识到：应该让企业中搞技术开发的人先出效率。然而，工作效率，总是企业老总们最头痛的事情。效率从何而来？海尔进行了“负债工作法”的探索，分两步走。

开始的时候，从研究所所长开始，全部采用了项目承包制，取消月薪，开发人员的收入只能与产品的销售挂钩，而平时的生活费只算提前支取。也就是说，开发人员只能根据所开发的产品的市场效益拿钱。这办法操作起来是很细的。首先是设计时间目标：是不是按时完成，有没有拖期。其次设计质量目标：一是在开发和生产过程中没有不良反馈，并符合标准化和通用化；另一个则是市场上对产品质量的反馈。产品上市以后产生了效益，按一定比例，给从事开发的技术人员提取报酬。

这个办法用了一段时间之后，张瑞敏感到：由于没有设计销售额的目标，对于技术人员来说，投产后卖多少算多少，收入只是多一点和少一点之别，工作压力并不是太大，还得给他们加压。

改革又往前进了一步，海尔对技术人员包括项目开发人员和项目组织人员，采取了“负债开发”——企业提供一定资源，员工就要创造出相应的价值，要按时开发出产品，开发出的产品还要有质量保证和销售额的保证。例如，一个项目的负债额是 10 万元，项目成功后，按目标应该达到年产 5 万台的产量，达到这个目标后按规定应得到 3 万元。批量投产后，如果一年超过了 5 万台，就等于完成了负债额，然后在 3 万元的基础上递增。产量达到 10 万台时，开发人员就可以得到 6 万元的收入。假如没有达到 5 万台的产量，就要按比例倒扣，差 2 万台，就只能收入 1 万元了，而此人的负债额还有 4 万元（总负债额的 3/5），这个人以后就必须通过开发其他项目把这次的负债额补上。

这样，产品开发人员就被完全推上了市场。他们的收入只能由市场说了算。所以他们在开发产品时一定要想着市场的需要，他们时刻关心着市场的销售，市场上反馈了什么技术问题，马上要去帮助处理，而不像原来只是坐在办公室里写写画画。

张瑞敏的这招很灵，自从开发人员都“负上债”以后，新产品开发速度大大加快，开发周期平均比以前缩短了 30 天左右，而且新产品上市一个成功一个。从 1998 年，海尔的负氧离子健康空调先于日本一年面市，直接带动了整个空调市场向绿色环保产品转型，海尔的绿色产品不断升级。这结果正是开发人员们“负债开发”带来的。

资料来源：郑晓明. 人力资源管理导论[M]. 北京：机械工业出版社，2012.

【思考题】

海尔的绩效管理有什么特点？

第一节　绩效管理概述

日常生活中，我们经常谈起绩效、绩效工资、绩效评比等概念，但是绩效这个词却仍然显得比较抽象。实际上，绩效指的是完成某种任务或者达到某个目标的行为结果。通常是有功能性的或者是有效能的。可以说，绩效是多维建构的，测量因素不同，其结果也会不同。在 20 世纪 80 年代后期和 90 年代早期，绩效管理即被视为一种系统。现如今，绩效管理已经成为了一种重要的管理职能，它不仅有利于员工的能力开发与职业发展，也是企业实现公司战略目标的重要手段和途径，是传统的员工绩效考核的升华。

一、绩效

（一）绩效的概念

绩效，从管理学的角度看，是组织期望的结果，是组织为实现其目标而展现在不同层面上的有效输出。从字面意思分析，绩效是绩与效的组合。绩就是业绩，体现企业的利润目标，又包括两部分：目标管理和职责要求。企业要有企业的目标，个人要有个人的目标要求，目标管理能保证企业向着希望的方向前进。实现目标或者超额完成目标可以给予奖励，例如奖金、提成、效益工资等；职责要求就是对员工日常工作的要求，例如业务员除了完成销售目标外，还要做新客户开发、市场分析报告等工作，对这些职责工作也有要求，这个要求的体现形式就是工资。而效就是效率、效果、态度、品行、行为、方法、方式。效是一种行为，体现的是企业的管理成熟度。效又包括纪律和品行两方面，纪律包括企业的规章制度、规范等。纪律严明的员工可以得到荣誉和肯定，例如表彰、发奖状、奖杯等；品行指个人的行为，“小用看业绩，大用看品行”，只有业绩突出且品行优秀的人员才能够得到晋升和重用。

绩效包括个人绩效和组织绩效两个方面，具体又分为组织、团体和个体三个层次。组织绩效的实现应在个人绩效实现的基础上，但是个人绩效的实现并不一定保证组织是有绩效的。如果组织的绩效按一定的逻辑关系被层层分解到每一个工作岗位以及每一个人的时候，只有每一个人达成了组织的要求，组织的绩效才能实现。

（二）绩效的作用

绩效在现代管理实务中发挥着至关重要的作用，具体如下。

1．达成目标

绩效考核本质上是一种过程管理，而不是仅仅对结果的考核。它是将中长期的目标分解成年度、季度、月度指标，不断督促员工实现、完成的过程，有效的绩效考核能帮助企业达成目标。

2．挖掘问题

绩效考核是一个不断制订计划、执行、改正的 PDCA 循环过程，整个绩效管理环节，包括绩效目标设定、绩效要求达成、绩效实施修正、绩效面谈、绩效改进、再制订目标的循环，这也是一个不断的发现问题、改进问题的过程。

3．分配利益

与利益不挂钩的考核是没有意义的，员工的工资一般都分为两个部分：固定工资和绩效工资。绩效工资的分配与员工的绩效考核得分息息相关，所以一提到考核，员工的第一反应往往是绩效工资的发放。

4．促进成长

绩效考核的最终目的并不是单纯地进行利益分配，而是促进企业与员工的共同成长。通过考核发现问题、改进问题，找到差距进行提升，最后达到双赢。

（三）绩效的考评标准

由于工作不止一个标准或维度，因而绩效考评标准也不同。例如，中国男子篮球职业联赛中，在某些球队，一个球员得分可能比篮板、抢断、防守站位占更大的比重，但是在另一些球队，篮板、抢断、防守站位可能比得分要重要。因此，离开所在的组织环境来评价员工的绩效是没有意义的。不过，绩效考评标准从不同的角度可以有不同的分类，通常的分类方法有如下几种。

1．按评价的手段分，可把评价标准分为定量标准和定性标准

（1）定量标准，就是用数量作为标度的标准，如工作能力和工作成果一般用分数作为标度。

（2）定性标准，就是用评语或字符作为标度的标准，如对员工性格的描述。

2．按评价的尺度分，可将评价标准分为类别标准、等级标准、等距标准、比值标准和隶属度标准

（1）类别标准，是用类别尺度作为标度的标准，它实质上同定性标准中的数字符号为标度的标准相同。

（2）等级标准，是用等级尺度作为标度的标准。

（3）等距标准，是用等距尺度作为标度的标准。与等级标准不同的是，用等距标准测得的分数可以相加，而等级标准测得的分数不能相加。

（4）比值标准，是用比值作为标度的标准。这类标准所指的对象通常是工作的数量与质量、出勤率等。

（5）隶属度标准，是用模糊数学中隶属系数作为标度的标准。这类标准基本上适用于所有评价内容，能回答经典标度无法解决的问题，因而被广泛使用。

3．按标准的形态分类，可分为静态标准与动态标准

（1）静态标准，主要包括分段式标准、评语式标准、量表式标准、对比式标准和隶属度标准等五种形式。

① 分段式标准，是将每个要素（评价因子）分为若干个等级，然后将指派给各个要素的分数赋予权重，划分为相应的等级，再将每个等级的分值分成若干个小档（幅度）。

② 评语式标准，是运用文字描述每个要素的不同等级。这是运用最广泛的一种。

③ 量表式标准，是利用刻度量表的形式，直观地划分等级，在评价了每个要素之后，就可以在量表上形成一条曲线。

④ 对比式标准，就是将各个要素的最好的一端与最差的一端作为两级，中间分为若干个等级。

⑤ 隶属度标准，就是以隶属函数为标度的标准，它一般通过相当于某一等级的“多大程度”来评定。

（2）动态标准，主要有行为特征标准、目标管理标准、情景评价标准和工作模拟标准。

① 行为特征标准，就是通过观察分析，选择一例关键行为作为评价的标准。

② 目标管理标准，是以目标管理为基础的评价标准，目标管理是一种以绩效为目标、以开发能力为重点的评价方法，目标管理评价准则是把它们具体化和规范化。

③ 情景评价标准，是对领导人员进行评价的标准。它是从领导者、被领导者和环境的相互关系出发来设计问卷调查表，由下级对上级进行评价，然后按一定的标准转化为分数。

④ 工作模拟标准，是通过操作表演、文字处理和角色扮演等工作模拟，将测试行为同标准行为进行比较，从中作出评定。

4．按标准的属性分类，分为绝对标准、相对标准和和客观标准

（1）绝对标准，就是建立员工工作的行为特质标准，然后将达到该项标准列入评估范围内，而不在于员工相互间作比较。绝对标准的评估重点，在于以固定标准衡量员工，而不是与其他员工的表现作比较。

（2）相对标准，就是将员工间的绩效表现相互比较，也就是以相互比较的方式来评定个人工作的好坏，将被评估者按某种向度作顺序排名，或将被评估者归入先前决定的等级内，再加以排名。

（3）客观标准，就是评估者在判断员工所具有的特质以及其执行工作的绩效时，对每项特质或绩效表现，在评定量表上每一点的相对基准上予以定位，以帮助评估者作评价。

二、绩效管理系统

（一）绩效管理

绩效管理是管理者确保员工的工作活动以及工作产出能够与组织目标保持一致的过程。绩效管理是以目标为导向的，管理者与员工在目标与任务要求以及努力方向达成共识的基础上，形成利益与责任的共同体，共同促进组织与个人创造高业绩，成功实现目标的过程。绩效管理不仅仅是一种考核人才的手段，也是一种管理方式，即把员工的绩效提升到管理层面。通过对员工工作绩效良莠的评价，保持对员工有效反馈，激发员工工作热情和创新精神，并通过绩效信息的分析，帮助员工提出改进措施，制订有效的培训计划，将员工职业生涯规划与企业的发展紧密结合起来，提高员工个人工作绩效，进而推动企业达到既定的战略目标，实现企业持续、稳定的发展。

（二）战略绩效管理

在现实中我们经常会发现一种奇怪的现象，部门绩效突出，但企业战略目标却未能实现。这一现象发生的根本原因在于战略与绩效管理相脱节，即战略的制订和实施并未有效融入绩效管理中，没有形成一体化的战略性绩效管理体系。

传统绩效管理以会计准则为基础、以财务指标为核心，以利润为导向，立足于对企业当前状态的评价，既不能体现非财务指标和无形资产对企业的贡献，也无法评价企业未来发展潜力，不能完全符合企业战略发展的要求，而且在管理和控制中并未充分体现企业的长期利益，无法在企业经营整体上实现战略性改进。随着信息时代的到来，企业核心价值以及竞争优势不再体现在有形资产上。企业价值基础来源由有形资源向无形资源的改变，来自于对人力资本、企业文化、信息技术、内部运作过程质量和顾客关系等无形资产的开发和管理，而这一切都决定于员工素质水平。员工素质是企业战略能否实现的决定性因素之一，这就要求绩效管理体系既要体现战略性，又要体现出员工素质导向性，强调员工能力、潜力识别及发展培训。企业管理者要站在战略管理的高度，基于企业长期生存和持续稳定发展的考虑，对企业发展目标及达到目标的途径进行总体谋划。

战略管理是对企业战略的形成与实施过程的管理，包括企业内外部环境分析、战略制订、战略实施、测评与监控四个环节。绩效管理是测评与监控环节最重要的构成要素，因此，绩效管理是具有战略性的管理制度体系。作为人力资源管理重要组成部分的绩效管理应该成为企业战略的传递系统，通过科学、合理的绩效考评，把企业战略思想、目标、核心价值观层层传递给员工，使之变成员工的自觉行为，并不断提高员工素质，使员工行为有助于企业目标的实现。

所谓的战略绩效管理，理论界与咨询界比较一致的观点是：构建基于企业战略为导向的绩效管理系统。它是一项系统工程，在实施战略绩效管理实践过程中，企业需要投入大量的资源。

（三）绩效管理系统

20 世纪初，杜邦公司和通用汽车公司开发的投资回报模型（ROI）被应用于多部门公司的整合管理。到了 20 世纪中叶，多部门公司又把预算作为管理体系的核心。而到了 20 世纪 90 年代后，随着公司财务体系的不断壮大，绩效管理开始把与股东价值相关的财务测量方法包括进来，从而产生了基于价值和经济附加值（EVA）的管理模式。绩效管理系统的发展是一个历史演进的过程，在这一过程中绩效管理从最初侧重于结果管理逐步过渡到侧重于行为过程的管理，并最终将两者有机地结合起来，并与公司的长期发展战略融为一体。

当前，中国企业既要迎接世界经济的全球化，又要适应我国经济的转型期。面对诸多的机遇和挑战，许多企业都在探索改善企业整体绩效、提高企业竞争力的有效方法。如何建立科学有效的绩效管理系统，成为人们普遍关注的热点问题。

可以说，脱离绩效管理系统的考核之所以难以发挥其应有的功能，甚至被考核双方私下里说成是“浪费时间”“走形式”“做样子”，主要原因就在于缺少员工的参与，缺少考核双方的持续动态的沟通。绩效管理的实质则在于通过持续动态的沟通达到真正提高绩效、实现部门或企业目标，同时促使员工发展。绩效管理是一个完整的系统，该系统包括如下几部分（见图 7-1）。

图 7-1　绩效管理系统

1．绩效计划

绩效计划即主管经理与员工合作，就员工下一年应该履行的工作职责、各项任务的重

要性等级和授权水平、绩效的衡量、经理提供的帮助、可能遇到的障碍及解决的方法等一系列问题进行探讨并达成共识的过程，是整个绩效管理体系中最重要的环节。许多人有这样的误解：绩效管理体系中最重要的环节在于绩效考核。实则不然——制订绩效计划才是最重要的。绩效计划的作用在于帮助员工找准路线，认清目标，具有前瞻性，而孤立的绩效考核则是在绩效完成后进行评价和总结，具有回顾性。

2．动态、持续的绩效沟通

绩效沟通即经理与员工双方在计划实施的全年随时保持联系，全程追踪计划进展情况，及时排除遇到的障碍，必要时修订计划。这是绩效管理体系的灵魂与核心。

3．绩效评价

纳入绩效管理体系的考核应在融洽和谐的气氛中进行。原因有二：一是在充分参与绩效计划和绩效沟通的基础上，员工们能亲身感受和体验到绩效管理不是和他们作对，而是为了齐心协力提高绩效，他们因此会少些戒备，多些坦率；二是考核不会出乎意料，因为在平时动态、持续的沟通中，员工们已经就自己的业绩情况和经理基本达成共识，此次绩效考核只是对平时讨论的一个复核和总结。此时，经理已从“考核者”转变为“帮助者”和“伙伴”。考核面谈的目的是鼓励员工自我评价，运用数据、事实来证明。经理同样也可用数据、事实来证明自己的观点。如果绩效计划和绩效沟通认真执行，则考核时产生严重分歧的可能性很小。需注意的是，若采用等级评定考核法，则应对各等级的含义定义出操作性的解释后再开始评价，否则只能制造矛盾、浪费时间。另外，不必在数字上过分斤斤计较，因为真正有助于提高绩效的不是绩效考核，而是绩效管理过程中沟通的质量和水平！

4．绩效诊断与辅导

一旦发现绩效低下，最重要的就是找出原因。绩效不佳的因素可以分成两类：一类是个体因素，如能力与努力不够等；一类是组织或系统因素，如工作流程不合理、官僚主义严重等。绩效诊断应当先找出组织或系统因素，再考虑个体因素。员工是查找原因的重要渠道，但要努力创造一个以解决问题为中心的接纳环境，必须确保员工不会因为吐露实情而遭惩罚。一旦查出原因，经理和员工就需要齐心协力排除障碍，此时，经理充当了导师、帮助者的角色，称之为辅导。

5．再计划

完成了上述过程之后，绩效管理的一轮工作就算结束了。应进入再计划阶段，确定下一步任务。

（四）战略管理系统

当绩效管理系统结合企业战略，将迸发出无穷的力量。战略绩效管理系统不但包括战略指标的设计，而且还包括这些指标是如何运行的。绩效实施系统能得到落实执行是战略落地的重要保证。

战略绩效管理运作内容主要包括五个环节，分别是：

1．明确公司战略

通过绘制战略地图、业务流程优化、部门职责与岗位职责的梳理，分别提炼公司级、部门级与岗位级的考核指标。

2．明确绩效指标

按照公司级、部门级与岗位级考核指标的考核周期，分别与指标承担者签订绩效合约，明确哪些指标是年度考核，哪些指标是半年度、季度、月度考核。

3．兑现绩效合约

在绩效合约周期内，员工通过自己的专业能力，完成考核表，兑现周期内的绩效合约。

4．明确考核方法

组织通过什么样的考核办法来区分员工绩效，考核的方法有很多，如强制分步法、正态分布法、层差法、两两对比法、关键事件法等。

5．确定绩效回报

绩效回报主要是对员工进行货币性奖励和非货币性奖励。

这五个环节是一个不断循环的过程，这个不断循环的过程就是企业业绩不断螺旋上升的过程，如图 7-2 所示。

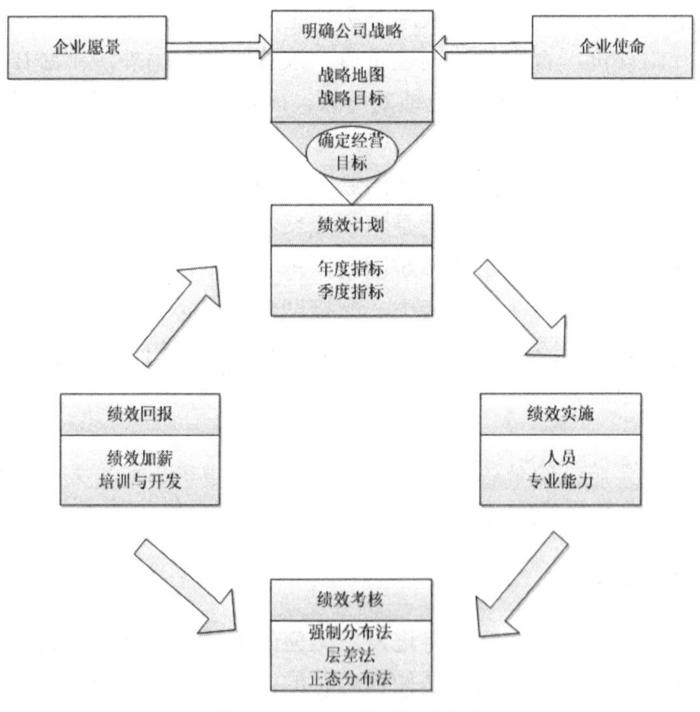

图 7-2　战略绩效管理系统

三、绩效管理的目的

绩效管理的目的是什么？大家或许会认为这个问题非常简单，不值得思考和回答，也可能认为回答这样一个问题无足轻重、浪费时间。但我们不得不承认的事实是，企业绩效管理中的很多问题恐怕都与不能正确回答这个问题有关。

正如德鲁克在管理学的奠基之作《管理的实践》一书的开始提出的三个经典问题一样——我们的事业是什么？我们的事业将是什么？我们的事业究竟应该是什么？弄清楚管理的目的决定着管理的方向性和有效性。因此，讨论绩效管理的目的绝非无足轻重，而是绩效管理的逻辑起点。从目前研究和企业实践来看，一般来说，绩效管理的目的包括如下几个方面。

（一）核心目的是通过提高员工的绩效水平来提高组织或者团队的绩效

在绩效管理的过程中，我们达到了许多目的，如员工参与管理；员工通过参与设定自己的工作目标而具有自我实现的感觉；组织目标的统一；通过自上而下的分解目标，避免团队与员工目标偏离组织目标；一年中多次的评估与奖惩，实现组织对目标的监控实施，保证工作目标按时完成。以上这一切都是为了提高组织或团队的效率，保证实施组织目标。因此，绩效管理在企业的人力资源管理这个有机系统中占据着核心的地位，发挥着重要的作用。

（二）绩效管理对于组织战略的成功具有重要意义

绩效管理对于组织的持续发展具有重要意义，这一点早已取得共识，而将绩效管理与企业战略相联系，则是近年来绩效管理的显著特点。企业战略是对公司未来结果的期望，这种期望的实现要依靠组织的所有成员，按一定的职责和绩效要求，通过持续努力和不断发挥创造性来实现。因此，绩效管理的系统已成为战略管理控制系统中不可缺少的管理工具和手段。一个企业要想获得成功，不仅仅要保证过程绩效的可靠性，而且要为组织战略上的成功，设计一个旨在提高企业核心竞争力的绩效管理系统。绩效管理将企业的战略目标分解到各个业务单元，并且分解到每个岗位，岗位职责最终由员工来实现。因此，对每个员工的绩效进行管理、改进和提高，从而提高企业整体的绩效，使得企业的生产力和价值也随之提高，企业的竞争优势也就由此而获得。绩效管理是实现组织战略目标、培养核心竞争力的重要手段。

（三）绩效管理提供了一个规范而简洁的沟通平台

绩效管理改变了以往纯粹的自上而下发布命令和检查成果的做法，要求管理者与被管理者双方定期就其工作行为与结果进行沟通、评判、反馈、辅导。管理者要对被管理者的职业能力进行培训、开发，对其职业发展进行辅导与激励，这样绩效管理客观上为管理者与被管理者之间提供了一个十分实用的沟通平台。

（四）绩效管理为企业的人力资源管理与开发等提供了必要的依据

通过绩效管理，实施绩效考核，为企业员工的管理决策，如辞退、晋升、转岗、降职等提供了必要的依据，同时也解决了员工的培训、薪酬、职业规划等问题，使其行之有据。这也是绩效管理成为人力资源管理各个环节中核心的原因之一。

（五）绩效管理具有法律意义

在一个劳动法律健全的国家，招聘、录用、考核、辞退甚至企业内部的奖金分配、晋升都受到国家或社会公平就业组织的监督。在劳动纠纷中，如果不能拿出足够的证据来说明人事决策的理由，企业往往会遭到法庭或者社会公平就业组织的制裁。而这种证据一般都来自于绩效管理，例如要为辞退员工提供员工不能胜任岗位的证据，这种证据自然是员工的绩效记录。为此，绩效管理程序必须有明确的成文制度，在绩效管理的每一个环节都必须填写表格以及双方签字认可。

由于我国劳动力市场发育还不成熟，劳动立法相对滞后，长期以来，企业人力资源管理中存在很多不规范的地方。而随着我国劳动立法的发展，绩效管理在企业劳动纠纷中的作用必然越来越重要。我国《劳动合同法》的通过和实施必然大大推动我国企业人力资源管理行为的规范化和法制化。

四、绩效管理的作用

（一）绩效管理促进组织和个人绩效的提升

绩效管理通过制订科学合理的组织目标、部门目标和个人目标，为企业员工指明了努力方向。管理者通过绩效辅导沟通及时发现下属工作中存在的问题，给下属提供必要的工作指导和资源支持。下属通过工作态度以及工作方法的改进，保证绩效目标的实现。在绩效考核评价环节，对个人和部门的阶段工作进行客观公正的评价，明确个人和部门对组织的贡献，通过多种方式激励高绩效部门和员工继续努力提升绩效，督促低绩效的部门和员工找出差距并改善绩效。在绩效反馈面谈过程中，通过考核者与被考核者面对面的交流沟通，考核者帮助被考核者分析工作中的长处和不足，鼓励其扬长避短，促进个人能力得到发展。对绩效水平较差的组织和个人，考核者应帮助被考核者制订详细的绩效改善计划和实施举措。在绩效反馈阶段，考核者应和被考核者就下一阶段工作提出新的绩效目标，并

指导被考核者完成承诺的目标。在企业正常运营情况下，部门或个人新的目标应超出前一阶段目标，激励组织和个人进一步提升绩效。经过这样的绩效管理循环，组织和个人的绩效就会得到全面提升。

另一方面，绩效管理通过对员工进行甄选与区分，保证优秀人才脱颖而出，同时淘汰不适合的人员。通过绩效管理能使内部人才得到成长，同时也能吸引外部优秀人才，使人力资源能满足组织发展的需要，促进组织绩效和个人绩效的提升。

（二）绩效管理促进管理流程和业务流程优化

企业管理涉及对人和事的管理，对人的管理主要是激励约束问题，对事的管理就是流程问题。所谓流程，就是一件事情或者一个业务如何运作，涉及因何而做、由谁来做、如何去做、做完了传递给谁等几个方面的问题，上述四个环节的不同安排都会对产出结果有很大的影响，从而极大地影响着组织的工作效率。

在绩效管理过程中，各级管理者都应从公司整体利益以及工作效率出发，尽量提高业务处理的效率。这要求在上述四个方面不断进行调整优化，使组织运行效率逐渐提高，同时，逐步优化公司管理流程和业务流程。

（三）绩效管理保证组织战略目标的实现

企业一般有比较清晰的发展思路和战略，有远期发展目标及发展规划。根据外部经营环境的预期变化以及企业内部条件制订出年度经营计划及投资计划，在此基础上制订企业年度经营目标。企业管理者将公司的年度经营目标向各个部门分解就成为部门的年度业绩目标，各个部门再向每个岗位分解核心指标，这就是每个岗位的关键业绩指标形成的过程。

五、有效绩效管理系统的标准

（一）敏感性

敏感性指的是工作绩效评价系统具有区分工作效率高的员工和工作效率低的员工的能力，否则会挫伤主管人员和员工积极性。

（二）可靠性

可靠性指的是评价者判定评价的一致性，不同的评价者对同一个员工所做的评价应该基本相同。当然，评价者有足够的机会观察工作者的工作情况和工作条件。

（三）准确性

准确性指的是把工作标准和组织目标联系起来，把工作要素和评价内容联系起来，以明确一项工作成败的界限。它要求对工作分析、工作标准和工作绩效评价系统进行周期性的调整和修改。

（四）可接受性

绩效管理要得到管理人员和员工的支持才能推行。许多精心设计的绩效考核系统具有很高的信度和效度，但是却耗费了管理者太多的时间，他们无法接受。因此，绩效管理需要得到广泛支持才能推行。

（五）实用性

组织使用绩效管理的收益必须要大于其成本。无论绩效管理系统如何先进，只要收益小于成本的话，此系统就是失败的。组织的目标是盈利，只有盈利组织才能继续生存。

前三项称为技术项目，后两项称为社会项目。一般来说，只要满足前三项，就可以认为它是有效的。

沙场点兵

美能达的绩效考评秘诀

美能达对职能部门考核的总体方向是自上而下的目标分解，即使是定性的指标，也要求尽可能实现量化。“再好的量化指标若不能有效地贯彻实施都毫无意义。”这是日本美能达公司东莞石龙工厂人力资源部任捷的经验总结。

在美能达公司，对职能部门的绩效考核统称为“方针目标管理”，上至董事长，下至人力资源部的普通职员，都会有一个非常详细的“方针目标”计划、目标值、实施状况及总结。在某一年度初，该公司董事长的方针目标是“对应业务机能的扩大，充实组织”。作为公司主要职能部门之一的管理部，在这个基础上制订了自己的部门方针目标：工程、采购等后勤业务的进一步规范化、效率化；促进和充实新人事制度的效果。然后又在这个目标的基础上，管理部开始制订详细的目标值，分配到各个相关员工。

“美能达对职能部门考核的总体方向是自上而下的目标分解，即使是定性的指标，也要求尽可能实现量化。”这些指标落实到员工个人后，对每个员工的目标，后勤部门要求均以数据来表示，如库存削减，必须达到在某月份之前削减百分之多少的目标；完善人才培训体系也要具体到在哪个月份之前做哪些具体工作，预计将会达成什么样的效果等。

“每个考核周期，员工都需要将自己的目标与实际业绩以图表的形式显示出来，并详细解释自己为了完成这个目标采取了哪些措施、达成了什么样的效果，同时还要总结原因。” 在美能达公司，每个月总经理都要开“方针目标管理会议”，各部门经理需要提交报告，汇总自己的目标完成情况，定期发表这些情况，讲解自己本月做了什么工作，达到了

什么样的效果。每半年还要做一次汇总、开一次发表会，年终时则汇总年初制订的方针目标的达成情况。

资料来源：根据华为、美能达的绩效考评秘诀百度文库案例改编。

第二节　绩效管理的过程

绩效管理是一个循环性的管理活动过程，包括界定企业经营目标、设定员工工作绩效标准、持续监督绩效的进展、执行绩效评估与面谈、绩效评估资讯的使用，如图 7-3 所示。此信息的运用又反过来影响工作内容与目标界定。

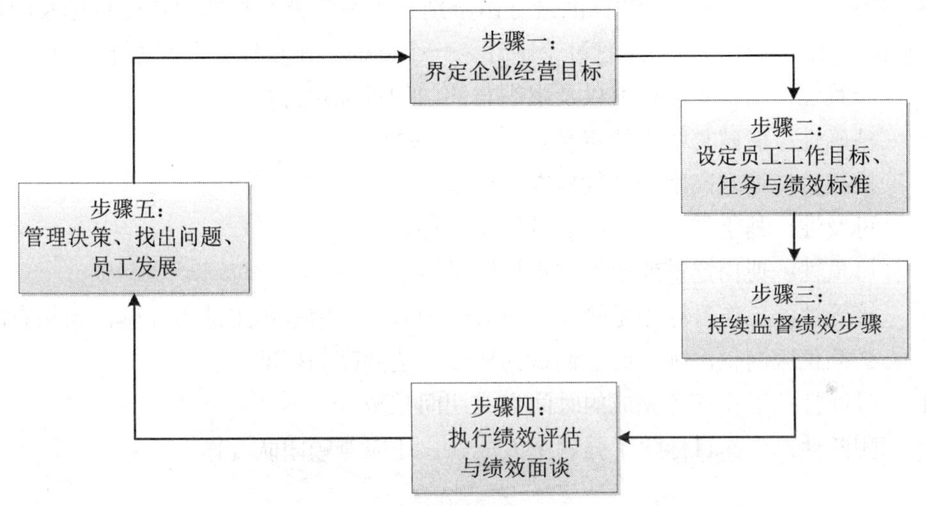

图 7-3　绩效管理过程

一、界定企业经营目标

绩效管理过程首先确定每一位员工的工作活动要跟企业的经营目标与竞争策略有效地结合。员工虽然很努力地工作，但如果该项任务并非是组织竞争优势的关键所在，如此将会是徒劳无功的。所以，企业通常在年度开始之前制订经营目标，总体目标制订后再逐级而下制订部门及个人目标。部门主管应参酌公司与部门年度经营目标，跟员工商讨拟定工作任务与目标。组织及部门层次的目标通常包括三个要素。

1．量化的目标

例如营业收入成长增加率、市场占有率及减少待料率百分点等。

2．完成某一专案的期限

例如开发甲产品、导入电脑整合制造系统、引进新的预算控制程序及执行绩效管理等的完成期限。

3．定性的目标与期望

例如强调质量、客户服务、团队、创新、绩效导向、员工动机及承诺与发展等。

二、设定员工工作目标、任务与绩效标准

企业及部门的目标制订后，主管应与同仁共同制订工作目标与绩效标准。以往的工作任务大多是由主管交付，由于缺少参与，以致员工缺乏主动积极性，且对工作任务也缺少使命感。因此，绩效任务与绩效标准最好由个别员工参酌公司与部门年度目标及职位工作说明书后拟定工作目标，再与主管讨论制订。一个好的工作目标应具有如下特性。

- 一致性：跟组织的价值以及组织与部门的目标相符合。
- 精确性：清楚且明确的定义。
- 挑战性：追求高度的绩效标准与进步。
- 可及性：基于员工目前能力及资源条件。
- 可量性：使用定量或定性的指标衡量。
- 接受性：工作目标为主管与部属共同同意。以增进员工的责任感，当然有时主管必须说服同仁，制订比他们认为所可能达到高的标准。
- 时间性：工作任务完成的时间点或期间长短。
- 团队性：工作目标除了强调个人成就，还应兼顾团队合作。

三、持续监督绩效进度

工作任务与绩效标准于年初制订后，年底的绩效评估与面谈这段期间，如果任其一片空白，将丧失绩效管理的意义。绩效管理是一项不断持续进行的活动。因此，主管应不定期督导员工的绩效进度并予以反馈，采用正式或非正式的反馈方式均可。有些企业会增设期中面谈的过程步骤，其目的在于与部属共同讨论下半年的工作，拟定强化的措施或克服困难的方案。当然如果原先设定的目标由于内外部环境的变化而变得不切实际时，也可于此时做适当的调整。除了期中面谈这一正式的回馈之外，主管们应不定期地对员工的工作表现予以回馈，表现好的给予适当激励，绩效进度落后或行为不符要求者则应予适当纠正，不宜采取年终时再总结的方式，如此对绩效的改善及绩效目标的完成均无助益。

四、执行绩效评估与绩效面谈

绩效年度结束前，企业通常会执行员工的绩效评估以及绩效面谈，绩效评估的内容应依据年初锁定的工作目标、绩效标准与行为要求为准。绩效评估必须考虑评估的方法、评估资讯的来源、评估等级与评级分配以及评估的公正性。至于绩效面谈则是主管与部属共同讨论年度的绩效表现、绩效改善或发展计划。有些甚至包括员工未来生涯发展计划。

五、绩效评估资讯的使用

对绩效评估所获的资讯，企业应善加利用以下三个方面。

（一）管理决策

包括员工的调薪、奖金、红利、升迁、调动、资遣、解雇以及人员遴选的标准等。

（二）找出并解决问题

绩效管理过程应该去界定员工及组织两方面的问题，如果问题是属于员工个人的，则主管应与员工共同拟定绩效改善计划。但极有可能问题是出在组织层面而非个人，例如有可能是遴选过程不当、部门之间的配合不佳、工作流程设计不当、生产设备老化。甚至是领导无方或工作任务交付不明确等。如果这样，则应采取组织发展方法予以改善。

（三）员工发展

面对快速变迁的环境，绩效管理必须要有前瞻导向，不仅要协助员工在目前工作上有卓越表现，也应包括其未来的工作表现，故应界定员工及组织系统未来发展需求，协助员工发展。

沙场点兵

前 GE 总裁杰克·韦尔奇——活力曲线

活力曲线，亦称末位淘汰法则、10%淘汰率法则，指通过竞争淘汰来发挥人的极限能力，由 GE 公司前 CEO 杰克·韦尔奇提出，其实质就是“末位淘汰”。韦尔奇所推崇的“活力曲线”，被认为是给 GE 带来无限活力的法宝之一。

什么是末位淘汰法则？

以业绩为横轴（由左向右递减），以组织内达到这种业绩的员工的数量为纵轴（由下向上递增）。利用这张正态分布图，你将很容易区分出业绩排在前面的 20%的员工（A 类）、中间的70%的员工（B类）和业绩排在后面的10%的员工（C类）。

A类是激情满怀、勇于负责、思想开阔、富有远见的一批员工，他们不仅自身充满活力，而且有能力带动自己周围的人提高企业的生产效率。是否拥有这种激情，是A类员工与B类员工的最大区别。通用电气公司投入大量精力提高B类员工的水平。部门经理的主要工作之一就是帮助B类员工成为A类员工，而不仅仅是任劳任怨地实现自己的能量和价值，这就是绩效管理的魅力。C类员工是不能胜任自己工作的人，他们更多的是遭受打击，而不是激励，是他们使目标落空，而不是使目标实现。作为管理者，不能在C类员工身上浪费时间。

避免走入形式化的误区

竞争、淘汰是必需的，但淘汰周期应主要依据企业人力资源的水平而定。"活力曲线"的目标是优化人力资源的结构，推动员工业绩与素质的提升。当目标已经达到的时候，"活力曲线"的应用就会停止。无止境推行，就是一种形式主义。当"活力曲线"变成为淘汰的工具，那它将不再产生任何的积极意义，只会让员工感到在企业里毫无归属感可言。

另外，还有一种做法就是当企业的人力资源素质水平低于市场平均水平时，淘汰周期较短，根据实际情况，可以月、季度、半年或一年为一个周期，因为这时寻找较目前员工更优秀的任职者的空间相对较大；当企业的人力资源素质水平高于市场平均水平时，淘汰周期应适当延长，可以两年或更长的时间为一个淘汰周期，因为此时再从市场上寻找更优秀的人才，其选择空间则较小，"替换"难度明显增大。

资料来源：中国人力资源开发网，www.chinahrd.net.

第三节　绩效考评方法

绩效考评可以有多种方法，本节将挑选比较常用的方法为大家进行讲解。总体来说，这些方法可以被划分为两大类。第一大类包括对员工进行个体评估的方法。换句话说，主管对每个员工的评估没有与其他员工进行比较，另外绩效标准的定义没有参考其他员工状况。第二大类取决于多人评估。多人评估要求主管直接地和有目的性地将一个员工的绩效与其他员工进行比较。这样，绩效标准是相对的：基于和其他员工绩效的比较，一个员工的绩效被定义为好或坏。

一、个体评估方法

（一）平衡计分卡

科莱斯平衡计分卡，源自哈佛大学教授罗伯特与诺朗顿研究院的执行长大卫于1990年

所从事的“未来组织绩效衡量方法”的绩效评价体系。当时该计划的目的，在于找出超越传统以财务量度为主的绩效评价模式，以使组织的“策略”能够转变为“行动”。经过将近20 年的发展，平衡计分卡已经发展为集团战略管理的工具，在集团战略规划与执行管理方面发挥非常重要的作用。根据解释，平衡计分卡主要是通过图、卡、表来实现战略的规划，其经历三代发展。

1．平衡计分卡的内涵

平衡计分卡中的目标和评估指标来源于组织战略，它把组织的使命和战略转化为有形的目标和衡量指标。平衡计分卡的设计包括四个方面：财务角度、顾客角度、内部经营流程、学习和成长。这几个角度分别代表企业三个主要的利益相关者：股东、顾客、员工，每个角度的重要性取决于角度的本身和指标的选择是否与公司战略相一致。其中每一个方面，都有其核心内容。

（1）财务层面。财务业绩指标可以显示企业的战略及其实施和执行是否对改善企业盈利做出贡献。财务目标通常与获利能力有关，其衡量指标有营业收入、资本报酬率、经济增加值等，也可能与销售额的迅速提高或创造现金流量有关。

（2）客户层面。在平衡计分卡的客户层面，管理者确立了其业务单位将竞争的客户和市场，以及业务单位在这些目标客户和市场中的衡量指标。客户层面指标通常包括客户满意度、客户保持率、客户获得率、客户盈利率，以及在目标市场中所占的份额。它使业务单位的管理者能够阐明客户和市场战略，从而创造出色的财务回报。

（3）内部经营流程层面。在这一层面上，管理者要确认组织擅长的关键的内部流程，这些流程帮助业务单位提供价值主张，以吸引和留住目标细分市场的客户，并满足股东对卓越财务回报的期望。

（4）学习与成长层面。它确立了企业要创造长期的成长和改善就必须建立的基础框架，确立了未来成功的关键因素。平衡计分卡的前三个层面一般会揭示企业的实际能力与实现突破性业绩所必需的能力之间的差距，为了弥补这个差距，企业必须投资于员工技术的再造、组织程序和日常工作的梳理，这些都是平衡计分卡学习与成长层面追求的目标。举例来说，如员工满意度、员工保持率、员工培训和技能等，以及这些指标的驱动因素。

最好的平衡计分卡不仅仅是重要指标或重要成功因素的集合。一份结构严谨的平衡计分卡应当包含一系列相互联系的目标和指标，这些指标不仅前后一致，而且互相强化。例如，投资回报率是平衡计分卡的财务指标，这一指标的驱动因素可能是客户的重复采购和销售量的增加，而这二者是客户的满意度带来的结果。因此，客户满意度被纳入计分卡的客户层面。通过对客户偏好的分析显示，客户比较重视按时交货率这个指标，因此，按时交付程度的提高会带来更高的客户满意度，进而引起财务业绩的提高。于是，客户满意度和按时交货率都被纳入平衡计分卡的客户层面。而较佳的按时交货率又是通过缩短经营周期并提高内部过程质量来实现的，因此这两个因素就成为平衡计分卡的内部经营流程指标。进而，企业改善内部流程质量并缩短周期的目标实现又需要培训员工并提高他们的技术，员工技术成为学习与成长层面的目标。这就是一个完整的因果关系链，贯穿平衡计分卡的四个层面。

平衡计分卡通过因果关系提供了战略转化为可操作内容的一个框架。根据因果关系，对企业的战略目标进行划分，可以分解为实现企业战略目标的几个子目标，这些子目标是各个部门的目标，同样各中级目标或评价指标可以根据因果关系继续细分直至最终形成可以指导个人行动的绩效指标和目标。

2．平衡计分卡的实施原则

一个结构严谨的平衡计分卡，应包含一连串连接的目标和量度，这些量度和目标不仅前后连贯，还要互相强化。就如同飞行仿真器，包含一套复杂的变量和因果关系，其中有领先、落后和回馈循环，并能描绘出战略的运行轨道和飞行计划。

建立一个战略为评估标准的平衡计分卡须遵守三个原则。

（1）因果关系。

（2）成果量度与绩效驱动因素。

（3）与财务连接。

此三个原则将平衡计分卡与企业战略连接，其因果关系链代表的流程和决策，将会对未来的核心成果造成正面的影响。这些量度的目的是向组织表示新的工作流程规范，并确立战略优先任务、战略成果及绩效驱动因素的逻辑过程，以进行企业流程的改造。

3．平衡计分卡的特点

平衡计分卡方法因为突破了财务作为唯一指标的衡量工具，做到了多个方面的平衡。平衡计分卡与传统评价体系比较，具有如下特点。

（1）平衡计分卡为企业战略管理提供强有力的支持。随着全球经济一体化进程的不断发展，市场竞争的不断加剧，战略管理对企业持续发展而言更为重要。平衡计分卡的评价内容、相关指标和企业战略目标紧密相连。企业战略的实施可以通过对平衡计分卡的全面管理来完成。

（2）平衡计分卡可以提高企业整体管理效率。平衡计分卡所涉及的四项内容，都是企业未来发展成功的关键要素，通过平衡计分卡所提供的管理报告，将看似不相关的要素有机地结合在一起，可以大大节约企业管理者的时间，提高企业管理的整体效率，为企业未来成功发展奠定坚实的基础。

（3）注重团队合作，防止企业管理机能失调。平衡计分卡通过对企业各要素的组合，让管理者能同时考虑企业各职能部门在企业整体中的不同作用与功能，使他们认识到某一领域的工作改进可能是以其他领域的退步为代价换来的，促使企业管理部门考虑决策时要从企业出发，慎重选择可行方案。

（4）平衡计分卡可增强企业的激励作用，扩大员工的参与意识。平衡计分卡强调目标管理，鼓励下属创造性地（而非被动）完成目标，这一管理系统强调的是激励动力。一方

面，因为在具体管理问题上，企业高层管理者并不一定会比中下层管理人员更了解情况，所做出的决策也不一定比下属更明智。所以由企业高层管理人员规定下属的行为方式是不恰当的。另一方面，企业业绩评价体系大多是由财务专业人士设计并监督实施的，但是，由于专业领域的差别，财务专业人士并不清楚企业经营管理、技术创新等方面的关键性问题，因而无法对企业整体经营的业绩进行科学合理的计量与评价。

（5）平衡计分卡可以使企业信息负担降到最少。在当今信息时代，企业很少会因为信息过少而苦恼。随着全员管理的引进，当企业员工或顾问向企业提出建议时，新的信息指标总是不断增加。这样会导致企业高层决策者处理信息的负担大大加重。而平衡计分卡可以使企业管理者仅仅关注少数而又非常关键的相关指标，在保证满足企业管理需要的同时，尽量减少信息负担成本。

4．平衡计分卡实施步骤

在构造公司的平衡记分卡时，高层管理人员强调保持各方面平衡的重要性。为了达到该目的，通常情况下会采取以下九个步骤。

（1）简洁明了地确立公司使命、愿景与战略。

（2）成立实施团队，解释公司的使命、远景与战略。

（3）在企业内部各层次展开宣传、教育、沟通。

（4）建立财务、顾客、内部运作、学习与成长四类具体的指标体系及评价标准。

（5）数据处理。根据指标体系收集原始数据，通过专家打分确定各个指标的权重，并对数据进行综合处理、分析。

（6）将指标分解到企业、部门和个人，并将指标与目标进行比较，从而发现数据变动的因果关系。以部门层面的平衡计分卡作为范例，各部门把自己的战略转化为自己的平衡计分卡。在此过程中要注意结合各部门自身的特点，在各自的平衡计分卡中应有自己的独特的、不同于其他部门的目标与指标。

（7）预测并制订每年、每季、每月的绩效衡量指标具体数字，并与公司的计划和预算相结合。

（8）将每年的报酬奖励制度与经营绩效平衡表相结合。

（9）实施平衡计分卡，进行月度、季度、年度监测和反馈实施的情况。

（二）图评价尺度法

如今在企业中使用的个体评估方法不胜枚举，但最古老、也可能最常用的一种就是图评价尺度法。在这种技术使用中，考核者被提供给一系列如表 7-1 所示的特性，并且被要求对员工就每种所列特性进行评分。参与评分的特性数目从几个到数十个不等。等级标准可能是一系列逻辑单元（如表中所示），也可能是一个连续等级标准（0~9 或类似）。在后一种情形下，考核者对从无到最大的描述性单词做记号。典型地，这些等级就是后来被赋予的分值。例如，在表 7-1 中，杰出的可能被赋予 4 分，不令人满意的可能被赋予 0 分。然后计算总分。在某些计划中，更大权重可能被赋予那些被认为更为重要的特性。考核者经常被要求用一句或两句话解释每个等级标准。

表 7-1 一种典型的图评价尺度

姓名：		部门：		日期：	
	杰出的	良好的	令人满意的	中等的	不令人满意的
工作数量 在正常情形下的可接受工作的数目	□	□	□	□	□
结论：					
工作质量 彻底性、整洁性和工作的精确性	□	□	□	□	□
结论：					
工作知识 对事实和工序相关因素的清晰理解	□	□	□	□	□
结论：					
个人素质 个性、表现、社交能力、领导力、诚实	□	□	□	□	□
结论：					
合作 有和同事、上级和下级就一般目标一起工作的能力和意愿	□	□	□	□	□
结论：					
可靠性 关于出勤、午餐时段、消遣等事项，是尽责、彻底、精确和可靠的	□	□	□	□	□
结论：					
创新性 渴望寻找不断增加的责任、自我驱动，害怕一成不变	□	□	□	□	□
结论：					

为了使等级更加有效，可以设计两种修订方案。一种是混合标准尺度法。作为对特性进行诸如主动的之类主观评估的替代，评价者被提供三个叙述性语句来描述那种特性。例

如，她是一个真正的自我发起者。她总是争取主动，并且她的主管从来没有激励她去做（最好的描述）。尽管通常情况下她表现出主动性，但偶尔她的主管不得不激励她完成她的工作（中等的描述）。她倾向于闲坐和等待指令（最差的描述）。

在每种描述之后，考核者打出得分（所选描述与员工表现相当），以及加号（员工表现比所选描述更好）或减号（员工表现比所选描述更差）。提供的最终 7 分尺度比图评价尺度更好。

第二种修订方案是加入操作阐述和标准阐述来描述绩效的不同水平。例如，如果员工在工作知识方面被评估时，表格就给出了这样一个明显例子："在职责行为中，员工做了些什么来显示工作知识的深度、流动性或宽度？要从工作数量和工作质量两方面来进行考虑。" 设计绩效描述通过给出符合特定评分的人员示例指导考核者，如表 7-2 所示。

表 7-2　绩效标准：摘录自图评价尺度法

远在标准分数之下			
在技术专业知识方面具有严重差距 仅仅了解工作最基本阶段 缺少影响生产率的知识 需要进行非常规数目的核查	不情愿做出关于他自己或她自己的决策 决策通常是不可靠的 拒绝承担决策责任	不能做出前进计划 没有组织性并且通常做事不准备 没有按时达成目标	浪费或者不正确地使用资源 没有建立考虑物质材料的体系 由于错误管理导致他人的工作耽搁

（三）评述评估法

在员工评估的评述技术中，评估者可能被要求描述员工行为的强势和弱势方面。在一些组织中，评述技术是唯一被使用的评估技术；在其他一些组织中，评述是和图评价尺度法等其他方法混合使用的。在这种情况下，评述汇总了尺度标准，详细阐述了某些等级或者讨论了在尺度标准范围之外的额外维度。在这两种方法中，评述可以是开放性的，但大部分情形下是有关于主题和评述目的等内容。评述法可以被员工的主管、同事或下属等评估者使用。

有人对评述评估的精确性和相关性提出了质疑。它确实提供了灵活性。并且在一个注重消费者满意度的组织中，评估者可以专门从事被评估者在这个领域的成绩。这种灵活性是评述的优势之一，它将讨论究竟组织要想获得什么。同时，对相同的或不同的评估者写出的评述进行比较还是有难度的。写作熟练者比写作不熟练者更能给出员工描述。

（四）关键事件法

简单来说，这种技术要求评估者为每个被评价员工保存代表其有效表现或非有效表现的行为事件日志。这些记录的事件就是关键事件，它对于每个被评估人来说不可能被直接比较。标准事件列表可以由人力资源专员在咨询操作经理之后做出准备，然后当下属每次从事这些行为时，评估工作就变成日常记录之一。

（五）考核列表和权重考核列表法

另一种个体评估方法是考核列表法。在它的最简单形式中，考核列表是一系列目标或描述性阐述。如果评估者认为员工具有被列举的属性，评估者就对这一项做出记号；如果没有，评估者就留空白。考核列表得分等于记号总数。

考核列表法的一个变种是权重考核列表法。主管和熟悉评价工作的人力资源专员准备关于工作有效行为和无效行为的一长列描述性阐述，这个过程和关键事件法过程是类似的。对工作相关行为进行观察的判别者将这些阐述汇总，形成一批从极好到差进行排序的行为描述。当对某一项属性达成合理的一致时（例如，当标准差比较小时），就把它归入到权重考核表中。权重就是考核者在使用考核列表之前的平均给分。

权重考核列表（如表 7-3 所示），就正如对未赋予权重的考核列表的处理一样，主管或其他考核者收到尚未评分的考核列表和对实施列项进行考核。员工评分就是被考核的列项各项得分之和。考核列表和权重考核列表法可以被主管、同事或者下属等评价者来采用。

表 7-3　一个技术领导人员职位的权重考核列表

检讫所有是对（）（姓名）从（）（日期）到（）（日期）的行为和活动进行精确描述的那些项。对应标上“许多”或“几乎没有”记号。

		权　重
（　）	是一个有决策力的决策者	10.0
（　）	看起来重视陈述压力问题	8.7
（　）	关心工作完成的质量	10.0
（　）	对技术人员汇报给他/她的工作进行仔细审核	7.4
（　）	可以得体地完成对技术人员低劣质量工作的纠正	6.5
（　）	可以分派下级技术人员工作	6.3
（　）	与之一起工作很轻松	8.2
（　）	可以清晰地交流改善工作的指导	8.0
（　）	对员工的需要很敏感	7.9
（　）	对那些值得赏识的人给予自由信任	6.1
（　）	和工作团队之外的人也一起工作得很好	6.9

注释：在实际完成的权重列表中是不包括权重的。将被核对的列项得分加总在一起就可以得出总分，分数越高意味着绩效越好。

（六）行为锚等级评价法

史密斯和肯道尔开发了被称为行为锚等级评价法的考核方法。行为锚等级评价法的考核表通常包括 6 至 10 个明确定义的绩效维度，每一个维度具有 5 至 6 个关键事件“锚”。

考核者应该明白所有锚的阐述和在被考核者相应等级的某一点上划“×”。行为锚等级评价法通常包括下列特征。

（1）考核者和被考核者一起明确定义 6 至 10 个绩效维度，用正面或负面关键事件来锚定维度。

（2）然后根据上述维度考核每个被考核者。

（3）使用表中所具列项来反馈考核得分。

构建确切的行为锚等级尺度是非常复杂的，本书无法示例。一般地，开发一种行为锚考核尺度通常需要 2 至 4 天，其最终结果是和给定职位紧密相关，并且没有行话的考核尺度。

（七）行为观察评价法

拉森及其同事开发了绩效评估的一种方案——行为观察评价法。和行为锚等级评价法一样，行为观察评价法使用关键事件技术来定义包含所有工作范围的一系列行为。行为观察评价法和行为锚等级评价法的一个主要区别在于：行为观察评价法中，考核者指出被考核者实际被观察到的从事特定行为的频率等级，而不是在考核期间定义被考核者表现出的行为。

表 7-4 示例了用于评价制造工厂里一线主管绩效的四种行为列项。这张行为观察尺度表定义了 25 种行为列项。最高分是 125 分（25×5），最低分是 25 分。得分在 115 分以上的主管被认为是绩效优秀者，而得分在 25~34 分的被认为是绩效极差者。每个使用行为观察评价法的企业必须确定所有得分对于被考核者的含义和重要性。

表 7-4　行为观察评价法用于评价主管的列项示例

使用下列符号来对每种列举行为进行打分 5 代表 95%~100%的频率 4 代表 85%~94%的频率 3 代表 75%~84%的频率 2 代表 50%~74%的频率 1 代表 0%~49%的频率						
为约翰逊项目成员准备了精确成本报告						
几乎从来没有	1	2	3	4	5	几乎总是这样
在监控项目成员时的实践听起来是保留了余力的						
几乎从来没有	1	2	3	4	5	几乎总是这样
当需要时是可获得技术咨询的						
几乎从来没有	1	2	3	4	5	几乎总是这样
开发了平等和公正的工作规划						
几乎从来没有	1	2	3	4	5	几乎总是这样

行为锚等级评价法和行为观察评价法都是基于行为的考核方法，因此他们被开发出来的目的正是希望能比其他考核尺度形式具有更少的主观评价。如果一定要说行为导向方法比其他形式的方法具有什么优势的话，那就是在开发过程中特别运用的地方。因为主管和下属在尺度开发过程中都被涉及，这样，一般来说这些尺度就能更好地被那些必须完成评估表和绩效被评估的人所接受。行为方法的第二种可能的优点是它帮助管理者增强了与有效工作绩效相关的关键事件的关注。这些事件是允许主管和下属一起讨论好绩效和差绩效的特定类型，并且这也就可能使反馈比主管只是讲述空泛的通则更易接受。

二、多人评估体系

迄今为止，我们描述的绩效评估方法都是被假想为应用于孤立地评估一个员工（没有员工间直接的比较）的情况之下。接下来，我们将讨论三种比较单个员工绩效与其他单个或多个员工绩效的技术。尽管这三种技术在一些方面各有不同，但它们都具有一种相似的信息：从最差到最好的员工排序列表。

（一）排序法

在它们最简明的表格中，排序法要求主管生成关于某种一致标准的下属次序列表。如果主管被要求给很多下属进行排序，比如说，超过 20 个下属，这种排序就可能非常困难。而且对于主管来说，对最好的和最差的员工进行可靠排序远比对普通员工进行排序来得容易。正是由于这种困难，一种变种排序方法便成了排序法的替代品。在这种方法中，评估者首先挑选出最好员工，然后接着挑选出最差员工。然后选出第二好员工，接着选出第二差员工。这个过程一直持续下去直至所有人都被排序。

（二）配对比较法

这种方法被设计用来使排序过程相对主管来说更容易，并且可能更可靠，特别当有许多人需要被排序时。配对比较法提供给主管每张仅包括两位下属名字的一系列卡片，而不是要求主管一次对每个人都进行排序（理论上这意味着她/他必须同时考虑每个人的优缺点），然后主管被要求选出这两人中更高绩效者。这样，主管只要考虑这两个个体的绩效即可。为了使这种技术更加精确，每种可能的下属配对必须告知主管。用这种方法，她/他必须对每人都进行逐次单个排序。通过计算指定员工在所有逐对比较中被选为更高绩效者的次数来得出最终排序结果。表 7-5 显示了一个四人小工作群体的逐对比较结果。正像所显示的一样，韩德君是最高排名员工，而唐正东是最低排名者。

表 7-5　营销研究部门员工的配对比较

将被排序的员工：唐正东、韩德君、贺天举、刘志轩		
主管填写的排序卡片		
（√）贺天举 （　）唐正东	（　）贺天举 （√）韩德君	（　）贺天举 （√）刘志轩
（√）韩德君 （　）唐正东	（√）刘志轩 （　）唐正东	（√）韩德君 （　）刘志轩
最终排名：1．韩德君　2．刘志轩　3．贺天举　4．唐正东		

逐对比较法的主要约束在于必须要做比较数目，特别在较大的工作群体中。对于所有将被描述的配对来说，总共应该有 $n(n-1)/2$ 种配对，这里 n 等于将被排序的人数。这样，仅有 10 名下属的情况下，主管将不得不审览 10(10−1)/2 对或者说 45 对名字。如果下属数目庞大的话，对于主管来说这就可能是一项冗长乏味的任务。

（三）强制配置法

强制配置体系类似于曲线评级。考核者被要求基于被组织决定的事前配置类别来考核员工。例如，教授可能提前决定下一次测验分数前 10%的人将得 A 等，其次的 20%得 B 等，中间的 40%得 C 等，依此类推，直至最后的 10%得 F 等。

这种体系的关键在于事前决定的配置必须被考核者所遵循，不管学生成绩多好（在测验的案例中）或者员工绩效多高。一方面，如果全班学生在我们假定的教授测验中都考得非常好的话，学生中的许多人可能仍然会很失望，因为 10%的人仍然将得 F 等，即使他们答对了很多问题。另一方面，如果班级整体上在这次测验中都考得不好的话，然而 10%的人仍将获得 A 等，只要他们比其他人考得更好。这就说明，学生的等级是根据自己相对其他学生考得如何和教授事前设想的等级配置来决定的。这在组织中就同样是真实的，一名所有下属都很优秀的主管将必须不得不给予某些下属低评价；一名所有下属都很普通的主管将不得不给予某些下属高评价。

（四）目标管理法

在大部分的传统绩效评估体系中，考核者运用上述技术中的一种来判定过往绩效和试图汇报他们的判定结果。因为绩效评估对于员工的考核情况影响巨大，所以考核者被置于困难的、某种程度上敌对的角色之中。

麦克雷戈相信主管应该和下属一起设置目标来取代由于主管给予判定而产生敌对。这将使下属能够表现出自我控制和管理他们的工作绩效。根据麦克雷戈的早期见解，德鲁克和奥迪奥恩将之发展成为目标管理法。

目标管理法不仅仅只是一种评估体系和过程。它被看作是一种管理实践哲学，通过其管理者和下属可以一起进行计划、组织、控制、交流和讨论的方法。通过参与设置目标或者主管安排任务，下属在履行工作过程中被提供给追随进程和努力目标。通常，目标管理程序遵循如下所示的系统化步骤：

（1）主管和下属开会确定下属的关键任务和设置有限数目的目标。

（2）参与者设置现实的、挑战性的、明确的和可以理解的目标。

（3）在征询下属意见之后，主管建立评价目标完成程度的标准。

（4）审核过程的日期被一致通过和加以实施。

（5）主管和下属按要求对原有目标进行一些修改。

（6）主管做出目标完成状况的最终评估，并且召开小组会议和下属一起就结果进行商议和鼓励。

（7）在考虑前一循环和未来预期的基础上，下属和主管商议后设置下一循环的目标。

目标管理型程序已被用于全世界组织之中。在这些程序中各种各样的目标已被设置。表 7-6 就是从实际目标管理评估表中摘录出的目标示例。这些目标的绝大多数以工作或职位的形式来被描述，其中一些是日常性的，一些是创造性的，一些是个人的，例如会计目标。

表 7-6　目标评估法示例

组织中的职位	组 织 类 型	目 标 阐 述
销售代表	中型石油化工企业	在西 AVA 地区接触六个新客户和在下一半年期内至少完成对这些新客户中两个的销售
产品经理	大型食品加工工厂	在下一目标会议之前（距今 9 个月），在增加成本不超过 2%的前提下将花生黄油的市场份额增加至少 3.5%
熟练技师	小型商店	在 8 月 15 日之前降低 8%的法兰废弃
会计	小型 CPA 企业	在夏末之前（9 月 15 日）参与两个审计研讨会来改善和更新审计知识
生产经理	中型流水线工厂	在 1 月 1 日之前将操作员工的缺勤率从 18.9%下降到 10%以下
工程师	大型建筑公司	在政府规定的截止日期（11 月 10 日）之前的 30 天内完成能源设备塔

要想目标管理法和其他的绩效管理程序是有效的，管理者和下属必须积极参与目标制订过程，并且他们也必须就绩效评价的本质（将使用什么措施来评价成功或失败）达成一致。

传统上来说，目标管理法的主要特征之一就是关于下属绩效的讨论都是以结果为中心。实际上这被认为是目标管理法相对别的评估体系最大的优势之一。同时，目标管理法的许多缺陷和问题也已被提出。这些缺陷和问题包括如下：

（1）涉及了太多的文书工作。

（2）设置了太多的目标，因此出现混乱（只有四至六个工作目标会更高效）。

（3）目标管理法被强制应用于一些很难建立目标的工作领域。

（4）在将目标管理结果和奖励相关联起来可能会很困难。人们经常会询问“我们为什么做这件事”这样的问题。

（5）太过着重于短期事项。

（6）在与机械工作相关的目标管理过程中，主管没有得到训练。

（7）原目标从未被调整。

（8）目标管理法被用作胁迫性强硬控制手段而不是激励手段。

如果想依靠目标管理法获得成功的话，这些问题都需要被减小至最小或者被克服。在一些情况下，目标管理是非常有效的；在另外一些情况下，它是花费昂贵和分裂性的。就像对其他可利用的评估技术一样，管理者在选择或者废弃目标管理程序之前需要检测其目的、成本、收益和他们的自我偏好。

综上所述，可能现在你被大量的评估技术弄得无所适从。但应该认识到，不是它们所有都很经常被运用。在特定情景下究竟应该运用哪一种技术呢？关于每种技术的优缺点，有关方面的著作浩如瀚海。实际上，研究显示每种技术都是时而有用，时而无用的。因此，主要问题不在于技术本身而在于它们究竟是被怎样使用和被谁使用。几乎没有评估所需技能和动机的、未受训练的考核者和被考核者会破坏或者牵制评估技术的实施。在开发有效评估体系中，考核者比技术更关键。不同绩效评估技术的优缺点陈述，如表 7-7 所示。

表 7-7 不同绩效评估技术的一些优缺点

个体评估方法	评 述
平衡计分卡	与战略紧密联系，效度和信度很高，容易被员工所接受。但其实施难度大，指标体系建立困难
评价尺度法	易于使用，易于完成，相对成本低廉；过分着重于人而不是绩效
评述法	如果评估者是一名好写手的话，在提供特定反馈方面是表现良好的，问题在于根据被评估的哪些属性进行比较
关键事件法	耗时的，必须被训练将事件进行日志记录，揭示那些可能被轻易反馈的关键行为
行为尺度法	很难开发，耗时的，在提供有助于改善绩效的特定反馈方面是极其不错的
多人评估方法	**评 述**
排序法和配对比较法	很难用于提供反馈，在将员工进行比较方面是表现良好的
目标管理法	着重于重要结果，有时太短期导向了，没有涉及员工之间的比较

沙场点兵

西门子“红绿灯”制度 打造一种绩效文化

西门子全球总裁柯菲德表示，他希望能够在西门子建立成一种绩效的文化，“这是我一直努力的，我相信所有的工作有赖于我们的人——我们的员工，因为有他们，我们西门子才能做得更好。西门子已经有158年的历史，并且是一个非常快速地适应市场变化的公司。首先是创新，这是我们的公司（管理）之本，从公司创立开始我们就十分注重创新，在世界各地都有我们自己的研发中心。”

红绿灯制度也可看作是管理制度上创新的一种。按照这项制度，西门子的最高管理团队基本上会在每个季度财报出来之后对不同的业务集团进行评判。尽管不是唯一的评判标准，但是利润率是其中最为重要的依据。刚刚过去的三季度，对于达到预定目标的集团，自动化驱动与控制集团、医疗集团、发电集团、照明集团（欧司朗）、财务服务等业务集团则被放入绿灯的行列。对于这些集团，他们只要保持目前的增长速度，按部就班地进行业务的开展就可以了。

而对于亮黄灯的集团，则必须采用西门子运用得好的方法进行整改，“在西门子的绿灯集团中，有很多值得借鉴的方法可以拿来为其他集团所用。”作为这些集团的领导者，他们要考虑的是如何运用这些方法使集团的经营状况能够有快速的改善。

对于亮红灯的部门，毫无疑问，这表示情况已经非常紧急，需要采取非常的措施和手段，甚至要考虑战略和结构的调整，这对于每一个集团的最高领导人都是一种考验。

“我们通常是从业务角度而不是业务集团角度来给红灯、绿灯和黄灯，我们有100多个业务范围。在医疗系统集团、自动化与控制集团、照明集团（欧司朗集团）以及发电集团，这些方面我们是做得非常好的。哪些集团我们是给红灯的呢？它们是行业应用集团、通信集团、物流以及系统装配集团。我们正在实施战略调整和战略转向，在付出很大的努力把他们拉到表现出色集团的行列之中。”柯菲德说。

目前，通信集团正在为达到数月之后的目标利润率而努力转型。固网和移动网的融合是一个大趋势，西门子意识到这个大趋势。“在固网这块市场西门子得到了很大的认同，在技术方面西门子有很大的优势，这是对手无法比拟的，最近我们每一个月都有新的客户。西门子也是唯一提供两种第三代UMTS移动技术（WCDMA和TD—SCDMA）的设备提供商，而在IP电视领域，西门子和微软是全球唯一的两大公司能够提供这样的技术，我们在比利时以及其他国家已经开始使用西门子的这项技术了。”他对于红灯集团向绿灯集团的转移十分自信。

资料来源：http://wenku.baidu.com/view/5e7b955ab4daa58da0114acb.html.

第四节　绩效考核实务

在现代管理实务中，与理论方法比起来，具体工作过程则更被看重。而员工绩效考核的实施与执行恰恰是一种具体工作过程，能够帮助员工完善不足，提升绩效水平。确切地讲，绩效考核指企业在既定的战略目标下，运用特定的标准和指标，对员工的工作行为及取得的工作业绩进行评估，并运用评估的结果对员工将来的工作行为和工作业绩产生正面引导的过程和方法。总之，绩效考核是一项系统工程。绩效考核是绩效管理过程中的一种手段。

一、绩效考核的原则

为了满足员工渴望得到公正的评价要求，应当遵循以下原则：

（一）公平原则

公平是确立和推行人员考绩制度的前提。不公平就不可能发挥考绩应有的作用。

（二）严格原则

考绩不严格，就会流于形式，形同虚设。考绩不严，不仅不能全面地反映工作人员的真实情况，而且还会产生消极的后果。考绩的严格性包括：要有明确的考核标准；要有严肃认真的考核态度；要有严格的考核制度与科学的程序及方法等。

（三）单头考评的原则

对各级职工的考评，都必须由被考评者的“直接上级”进行。直接上级相对来说最了解被考评者的实际工作表现（成绩、能力、适应性），也最有可能反映真实情况。间接上级（即上级的上级）对直接上级作出的考评评语，不应当擅自修改。这并不排除间接上级对考评结果的调整修正作用。单头考评明确了考评责任所在，并且使考评系统与组织指挥系统取得一致，更有利于加强经营组织的指挥机能。

（四）结果公开原则

考绩的结论应对本人公开，这是保证考绩民主的重要手段。这样做，一方面，可以使被考核者了解自己的优点和缺点、长处和短处，从而使考核成绩好的人再接再厉，继续保持先进；使考核成绩不好的人心悦诚服，奋起上进。另一方面，还有助于防止考绩中可能出现的偏见以及种种误差，以保证考核的公平与合理。

（五）结合奖惩原则

依据考绩的结果，应根据工作成绩的大小、好坏，有赏有罚，有升有降。这种赏罚、升降不仅与精神激励相联系，而且还必须通过工资、奖金等方式同物质利益相联系，这样才能达到考绩的真正目的。

（六）客观考评的原则

人事考评应当根据明确规定的考评标准，针对客观考评资料进行评价，尽量避免渗入主观性和感情色彩。

（七）反馈的原则

考评的结果（评语）一定要反馈给被考评者本人，否则就起不到考评的教育作用。在反馈考评结果的同时，应当向被考评者就评语进行说明解释，肯定成绩和进步，说明不足之处，提供今后完善的参考意见等。

（八）差别的原则

考核的等级之间应当有鲜明的差别界限。针对不同的考评评语，工资、晋升、使用等方面应体现明显差别，使考评带有刺激性，鼓励职工的上进心。

（九）信息对称的原则

凡是信息对称，容易被监督的工作，适合用绩效考核。凡是信息不对称，不容易被监督的工作，适合用股权激励。

二、绩效考核的分类

绩效考核有多种分类方法，按照时间划分，可以分为日常考评和定期考评；按照考评主体不同划分，可以分为主管考评、自我考评、同事考评和下属考评；按照考评形式不同，可以划分为定性考评和定量考评；按照考评内容不同划分，可以分为特征导向考评、行为导向考评和结果导向考评。

（一）时间不同

1．日常考评

指对被考评者的出勤情况、产量和质量实绩、平时的工作行为所作的经常性考评。

2．定期考评

指按照一定的固定周期所进行的考评，如年度考评、季度考评等。

（二）主体不同

按照主体不同划分，即我们经常提及的“360 度考评方法”。

1．主管考评

指上级主管对下属员工的考评。这种由上而下的考评，由于考评的主体是主管领导，所以能较准确地反映被考评者的实际状况，也能消除被考评者心理上不必要的压力。但有时也会受主管领导的疏忽、偏见、感情等主观因素的影响而产生考评偏差。

2．自我考评

指被考评者本人对自己的工作实绩和行为表现所作的评价。这种方式透明度较高，有利于被考评者平时自觉地按考评标准约束自己。但最大的问题是有“倾高”现象存在。

3．同事考评

指同事间互相考评。这种方式体现了考评的民主性，但考评结果往往受被考评者的人际关系的影响。

4．下属考评

指下属员工对他们的直接主管领导的考评。一般选择一些有代表性的员工，用比较直接的方法，如直接打分法等进行考评，考评结果可以公开或不公开。

5．顾客考评

许多企业把顾客也纳入员工绩效考评体系中。在一定情况下，顾客常常是唯一能够在工作现场观察员工绩效的人。此时，他们就成了最好的绩效信息来源。

（三）形式不同

1．定性考评

其结果表现为对某人工作评价的文字描述，或对员工之间评价高低的相对次序，以优、良、中、及、差等形式表示。

2．定量考评

其结果则以分值或系数等数量形式表示。

（四）内容不同

1．特征导向型

考核的重点是员工的个人特质，如诚实度、合作性、沟通能力等，即考量员工是一个怎样的人。

2．行为导向型

考核的重点是员工的工作方式和工作行为，如服务员的微笑和态度，待人接物的方法等，即对工作过程的考量。

3．结果导向型

考核的重点是工作内容和工作质量，如产品的产量和劳动效率等；侧重点是员工完成的工作任务和生产的产品。

三、绩效考核的周期

（一）绩效考核周期的概念

绩效考核周期也可以叫作绩效考核期限，是指多长时间对员工进行一次绩效考核。绩效考核通常也称为业绩考评或“考绩”，是针对企业中每个职工所承担的工作，应用科学的定性和定量的方法，对职工行为的实际效果及其对企业的贡献或价值进行考核和评价。

（二）确定绩效考核周期的方法

绩效考核周期确定，需考虑以下几个因素：

1．职位的性质

不同的职位，工作的内容是不同的，因此绩效考核的周期也应当不同。一般来说，基层职位的工作绩效是比较容易考核的，考核周期相对要短一些。

2．指标的性质

不同的绩效指标，其性质是不同的，考核的周期也应不同。一般来说，性质稳定的指标，考核周期相对要长一些；相反，性质不稳定的指标，考核周期相对就要短一些。

3．标准的性质

在确定考核周期时，还应当考核绩效标准的性质，就是说考核周期的时间应当保证员工经过努力能够实现这些标准。这一点其实是和绩效标准的适度性联系在一起的。

四、绩效考核结果处理

绩效考核完成之后，对考核结果的处理也至关重要，具体如下：

（一）考评数据汇总与分类

考评数据汇总与分类就是将收集上来的不同考评人员对同一被考评者的考核结果进行汇总，然后根据被考核者的特点，对考核结果汇总进行相应的分类。

（二）确定权重

权重就是加权系数。所谓加权就是强调某一考核指标在整体考核指标中所处的地位和重要程度，或者某一考核者在所有考核者中的地位和可信度，而赋予这一考评指标特征值的过程。特征值通常用数字表示，称为加权系数。加权能够通过确定大小不同的权重，显示各类人员绩效的实际情况，提高考评的信度和效度。

（三）考评结果的表示方法

考评结果还需要用一定的方式表示出来，可利用数理统计的方法计算考核结果，一般采用求和、算术平均数等十分简单的数理统计方法。

1. 数字表示法

考评结果最基本的形式，直接用考评结果的分值对被考评者的绩效情况进行描述的方式。其优点是具有可比性，规格统一，数据量大，并为实现计算机管理创造了条件。但数字描述不够直观，需要与文字结合。

2. 文字表示法

用文字描述的形式反映考评结果的方法。它建立在数字描述的基础之上，有较强的直观性，重点突出，内容集中，分析适当，充分体现了定性与定量相结合的特点。

3. 图线表示法

通过建立直角坐标系，利用已知数据，以图线来表示考核结果的方式。它具有简便、直观、形象、对比性强的特点，适用于人与人之间、个人与群体之间、群体与群体之间、个人或群体与评定标准之间的对比关系。

五、绩效考核的误区

绩效考核工作是一项复杂的工作，在实际工作中，会出现许多误差。具体而言，表现在以下几个方面：

（一）相信“绩效考核，一考就灵”

绩效考核只是众多管理工具中的一种或管理工作的一部分。只有系统地做好经营和管理的梳理工作（战略、模式、组织、人员匹配、制度、流程等），才能让绩效考核的作用发挥出来。

（二）用考核代替管理

绩效考核管理的重点不在考核，而是利用考核进行管理。使用这个工具的管理者可以让员工明确其任务和目标，及时发现员工实现目标过程中的偏失，以便及时对员工给予必要的支持、帮助和管理。

（三）设计过分复杂的考核体系

过于复杂的考核指标和考核体系，会让管理者和被管理者都为了得综合高分而失去了工作重点。

（四）绩效考核体系要么不专业，要么追求形式主义

不专业体现在指标和目标设计的不合理上，例如，指标和目标经常被随意改变；指标分配不当，一个人无法对他自己的目标负责等。与之相反，另一个错误是追求形式主义，不把时间花在实质目标和指标的讨论上，而是做很多似是而非的表格、权重计算等。

（五）激励个人主义

本质上绩效考核体系是一个激励机制，即把一个人的部分所得和他的业绩挂上钩。由于绩效要细分到个人，很多公司绩效体系的根本是激励个人业绩，而不是激励一个人关心他的团队和整个公司。这样的激励可能导致错误的导向。

（六）重短期，不重长期

绩效管理的另一个误区是只重短期，不重长期。若没有正确的引导，员工可能会为了短期利益而牺牲公司的长期利益。一个办法就是设计相应的晋升体系，把员工的长远利益和公司的长远利益结合起来。

（七）只考业务，不考支持

大部分企业的绩效考核只针对业务人员，不考核支持人员（如技术、财务、人事、服务等）。但是，企业的绩效考核应该是全面的。

（八）对考核的可能结果不做测算

这样制订出的绩效考核方案会导致一部分人的业绩提成由于一些偶然因素变得非常多。这样，一方面企业经营成本提高，另一方面其他员工会觉得不公平，使激励变成了对少数人的激励。

（九）平均主义与“老好人”思想

绩效考核的目的就是把员工工作做的好坏通过指标客观、量化和直观地表达出来，并根据员工贡献的大小给予事先约定好的激励。激励的本质是让做得好的人得到很多，让做得不好的人得不到或得不到很多。但很多绩效体系设计上存在平均主义思想，加上管理者执行中对一些定量指标打分有“老好人”思想，最终结果是绩效管理变成了走过场。

（十）考核频率太高或太低

考核频率过高，无法及时发现考核对象的问题并进行指导。考核频率过低，考核对象的工作无法和其工作成果对应，这两种情况的考核都没有意义。通常业务人员的考核频率应该比较高（月考核或季度考核），支持人员的考核频率应该较低（季度考核或半年考核）。

沙场点兵

《西游记》中的绩效考核

《西游记》是一部大家耳熟能详的古典文学作品，其中唐僧师徒四人的取经故事，对公司绩效考核工作具有深刻的借鉴意义，也成为很多企业人力资源管理的借鉴。

为了共同的目标，唐僧、孙悟空、猪八戒、沙僧四人成立了西天取经公司，简称“西经公司”。在该公司中，唐僧决定主要的战略目标，是该公司的决策者；孙悟空负责对重大战略规划组织实施，是公司的高管人员；猪八戒是该公司的中层管理人员，沙僧则是该公司的普通职员。下面我们分析这个公司是如何进行考核的。

在西经公司中，对于高管的考核是非常必要的，因为他工作的好坏，直接影响到整个公司的发展。由于唐僧自己无法辨别妖怪，常把化为人形的妖怪当作好人，所以无法就孙悟空打妖怪的过程进行控制。起初唐僧在考核时，过多的关注过程，而忽略结果，并掺杂了不少个人价值判断，这样考核的效果可想而知。在对考核结果的反馈上，唐僧一味以惩罚为主——念紧箍咒，而不是（也没有能力）对孙悟空的工作进行指导。孙悟空辞职也就再正常不过了。这里就涉及过程考核与结果考核，究竟以什么为导向的问题。

对于高中层管理者来说，每个人有不同的处理问题方式，况且工作具有很大的不确定性，如果按过程来考核，难免会给孙悟空的工作带来很大的障碍。唐僧开公司的目的是到西天取得真经，他的任务是明确取经的路线，制订大的战略。怎样达成战略是孙悟空的事。关注过程的考核，只会导致一些不必要的麻烦，比如说后来的“无底洞”事件，由于唐僧坚持认为老鼠精变的女子是好人，从而否定孙悟空的判断，结果被老鼠精掳去，差点破坏了整个取经计划。既然聘用孙悟空担任高管职位，就应该相信他的专业水平，考核只针对结果就好了。如果对孙悟空还不完全放心，接下来要做的应该是建立完善的激励机制，统一孙悟空与公司的目标，也就是唐僧应该就取经的远景目标与孙悟空充分沟通，使孙悟空认识到公司经营的好坏与自己的利益有很大的联系。至于控制方面，唐僧有了紧箍咒就已经够了。虽然这种控制实际用得很少，但这给了孙悟空一定的心理预期，如果他行为不端就会招致惩罚。这样一来，整个西经公司的中高层考核机制就比较完善了。

而对于猪八戒的考核，过程更为重要一些。因为他的工作主要是一些日常工作，成果难以量化，这时过程的控制监督就比较重要了。而唐僧不具备这种监督能力，于是对猪八戒的考核只能由孙悟空来执行。孙悟空通过一些不定期的抽查，来规范猪八戒的日常行为。对于猪八戒的考核关键还在于明确他的定位，对于他的评价应该针对所交代工作的完成情况，但是公司对猪八戒的定位模糊，没有确定的职位说明，这样猪八戒什么事都干过，因此在对他评价时，容易忽略其工作业绩，而对他的一些个人品质纠缠不清。按照功劳来说，猪八戒大于沙僧，可最后沙僧的绩效奖比猪八戒还大，只是因为沙僧的个人品质好一点。

但是个人品质的好坏与工作业绩的好坏没有必然的联系，个人品质是一个比较抽象的东西，通过考核去鉴别无疑具有相当大的难度，而且这种品质具有很大的欺骗性。考核的作用是提高公司整体绩效，这是根本目的，当然这并不是说品质不重要。个人道德与他所处的环境有很大的关系，也就是说企业文化对员工的个人行为规范起到一个引导作用，而这不能通过考核来达到。我们在考核时，一定要界定好考核与其他职能的分界线，套用一句老话："考核不是万能的，但没有考核是万万不能的。"

资料来源：http://blog.sina.com.cn/s/blog_6407503f0100r5hw.html.

本章小结

1．绩效是组织期望的结果，是组织为实现其目标而展现在不同层面上的有效输出。它包括个人绩效和组织绩效两个方面，具体又分为组织、团体和个体三个层次。绩效管理是管理者确保员工的工作活动以及工作产出能够与组织目标保持一致的过程。

2．战略绩效管理是对企业战略的形成与实施过程的管理，包括企业内外部环境分析、战略制订、战略实施、测评与监控四个环节。绩效管理系统包括绩效计划、动态并持续的绩效沟通、绩效评价、绩效诊断与辅导、再计划五个方面。战略绩效管理系统包括明确公司战略、明确绩效指标、兑现绩效合约、明确考核方法、确定绩效回报五个方面。

3．绩效管理是一个循环性的管理活动，其过程包括界定企业经营目标、设定员工工作绩效标准、持续监督绩效的进展、执行绩效评估与面谈、绩效评估资讯的使用。此信息的运用又反过来影响工作的内容与目标的界定。

4．绩效考评可以有多种方法，分为两大类。即个体评估方法与多人评估体系。其中，个体评估方法分为平衡计分卡、图尺度评价法 、评述评估法、关键事件法、考核列表和权重考核列表法、行为锚等级评价法、行为观察评价法等。多人评估体系包括排序法、配对比较法、强制配置法、目标管理法等。

5．绩效考核指企业在既定的战略目标下，运用特定的标准和指标，对员工的工作行为及取得的工作业绩进行评估，并运用评估的结果对员工将来的工作行为和工作业绩产生正面引导的过程和方法。绩效考核是一项系统工程，也是绩效管理过程中的一种手段。

通关密码

海尔的绩效管理系统由三个部分组成：目标系统、日清系统和有效激励机制。在海尔绩效管理系统中，海尔以目标为导向，采取目标管理的方法，激发员工的工作热情，培养

员工的责任感。同时，海尔强调日事日毕，绝不拖沓，保证了办事的效率。最后，有效的激励机制使得海尔员工追求高绩效的动力大大增强，从而带动了周围的人，形成了独特的竞争氛围。总之，海尔把企业核心目标量化到人，把绩效责任落实到每一个员工，形成了一套完善的绩效管理体系。

复习与思考

一、名词解释

1. 绩效
2. 绩效管理
3. 战略绩效管理
4. 绩效管理系统
5. 战略绩效管理系统
6. 平衡计分卡
7. 图评价尺度法
8. 评述评估法
9. 关键事件法
10. 考核列表和权重考核列表法
11. 行为锚等级评价法
12. 行为观察评价法
13. 排序法
14. 配对比较法
15. 强制配置法
16. 目标管理法
17. 绩效考核

二、简答

1. 什么是绩效，什么是绩效管理？
2. 绩效管理与传统的绩效考评有什么区别？
3. 怎么理解战略绩效管理？
4. 绩效管理的目的与意义是什么？
5. 简述绩效考评的方法有哪几种，优缺点分别是什么？
6. 简述平衡计分卡的内容。

7. 简述360度绩效考评法的特点以及实施要点。

8. 绩效考核误差因素有哪些？

三、讨论题

1. 一个有效的绩效系统标准是什么，请结合开篇海尔公司案例，说明它的绩效系统是否有效？

2. 为什么一个主管会蓄意歪曲绩效考核结果？为了减少这种情况的发生，你能提供何种建议？

四、案例评析

新浪人“开门七件事”

三年前段冬加入新浪担任人力资源总监的时候，新浪正处在高速发展期，业绩提升很快，但管理有很多不规范的地方。

段冬做的第一件事就是把绩效管理开展起来。现在新浪的员工总数已经从三年前的700多人上升到现在的2 500多人，每一位员工都知道自己的“开门七件事”是什么。当然不是“柴米油盐酱醋茶”，而是七个关键绩效管理指标（KPIs），其中包括五个业务指标，两个管理或者行为指标。

令段冬感到欣慰的是，绩效管理已经在新浪发挥了重要的作用，每个员工都可以在这个体系中证明自己的价值，通过“七件事”使自己的日常工作和公司的整体战略目标紧密相连。新浪的人力资源工作也在这个基础上从基本的人事管理上升到了战略性人力资源管理。

做绩效管理首先要做哪些准备工作？

“七件事”先沟通，首先需要人力资源部门和业务部门有很好的沟通。新浪在2000年的时候曾经实施过绩效管理，请知名的咨询公司设计了很好的方案，推行了半年时间，结果不了了之。因为之前有过一次失败，所以这次我在做之前比较慎重，进行了一些调查，发现以前失败的原因在于流程过于复杂，没有和日常的工作任务，即“关键事件”结合起来，这使得大家觉得像是一场运动，参与程度不高。

我在内部做了一个小调查，问一些主管：你们是否希望实施绩效管理？结果有一半人跟我说希望做，另一半人说不希望做。我问后者为什么？他们说：我们的目标变化太快了，每个季度都不一样，你怎样跟踪？

我举了个例子：有一个游戏叫“老鹰抓小鸡”——老鹰为什么很难抓到小鸡？因为队伍的头一摆，尾巴甩得很远，老鹰根本就抓不到。绩效管理也是一样的道理——小鸡就像公司的目标，老鹰就像员工。如果你的员工只知道今天做什么、这个星期做什么，不知道这个月做什么；如果你的主管只知道这个星期、这个月做什么，不知道今年做什么——那么，公司的未来在什么地方？

在和业务部门沟通中我发现大家每天都很忙，但是所做的很多事情不是高层或者公司需要优先关注的。这就是个人的任务和部门、公司的目标没有结合起来。

从哪里着手开始实施？

绩效管理的实施需要业务部门的参与、理解、认同，只有这样才能达成预期的业绩结果。很多公司害怕做绩效管理，他们担心：如果业务部门不做怎么办？我觉得最关键的就是和他们说清楚做有什么好处，不做有什么不好的地方。如果不做，人员的晋升和选拔用什么标准？谁是优秀员工？有什么业绩来证明？做了之后公司对人员的赏罚升降，都有了明确的依据。

我们先从高层开始做。当时的CEO等高层管理人员都非常支持。公司高层每个人要写这个季度要做的“七件事”：其中包括五个业务指标、两个管理指标。高层组成的新浪管理委员会要讨论每个人的七件事是否和公司战略和年度的规划相一致，一旦经过讨论确定下来，每个人的七件事就分解到他们的下一层，下一层再写七件事，层层分解一直到基层员工。

基层员工也要写七件事，他们不是管理者，没有那两个管理指标，但是有相关的行为指标，例如某个员工这个季度可能要提高自己的沟通能力，那么他就要计划怎样去提高，或者参加培训，或者要参加一个研讨会，或者要到别的部门去见习等。七件事给人的感觉不太像一个绩效考核，不太正式，但是很简单实用，最重要的一点是和员工的日常行为结合起来了。

执行和跟踪实施过程中碰到哪些困难？

我们从2003年第二季度开始实施，最开始是在两个部门做试点，一个是运营中心，这是我们的内容部门；另外一个是新浪无线，这是我们最大的事业部。我们做绩效管理最难的地方是要做“强制分布”。这里有一个基本正态分布比例：经过绩效评估之后，5%的人是远远超标的，10%的人是超标的，70%是达标的，10%是接近目标的，5%是远远不达标的。

对于远远超标的5%，我们会发放丰厚的奖金，而且这会有助他参加季度的创新奖或者优秀员工奖的评选。对于远远不达标的5%的员工，我们要求他们提出改进计划，包括希望公司提供什么样的资源支持，在什么期限内改进等。如果有两次被评为远远不达标的5%，这名员工就会被淘汰掉。从整个年度来看，我们要淘汰7%左右。

“强制分布”一开始在高层当中讨论的时候就有阻力，业务部门开始实施后抵触也很大，他们说大家都很努力，业绩不好是市场变化的原因。我说，如果大家很努力，公司业绩却不好，那就是主管的责任，主管没有预测到未来发生的变化。你们是愿意独自挨这个板子呢？还是希望每个员工也承担起他们应有的责任呢？

在两个部门试点以前，我们花了大量的精力和他们讨论。先要把部门今年的和每个季度的关键绩效指标确定下来。到底应该把哪些指标放进去？这些目标是不是和公司的整体目标相关？确定下来之后要对其进行定义。例如你说销售额，什么是销售额？定性的标准是什么？然后每个季度就用这个标准来衡量你的业绩，例如目标是销售额要提升20%，那么你要根据这个目标来确定要做哪些事情？可能是要拜访多少家客户，可能要做一些系统的改进工作等。最后确定的目标都是和业务部门经过共同讨论提出来的。

实施之后很重要的一点是要对执行情况进行跟踪，主管每个月要和员工总结一下，关键的事件要记录下来，并要在每个月末进行回顾。如果月度不总结，到季度末发现目标变化很大。同时没有在执行过程当中指出并记录，执行效果就要打折扣了。一开始有些主管做沟通的技巧还不成熟，没有记下关键的事情，到季度末和员工谈的时候，说员工哪里做得不好，员工的反应会是：你当时为什么不告诉我？因此，主管应当在执行过程当中就指出员工哪里做得不好，让他及时改正并予以记录。业务部门的主管和员工必须让自己能够了解和操作绩效管理的基本工具，不能从上往下压。

实际上我们采取的是关键绩效指标评估（KPIs），而不是360度评估。例如销售人员，如果销售额（关键绩效指标）没有达到目标，其他的工作做得再好，仍然会被评为不达标，因为关键绩效指标没有达到。这样的绩效管理对于快速发展的企业比较实用，人员投入不多，操作比较简便。七件事以外的事情不是重点，把关键绩效指标做好就行了。

在两个部门试行的同时，新浪高层人员也开始实行。绩效评估过程是绩效管理成功与否的关键步骤。每个季度人力资源部都会协助CEO给管理委员会的每个人做评估，看看上个季度达成了哪些目标？哪些不理想？下次怎样改善？

我们试行了两个季度后，开始在更大的范围内推行，这时候曾经对“强制分布”有强烈排斥心理的一个部门经理主动提出：能不能帮助我们也开始做？因为他已经看到了做绩效管理的好处。

现在整个公司都实行了绩效管理，并且从去年开始已经将整个绩效考核过程通过e-HR系统来进行了。

现在员工对绩效管理的反映怎样？

很多员工跟我说，他们一开始觉得绩效管理没有用，但是现在觉得绩效管理是很好的工具。这种方法赏罚分明，可以证明自己的价值，而不是每天很忙碌但是不知道自己对公司的贡献是什么。

另外，做“强制分布”确定最后5%的时候，我们有这样一个原则，就是通过评估团队，奖励个人的方法。首先评估部门的整体绩效，并且在一定规模的人群中做正态比例分布，并不是说这个组只有5个人，也要有一个人排到最后的5%里面去，我们是在一个部门里面做分布。如果部门远远超过目标，就可以调整整个部门的正态分布比例。绩效考核的结果是奖励选拔优秀员工的基础。公司并不是不想奖励员工，关键是要知道谁做得好，什么地方做得好。

对于新浪，绩效管理还有一个很大的意义，就是把新浪的人力资源管理从基础的人事

管理提升到战略性人力资源管理。这是一个比较大的跨越。之前的人力资源工作限于管理人事档案、日常的招聘等服务职能，基本上属于人事管理。但是绩效管理使得每个人所做的工作和公司的整个战略目标紧紧相连，也使得人力资源部和业务部需要经常沟通，联系更加紧密。许多人力资源的工作是通过业务部门的执行体现出来的，人力资源要乐于担当幕后英雄。

“人性化”配合

绩效管理给人的感觉是比较“制度化”的东西，在推行这种“制度化”措施的同时，新浪有没有“人性化”的东西来配合呢？

新浪原来有一句理念叫“奔腾不息”，现在我们的理念叫“一切由你开始”，因为我们的关注点发生了变化，我们要关注客户，“你”就是客户。对于人力资源部来说，员工就是我们的内部客户。

新浪是一个很有人性化的公司，我们曾经花了很多精力来解决员工子女入托的问题。我们还有育婴室，从早上 8 点到下午 4 点，员工可以把自己还没到上幼儿园年龄的孩子放到这里，我们有阿姨可以负责照看。

新浪还建立了员工服务中心，员工遇到困难可以打电话寻求帮助，我们还为员工设立了心理咨询和辅导服务，定期请心理专家来给员工辅导。

怎么想到要给员工做心理培训呢？

这里也有一个故事：有一个员工本身能力非常强，但是我们发现他有一段时间状态非常不好，脾气很坏，跟同事吵架。我们去和他谈，他说觉得工作的意义不大，也不知道人生的意义在哪里。进一步了解下去，才发现他和爱人发生了冲突，那段时间在家里也经常吵架，于是把这种情绪也带到了公司。

了解到了这个情况，我们请了心理咨询顾问来和他沟通，效果很明显，他说：“我原来不知道生活还可以这样！”

我曾经看过国外的一个调查报告，上面说有 70%以上的人压力并不是来自工作，而是来自家庭方面的问题。新浪的员工平均年龄 28 岁，学历比较高，工作比较紧张，这样的人群比较容易产生心理问题。所以我们开始建立起长期的机制来维护员工的心理健康。

如果员工想寻求心理咨询可以到员工服务中心去预约，也可以直接给心理顾问打电话。我们每个月还安排一次职业生涯的讲座，请专家与员工分享应当怎样规划自己的人生。

新浪希望营造怎样的工作气氛呢？

新浪公司的四个核心价值观是：“以客为尊，突破创新，回馈社会，永续经营”。“一切由你开始”是贯彻核心价值观的理念，意思是从每一位员工做起，以这四项价值观来要求自己，规范言行、指导工作，也能适时适当地把它们传达给自己的同事和客户，保证公司上下的统一认识和理解，处处站在维护新浪品牌长远价值的角度来思考和决策。

在这四个核心价值观下，我们用人的理念第一是工作胜任——这是公司的要求，第二是工作愉快——我们希望员工做的事情是和自己的职业发展相关的事情。

我们在工作当中营造愉快气氛的同时，也鼓励员工的创新行为。例如，我们有员工论坛，员工可以在上面各抒己见，提出很好的意见和建议。我们还有一个产品管理论坛，很多员工时常会上来提建议。有一个研发中心的员工曾经提出建议希望能把顾客投诉通过信息系统进行分析整理，我们认为是很好的建议，就奖励了他一台照相机。

员工提出来的意见，只要是以正当方式提出的，我们都会去看是不是存在这个问题，症结在哪里，如何改进。

资料来源：郑晓明. 人力资源管理导论[M]. 北京：机械工业出版社，2012.

【思考题】

1. 新浪绩效管理“开门七件事”是什么？有什么特点？
2. 如何评价新浪的绩效管理系统？

第八章 职业生涯管理

学习目标

★★★★★

- 职业生涯管理的重要性。
- 职业生涯的概念。
- 职业生涯发展阶段理论。
- 职业选择理论。
- 职业生涯管理面临的特殊挑战。
- 职业锚及其类型。
- 职业发展的实施过程。

★★★★

- 个人职业规划与组织职业规划内容。
- 职业生涯管理体系。

★★★

- 如何确定自己的职业锚。
- 做好个人职业规划所注意的问题。

开篇案例

“海底捞”火锅店的职业生涯管理

2004 年 2 月，一家名不见经传的四川火锅店进京凑热闹来了。起初，它像所有新店一

样根本没有引起业界的注意，人们对不知死活的新进入者已经司空见惯。可没过多久，同行们发现这家火锅店的门外，三伏天竟然有食客排长队！

要知道，北京的三伏天，温度经常高达30多度，这是火锅生意最淡的季节，很多火锅店这时要么提供别的菜式，要么让部分员工回家歇着。可是这家店居然还要“翻台”，这不能不说是一个奇迹。这个奇迹的缔造者就是——海底捞。

海底捞是何方神仙，竟有如此能耐？它靠什么招数赢得“见多食广”的首都火锅爱好者的青睐？问那些三伏天在门外排队的食客，你们为什么喜欢海底捞？

“这里的服务很‘变态’”。“在这里等着，有人给擦皮鞋、修指甲，还提供水果拼盘和饮料，还能上网、打扑克、下象棋，全部免费啊！”

“这里跟别的餐厅不一样：吃火锅眼镜容易有雾气，他们给你绒布：头发长的女生，就给你皮筋套，还是粉色的，手机放在桌上，吃火锅容易脏，还给你专门包手机的塑料套。”

“我第二次去服务员就能叫我的名字，第三次去就知道我喜欢什么。服务员看出我感冒了，竟然悄悄跑去给我买药。感觉像在家里一样。”

……

仅凭这些，就能在北京站住脚？开餐馆的人都说，开一家店容易，开二家店难，开三家店不死才算有本事。有人满心疑惑，有人等着看戏。很快，海底捞第二家店开业了，同样火爆，第三家、第四家……短短四年，海底捞一口气在北京开出11家店，而且没有一家加盟店。

俗话说，外行看热闹，内行看门道。2006年，百胜中国公司将年会聚餐安排在海底捞北京牡丹园店，并说这顿饭的目的是“参观和学习”。百胜是世界餐饮巨头，旗下的肯德基和必胜客开遍全球，而当时海底捞总共不到20家店，海底捞的创始人张勇说：“这简直是大象向蚂蚁学习。”次日，在百胜中国年会上，张勇应邀就“如何激发员工工作热情”做演讲时，被这些“大象学生”追问了整整三个小时。

海底捞的晋升之道

海底捞的晋升制度让他们看到了真切的希望。任何新来的员工都有三条晋升途径可以选择：

管理线——新员工→合格员工→一级员工→优秀员工→领班→大堂经理→店经理→区域经理→大区经理

技术线——新员工→合格员工→一级员工→先进员工→标兵员工→劳模员工→功勋员工

后勤线——新员工→合格员工→一级员工→先进员工→办公室人员或者出纳→会计、采购、技术部、开发部等。

学历不再是必要条件，工龄也不再是必要条件。这种不拘一格选人才的晋升政策，不仅让这些处在社会底层的员工有了尊严，更是在这些没上过大学的农民工心里打开一扇亮堂堂的窗户，只要努力，我的人生就有希望。对他们来说，袁华强就是一个很好的榜样。

他是农村人，高中毕业，19 岁加入海底捞，最初的职位是门童，现在是北京和上海地区总经理。他说："只要正直、勤奋、诚实，每个海底捞的员工都能够复制我的经历。"这样的事例确实不少。没有管理才能的员工，通过任劳任怨的苦干也可以得到认可，如果做到功勋员工，工资收入只比店长差一点。

人是群居动物，天生追求公平。幸福与否主要来自和同类的对比，如果追求公平的天性遭受挫折，例如老板的小舅子对大家呼来喊去，一个同事靠漂亮脸蛋拿了最高的奖金，刚来的大学生连上菜程序都不懂就当上经理等。员工一定不会感到幸福。

晋升制度是海底捞服务差异化战略的核心保障。因为管理者要是没有做过服务员，再换位思考也是近台看戏。看戏的，哪怕是票友，也不能完全体会真正靠唱戏为生的压力与追求。海底捞的晋升政策除了能保证管理层知道服务员的冷暖外，也让普通员工感到公平，于是他们笑得自然，笑得灿烂。

社会动物是有移情能力的，笑与哭都会传染。这就是为什么很多顾客说，到海底捞吃饭很高兴，因为他们的服务员都愿意笑。看，海底捞的超值服务体现出来了：海底捞不仅有火锅，还能让你笑。千金难买一笑！

造人优先

人是一天天长大，成功的企业也从来不是一步登天。从偏僻的四川简阳一路开到北京和上海，张勇发现海底捞很有竞争力，于是他的战略目标就变成了"把海底捞开到全国的每一个角落，做中国火锅第一品牌"。

按照一般连锁经营的商业逻辑，发展势头这么好的海底捞要成为中国第一火锅品牌似乎并不难。因为商业模式，管理团队、中央厨房、原料基地、物流系统和服务流程都已日趋成熟，只要有充足的资金或者通过发展加盟店，就可以实现快速扩张。

可是，海底捞不仅一分钱银行贷款没有，就连找上门的投资银行和私募基金的钱都不要。张勇说，用人家的钱就要按人家的计划开店，可是做生意跟做人一样，该吃饭就吃饭，该睡觉就睡觉，要的是一个境界！因此，海底捞从第一天起到现在 30 多家店，资金都是从火锅生意上一分分赚来的。用投资银行家的话说，海底捞是纯粹的内生增长。

张勇认为扩张这事急不得，因为他有一块"心病"没解决。那就是：海底捞的所有做法别人都可以复制，只有海底捞的人是没法复制的，而这恰恰是海底捞的核心竞争力。可是上哪儿找这么多出色的员工呀？不要以为都是农村出来的打工妹，拿一样的工资就能干一样的活。一个人在海底捞可以干 12 个小时，还笑着说不累，在别的餐馆干 10 个小时就要愁眉苦脸。

为什么？海底捞的员工是在用"双手改变命运"，而他们的同行仅仅是为了挣钱糊口。

人的思想成长和转变都需要环境和时间。做餐馆的人都知道，任何餐馆一旦做成连锁，流程和制度就至关重要。海底捞员工在入职前也要经过严格的培训，也有要员工死记硬背的详细的服务流程和手册。但是，海底捞的环境不仅仅是那些成文的制度与流程，还有从心里相信双手能改变命运、大脑能像管理者那样做判断的老服务员的言传身教。尽管大多数员工都是通过熟人介绍来的，但淘汰的仍然不少，因为海底捞不仅劳动强度大，更要紧的是海底捞要求员工用心服务客人，对服务的主动性和创造性要求高，这让很多新员工感到无所适从。因此，海底捞的员工不仅要经过统一的培训，还必须经过一对一师徒式的单兵教练。

海底捞把培养合格员工的工作称为“造人”。张勇将造人视为海底捞发展战略的基石。如何储备更多拥有海底捞思维的管理者和一线员工，占据了他现在绝大部分精力。海底捞对店长的考核只有两个指标，一是客人的满意度，二是员工的工作积极性，同时要求每个店按照实际需要的110%配备员工，为扩张提供人员保障。企业考核什么，员工就关注什么，于是大家每天都在努力“造人”。完全不知平衡计分法为何物的海底捞，竟把平衡计分法的精髓发挥得淋漓尽致。

资料来源：改编自黄铁鹰. 海底捞你学不会[M]. 北京：中信出版社，2011.

【思考题】

海底捞的职业生涯管理有何特点呢？职业生涯管理之于企业有何重要作用呢？

第一节　职业生涯管理概述

一、职业生涯

（一）职业生涯的含义

有人说，职场似江湖。虽没有刀光剑影、儿女情长，但职场却见证了无数个热血男女奋斗的历程。在武侠小说作者的笔下，江湖往往是无数个武林人士渴望有朝一日终成一代宗师，从而修炼终生的聚集所。的确，职场与江湖颇有几分相似。那么究竟该如何理解职业生涯呢？

所谓生涯，就是个体一生的道路或历程，其涵盖的范围则是个体从出生到离开人世的整个过程。它包括了一生中的衣、食、住、行等方方面面。职业生涯无非是将生涯用职业这个定语加以限定，可以表述为个体在一生中从事职业全部的道路或历程。不过需要注意的是，虽然职业生涯强调的是一个过程，但是其总体趋势是持续的，其间可以有间断。比如说，一个人在50年的职业生涯中，共换了3份工作，虽然从事每份工作有所间断，但这也称为职业生涯。只不过，在这里我们将其称为易变性职业生涯。反之，若一个人对企业无比忠诚，在50年的职业生涯中并未变更工作，这50年则被称为是传统性职业生涯。最后需要说明的是，无论这个人在50年中更换了几份工作，其职业生涯的起点是从他参加第一份工作的第一天算起。

在职业生涯中，各个期间如何将组织需要和个人需要联系在一起显得尤为重要，因为人不能脱离组织而存在。脱离组织，职业生涯显得毫无意义。组织与个人的结合使得个人可以通过战略的组织目标来实现对自身职业的满足感。个人做出自我的判断、指示、执行和评估（如图 8-1 所示）。

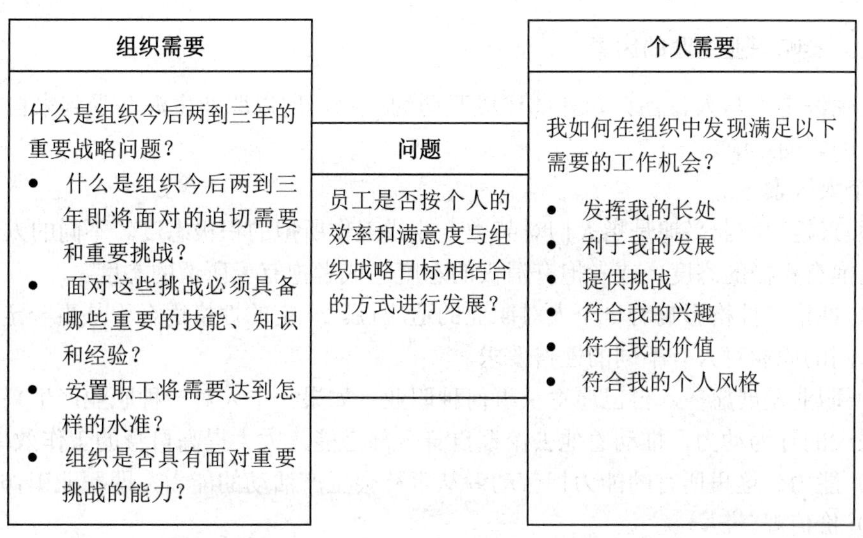

图 8-1　职业发展体系：组织需要和个人需要的联结

（二）职业生涯的分类

职业生涯是以心理开发、生理开发、智力开发、技能开发、伦理开发等人的潜能开发为基础，以工作内容为确定和变化，以工作业绩的评价，工资待遇、职称、职务的变动为标准，以满足需求为目标的工作经历和内心体验。职业牛涯可以分为内职业生涯和外职业生涯两类。

1．内职业生涯

内职业生涯是对个人而言的，是个人为自己设计的职业发展通道，根据自身特点结合社会和企业的需求，也是指从事一种职业时的知识、观念、经验、能力、心理素质、内心感受等因素的组合及其变化过程。它是别人无法替代和窃取的人生财富。

2．外职业生涯

外职业生涯是对外在职场而言的，指从事职业时的工作单位、工作时间、工作地点、工作内容、工作职务与职称、工作环境、工资待遇等因素的组合及其变化过程。它是依赖于内职业生涯的发展而增长的。

3．二者的关系

（1）内职业生涯发展是外职业生涯发展的前提，内职业生涯带动外职业生涯的发展。

（2）外职业生涯的因素通常由别人决定、给予，也容易被别人否定、剥夺；内职业生涯的因素由自己探索、获得，并且不随外职业生涯因素的改变而丧失。

（3）外职业生涯略超前时有动力，超前较多时有压力，超前太大时有毁灭力；内职业生涯略超前时舒心，超前较多时烦心，超前太大时要变心。

（三）影响职业生涯的因素

职业生涯是人与人、社会和外部环境互动的产物，所以职业生涯会受到来自个人、社会环境等因素的影响。

1．个人因素

（1）兴趣。职业兴趣是指人们对某类专业或工作所抱的积极态度。不同的人对于同一职业可能抱有积极的态度，或者抱有消极的态度，或者抱有无所谓的态度。

（2）性格。性格影响着一个人对职业的适应性。一定的性格适合于从事一定的职业，同时，不同的职业对人有不同的性格要求。

（3）职业发展愿望。自己愿意从事何种职业。如果一个人对一种职业产生兴趣，就会迸发出强大的行为动力，推动着他去挖掘自身全部潜能，大大提高自身的工作效率。

（4）能力。这里所言的能力指劳动者从事社会生产活动的能力，即职业工作能力。

（5）价值观。

（6）性别。

（7）教育。

教育上的成功与社会阶层的晋升有明显的关联。凡是社会阶层高过父母所属阶层的人都觉得，教育是改变社会阶层的主要动力。

2．社会因素

（1）社会阶层。社交圈为某一类型的人提供机会，并决定了多半“生存机会”。虽然社会阶层深深地影响个人的职业生涯，但是阶层界限并非牢不可破。它不但有变动的可能，而且是被人接受的。

（2）经济发展水平。在经济发展水平高的地区，企业相对集中，优秀企业也就比较多，个人职业选择的机会就比较多，因而有利于个人职业的发展；反之，在经济落后的地区，个人职业选择的机会就比较少，个人职业生涯也会受到限制。

（3）社会文化环境。社会文化是影响人们行为、欲望的基本因素。它主要包括教育水平、教育条件和社会文化设施等。在良好的社会文化环境中，个人能力受到良好的教育和熏陶，从而为职业生涯打下了好的基础。

（4）政治制度和氛围。政治和经济是相互影响的，政治不仅影响到一国的经济体制，而且影响着企业的组织体制，从而直接影响到个人的职业发展。政治制度和氛围还会潜移默化地影响个人的追求，从而对职业生涯产生影响。

二、职业生涯管理

（一）职业生涯管理的定义

没有规矩，不成方圆。每个职场人都拥有一个属于自己的职业生涯，但并不意味着每个职场人都能够进行科学的职业生涯管理。那么，何为职业生涯管理？我们不妨从日常生活入手，了解职业生涯管理的内涵。现实中，大多数人都会从事一份工作，如果你想成为一名干练、出色的职场达人，如果你想在未来几年后，奋斗到某个职位，那么你需要心怀职场梦想，规划一份职场蓝图，并做出相应的努力。这就是职业生涯管理的一种具体表现。谈到职业生涯管理，很多人则会认为它离我们是遥远的，实际上职业生涯管理就在我们身边。那么，我们该如何给职业生涯管理下一个清晰的定义呢？

首先，要明确的是，职业生涯管理是一个过程，那么它又是怎样一个过程呢？它是包含了职业生涯的决策、设计、发展、开发等所有内容的一个过程。其次，既然是过程，它又是由谁主导的呢？它的主导者既可以是组织，也可以是个人。基于上述分析，职业生涯管理可分为组织职业生涯管理和个人职业生涯管理。最后，我们就可以为职业生涯管理下一个清晰的定义：

职业生涯管理是组织或者个人对于个体的职业生涯进行决策、设计、发展和开发的一个全面的过程（见图 8-2）。

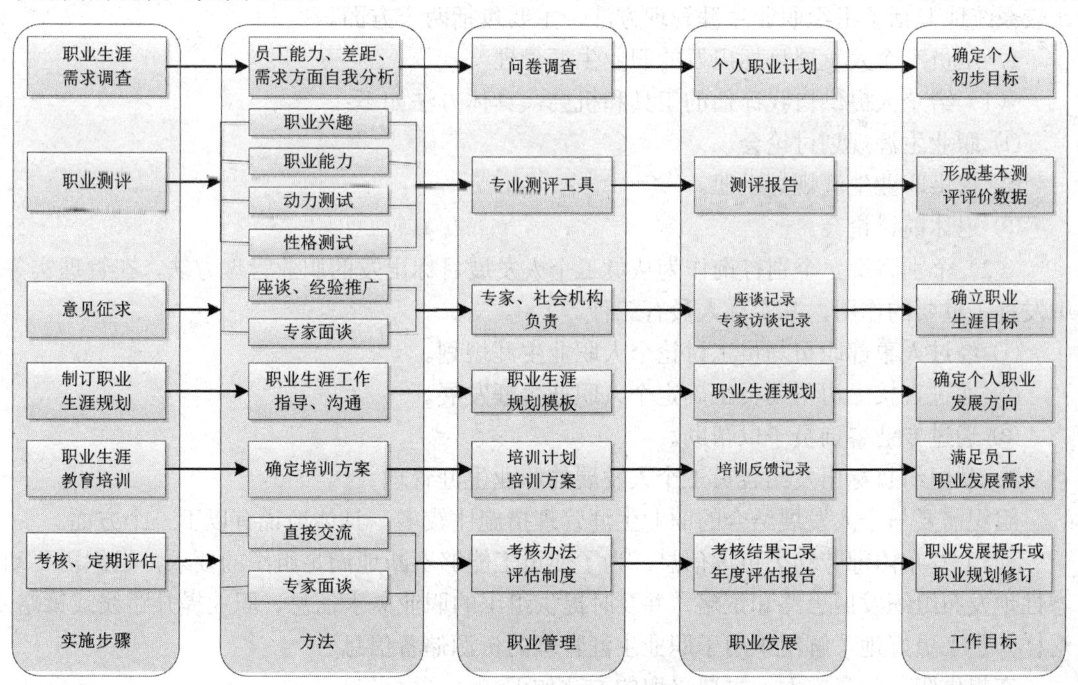

图 8-2　职业生涯管理系统图

（二）职业生涯管理的类型

虽然职业生涯管理作为一种对个人职业生涯目标与策略进行开发、实现和监督的管理方式而存在，但职业生涯管理可以从组织和个人两个角度来进行分析和开展。

1．组织职业生涯管理

作为一个组织，其希望合适的人工作在适合他的位置上，取得令人满意的绩效，为组织谋取最大化的收益。因此，组织职业生涯管理就是指由组织主导的，目的是最大限度发挥员工潜能，降低人员流动率，让员工实现自我价值的过程。具体内容包括：帮助员工进行职业生涯规划、提供职业发展培训、为员工职业发展提供便利等内容。

2．个人职业生涯管理

职业生涯管理尽管属于人力资源管理的一部分内容，但它不仅仅是组织的一项任务，也是个人必须承担的一项任务。个人职业生涯管理就是员工本人主导的，目的是实现员工的职业理想，对职业进行规划、提升技能的过程。具体包括：选择适合自己的职业、选择能实现人生价值的组织、选择能展现才能的岗位、提升技能等内容。

（三）职业生涯管理常用方法

“工欲善其事，必先利其器。”职业生涯管理也需要切实可行的好方法。Gutteridge（1986）比较系统地概括了组织职业生涯管理方法，主要包括两个方面。

1．从员工个人发展目标出发的职业生涯管理

（1）给个人提供自我评估的工具和机会，具体方法如下：

① 职业生涯规划讨论会。

② 提供职业生涯规划手册。

③ 退休前讨论会。

（2）个别咨询。个别咨询作为从员工个人发展目标出发的职业管理方法，在管理实务中发挥了重要的作用，其实施人员有三种。

① 经过人事部职员与员工讨论个人职业生涯规划。

② 通过直接上司帮助员工确定个人职业生涯发展。

③ 通过专业咨询员予以帮助。

2．从组织目标出发结合员工个人发展的职业生涯管理

组织需要与个人发展结合的职业生涯管理措施比较多。具体地说有以下三个方面。

（1）发布内部劳动力市场信息。为了使员工能够不断地满足组织的要求，组织需要动态性地发布组织发展思路和策略，并及时提供组织的职业需求信息、职业提升路线或策略。这样，员工更好地了解组织用于职业生涯管理的资源储备信息。

在提供职业信息方面，主要采取的方法如下：

① 公布工作空缺信息。

② 介绍职业生涯阶梯、职业生涯通路（包括垂直或水平方向发展的阶梯，制订这些路径主要是根据过去职业发展规律和管理者主观判断）。

（2）设置潜能评价中心。潜能评价中心主要用于专业人员、管理者、技术人员提升的可能性评价。有时，个人对自己的评价不一定客观。如何科学地诊断个人的潜能，是组织的核心问题。组织中常用的方法如下：

① 评价中心。

② 心理测验。

③ 替换或继任规划。

（3）实施发展项目。组织为了使组织能跟上时代发展的步伐，使组织中的人员具有组织所需的竞争力而实施的人才培养措施，具体包括以下方面：

① 工作轮换。使员工在不同岗位上积累经验，为提升打基础。这种措施既可针对专业人员的培养，也可作为对高级管理人员的培训。

② 利用公司内外人力资源发展项目对员工进行培训，如承担学费的学位教育，进行管理指导和建立师徒指导系统等。

③ 参加有关学术或非学术的研讨会。

④ 专门对管理者培训或实行双重职业生涯计划（管理方向和专业方向）。

（四）职业生涯管理模型

职业生涯管理是根据员工和组织的双重需求，由组织所做出的旨在通过职业生涯规划与开发来提高员工满意度和实现组织发展目标的持续且正规化的努力。受特质—因素理论、人格类型理论等的影响，职业生涯管理模型的基本假设是：

当人们的工作和生活体验与本人的愿望和要求一致时，他们会感到更有成就感并具有更高的生产率，当人们的工作经历与个人的需要、价值观、兴趣和生活方式偏好相符时，他们会对职业选择更加满意。当工作所需的恰好是个人所具有的技能时，职业的绩效会有提高。基于这些理由，职业生涯管理模型图将这种一致性称为人职匹配最大化。为此，我们引入格林豪斯的职业生涯管理模型，如图 8-3 所示。

职业生涯管理模型中相关概念解释如下。

1．职业生涯探索

职业生涯探索是组织或个人收集与职业有关的信息，并将该信息予以整理、加工和分析的过程。职业生涯探索的类型分为自我探索和环境探索两种（见表 8-1）。职业生涯探索对职业生涯管理有着重要作用，能够发觉个人偏好，寻找职业兴趣，为职业发展奠定坚实基础。

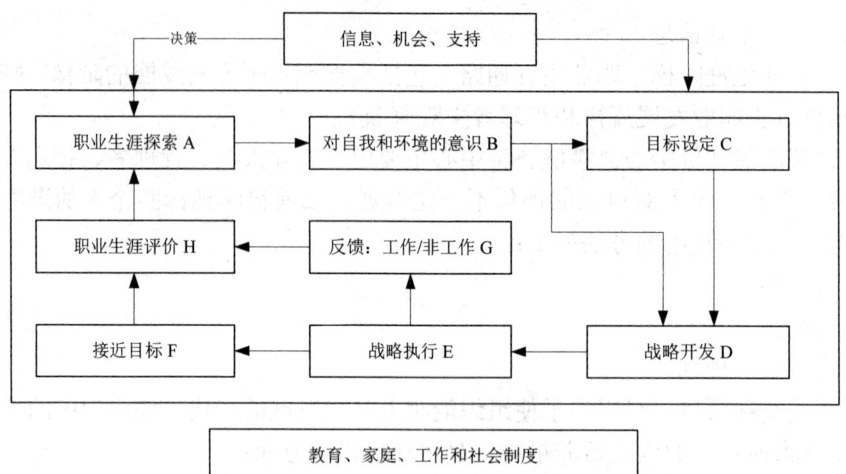

图 8-3　职业生涯管理模型

表 8-1　职业生涯探索类型

自我探索	环境探索
● 兴趣 ● 才能 ● 优势/劣势 ● 工作价值观 ● 工作挑战 ● 工作自主度 ● 安全 ● 工作/生活平衡 ● 金钱 ● 工作条件 ● 帮助他人影响力	● 职业类型 ● 行业类型 ● 所需工作技能 ● 工作选择 ● 公司选择 ● 家庭对职业生涯决定的影响

2．职业生涯目标

职业生涯目标是指个人在选定的职业领域内未来时间点所要达到的具体目标，包括短期目标、中期目标和长期目标。职业生涯规划的评估与反馈过程是个人对自己不断认识的过程，也是对社会不断认识的过程，同时是使职业生涯规划更加有效的有力手段。

职业生涯目标一般都是在进行个人评估、组织评估和环境评估的基础上，由组织里的部门负责人或人力资源部负责人与员工个人共同商量设定。生涯目标要具体明确、高低适度、留有余地，并与组织目标相一致。

3．职业生涯战略

格林豪斯等人的研究发现人们主要采用七种主要的职业生涯战略。

● 现有工作的竞争力

- 扩大工作参与（长时间努力的工作）
- 技能开发（通过培训和工作经验）
- 机遇开发（通过自我推荐、可见的任务和网络）
- 支持性关系的开发（顾问、赞助者、同龄人）
- 形象树立（以传递一个成功者的形象）
- 组织政治

4．职业生涯评价

基于职业生涯发展目标构建相应的职业生涯战略之后，组织就会获得工作与非工作的反馈。职业生涯评价的过程就是组织有效利用这些反馈，并将其应用于下一阶段的职业生涯探索中去。它带来了职业生涯开发与整个职业生涯管理的循环往复。

（五）职业生涯管理的作用

当你初入职场的兴奋感逐渐淡化，职场生活归于平静，此时，也许你会感到困惑，困惑于对身处的环境并不熟悉，困惑于对自己能力并不完全了解。也许你会感到迷茫，不知道自己奋斗的目标，也不知道该如何实现自己的价值。那么，正基于此，职业生涯管理就显得尤为重要。职业生涯管理不仅仅能够为你回答基于自身的“我能够”问题，也能了解自己身处组织的“他/她需要”的问题。同时，对于组织，也同样有着重要的意义。

首先，对于组织来说，职业生涯管理具有以下作用。

（1）人尽其才，物尽其用。组织是人的集合，组织战斗力的强弱，很大程度上取决于对组织成员的正确使用。职业生涯管理能够帮助组织更加深入地了解员工的性格、兴趣、抱负、理想，使得组织最大程度地发挥成员的优势，真正做到“让合适的人站在正确的位置上”。

（2）因材施教，激发能量。世界上没有两片相同的树叶，同样也没有想法完全一致的员工。因此，通过职业生涯管理，能够真正地了解每一个员工在职业发展上究竟想要什么——晋升、金钱、休假等。协助个人制订职业生涯规划，帮助个人实现职业生涯目标，并注重于团队目标的契合。通过员工的理想目标来激发员工的工作热情，减少员工的负面情绪，进而产生巨大的推动力，从而为完成组织目标做出贡献。

其次，对于个人来说，职业生涯管理也同样具有重要作用。

（1）增强环境把控能力和困难控制能力。

兵法云：“知己知彼，百战不殆”。通过职业生涯管理，能够帮助员工更好、更透彻地了解自己，准确评价自身优势和劣势。同时，能够培养员工经常分析所处环境的习惯，合理计划、分配时间和精力，增强环境把控能力和困难控制能力。

（2）提升自我价值层次，丰富自我精神境界。

很多人在初入职场的时候，目的很单纯也很明确，那就是寻找一份能够养家糊口的工作，挣得一份工资。但是，通过职业生涯规划，员工慢慢地发现，工资已经不是工作的唯一追求，他们已经上升到了自我尊重和自我价值实现的层次。

（3）使人变得更加智慧，出色地处理好职场与生活的关系。

通过职业生涯管理，员工摒弃了曾经对于工作和生活相互割裂的思想，进而站在了更高的层次去重新审视工作与生活的关系，将两者有机结合，使其服务于工作目标，提高效率。同时，能够智慧地处理工作和生活之间的关系，在两者之间寻找一种平衡。

沙场点兵

5P 原则引领职业发展

员工士气低落，流动率偏高，公司究竟应该怎么办？美国第一银行在内部成立了事业生涯资源中心，该中心以 5P 原则帮助员工发展事业生涯。

这五个 P 就是：

（1）个人（Person）。帮助员工了解自己，包括自己的技能、价值观、兴趣，并且知道如何综合运用这些特质，找到适合的事业生涯。

（2）看法（Proposal）。员工必须了解别人对他们的看法，并获得他们的主管、同事，以及其他工作相关人士的意见反馈。

（3）位置（Position）。员工必须了解自己所在的位置。包含自己的职务、公司、产业，掌握脉动，并且知道自己需要增加哪些技能。

（4）可能（Probable）。员工必须了解事业发展的可能性。在公司里，发展成长有三种方式：第一种是垂直移动，也就是升迁；第二种是水平移动，虽然在同一职级里，但是更换不同的职务；第三种是不移动，虽然是同样的职务，但是让员工的工作内容丰富多元和挑战更高。

（5）计划（Program）。员工必须针对以上四方面拟定计划，决定自己需要增加哪些能力和技巧，以达到目标。

这个计划推动后，公司调查显示，员工对工作的满意度平均上升了 25%，员工离职率降低 65%，间接替公司节省了 200 万美元的招聘费用。

资料来源：http://www.horsehr.com/wenku/news/286151.html.

第二节　职业生涯管理理论

一、职业生涯发展阶段理论

漫漫职场路，规划需先行。科学地将职业生涯划分为若干阶段，能够帮助员工了解每

个阶段的目标，实现每个阶段的职业梦想，做好每个阶段的个人规划，收获有准备的职场人生。同时，组织也可以通过对员工职业生涯划分阶段，明晰每个员工的职业发展的轨迹，发挥员工的主观能动性和创造力，从而使员工贡献更大的价值。对于职业生涯发展阶段，包括美国的施恩教授、职业管理学家萨柏、心理学博士格林豪斯等知名学者都提出了相关的理论和方法，以进行深入研究。

（一）施恩的职业生涯发展阶段理论

美国的施恩（Edgar Schein）教授立足于人生不同年龄段面临的问题和职业工作主要任务，将职业生涯分为九个阶段：

1．成长、幻想、探索阶段

一般 0~21 岁处于这一职业发展阶段，主要任务如下。

- 发展和发现自己的需要和兴趣，能力和才干，为进行实际的职业选择打好基础。
- 学习职业方面的知识，寻找现实的角色模式，获取丰富信息，发展和发现自己的价值观、动机和抱负，做出合理的受教育决策，将幼年的职业幻想变为可操作的现实。
- 接受教育和培训，开发工作世界中所需要的基本习惯和技能。在这一阶段所充当的角色是学生、职业工作的候选人、申请者。

2．进入工作世界

16~25 岁的人步入该阶段，主要任务是：

- 进入劳动力市场，谋取可能成为职业基础的第一项工作。
- 个人和雇主之间达成正式可行的契约，个人成为组织或职业的成员，充当的角色是：应聘者、新学员。

3．基础培训

16~25 岁的年龄段的人处于该阶段，与上一正在进入职业工作或组织阶段不同，要担当实习生、新手的角色。主要任务是：

- 了解、熟悉组织，接受组织文化，融入工作群体，尽快取得组织成员资格，成为一名有效的成员。
- 适应日常的操作程序，应付工作。

4．早期职业的正式成员资格

此阶段的年龄为 17~30 岁，取得组织新的正式成员资格，主要任务是：

- 承担责任，成功地履行与第一次工作分配有关的任务。
- 发展和展示自己的技能和专长，为提升或进入其他领域的横向职业成长打基础。
- 根据自身才干和价值观，还有组织中的机会和约束，重估当初追求的职业，决定是否留在这个组织或职业中，或者在自己的需要、组织约束和机会之间寻找一种更好的配合。

5．职业中期

处于职业中期的正式成员，年龄一般在 25 岁以上，主要任务是：

- 选定一项专业或进入管理部门。
- 保持技术竞争力，在自己选择的专业或管理领域内继续学习，力争成为一名专家或职业能手。
- 承担较大责任，确定自己的地位。
- 开发个人的长期职业计划。

6．职业中期危险阶段

处于这一阶段的是 35~45 岁者。主要任务是：

- 现实的估价自己的进步、职业抱负及个人前途。
- 就接受现状或者争取看得见的前途做出具体选择。
- 建立与他人的良师关系。

7．职业后期

从 40 岁以后直到退休，主要任务是：

- 成为一名良师，学会发挥影响，指导、指挥别人，对他人承担责任。
- 扩大、发展、深化技能，或者提高才干，以担负更大范围、更重大的责任。
- 如果求安稳，就此停滞，则要接受和正视自己影响力和挑战能力的下降。

8．衰退和离职阶段

40 岁之后到退休期间，不同的人在不同的年龄会衰退或离职，主要任务是：

- 学会接受权力、责任、地位的下降。
- 基于竞争力和进取心下降，要学会接受和发展新的角色。
- 评估自己的职业生涯，着手退休。

9．离开组织或职业——退休

在失去工作或组织角色之后，主要任务是：

- 保持一种认同感，适应角色、生活方式和生活标准的急剧变化。
- 保持一种自我价值观，运用自己积累的经验和智慧，以各种资源角色，对他人进行帮助。

需要注意的是，施恩虽然基本依照年龄增大顺序划分职业发展阶段，但这并非唯一的依据，其阶段划分更多的是根据职业状态、任务、职业行为的重要性。他只给出了大致的年龄跨度，并在职业阶段上所示的年龄有所交叉。

（二）萨柏的职业生涯发展阶段理论

萨柏（Donald E. Super）是美国一位有代表性的职业管理学家。他的职业生涯发展阶段

理论是一种纵向职业指导理论，重在对个人的职业倾向和职业选择过程本身进行研究。萨柏以美国白人作为自己的研究对象，把人的职业生涯划分为五个主要阶段：

1．成长阶段

0~14 岁。经历对职业从好奇、幻想到兴趣，到有意识培养职业能力的逐步成长过程。这一阶段具体分为 3 个成长期。

- 幻想期（10 岁之前）：儿童从外界感知到许多职业，对于自己觉得好玩和喜爱的职业充满幻想和进行模仿。
- 兴趣期（11~12 岁）：以兴趣为中心，理解、评价职业，开始作职业选择。
- 能力期（13~14 岁）：开始考虑自身条件与喜爱的职业相符合否，有意识地进行能力培养。

2．探索阶段

15~24 岁。择业，初就业。这一阶段具体分为 3 个成长期。

- 试验期（15~17 岁）：综合认识和考虑自己的兴趣、能力与职业社会价值、就业机会，开始进行择业尝试。
- 过渡期（18~21 岁）：查看劳动力市场，或者进行专门的职业培训。
- 尝试期（22~24 岁）：选定工作领域，开始从事某种职业。

3．建立阶段

从 25~44 岁为建立稳定职业阶段。这一阶段具体分为两个成长期。

- 尝试期（25~30 岁）：对初就业选定的职业不满意，再选择、变换职业工作。变换次数各人不等，也可能满意初选职业而无变换。
- 稳定期（31~44 岁）：最终职业确定，开始致力于稳定工作。

4．维持阶段

在 45~64 岁这一长时间内，劳动者一般达到常言所说的“功成名就”情景，已不再考虑变换职业工作，只力求维持已取得的成就和社会地位。

5．衰退阶段

人达到 65 岁以上，其健康状况和工作能力逐步衰退，即将退出工作，结束职业生涯。

（三）格林豪斯的职业生涯发展阶段理论

美国心理学博士格林豪斯（Greenhouse）的研究侧重于不同年龄段职业生涯所面临的主要任务，并以此为依据将职业生涯分为五个阶段。

1．职业准备阶段

典型年龄段为 0~18 岁。主要任务是：

- 发展职业想象力。
- 对职业进行评估和选择。

- 接受必需的职业教育。

这个阶段可以理解为找工作前的准备，了解社会上的各种职业，并且在理论和实践上对职业进行体验、评估。结合个人偏好或目标进行大概的职业选择，同时为了达到职业入门的要求，就要接受培训、学校等方面的教育，以取得相应的从业证书和基本的职业能力。

2．查看组织阶段

18~25 岁为查看组织阶段。主要任务是：

- 在一个理想的组织中获得一份工作。
- 在获取足量信息的基础上，尽量选择一种合适的、较为满意的职业。

这个阶段可以理解为“找工作、找到工作、找到适合的工作”的过程，同时此理论提出一个概念：企业化或组织化，即在了解各类雇主的同时，确定个人所适应的企业类型，在适应企业文化过程中与组织达到同步发展。这是与企业达成心理契约、获得同步发展的关键时期，也是避免职场新人过于频繁跳槽的有效方式。

3．职业生涯初期

处于此期的典型年龄段为 25~40 岁。此阶段的主要任务是：

- 学习职业技术，提高工作能力。
- 了解和学习组织纪律和规范，逐步适应职业工作，适应和融入组织。
- 为未来的职业成功做好准备。

4．职业生涯中期

40~55 岁是职业生涯中期阶段。主要任务是：

- 需要对早期职业生涯重新评估，强化或改变自己的职业理想。
- 选定职业，努力工作，有所成就。

5．职业生涯后期

从 55 岁直至退休为职业生涯的后期。主要任务是：

- 继续保持已有职业成就。
- 维护尊严，准备引退。

格林豪斯的职业生涯发展阶段理论从人的工作角度来看很通俗，在逻辑上也很清晰，可以概括人的整个职业生涯，但过于简单，不能细分职业生涯的阶段与问题。

三种职业生涯发展阶段理论如表 8-2 所示。

二、职业选择理论

职业选择是指人们依照自己的职业期望，并根据自己的兴趣能力、特点等自身素质，从社会现有的职业中选择一种适合自己的职业的过程。长期以来，许多学者对职业选择问题进行了广泛而深入的研究，提出了许多有影响的职业选择理论。如威廉斯（E. G. Willianson）

的特性——因素论，霍兰德（J. L. Holland）人格类型理论等。以下简单介绍这些具有代表性的职业选择理论。

表 8-2 三种职业生涯发展阶段理论比较

	施恩的职业生涯发展阶段理论	萨柏的职业生涯发展阶段理论	格林豪斯的职业生涯发展阶段理论
理论提出者	施恩	萨柏	格林豪斯
划分依据	人生不同年龄段面临的问题和职业工作主要任务	不同年龄段职业的需求与态度	不同年龄段职业生涯所面临的主要任务
划分阶段	（1）成长、幻想、探索阶段 （2）进入工作世界 （3）基础培训 （4）早期职业的正式成员资格 （5）职业中期 （6）职业中期危险阶段 （7）职业后期 （8）衰退和离职阶段 （9）离开组织或职业	（1）成长阶段 （2）探索阶段 （3）建立阶段 （4）维持阶段 （5）衰退阶段	（1）职业准备阶段 （2）查看组织阶段 （3）职业生涯初期 （4）职业生涯中期 （5）职业生涯后期
年龄跨度有无交叉	有交叉	无交叉	无交叉
注意事项	不拘泥于年龄增大顺序，阶段划分同时考虑职业状态、任务、职业行为重要性	研究对象仅仅为美国白人	可以概括人的整个职业生涯，但不能细分职业生涯的阶段与问题

（一）特性—因素论

特性—因素论（Trait-Factor Theory）的渊源可追溯到 18 世纪的心理学研究，直接建立在帕森斯（F.Parsons）关于职业指导三要素思想之上，由美国职业心理学家威廉斯（E. G. Willianson）发展而形成。

特性—因素论认为个别差异现象普遍地存在于个人心理与行为中，每个人都具有自己独特的能力模式和人格特质，而这种能力模式及人格模式又与某些特定职业存在着相关联系。每种人格模式的个人都有其相适应的职业，都有选择职业的机会。人的特性又是可以客观测量的。帕森斯提出职业指导由三步（要素）组成。

（1）评价求职者的生理和心理特点（特性）。通过心理测量及其他测评手段，获得有关求职者的身体状况、能力倾向、兴趣爱好、气质与性格等方面的个人资料，并通过会谈、调查等方法获得有关求职者的家庭背景、学业成绩、工作经历等情况，并对这些资料进行评价。

（2）分析各种职业对人的要求（因素），并向求职者提供有关的职业信息。具体包括以下方面。

① 职业的性质、工资待遇、工作条件以及晋升的可能性。

② 求职的最低条件，诸如学历要求、所需的专业训练、身体要求、年龄、各种能力以及其他心理特点的要求。

③ 为准备就业而设置的教育课程计划，以及提供这种训练的教育机构、学习年限、入学资格和费用等。

④ 就业机会。

（3）人——职匹配。指导人员在了解求职者的特性和职业的各项指标的基础上，帮助求职者进行比较分析，以便选择一种适合其个人特点又有可能在职业上取得成功的职业。

综上，特性——因素强调个人所具有的特性与职业所需要的素质与技能（因素）之间的协调和匹配。为了对个体的特性进行深入详细的了解与掌握，特性——因素论十分重视人才测评的作用，可以说，特性——因素论进行职业指导是以对人的特性的测评为基本前提。它首先提出了在职业决策中进行人——职匹配的思想，故这一理论奠定了人才测评理论的理论基础，推动了人才测评在职业选拔与指导中的运用和发展。

（二）人格类型理论

美国职业心理学家霍兰德（Holland）创立的人格类型理论对人才测评的发展产生了重要的影响。

在人格和职业的关系方面，霍兰德提出了一系列假设。

- 在现实的文化中，可以将人的人格分为六种类型：实际型、研究型、艺术型、社会型、企业型与传统型。每一特定类型人格的人，便会对相应职业类型中的工作或学习感兴趣。
- 环境也可区分为上述六种类型。
- 人们寻求能充分施展其能力与价值观的职业环境。
- 个人的行为取决于个体的人格和所处的环境特征之间的相互作用。

在上述理论假设的基础上，霍兰德提出了人格类型与职业类型模式。不同类型人格的人需要不同的生活或工作环境，例如“实际型”的人需要实际型的环境或职业，因为这种环境或职业才能给予其所需要的机会与奖励，这种情况即称为“和谐”。类型与环境不和谐，则该环境或职业无法提供个人的能力与兴趣所需的机会与奖励。霍兰德在其所著的《职业决策》一书中描述了六种人格类型的相应职业。

1．现实型（Realistic）

- 人格倾向：喜欢有规则的具体劳动和需要基本操作技能的工作，缺乏社交能力，不适应社会性质的职业。
- 人格特点：真诚坦率、重视现实、讲求实际、有坚持性、实践性和稳定性。

- 职业兴趣：手工技巧、机械的、农业的、电子的技术。
- 代表性职业：体力员工、飞行员、机械操作者、农民、卡车司机、木工、工程技术人员。

2．研究型（Investigative）

- 人格倾向：具有聪明、理性、好奇、精确、批评等人格特征，喜欢智力的、抽象的、分析的、独立的定向任务这类研究性质的职业，但缺乏领导才能。
- 人格特点：具有分析性、批判性、好奇心、理想的、内向的、有推理能力的。
- 职业兴趣：科学研究。
- 代表性职业：物理学家、人类学家、化学家、数学家、生物学家、各类研究人员。

3．艺术型（Artistic）

- 人格倾向：具有想象、冲动、直觉、无秩序、情绪化、理想化、有创意、不重实际等人格特征。
- 人格特点：感情丰富、理想主义、想象力强、爱冲动、有主见、情绪性。
- 职业兴趣：语言、艺术、音乐、戏剧、书法。
- 代表性职业：诗人、艺术家、小说家、音乐家、剧作家、作曲家、导演、画家。

4．社会型（Social）

- 人格倾向：具有喜欢社会交往、关心社会问题、有教导别人的能力。
- 人格特点：合作、友善、助人、负责、圆滑、善社交、善言谈、洞察力强。
- 职业兴趣：与人有关的事、人际关系的技巧、教育工作。
- 代表性职业：临床心理学家、咨询者、传教士、教师、社交联络员。

5．企业型（Enterprising）

- 人格倾向：具有冒险、野心人格特征，乐于做决策。
- 人格特点：喜欢冒险、雄心壮志、精神饱满、乐观、自信、健谈。
- 职业兴趣：领导、人际关系的技巧。
- 代表性职业：采购员、律师、汽车推销员、政治家、经理、各级行政领导者。

6．常规型（Conventional）

- 人格倾向：喜欢有系统有条理的工作任务。
- 人格特点：谨慎、有效、缺乏灵活性、服从、自我控制强。
- 职业兴趣：办公室工作、营业系统的工作。
- 代表性职业：出纳员、统计员、图书管理员、行政管理助理、打字员。

然而上述的人格类型与职业关系也并非绝对的一一对应。霍兰德在研究中发现，尽管大多数人的人格类型可以主要地划分为某一类型，但个人又有着广泛的适应能力，其人格类型在某种程度上相近于另外两种人格类型，则也能适应另两种职业类型的工作。也就是说，某些类型之间存在着较多的相关性，同时每一类型又有种极为相斥的职业环境类型。

霍兰德有一个六边形简明地描述了六种类型之间的关系，如图 8-4 所示。

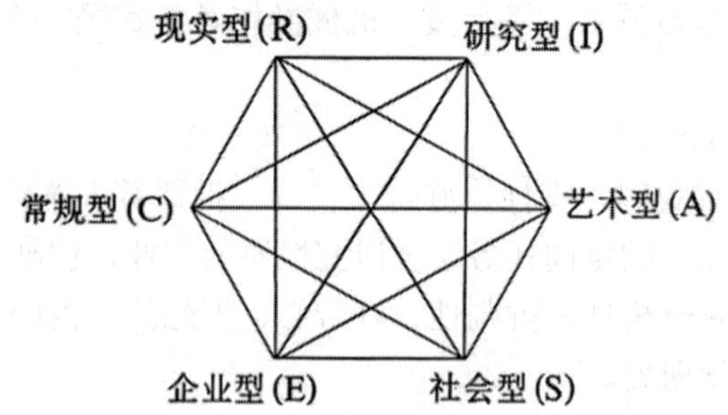

图 8-4　霍兰德职业兴趣六边形

根据霍兰德的人格类型理论，在职业决策中最理想的是个体能够找到与其人格类型重合的职业环境。一个人在与其人格类型相一致的环境中工作，容易得到乐趣和内在满足，最有可能充分发挥自己的才能。因此在职业选拔与职业指导中，首先就要通过一定的测评手段与方法来确定个体的人格类型，然后寻找到与之相匹配的职业种类。为了确定个体的人格类型，就需要大量运用人才测评的手段与方法，霍兰德本人也编制了一套职业适应性测验来配合其理论的应用。

三、职业锚理论

（一）职业锚理论的含义

职业锚理论产生于在职业生涯规划领域具有“教父”级地位的美国麻省理工大学斯隆商学院、美国著名的职业指导专家埃德加・H.施恩（Edgar H. Schein）教授领导的专门研究小组，是对该学院毕业生的职业生涯研究中演绎成的。斯隆管理学院的 44 名 MBA 毕业生，自愿形成一个小组接受施恩教授长达 12 年的职业生涯研究，包括面谈、跟踪调查、公司调查、人才测评、问卷等多种方式，最终分析总结出了职业锚（又称职业定位）理论。

为了更好地了解职业锚理论，我们将对职业锚理论进行几点说明。

1．职业锚以员工习得的工作经验为基础

职业锚发生于早期职业阶段，新员工已经工作若干年，习得工作经验后，方能够选定自己稳定的长期贡献区。个人在面临各种各样的实际工作生活情境之前，不可能真切地了解自己的能力、动机和价值观以及在多大程度上适应可行的职业选择。因此，新员工的工作经验产生、演变和发展了职业锚。换句话说，职业锚在某种程度上由员工实际工作所决定，而不只是取决于潜在的才干和动机。

2．职业锚的关键是以实际为依据

职业锚不是员工根据各种测试得来的能力、才干或者作业动机、价值观，而是在工作实践中，依据自身和已被证明的才干、动机、需要和价值观，现实地选择和准确地进行职业定位。

3．职业锚是多方因素整合的结果

职业锚是员工自我发展过程中的动机、需要、价值观、能力相互作用和逐步整合的结果。

4．员工个人及其职业不是固定不变的

职业锚，是个人稳定的职业贡献区和成长区。但是，这并不是意味着个人将停止变化和发展。员工以职业锚为其稳定源，可以获得该职业工作的进一步发展，以及个人社会生命周期和家庭生命周期的成长、变化。此外，职业锚本身也可能变化，员工在职业生涯的中后期可能会根据变化的情况，重新选定自己的职业锚。

（二）职业锚的类型

1．技术/职能型

技术/职能型的人，追求在技术/职能领域的成长和技能的不断提高，以及应用这种技术/职能的机会。他们对自己的认可来自他们的专业水平，喜欢面对专业领域的挑战。但是他们一般不喜欢从事管理工作，因为这意味着他们将放弃在技术/职能领域的成就。

2．管理型

管理型的人追求并致力于工作晋升，倾心于全面管理，独自负责一个部分，可以跨部门整合其他人的努力成果。他们想去承担整个部分的责任，并将公司的成功与否看成自己的工作。具体的技术/功能工作仅仅被看作是通向更高、更全面管理层的必经之路。

3．自主/独立型

自主/独立型的人希望随心所欲安排自己的工作方式、工作习惯和生活方式。追求能施展个人能力的工作环境，最大限度地摆脱组织制约。他们不愿意放弃提升或工作扩展机会，也不愿意放弃自由与独立。

4．安全/稳定型

安全/稳定型的人追求工作中的安全与稳定感。他们可以预测将来的成功从而感到放松。他们关心财务安全，例如，退休金和退休计划。稳定感包括诚信、忠诚以及完成老板交代的工作。尽管有时他们可以达到一个高的职位，但他们并不关心具体的职位和具体的工作内容。

5．创业型

创业型的人希望利用自己的能力去创建属于自己的公司或创建完全属于自己的产品（或服务），而且愿意去冒风险，并克服面临的障碍。他们想向世界证明公司是他们靠自己的努力创建的。他们可能正在别人的公司工作，但同时他们在学习并评估将来的机会。一旦他们感觉时机到了，他们便会自己走出去创建自己的事业。

6．服务型

服务型的人一直追求他们认可的核心价值，例如，帮助他人，改善人们的安全，通过新的产品消除疾病。他们一直追寻这种机会，这意味着即使变换公司，他们也不会接受不允许他们实现这种价值的工作变换或工作提升。

7．挑战型

挑战型的人喜欢解决看上去无法解决的问题，战胜强硬的对手，克服无法克服的困难障碍等。对他们而言，参加工作或职业的原因是工作允许他们去战胜各种不可能。新奇、变化和困难是他们的终极目标。如果事情非常容易，就让他们厌烦。

8．生活型

生活型的人是喜欢允许他们平衡并结合个人的需要、家庭的需要和职业的需要的工作环境。他们希望将生活的各个主要方面整合为一个整体。正因为如此，他们需要一个能够提供足够的弹性的职业环境。为实现这一目标，他们甚至可以牺牲职业的一些方面，如提升带来的职业转换。他们将成功定义得比职业成功更广泛。他们认为自己在如何去生活，在哪里居住，以及如何处理家庭事情，及在组织中的发展道路是与众不同的。

（三）职业锚的作用

职业锚作为个人自省的才干、动机与价值观的模式，在个人的职业生涯与工作生命周期中，在个人与组织的事业发展过程中，都发挥着重要的功能与作用。许多国际知名企业热衷于采用职业锚进行职业生涯管理。比如说，日本丰田公司在运用员工的“职业锚”方面获得了意想不到的收益。丰田对于岗位一线工人采用工作轮调的方式来培养和训练，这样既提高了工人的全面操作能力，又使一些生产骨干的经验得以传授。同时员工还能在此过程中发现自己的优势在哪里，从而进行准确定位，找到真正适合自己的岗位。自从员工确立自己的职业锚，工作起来更具积极性和主动性，效率也就有了很大提高。的确，职业锚理论在企业管理中发挥了重要的作用，那么我们就将其重要作用总结如下：

1．选择职业生涯发展道路

职业锚是通过工作经验的积累产生并形成的，清楚反映个人的价值观与才干，也能反映个人进入成年期的潜在需求和动机。个人在某一职业工作过程，实际上就是个人自我真正认知的过程，认识自己具有什么样的能力、才干，需要什么。通过对职业锚的认识，找到自己长期稳定的职业贡献区，从而决定自己将来的主要生活与职业选择。

2．确定职业生涯目标，发展职业角色形象

职业锚清楚地反映出个人的职业生涯追求与抱负。例如，技术/功能型职业锚的人，其志向和抱负在于专业技术方面的事业有成，有所贡献。同时，根据职业锚可以判断个人达到职业成功的标准，例如职业锚于管理型的人来说，其职业成功在于升迁至更高的职业，获得更大的管理机会。因此明确自己的职业锚，可以帮助确定自己职业生涯成功的标准，职业生涯成功要求的环境，从而确定职业目标及职业角色。

3．有助于提高个人的工作技能，提高自己的职业竞争力

职业锚是个人经过长期寻找所形成的职业生涯的定位，是个人的长期贡献区。职业锚形成后，个人便会相对稳定从事某种职业。随着个人工作经验的丰富和累积，个人知识的扩张，个人的职业技能将不断增强，个人职业竞争力也随之增加。

沙场点兵

职业规划八原则

1. 利益整合原则

利益整合是指员工利益与组织利益的整合，个体必须认可组织的目的和价值观，并把自身的价值观、知识和努力集中于组织的需要和机会上。

2. 协作进行原则

协作进行原则，即职业生涯规划的各项活动，都要由组织与员工双方共同制订、共同实施、共同参与完成。因此必须在职业生涯开发管理战略开始前和进行中，建立相互信任的上下级关系。建立互信关系的最有效方法就是始终共同参与、共同制订、共同实施职业生涯规划。

3. 公平、公开原则

在职业生涯规划方面，企业在提供有关职业发展的各种信息、教育培训机会、任职机会时，都应当公开其条件标准，保持高度的透明度。这是组织成员的人格受到尊重的体现，是维护管理人员整体积极性的保证。

4. 动态目标原则

一般来说，组织是变化的，组织的职位是动态的，因此组织对于员工的职业生涯规划也应当是动态的。在“未来职位”的供给方面，组织除了要用自身的良好成长加以保证外，还要注重员工在成长中所能开拓和创造的岗位。

5. 发展创新原则

发挥员工的“创造性”这一点，在确定职业生涯目标时就应得到体现。一个人职业生涯的成功，不仅仅是职务上的提升，还包括工作内容的转换或增加、责任范围的扩大、创造性的增强等内在质量的变化。

6. 时间梯度原则

由于人生具有发展阶段和职业生涯周期发展的任务，职业生涯规划与管理的内容就必须分解为若干个阶段，并划分到不同的时间段内完成。每一时间阶段又有“起点”和“终点”，即“开始执行”和“完成目标”两个时间坐标。

7. 全程推动原则

在实施职业生涯规划的各个环节上，对员工进行全过程的观察、设计、实施和调整，以保证职业生涯规划与管理活动的持续性，使其效果得到保证。

8. 全面评价原则

为了对员工的职业生涯发展状况和组织的职业生涯规划与管理工作状况有正确的了解，要由组织、员工个人、上级管理者、家庭成员以及社会有关方面对职业生涯进行全面的评价。在评价中，要特别注意下级对上级的评价。

第三节　职业生涯发展

一、职业生涯发展的定义

进行了职业规划之后，员工迫切地需要掌握某种技能，而参加教育培训则是有效的途径。因此，我们引入职业生涯发展这个概念。那职业生涯发展如何定义呢？首先，我们要清楚地了解职业生涯发展是一种提升员工技能的方法。然后，再思考方法的发起者是谁？很简单，是组织发起的。那么这种方法具体包括什么？它包括了员工获取目前以及将来工作所需技能、知识的一种方法。分析到此，不言自明。职业生涯发展是指组织帮助员工获取目前或将来工作所需的技能、知识的一种方法。实际上，职业生涯发展是培训的一种类型。

二、职业发展阶段

大部分工作的人们在中学、本科、研究生阶段接受了某些形式的组织教育，为他们的工作做了必要的准备。当他们开始第一份工作时，转向同一个企业或其他企业的另一份工作的机会也出现了。经过一番职业选择的过程，最终他们稳定在一个能做到退休的岗位。每个阶段时间的长短因人而异，但是大部分工作的人们都经历了所有的阶段。

职业阶段的研究发现随着个人阶段的转变，自身的需要和期望也在转变。图 8-5 概括了职业阶段和个人需要之间的关系。

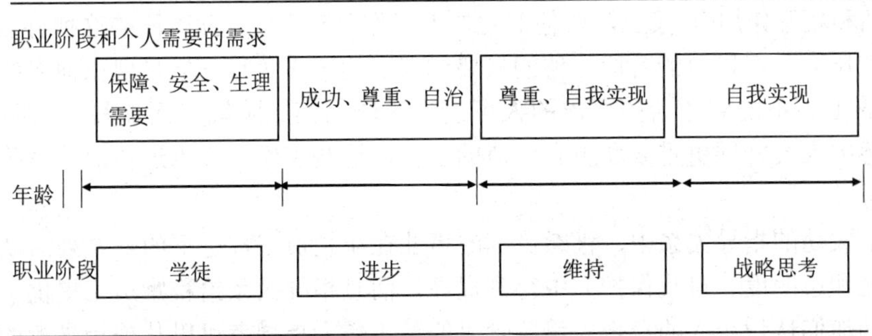

图 8-5 职业阶段和个人需要之间的关系

个人经历职业生涯的不同阶段的事实是显而易见的。对于个人来说，一个阶段的需要和动机与下一个阶段不同也是可以理解的。但是管理职业生涯需要完整地描述各个阶段个人遇到的情况。有一群人他们的职业对于现代企业的业绩有着特殊意义，把他们称为专业人员。

（一）第一阶段

拥有技术知识的年轻专业人员进入了企业，但是他们经常不理解企业的要求和期望，因此，他们必须与有经验的人员一起密切合作。年轻的专业人员与他们的指导者之间形成的关系称为“师徒关系”。学徒希望能胜任主要的工作，包括学习和接受指导。一个人想要成功有效地通过第一阶段则必须要接受一个依赖的心理状态。一些专业人员不能够应对在学校中曾经遇过的相似情形，虽然他们希望第一份工作能够提供更多的自由，但是发现仍然受到权威人士的指导，就如同在学校那样。

（二）第二阶段

一旦他们通过了第一阶段的依赖关系，专业人员将会步入被称为独立工作的第二阶段，想要通过这个阶段必须证明自己能够胜任专业领域工作。在一定的领域有技术方面的专家意见，例如税收、产品检验或质量担保。这方面的意见也存在于技能领域，例如计算机应用。第二阶段专业人员的首要任务是在所选择的领域成为意见的“独立贡献者”，希望专业人员更少地依靠他人的指导。独立的心理状态可能会造成一些问题，因为这种状态和前阶段要求的依赖心理是完全相反的。第二阶段对于专业人员将来的发展极其重要，一般说来，在此阶段失败的人将来不能很好地发展，因为他们不具有足够的自信。

（三）第三阶段

进入第三阶段的专业人员被期待成为第一阶段人员的指导者，而且他们注意拓展兴趣，注意与企业外的人一起处理越来越多的事情。从而，专业人员此阶段的中心任务就是对他人的“培训和相互作用”。第三阶段他们对他人工作负起责任，此阶段的这种特点会造成相当大的心理压力。在以前的阶段，他们只要对自己的工作负责，但是现在他人的工作成为首要关注的事。不能到达新的要求的人可能决定转回第二阶段，而那些能从照管他人中得到满足感的人会开展更重要和更有价值的工作，这些工作将成为退休前第三阶段的工作内容。

在一个成功的指导关系中，稚嫩员工的事业在年长员工推进下的一系列活动（训练、错误的曝光和透明度、自我保护）中得到提高。而且指导关系给稚嫩员工提供了支持，这种支持帮助他们认识个人的身份。第三阶段的员工作为指导者可以从被指导者的成长、发展和进步中得到极大的满足感。

在过去，对女性员工和少数民族员工建立指导关系比较困难。有研究显示，一些男性员工对作为女性员工的指导者犹豫不决，因为这种指导关系经常会引起流言蜚语。另外一些研究表明年长的女性员工对于指导年少的女性员工也会感到有些困难，因为她们察觉到这样做存在组织风险。但是，随着管理水平地位较高的女性员工和少数民族员工的增加，这些人指导年少同事的机会也很有可能增加。

（四）第四阶段

一部分专业人员保持在第三阶段，对于这些人来说第三阶段是职业生涯的重要阶段，另一部分的专业人员进步到另外一个阶段。并不是所有员工都能进入第四阶段，因为此阶段的基本特征包括“形成自己企业的发展方向”。虽然我们认为在一个企业中只有一个人——总经理——才能做此事，但是这项工作也可以由其他人来担任，例如，产品开发、加工制造或技术研发的关键人员。由于他们在职业的第三阶段的表现而取得的重要地位，进入第四阶段后他们要把注意力放在长远的战略规划上。在做规划时他们扮演的是管理者、企业家和构思的发起者。他们的主要工作是去发掘和帮助继承者的事业，与企业外的关键人物打交道。对于个人在第四阶段最重要的转变是在没有事后劝告的情况下接受下属的决定。第四阶段的人必须学习具有影响力，也就是把命令方式的实践领导能力运用在观念的培养、员工的选择和组织的设计中。这些转变对于过去曾依赖上级指导的个人来说是困难的。

职业阶段的概念是理解和达到职业发展的基础，同样也是领会“人生阶段”必不可少的。一个人在经历人生阶段的同时也在经历职业阶段，但是职业阶段和人生阶段之间的相互作用并不是很容易理解。

三、职业发展的重要意义

职业发展对于员工来说是一次再塑造，一个凤凰涅槃的机会。对于组织来说是提升团队战斗力、增强凝聚力的手段。

（一）职业发展对于员工自身的意义

首先，职业生涯发展为员工提供了一个提升自我的平台，让员工获得了丰富知识技能的宝贵机会；其次，职业生涯发展使得员工的命运发生改变，提高了晋升、加薪的可能性；最后，企业把职业生涯发展看作是整体计划的一部分，而不仅仅是一些数字，对员工看待他们工作和雇主的方式有着积极的影响。

（二）职业发展对于组织自身的意义

职业发展能降低员工流动所带来的成本。如果企业帮助员工制订职业计划，这些计划与组织紧密相连，那么员工的离职率就会降低。同时，热心于职业发展能够鼓舞士气，提高生产率。

四、职业生涯发展的实施过程

职业生涯发展是一个系统的工程，它需要管理者精细策划、付诸行动。一般来讲，职业生涯发展包含六个过程，如图 8-6 所示。

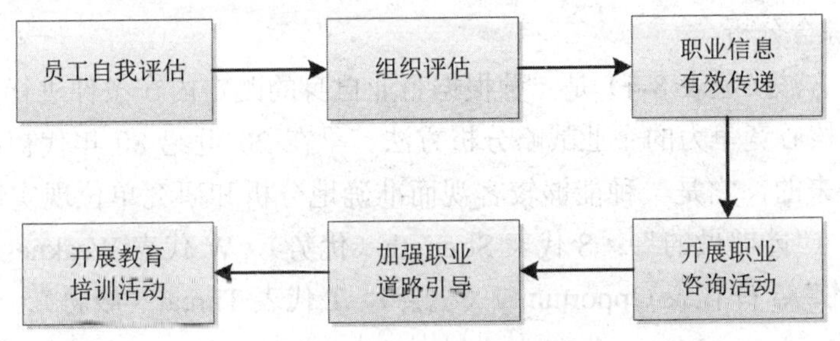

图 8-6　职业发展实施过程

（一）员工自我评估

世界上最了解自己的人莫过于自己，世界上最难做的事莫过于了解自己。这样一句晦涩难懂的话，却道出了了解自己的重要性。自我评估便是了解自己的一个过程。员工的自我评估是对自己的能力、气质、兴趣、爱好、性格、发展等方面全面的分析与评价。认识自己、了解自己、发展自己、提升自己是自我评估的精髓。

科学的评估对于制订正确的职业发展道路十分重要。在进行自我评估的时候，不仅要考虑到自身的优点，同时要考虑到自身的劣势。在评估的时候，要尽量详细、准确，切勿走形式。有的时候个人自我评估往往片面，则需要寻求他人的建议和组织的帮助。同时，在进行自我评估的时候，要善于运用评估工具辅助进行，以达到评估过程科学，评估结果准确。本章为读者介绍两种自我评估的方法，供读者参考学习。

1．优缺点平衡表

优缺点平衡表（见表 8-3）是用表格的形式将个人的优点、缺点予以详细地列出，有助于员工发扬自己的长处、弥补不足。通过绘制优缺点平衡表，以达到对自己的优势和劣势全面系统的了解。

表 8-3　优缺点平衡表示例

优　点	缺　点
开朗	不喜欢细节
富有同情心	说话不顾后果
善于与他人共事	不善于表达个人意见
有创造力	叛逆
有同情心	兴趣时高时低
善于借力完成工作	离婚
公正	不喜欢与上司交朋友
精力充沛	喜动不喜静
善于安排时间	不耐心

2．SWOT 综合分析

SWOT 分析方法（见表 8-4）是一种根据企业自身的既定内在条件进行分析，找出企业的优势、劣势及核心竞争力的企业战略分析方法。早在 20 世纪 80 年代初由旧金山大学的管理学教授提出来的，它是一种能够较客观而准确地分析和研究单位现实情况的方法。其中战略内部因素（“能够做的”）：S 代表 Strength（优势），W 代表 Weakness（弱势）；外部因素（“可能做的”）：O 代表 Opportunity（机会），T 代表 Threat（威胁）。

表 8-4　SWOT 综合分析示例

	优势（S）	劣势（W）
内部因素	个体可控制并可以利用的内在积极因素： 1．工作经验； 2．教育背景； 3．丰富的专业知识和技能； 4．特定的可转移技巧（如沟通、职业道德、团队合作、领导能力等）； 5．人格特性（如职业道德、自我约束、承受工作压力的能力、创造性、乐观等）； 6．广泛的个人关系网络； 7．在专业组织中的影响力	个体可控制并努力改善的内在消极因素： 1．缺乏工作经验； 2．学习成绩差或一般； 3．缺乏目标，且对自我的认识不足； 4．较差的领导能力、人际交往能力、沟通能力和团队合作能力； 5．较差的寻找工作的能力； 6．负面的人格特性（如职业道德较差、缺乏自律、缺少工作动机、害羞、暴躁等）

续表

	机会（O）	威胁（T）
外部因素	个体不可控制但可以利用的外部积极因素： 1．就业机会增加； 2．专业领域急需人才； 3．专业晋升的机会； 4．职业道路选择带来的独特机会； 5．地理位置的优势； 6．强大的关系网络	个体不可控制但可以使其影响弱化的外部消极因素： 1．就业机会减少； 2．同专业的大学毕业生带来的竞争； 3．具有丰富技能、经验、知识的竞争者； 4．名校毕业的竞争者； 5．专业领域发展有限

（二）组织评估

组织评估是指组织利用员工的绩效，对员工的能力和潜力进行公正的评估，以给员工的职业生涯发展提供科学、有建设性的建议。在评估时，要充分考虑员工的教育背景、过往工作经历，以保证评估全面、准确。组织评估往往由员工的直线领导和人力资源管理部门进行。做好组织评估工作，既是对员工负责，也是对组织自身负责。

（三）职业信息有效传递

评估代表着“知己”，而职业信息传递则代表着“知彼”。如果员工仅仅做到对自己的优缺点有了充分的了解，却不知道组织中职业选择、职业变动和空缺的岗位的话，也无法做到合理的职业生涯发展。因此，组织应该及时为员工提供相关信息，增进员工对于组织的了解，调动员工的积极性，帮助员工规划发展道路。

（四）职业咨询

职业咨询是贯穿于职业发展始终的环节。员工个人的力量十分有限，往往会遇到许多难以解决却必须解决的问题，一定数量的职业咨询能够帮助员工答疑解惑，尽可能地提升决策科学性。

（五）加强职业道路引导

职业道路引导可定义为一系列包括正式与非正式教育、培训及工作体验的开发活动。这些开发活动有助于员工能够从事更高一级的职位。职业道路引导指明了组织内员工的发展方向及发展机会。组织内每一个员工都能沿着本组织的职业道路引导变换工作岗位。

职业道路引导共有四种类型，下面将一一介绍，供读者参考学习。

1．传统的职业道路

传统的职业道路是基于过去组织内员工的实际发展道路而制订出的一种发展模式。它是员工在一个组织里，从一个特定的工作到下一个工作纵向向上发展的一条途径。假定每一个员工当前的工作是下一个较高层工作的必要准备。因而，一名员工必须一级接一级的，从一个工作到下一个工作进行变动，以获得所需要的经历和准备。

2．网状职业道路

网状职业道路既包括纵向的工作序列，也包括一系列横向的机会。网状职业道路承认在某些层次的经验的可交换性，以及晋升到较高层之前需要拓宽本层次的经历。这种道路比传统职业道路更现实地代表了员工在组织中的发展机会。这种纵向和横向选择，减少了堵塞的可能性。但这种职业道路的缺点是，向员工解释其职业可能采取的特定路线会比较困难。

3．横向技术道路

按传统观点，一条职业道路被视为向组织中较高管理层的升迁之路。但近年来传统方法的可用性减小了很多。横向技术道路允许员工在企业内进行横向调动，这样有助于他们焕发新的活力、迎接新的挑战。虽然没有获得加薪或晋升，但员工可以增加自己对组织的价值，也使他们自己获得新生。

4．双重职业道路

双重职业道路最初被开发出来是用于解决有关受过技术培训、且并不期望在组织中通过正常升迁程序调到管理部门的这种员工的问题。双重职业道路认为，技术专家能够而且应该允许将其技能贡献给公司而不必成为管理者。如在一所大学里，一个教师可以通过助教、讲师、副教授、教授获得晋升，而不一定要进入行政管理层。又如在一个公司里，双重职业道路为经理人员和专业技术人员设计了一个平行的职业发展体系，经理人员使用管理类型的晋升阶梯，专业技术人员则使用研究开发类型的晋升阶梯，从而使专业技术水平高的员工不必进入管理层，也可以得到更高的报酬。

（六）开展教育培训活动

企业通过一系列的教育培训，提升员工的总体素质，指导员工高效地掌握相关技能，了解正在或将要从事的职业的发展趋势，掌握最新前沿动态。最终促使员工学有所用，为企业的发展做出自己的贡献。

沙场点兵

六种避免你被工作主宰的方法

1. 拥抱你的激情

不要让你的梦想打折扣。重拾你拥有过的孩童般的魅力，寻找到能让你的工作和生活充满激情的道路。

2. 以每一次进步去对抗完美

大多数人都有这样的经历，在完美和追求完美面前感觉到无能无力。这里有个不寻常

的方法对抗完美无力症：你执行追逐目标或者梦想的旅途上，为每一步小的前进感到高兴！

3. 有目的的前进

让人们知道你是谁，在某种意义上是带有私人性质和目的性的。没有人会享受你的自我推销。但是人们却会认识和称赞那些有目的的，真正的自信地站立在他们擅长领域里的人。

4. 充分利用你的平台

你的平台就是目前为止你生命所到达的位置。这或许还不是你想要到达的位置，但这就是你。它包括你的朋友圈，与你关系要好的同事，你的老师们，以及那些老板们，他们与你一同实现着你的梦想，正如你帮助他们实现着他们的一样。

5. 付诸实践

改变起来，敲响警钟和意识到这个问题。行动起来，做好前面四步，并为这一步做好认真的准备，并尽可能地时常关注机会。

6. 操练付出

给予！你永远无法指出给予有什么错误，即使在没有任何人听过这句话的情况下。给予不仅仅是给予别人，并且在找到目标之后，不停地给予自己。

资料来源：http://zygh.studentboss.com/html/xllc/2014/0829/6094.html.

第四节 职业生涯管理体系

一、职业生涯管理体系定义

职业生涯管理体系涉及从员工进入组织到因离职或退休而离开组织的整个时间段。整个体系和实施过程既与组织特点相关，也与员工个体特征相关；既与企业内部要素相关，也与外部宏观环境相关，是一个庞大的复杂系统体系，整个体系包括了需求调查、职业测评、意见征求、制订规划、教育培训、考核评估等相关的步骤，每一个步骤都包括着相应的方法、目标等具体实施细节。

二、构建职业生涯管理体系要求

在职业生涯管理中，体系系统功能的实现需要妥善管理相关因素，在实际应用中，我们需要做到以下方面。

（一）准确分析影响系统功能实现的因素

职业生涯管理系统功能实现的影响因素来自系统外部环境、组织内部因素和员工个体特征三个方面，因而需要：

1．分析系统环境，实现组织与外部环境的协调

了解政府法律政策等对行业的规定和行业竞争状况，保证组织存在的合法性和赢利能力，预测未来环境的变化，确定组织未来的发展方向和业务领域，以及员工职业发展的方向和路径。

2．设计职业生涯管理系统，实现系统与组织内部因素的协调

职业生涯管理系统根据组织战略需要设计，它应包括职位系统、招聘测评系统、培训与能力开发系统、绩效考评系统、薪酬系统和保障系统等子系统，整合职业生涯管理系统内部各子系统之间的关系，使其与其他环境因素相协调。

3．准确分析员工心理过程特征

通过各种测试分析员工的心理过程特征，引导员工确立自己的发展目标，认识自己的能力以及环境所提供的发展机会等，减少员工可能产生的挫折感，避免职业生涯危机的出现。

（二）帮助员工制订与组织目标一致的职业生涯规划

在分析系统环境和员工个体心理特征之后，需要为员工设计职业生涯规划，并在实施过程中根据系统环境、组织状况、员工心理特征等因素的变化进行调试，保证系统的有效性。

1．制订职业生涯规划

组织根据对内外部环境和员工个体心理特征的分析，为员工确立职业生涯发展目标，制订相应的制度和教育培训计划，以保证员工职业生涯目标的实现。

2．监督、评估和修正

在职业生涯管理规划的实施过程中，追踪职业生涯开发的效果，重视员工的反馈和参与，对职业生涯规划的实施情况进行监督和评估，并做出相应的修正，以保证职业规划的科学性、合理性和可操作性。

3．加强组织文化建设，共建心理契约

实现组织发展目标与员工职业生涯规划的协调，引导员工对自身进行准确的分析，判断其所具备的能力和环境允许其做的事情，与组织共建心理契约，实现职业生涯规划与组织目标的融合。

（三）建立职业生涯管理系统功能实现的保障系统

在职业生涯管理系统的设计与运行过程中，涉及的因素较多，结构复杂，因此，要确保其系统功能的实现，还需要具备相应的保障措施。

1．获得高层领导的支持，成立职业生涯管理机构

职业生涯管理机构一般由企业最高领导者、人力资源管理部门的负责人、职业指导顾

问、部分高级管理人员以及组织外部专家组成，其主要职责是收集和整理个人、组织和社会发展的信息，对有潜力的员工进行定位，为员工的职业生涯发展提供咨询，帮助各级管理人员做好职业生涯开发与管理工作。

2．完善与职业生涯管理相关的制度

包括对人力资源的投资、成本、价值、收益作定量分析的职业生涯开发会计制度，对职业能力和工作表现做客观评价的绩效考核制度，培训工作的计划、审核、实施、评估制度，与岗位知识技能及对企业贡献挂钩的收入分配制度，对人才进行科学选拔、跟踪、培养及优化配置的人才档案制度，以及领导、人力资源开发部门、员工三者之间的对话制度等。

沙场点兵

职业规划：跳出梯子 看到格子

任何人都有一颗事业心，或大或小，或脚踏实地，或天马行空。通俗点说，人生在世，总得做点事儿。但是，职业之路，不会是一道直直的梯子，而是一片可左可右、可上可下的格子。

现在很多年轻人入职场前，都会做“职业规划”，制订出5年目标、10年目标。但是，这种规划，往往将职业路径视为梯子，而非格子。有一位成功企业家，每次出现在公开场合，总被年轻人团团围住，咨询如何规划职业生涯，她都答：“其实没有什么规划。”然后看到“所有的年轻人大大地松了一口气”。

但是，“大大松了一口气”的年轻人，可万万不要以为，没规划就是不准备。翻翻这位企业家的教育背景、职业履历，无一不强大。连续做同一份工作，如同在一架梯子上不断攀爬，久了，自然会心生厌倦。但是，真正有事业心的人，不会就工作看工作，而是跳出来，从大处看，从远处看，乃至从历史纵深处看。看到这份工作的意义，看到这份工作对个人能力的锤炼，看到这份工作给未来发展的助益。把手上的工作做精做细，看出门道，摸出规律，为向更高的位置进发奠定基础。这是一个积累人力资本的过程。时机成熟，不妨换一换部门，或者换一换雇主，打破“梯子”思维，跳入“格子”前行。

如此来看，一个充满活力的企业，也必定是能给员工提供格子的企业。人们把能够坚守岗位的员工比作“螺丝钉”，但“螺丝钉”也只是个比喻，意思是每个人都是企业这部大机器上的一部分，唯有通力合作，方能运转正常。企业负责人如果机械地理解这个比喻，把别人看作没有生命的“螺丝钉”，自己来当随心所欲的操作员，那可就大错特错，企业可能随时翻车。企业要提供员工攀升的“格子”，让“螺丝钉”活起来。

所以，梯子还是格子，其实是代表了两种路径。两相比较，还是格子代表的人生更有弹性，也更广阔。

资料来源：http://zygh.studentboss.com/html/xllc/2014/0821/6087.html.

第五节　职业生涯管理面临的特殊挑战

任何事物不可能是一帆风顺的，人生亦然，职业生涯亦然。一个人的职业生涯大多数情况下是曲折前进的。一个人无论是身处高位，抑或工作在基层，在他的职业生涯中，一定会或多或少遇到挑战。挑战可能来源于宏观大环境，或者所在组织。本节将与各位读者一同分析职业生涯管理面临的特殊挑战。

一、来自宏观环境的挑战

任何个体都不能孤立存在，都会依附于所属的环境，也无法摆脱环境的烙印。因此，宏观环境的变化会给一个人的职业生涯带来挑战。来自宏观环境的挑战具体包括以下方面。

（一）就业环境的变化

劳动力市场瞬息万变，曾经大热的专业有可能在未来几年里持续走低。曾经冷门的职业，有可能在未来一路飘红。劳动力市场的供求关系无时无刻不发生着变化，同时也存在着分割的现状。就业环境可能对个人职业生涯发展的准备内容、个人职业生涯发展范围、个人职业生涯发展路径产生一定的影响。

（二）社会文化的冲击

社会文化环境的影响也无法忽略。近年来，大众文化的兴起使得社会潮流发生变化，也同样使得职业发展趋势发生了变化。中国地大物博，人口众多，地域文化的冲突也影响着职业生涯。总之，社会文化通过对个人职业价值观和个人职业选择偏好来影响职业生涯的发展。

（三）网络技术的发展

随着互联网时代的到来，网络技术得到了蓬勃的发展，而网络技术的发展也对个人职业生涯的发展产生了影响。网络技术的加速更新使得个人职业生涯的发展面临更大的不确定性，同时沟通技术的层出不穷影响着个人职业准备，虚拟社区和移动互联网使得个人职业发展具有更多的可能性。

二、来自所在组织的挑战

员工的职业生涯往往要依托于组织而存在，依托于组织而发展。组织内部环境的变化

也同样会给员工的职业生涯带来挑战，具体包括以下方面。

（一）组织结构的调整

个人职业生涯发展的方向是受到组织战略目标的变化而影响的。组织战略目标发生了变化，个人的职业生涯发展的方向则会相应地调整。组织结构近年来趋于扁平化，从而打破了传统组织晋升通道。组织虚拟化也打破了个人职业的边界。

（二）组织生命周期缩短

经济全球化已经成为了不可逆转的趋势，组织寿命也越来越短。组织从创立到消亡的时间缩短，同时员工在单个组织职业发展的时间也缩短，使得个人职业发展的实现途径变得越来越模糊了。

（三）工作特征的改变

近年来，工作特征发生了一系列的变革。工作再设计的出现使得个人职业生涯发展的可能性显著增强。而远程工作的普及改变了个人职业生涯发展的模式。同时，团队合作成为了现代企业重视的一项技能，团队工作特征也影响着个人职业生涯的发展。

虽然在个人的职业生涯发展中，面临着各种各样的挑战，承受着多方的压力。但是，在进行职业生涯规划时，我们完全没有必要恐惧，要正视挑战的存在，保持一颗平常心。在挑战中思考解决问题的办法，顺应时代发展的潮流，不断调整自己的职业生涯规划，真正成为一名职场弄潮儿。

本章小结

1．职业生涯是指一个在其生命周期全过程连续从事和承担的特定职业、职务和职位的过程。职业生涯是人与人、社会、环境互动的结果。职业生涯管理是组织和个人对职业生涯发展和变化进行全程跟踪与管理，对职业生涯进行综合性的设计、规划、执行、评估和反馈。职业生涯管理的主体可以是个人，也可以是组织。

2．职业生涯规划具有理论支持，主要有职业生涯发展阶段论、职业选择理论和职业锚理论三种类型。职业生涯发展阶段论，包括施恩的职业生涯发展阶段理论、萨柏的职业生涯发展理论、格林豪斯的职业生涯发展理论。职业选择理论包括特征—因素论与霍兰德人格类型理论。职业锚理论为职业生涯规划提供了理论支持与应用贡献。

3．职业生涯发展是组织帮助员工获取目前或将来工作所需的技能、知识的一种方法。职业生涯发展的实施过程包括员工自我评估、组织评估、职业信息有效传递、职业咨询、加强职业道路、引导开展教育培训活动。

4．职业生涯管理体系与实施过程既与组织特点相关，也与员工个体特征相关；既与企业内部要素相关，也与外部宏观环境相关，是一个庞大的复杂系统体系，整个体系包括了需求调查、职业测评、意见征求、制订规划、教育培训、考核评估等相关的步骤。同时，职业生涯管理也面临着宏观环境以及组织内部条件的挑战。

通关密码

海底捞连锁火锅店的员工职业生涯发展具有以下特点：

1. 不拘一格的晋升条件。在海底捞，学历不重要，出身不重要，工龄不重要。有能力，吃苦耐劳的人才能够获得提升。

2. 公平的晋升制度。海底捞的晋升制度很公平，三条晋升制度让员工看到了希望。

3. 海底捞把培养合格员工视为发展战略的基石。使得企业考核什么，员工就关注什么，把平衡计分法的精髓发挥得淋漓尽致。

职业生涯管理对于组织来说有着重要作用：

1. 人尽其才，物尽其用。

职业生涯管理能够帮助组织更加深入地了解员工的性格、兴趣、抱负、理想，使得组织最大程度地发挥成员的优势，真正做到“让合适的人站在正确的位置上”。

2. 因材施教，激发能量。

通过员工的理想目标来激发员工的工作热情，减少员工的负面情绪，进而产生巨大的推动力，从而为完成组织目标做出贡献。

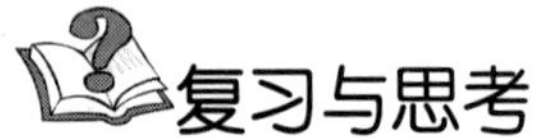

复习与思考

一、名词解释

1．职业生涯

2．职业生涯管理

3．组织职业生涯管理

4．个人职业生涯管理

5．职业选择

6．职业锚

7．职业道路

8．职业发展

9．职业咨询

10．传统职业道路

11．网状职业道路

12．横向技术道路

13．双重职业道路

二、简答

1．职业生涯的含义和性质是什么？有哪些影响因素？

2．什么是职业生涯发展？

3．职业生涯管理的模式是怎样的？

4．简述施恩的职业生涯发展理论。

5．简述格林豪斯的职业生涯发展理论。

6．简述霍兰德人格类型理论。

7．简述职业道路引导的类型。

8．简述职业生涯管理面临的挑战。

三、讨论

1．影响职业生涯管理的因素有哪些？

2．试为组织新入职的员工拟定一份职业生涯规划。

四、案例评析

3M 公司的职业生涯管理

3M 公司全称 Minnesota Mining and Manufacturing（明尼苏达矿务及制造业公司），创建于 1902 年，总部设在美国明尼苏达州的圣保罗市，是世界著名的产品多元化跨国企业。3M 以勇于创新、产品繁多著称于世，生产数以万计的创新产品。它为全球近 200 多个国家的客户提供产品及服务，其产品已深入人们的生活。从家庭用品到医疗用品，从运输、建筑到商业、教育和电子、通信等各个领域，极大地改变了人们的生活和工作方式。3M 公司的员工职业生涯发展也具有独到之处。

1. 职业生涯开发背景

多年以来，3M 公司的管理层始终积极对待其员工职业生涯开发方面的需求。从 20 世纪 80 年代中期开始，公司的员工职业生涯咨询小组一直向个人提供职业生涯问题咨询、测试和评估，并举办个人职业生涯问题公开研讨班。通过人力资源分析过程，各级主管对自己的下属进行评估。公司采集有关岗位稳定性和个人职业生涯潜力的数据，通过电脑进行处理，然后用于内部人选的提拔。

相对来说，历史较短的人力资源部门现已自成体系，可对员工职业生涯开发中的各种作用关系进行协调。公司以往的重点更多地放在评价和人力资源规划上，而不是员工职业生涯开发的具体内容上。新的方法则强调公司需求与员工需求之间的平衡。

2. 职业生涯开发内容

3M 公司新设员工职业生涯开发体系主要包括如下内容：（1）岗位信息系统；（2）绩效评估与开发运作程序；（3）个人职业生涯管理手册；（4）主管和员工公开研讨班；（5）“一致性分析”过程；（6）个人职业生涯咨询；（7）个人职业生涯项目；（8）合作者重新定位；（9）学费补偿；（10）调职。

3. 职业生涯开发岗位信息系统

若干年以来，3M 公司的全美员工民意调查显示，员工要求有更多的有关个人职业生涯机遇的信息。大环境非常适合于 1989 年年底开始试行的岗位信息系统。员工们的反应非常积极，这一示范项目被推广，从此该系统在公司全面实施。在试行阶段，人力资源部、一线部门及员工组成了一个专题工作小组，进行为期数月的规划工作。

4. 绩效评估与发展过程

绩效评估与发展过程涉及各个级别（月薪员工和日薪员工）和所有职能的员工。1989 年，它开始使用于月薪员工，1990 年开始使用于日薪员工（当这一过程扩大到日薪员工时，公司为他们召开了会议提供培训）。

每一位员工都收到一份供明年使用的员工工作单。员工填入自己如何看待自己的工作内容，指出明年的 4~5 个主要进取方向和期待值。这份工作单还包括一个岗位改进计划和一个职业生涯开发计划。

然后，员工与自己的主管对这份工作单进行分析，就工作内容、主要进取领域和期待值以及明年的发展过程取得一致。在第二年中，这份工作单可以根据需要进行修改。这个过程旨在根据实现目标的相关因素，突出需要强化和改进业绩的领域（除工作内容和所取得的成果外）。待到年底时，主管根据以前确定的业绩内容及进取方向进行业绩表彰工作。

在实施这一绩效评估与发展过程之前，3M 公司的评价过程重点不在具体的对发展规划的要求。而上述过程巩固了这样一个观念，即员工对工作和职业生涯开发负有主要责任，而领导者则为此项关键性资源提供咨询、建议和辅导。具有重要意义的是，绩效评估与发展过程促进了 3M 公司主管与员工之间的交流。他们定期召开业绩讨论会（一般是一个季度一次），鼓励员工根据需要与自己的主管进行正式的商谈。

（1）个人职业管理手册。公司向每一位员工发放一本个人职业生涯管理手册。它概述了员工、领导者和公司职业生涯开发方面的责任。这一手册还明确指出公司现有的员工职业生涯开发资源，同时提供一份员工职业生涯关注问题的表格。

（2）主管公开研讨班。为期一天的公开研讨班有助于主管理解自己所处的复杂的员工职业生涯开发环境，同时提高领导技巧及对自己所担负的各类角色的理解（咨询者、教练、推荐人等）。主管的反应始终是非常积极的，同时还应计划开展一次公开研讨班跟踪此过程。这公开研讨班巩固了一个认识，即人才开发是主管工作的一个基本组成部分。这一开发重点还强调对业绩表彰过程的利用。虽然一般性业绩被包括在所有员工的评估中，但针对主管还增加了额外的评估，“员工开发与管理”则是这些新增因素的第一方面。

（3）员工公开研讨班。早在1987年，3M公司就已经开办了旨在帮助员工分析个人前途的职业生涯发展公开研讨班。经过1990年的改进，员工公开研讨班为期两天，提供“个人职业生涯指导”，即强调自我评估、目标和行动计划，以及平级调动的好处和职位晋升的经验。第三天的内容可以任选，其重点在于培训内部岗位的求职技巧、如何写简历、如何面试等。同时，如何有效利用岗位信息系统也被纳入公开研讨班的内容之中。开始时有些主管担心这样的公开研讨班可能会起到鼓励人们跳槽的作用。然而事实并非如此，参加过公开研讨班的大部分职员报告说，他们现在对自己目前的个人前途更加满意了。同时他们还充分认识到如何更加现实地把握自己的职业生涯。

公开研讨班结束后，员工们根据要求回答跟踪问卷调查，而且他们的行动计划也得到跟踪（主管也参与其中）。为一视同仁地协助员工和主管，人力资源部准备了一个资料库，其中有与个人职业生涯相关的录像带。3M公司的各个图书馆备有关于个人职业生涯的业务图书。虽然公司目前尚未使用职业生涯开发软件，但是正在就与个人职业生涯相关的电脑服务进行调查。

（4）一致性分析过程及人员接替规划。这个过程达到了顶点，集团副总裁会见各个部门的副总裁，讨论其手下管理人员的业绩情况和潜能。此过程影响到评定结果和人力资源的评审过程，因此对于转岗、发展和晋升都具有影响。它是重要的信息共享工具，对于管理人员来说也是反馈业绩信息的又一来源。此过程始于总监们与自己的经理们举行的会议，执行总裁们与自己手下的各位总监举行的会议，部门或负责人事的副总裁则与各位执行总监举行的会议。

与上述一致性分析过程紧密相连的是在执行层面上开展的人员接替规划项目，它已经实行了六七年之久。公司正考虑将这一高度成功的项目扩大到中级管理层。

（5）职业生涯咨询。一方面鼓励职员主动去找自己的主管商谈个人职业生涯问题，另一方面公司也提供专业的个人职业生涯咨询（除此之外，还有每一个部门指定一个人力资源经理）。这一咨询功能包括一些评估工具。员工们可以从主管、员工帮助顾问或人力资源经理处征得个人职业生涯咨询意见，抑或他们可以自行其是。咨询一般被用作对员工公开研讨班的跟踪调查，帮助员工制订一份深造计划；讲解简历协作技巧和面试技巧，帮助员工在求职失败后重新考虑个人前途问题，或者帮助员工求职或重新确定个人发展方向。

（6）职业生涯开发目标。作为内部顾问，员工职业生涯开发工作人员根据职工兴趣开发出一些项目，并将它们在全公司推出。项目内容包括关于员工职业生涯资源部门的信息及现有的内部职业生涯资源。

（7）合作者重新定位。员工职业生涯开发工作人员在全公司范围内协调本合作者重新定位程序。由于双职工夫妇的原因，这已经成为一个重要的功能，虽然本项目也解决非工作合作者的选择。

（8）学费补偿。此项目已经实行多年，它报销学费和与员工当前学习相关的费用，以及与某一工作或职业生涯相关的学位项目的全部学费和费用。

（9）调职。内部调职的协调通过"3M 公司员工转岗"程序进行。其岗位被撤销的员工自动进入个人职业生涯过渡公开研讨班，同时还接受具体的过渡咨询。这种方法在过去的八年中唤起了数千名职工的工作热情。根据管理层的要求，还为解除聘用的职工提供外部新职介绍。

5. 职业生涯开发成果

在 3M 公司试图更加准确、更加现实地统一员工需求和公司需求的努力中，已经成功地提高了工作效率，更大程度地唤起职工参与实现公司目标的热情。主管在员工生涯指导方面更具信心，在改进与员工的交流方面更有可信性。3M 公司针对真正的需求，开发各项员工职业生涯服务项目。职业生涯开发和当前工作的改进虽然分属不同的领域，但又相互关联。由于公司是根据具体情况对待每一个人，所以职业生涯开发为个人和公司都带来了最大的利益。

资料来源：张岩松，李健. 3M 公司的职业生涯体系[N]. 中国人事报，2006-01-18（4）.

【思考题】

1. 请结合案例说明，3M 公司是如何进行员工职业生涯发展的？
2. 3M 公司的成功对你有什么启示？

薪酬管理

学习目标

★★★★★

- 薪酬的基本概念和构成。
- 薪酬结构策略和薪酬水平策略。
- 薪酬体系设计的流程和方法。

★★★★

- 熟悉职位薪酬体系、技能薪酬体系和胜任力薪酬体系。
- 熟悉职位评价在薪酬体系中的运用.

★★★

- 了解宽带薪酬。

开篇案例

薪酬·心愁·新仇

健尔益销售公司（以下简称公司）是菲菲集团为了整合营销渠道而新成立的销售公司，销售人员占比达 80%，其中大部分员工从菲菲集团原有分公司销售部调集过来的。从年中推出新的薪酬体系以来，已经过去半年了，老问题没有解决，新问题又一个个冒出来。

一、职能部门的不满

自从公司开始推行新的薪酬体系，人力资源部小丁没有一天是准时下班的。虽然这次薪酬调整并不涉及人力资源部和财务部等支持性部门，但这几个部门的工作量却为此增加了不少，而且销售部对人力资源部的工作非常不配合。很多该由销售部员工自己做的工作还要人力资源部员工帮忙做，非但不配合，还要人力资源部低声下气。虽然大家都是健尔益公司的员工，但小丁感觉自己在无形之中低人一等，而销售部员工在公司就像是特权阶级。

这次薪酬调整，销售部和市场部的总体薪酬又上调了 10%左右，想到这些，小丁有了跳槽的念头，在这家公司好像除了销售人员，其他部门的员工都没有什么发展前途。财务部的王丽也有这种想法，她抱怨说："每个月的销售数据从来不准确，新的考核体系推行以后干脆让我们来做，到头来是我们帮他们做数据，他们拿奖金。"

二、市场部的委屈

虽然健尔益公司成立才 3 年多的时间，但这个品牌的饮料在市场上已经 10 来个年头了，知名度较高。为了更上一个台阶，公司今年决定推出"有机"概念，在高端饮料市场分一杯羹。作为公司高端系列产品的品牌经理，刘挚今年在"健尔益有机茶"上付出了格外多的心血，投在这个产品上的广告费占了本季度广告预算的 80%。在 9 月的一天，刘挚去家乐福踩点，考察这个季度推出的"健尔益有机茶"的销售情况。

刘挚径直奔向了健尔益产品的货架，放眼一看，全是健尔益绿茶，找了半天才在最边上的货架上看到"健尔益有机茶"。刘挚对此不由得感到恼火，上个星期市场部才给销售部各区域经理发文，要求加大对"健尔益有机茶"的销售力度，在铺货上给予突出，但销售部置若罔闻。而公司刚出台的销售考核的调整是把销售额中品类结构配比的考核权重由原来的 5%提高到 10%，起不到实质作用。

刘挚心里颇感不快，销售部对市场部推行的活动从来都是阳奉阴违，我行我素。许多消费者通过"健尔益有机茶"的产品广告重新认识了健尔益，公司各个品牌产品的销售都节节上升，"健尔益有机茶"的广告可以说功不可没，但是虽然公司整体的销售量上升了，可"健尔益有机茶"收获不大，分明是为他人做嫁衣。本以为新出台的薪酬政策可以解决这个问题，但销售部"保大舍小"，钻了考核体系的空子，反而市场部被套得更紧了。

在健尔益这样的销售公司，谁都说销售部是老大。可是，要不是市场部在后面做品牌，打江山，他们的工作能顺利进行吗？刘挚愤愤不平。

三、矛盾重重的管理会议

健尔益公司的每月管理会议上，大家对新近推行的薪酬和考核体系发表意见。销售部经理李志成率先发言："新的制度推行后，我们销售部普遍感觉压力很大，以前固定工资和浮动工资比重是 80%与 20%，大家把销售目标定得很高。现在虽然总薪酬上涨了几个百分点，但固定薪酬降到了 70%，大家终究觉得没有以前实在，好多员工闹情绪。还有出差补贴的事情，我们还在沿用 20 世纪集团公司的标准，现在的津贴分明就是杯水车薪，还不够吃两顿饭，我想问问，既然这次做了新的薪酬方案，为什么没有出台新的津贴标准呢？"

市场部的刘挚也急不可耐地说："我认为新的薪酬体系为市场部设置的几个关键绩效指

标不是特别公平，市场部做的最大工作就是提高品牌美誉度，这是不能用销售额的多少来衡量的，是难以量化的。还有，销售部应该积极支持我们的工作。”

财务部总监肖小宁说：“几个月下来，我发现我们部门人员的工作积极性好像越来越低了，我个人的理解是，我们公司这几年成长很快，但我们部门的工资却在原地踏步，每年普调的工资幅度也就刚刚和物价涨幅持平，长久下去，让我怎么激励员工？我觉得新的薪酬体系是不是也可以把公司业绩与我们这些支持性部门的工资挂钩呢？”

四、销售部员工南北、新老矛盾

健尔益公司总裁戴海清刚进办公室，销售部经理李志成一脸怒气走了进来，马上要过春节到销售旺季了，可上海几个分公司的销售经理都提出了辞职，其中还包括上海地区2005年度销售冠军，这让销售部的工作怎么开展？戴海清问为什么。

还能为什么？上海地区新招进来的新人，工资几乎比这些老销售人员高出30%，这事老销售人员都不乐意。这是历史遗留问题，一直没有得到解决。这次薪酬体系的调整，采用“老人老办法，新人新办法”的方法，也是为了让新的方案不至于引起过大的震荡。公司本指望通过逐步调整薪酬，慢慢化解这个问题，实现薪酬调整的“软着陆”。没想到，麻烦接踵而来，华北分公司新招进来的员工大多试用期走人，所谓不患寡而患不均，看着周边老同事拿的薪水超出自己一大截，谁都不乐意。

是啊，该怎么办呢？戴海清心里也打鼓。雾蒙蒙的窗外，是行进艰难的车水马龙。

资料来源：吴东梅. 人力资源管理案例分析[M]. 北京：机械工业出版社，2011.

【思考题】

如果你是戴海清，你认为健尔益薪酬管理上存在什么样的问题，对于该公司薪酬体系改革你又有哪些建议呢？

第一节　薪酬管理概述

一、薪酬的基本概念

（一）薪酬的概念

对于薪酬的定义有狭义和广义之分，狭义的薪酬是指员工获得的货币和可以转化为货币的报酬，广义的薪酬既包括经济性的报酬，也包括非经济性薪酬。经济性报酬包括员工的基本薪酬，如周薪、月薪和年薪等，也包括部分激励性报酬，如绩效工资、年终分红。这些是直接性的薪酬，也有部分非直接性的薪酬，如公司为员工提供的各种保险、单身公寓和免费午餐等。非经济性报酬是指无法用货币等手段来衡量的由组织的工作特征、工作环境和组织文化带给员工的愉悦的心理效用。如工作本身的趣味性和挑战性、个人才能的发挥和发展的可能、团体的表扬、舒适的工作条件以及团结和谐的同事关系等。非经济性报酬之所以称为薪酬，是因为这些非经济性的心理效用也是影响人们职业发展和工作进行的重要因素，并和经济性报酬结合在一起成为组织吸引人才、保留人才的重要手段，但是它在管理实践中常常为管理者所忽视。

在日常生活中，我们常常谈论“薪资”或“工资”，有时将二者视为同一个概念。两者确实存在许多相同点，工资包括绩效工资、技能工资和职级工资等，是劳动力价格的转化形式，而薪酬是指员工实际拿到雇主支付的劳动报酬，包括货币和非货币的报酬。

（二）薪酬的构成

薪酬包括基本薪酬、福利、奖金、股票期权等一系列组成部分，如图 9-1 所示。这里主要介绍基本工资、绩效奖金和短期奖励、津贴和福利四个部分。

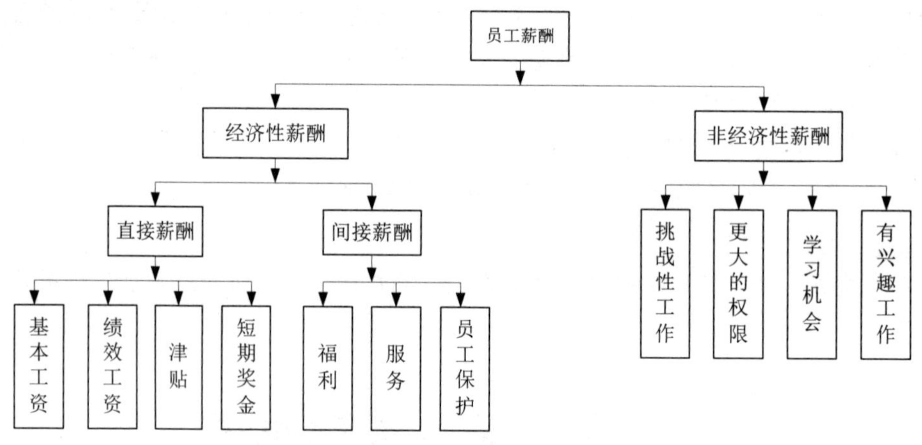

图 9-1　企业对员工支付的薪酬

基本工资。基本工资是因为员工在企业中承担了工作或因为所具备的完成工作的能力而支付给员工的较为稳定的经济性报酬，主要反映员工所承担的职位的价值或者员工具备的技能或能力的价值。基本工资有月基本工资和日基本工资，在我国目前的工资结构中，基本工资往往较低，是保障员工生活水平的最低水准。

绩效工资与短期奖励。绩效工资是基于员工的实际工作结果而支付的报酬，将绩效与薪酬进行挂钩，从而使得绩效工资能够产生较强的激励作用，对于企业战略目标的实现十分有利。而短期的奖励可以与个人业绩挂钩，也可以与团队的业绩挂钩，分为个人奖励和团体奖励，是为了对有杰出贡献或有卓越工作表现的人进行及时奖励，也是为了鼓励其他员工效仿而支付的经济性报酬。

津贴。企业对员工提供津贴往往因为工作中存在不利因素，例如上夜班的人往往有夜班津贴，长期出差的人有出差补贴等，虽然津贴在薪酬中所占比例不大，不构成薪酬的核心部分，但是体现了企业对于员工的关心和重视。

福利。福利是企业给予员工的间接性报酬，如年度旅游、带薪休假、俱乐部金卡、停车位、免费午餐等，并不直接对员工进行货币支付，目的是为了让员工在工作或工作之外生活更加舒适和愉悦。但福利一般具有刚性特点，设定了一般就不能随便取消。

（三）薪酬的影响因素

（1）外部影响因素。外部影响因素包括人才的市场供需情况、地区和行业的影响等。就人才的市场供需情况而言，当前市场技术性人才的需求普遍高于职能性人才。原因之一便是市场对于技术性人才的巨大需求超过了其供给，导致技术性人才供不应求。企业必须增加人才工资，否则在市场上很难招到人才，而且企业原有的优秀人才也会流失。就地区和行业而言，不同的地区有着不一样的经济发展情况和生活成本，北、上、广、深的薪酬就普遍高于内地城市。另外，行业不同也会有不一样的薪酬，互联网、金融行业向来薪酬高居市场前列。同时国家和地方的法律法规影响员工薪酬，如政府的税收起征点的提高，对员工加班的限制等。

（2）内部影响因素。企业内部因素包括企业的业务性质和经营情况等，就企业的业务性质而言，制造型企业的员工更多从事简单的工作，而在金融行业中，员工更多从事附加值更高的脑力劳动，因此，薪酬相应有不同的体现。就企业的实际经营情况而言，在企业经营的不同阶段会有不一样的薪酬政策，如上升期的企业薪酬一般高于衰退期。

（四）薪酬结构

薪酬结构是指同一企业内部不同职位或不同技能的薪酬水平的对比关系，以及不同薪酬形式占薪酬总额的比例关系。在总体薪酬水平一定的情况下，员工对企业薪酬结构是极为关注的。因为企业的薪酬结构反映出企业对职位和技能价值的判定，基本薪酬等级越多，则各薪酬等级之间的差距越小；基本薪酬等级越少，则各薪酬等级之间的差距越大。就薪酬结构的决策来说，主要有以下两个指标。

薪酬等级，是在岗位评价结果的基础上建立起来的，其重要内容是将岗位价值相近的岗位归入同一个等级。然而，薪酬等级与组织结构并不严格对应，各个等级之间的关系非常重要，它会影响到各个等级之间的薪酬差距。

薪酬级差，即各个等级之间薪酬的差异，如果级差大则会导致低级别员工有不公平感，如果级差小又起不到激励员工的作用。因此，合理确定级差十分重要。它是内部一致性的重要部分，要尽可能体现公平。

（五）薪酬水平策略

薪酬水平策略指企业向员工支付的薪酬在市场上所处的位置，一般分为薪酬领先策略、薪酬跟随策略、薪酬滞后策略和薪酬混合策略四种。

1．薪酬领先策略

薪酬领先策略是指企业采取的薪酬处在同行业同地区中的领先位置，如华为迅速发展期用高薪招聘全国各重点院校的毕业生。其主要目的是吸引高素质人才去支撑企业对高速发展的需求。这类企业通常是：投资回报率高、利润高、有能力支付较高的薪酬水平，目前采取此策略的以互联网、金融行业企业居多，如腾讯等。这一策略的最大优势在于可以吸引和保留企业最需要和最优秀的人才，员工离职率下降，公司知名度提高，但同时也会带来人力成本的快速上涨，如果公司的发展跟不上，就可能面临危险。

2．薪酬跟随策略

薪酬跟随策略是指确定好跟随的企业，企业薪酬水平会随着标杆企业变化而变化。一般采取跟随策略主要是基于以下两个原因：其一，薪酬水平低于竞争对手令组织员工感到不满；其二，薪酬水平影响到了组织的招聘和人才的保留。

采取薪酬跟随策略的企业，一方面会对杰出人才的吸引力不足，但也不会因薪酬过低而吸引不到员工，留不住员工；另一方面自身薪酬水平确定会比较被动，受竞争对手影响会比较大。这类企业一般往往薪酬承受能力一般，生产经营特点不突出。

3．薪酬滞后策略

薪酬滞后策略是指企业采取低于行业和地区薪酬水平的薪酬策略。这类企业一般难以吸引所需要的人才，人才流失率高，员工忠诚度和积极性不高，往往为“他人做嫁衣”，在企业中成长后员工会寻找更好的平台，但企业的薪酬开支确实可以得到降低，这样人工成本较低可以提高产品的市场竞争力。采取这类策略的企业一般资金不充裕，处于困难期或近期无发展念头。同时这类企业可以采取非经济报酬，如挑战性的工作、较大的权力、和谐的氛围等，这有助于提高员工的积极性；也可以采取未来收益分红、发放股票等策略留住员工。

4．薪酬混合策略

薪酬混合策略是指针对企业中不同部门、不同级别的员工采取不一样的薪酬策略，这在目前市场中比较普遍，有很强的灵活性。例如，很多互联网公司针对研发和运营的关键性人才普遍采取市场领先的薪酬策略，尽可能吸引该领域内最优秀的人才。而对于如行政、后勤等一般的普通人才，则采取跟随薪酬策略，在保持人员稳定的前提下尽可能地控制成本，对于新员工则赋予更多责任锻炼而采取滞后或跟随薪酬策略，等成长后给予较大的提升空间。

在实际操作过程中，企业应该根据自身发展战略目标和人力资源实际情况，结合企业发展现状制订合理的薪酬策略。

二、薪酬的功能

薪酬是人力资源管理的重要工具，其功能主要可以从员工、组织和社会三方面进行考察。

（一）薪酬对员工的功能

1．保障功能

员工因为工作会产生脑力和体力的消耗，企业只有给予足够的补偿，他才能不断维持工作。在目前的情况下，薪酬就是绝大多数员工的主要收入来源，它对于企业员工及其家庭的生存至关重要。其对员工的作用不仅体现在它满足员工及其家庭的衣食住行等方面的基本生存活动，同时还体现在满足员工及其家庭的娱乐、教育和培训等方面的需求。

2．激励功能

激励功能是组织用来影响员工的工作行为、工作态度及工作绩效的功能。薪酬不仅能保障和改善员工生活水平，同时还可以让员工产生价值感、主人公意识和认同感。一般情况下，根据马斯洛的需求层次理论，当员工基本生活得到保障后，就会产生更高层次的需求，所以薪酬不仅是员工获取物质资源的手段，也是满足更高层次需求的手段。第一，员工期望获得的薪酬能够满足自己的基本生活需要；第二，员工期望自己的薪酬收入更加稳定甚至有部分增加；第三，员工希望自己获得的薪酬与同事之间有可比性，得到公平对待；第四，员工期望自己能够获得比别人更高的薪酬，作为对自己能力和所从事工作的肯定；第五，员工希望自己能够过上更为富裕、质量更高的生活所需要的薪酬。当一个人薪酬得到提升时，他会更加努力工作，努力获得更高的薪酬，同时，也伴随着产生了加薪带来的价值实现和被尊重的喜悦。但是在实际操作中，企业应该注意不同层次员工不同的薪酬需求，以产生更好的激励作用。

3．调节功能

薪酬水平的高低大体说明这个人或这个岗位对于企业的价值，也是员工识别自身价值的一个讯号，因此，员工对这种讯号的关注体现了员工对于自身价值的关注。如果一个员工在不同组织获得薪酬差距足够大时，薪酬就会是构成员工在不同企业、地区进行流动的因素。

（二）薪酬对组织的功能

1．增值功能

薪酬从投资的角度可以看成是企业对于购买劳动力的成本，它是能够给企业带来大于成本的增殖，这种收益普遍存在。同时，薪酬还是成本控制的重要手段。对于任何企业，薪酬都是总成本中非常重要的因素，尤其是服务行业，所以薪酬的有效控制对于大多数企业的经营来说具有重要意义，而这也是影响企业受益的重要因素。

2．效率提升功能

组织通过薪酬向员工传达了一个重要信息，员工的行为、态度和业绩等是对组织存在贡献的，是受到肯定的。通过薪酬的功能，企业可以引导员工的行为、态度等朝着企业希望的方向发展。因此，薪酬不仅影响员工数量，还对工作质量有重要影响。

3．文化塑造与组织变革的推进

通过薪酬将员工的行为、态度都控制在合理的水平，促使个人行为与组织行为融合，对于组织文化的建立或现有组织文化的强化有重要作用。

4．薪酬对社会的功能

首先，一个国家劳动者的薪酬水平是该国总体经济水平和社会发展水平的一个重要指标。合理的薪酬政策有利于国民生活质量的改善，但是一旦薪酬不足或分配不合理就可能会造成社会动荡。同时，薪酬还具有劳动力配置的重要功能。

三、薪酬管理

薪酬管理是在企业经营战略和目标的指导下，根据企业所处的内外部环境，员工的服务，确定薪酬体系、水平、结构和形式，并不断根据环境变化而变化的动态过程。薪酬管理的内容包括对企业岗位评价、薪酬等级确定、薪酬的市场调查等。同时，薪酬管理需要做到公平、有效、经济和合法四个要求。

（一）公平

薪酬管理要做到外部公平，即薪酬在同行业、同地区相对是公平合理的。因为这种比较结果常常会影响员工是否选择到一家企业工作或选择跳槽，所以，企业一般应该注意借助市场薪酬调查和及时调整薪酬政策来避免员工产生强烈的外部不公平感。同时也要做到内部公平，即企业内不同岗位间薪酬的分配是合理的。员工常常会把自己的薪酬与自己职位相当的员工获得的薪酬进行对比来判断企业的薪酬政策是否公平合理，经过这种比较后，不仅会影响他们的工作态度，岗位调整意愿、晋升等，同时还会影响到不同的工作、不同部门之间合作的关系。

（二）有效

有效的薪酬管理能刺激员工努力工作，多做贡献，但不能简单地认为激励就是提高所有员工的满意度，进而提高所有员工的工作积极性，事实上是通过提高部分员工的满意度来提高所有员工工作积极性这个目标。当然也包括帮助企业实现财务目标，成本控制的有

效性。

（三）经济

薪酬标准如果过高，虽然会使企业更具竞争性和激励性，但会不可避免带来人工成本的上升，削弱企业的产品价格竞争力。因此一个好的薪酬方案一定是在满足经济的前提下发挥出薪酬的最优功能，帮助组织增强竞争力，实现健康的发展。

（四）合法

合法是指企业的薪酬政策须符合国家、省市的相关法律。市场经济中组织的任何活动都必须在法制的轨道上行进。

第二节　薪酬体系设计

一、薪酬体系及特点

薪酬体系是指在薪酬战略引导下，由薪酬水平、薪酬结构、薪酬组合和支付方法构成的薪酬分配管理系统。根据基本薪酬的支付依据，薪酬体系可以划分为职位薪酬体系、技能薪酬体系和胜任力薪酬体系等，不同的薪酬体系有不同的特点和导向，因此在企业中，针对不同类型的员工可以采取不同的薪酬体系。

二、薪酬体系设计的一般流程

（一）确定薪酬战略

从企业经营战略和人力资源战略出发制订薪酬策略，然后薪酬体系的设计必须基于这两个战略。企业需要思考薪酬体系设计出来是否对企业的战略构成支撑。在现实中，企业往往把管理技术本身的检验和评价当成薪酬管理的目的。在建立薪酬体系时，如果不立足战略，错把手段当成目的，就很难获得好的结局。

（二）明确现状和需求

对企业的经营状况和薪酬制度进行全面、深入和细致的调查分析，发现问题，进而弄清问题产生的原因，明确企业和员工对于薪酬的现实需求情况。其中包括弄清楚组织发展情况、架构、岗位分布、岗位内容、企业人员构成、员工对于薪酬水平的想法等。最后在调查分析的基础上可以提出适应企业当前情况的薪酬制度、薪酬水平、薪酬组成等。

（三）进行工作分析和职位评价

薪酬体系的建立是基于对工作岗位的深刻把握。通过工作分析，充分了解组织的结构、员工所承担工作本身的价值和任职资格，形成岗位说明书，对这些信息进行薪酬等级划分、确定薪酬结构。而通过职位评价可以对企业内各个岗位的相对重要性有一个大致的了解，便于对岗位价值进行判定，使薪酬调查结果也更具参考性。

（四）薪酬调查

薪酬调查是薪酬设计中的重要组成部分，因为薪酬体系需要保证具有外部竞争性和内部公平性。通过一系列标准、规范的方法对市场上的相同岗位进行分析、汇总和统计，形成客观反应行业市场的薪酬报告，为企业薪酬设计决策提供依据，进而结合公司实际情况制订个性化和有针对性的薪酬体系。薪酬调查的对象一般最好选择与自己有竞争关系的公司或同行业的公司。如果重点考察员工的流失去向和招聘来源，一般可以委托专业的咨询公司进行，也可以通过网络或从应聘者那里获得信息。

（五）确定薪酬结构与水平

在分析完同地区、同行业的薪酬数据以及组织自身的特点后，接下来就要明确界定薪酬结构和薪酬水平。为了简化工作，可以先确定不同职位、等级的薪酬水平、薪酬幅度和薪酬差距。在确定薪酬的总体水平和结构之后再确定每一个岗位的具体薪酬水平。

（六）实施与修正

在正式实施薪酬策略前还要对公司员工，尤其是管理层进行充分沟通和必要的培训，使大家有完整的了解。通过利用薪酬制度变革方案演示、薪酬制度答疑、公司内部刊物等途径进行宣传。同时随着薪酬在企业中不断运行，肯定会暴露和产生一些问题，需要设计者及时进行改进。同时，市场环境变幻莫测，薪酬体系的设计需要紧跟时代步伐，以适应组织内外环境。

三、基于职位的薪酬体系设计

（一）职位薪酬体系设计前提

员工的贡献主要为职务价值，即员工对工作职责的承担和完成企业工作所产生的价值，因为，可以依据员工承担职责的大小、工作内容和复杂程度、工作难度、完成工作职责所

需具备的任职资格的高低等因素进行职位价值评价，并根据评价结果进行薪资确定。

企业所有员工的工作范围和内容都是固定的，从而企业可能比较准确地对职位价值进行评价。

（二）职位薪酬体系设计的一般流程

职位薪酬体系是通过对职位本身的价值做出客观评价，并根据这种评价的结果赋予承担这一职位的人相当薪酬的基本薪酬决定制度。这种薪酬体系最大的特点就是确定基本薪酬的时候重点考虑职位本身的价值，很少考虑人的因素，即员工担任什么样的职位就获得什么样的薪酬。科学的工作分析和职位评价是职位薪酬体系的基础，为职位薪酬体系的内部一致性打下基础，但评价一个薪酬体系是否科学合理，除了内部一致性之外，薪酬的外部竞争性也十分重要。因此，对于企业外部，尤其是主要竞争对手的薪酬信息情况的了解至关重要。具体来说主要包括四个步骤：工作分析（见第四章）；职位评价；外部薪酬市场界定与调查；薪酬策略制订与结构设计，如图 9-2 所示。

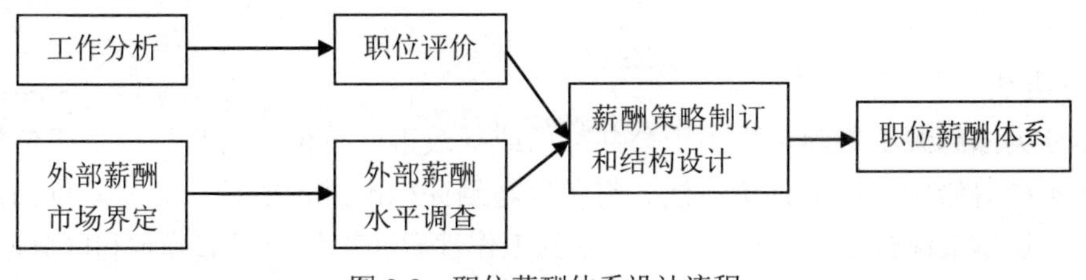

图 9-2　职位薪酬体系设计流程

1．职位评价

职位评价能够帮助企业确定企业中不同职位的价值大小，常见的职位评价方法有排序法、分类法、因素比较法和要素计点法四类。前两项为定性的评价方法，主要是从企业总体出发，判断不同岗位相对价值的大小；后两项为定量的评价方法，试图通过一套标准尺度去衡量职位价值大小。

2．排序法

排序法是根据工作相对价值或对组织贡献高低进行排序的方法，又分为直接排序法、交替排序法和配对比较排序法。

直接排序法，是根据职位价值大小从高到低（从低到高）直接排序。

交替排序法，首先找出企业中相对价值最高和最低的工作，然后从剩余的职位中找出次高和次低，如此往复，直到将所有的工作排序完毕。

配对比较排序法，就是将每个职位和其他所有职位按某个标准进行比较，类似循环赛排名次的方法，评价高者得分，然后根据每一个待评价岗位的最终得分进行排序，该方法一般用于对同一个部门之间，为不同部门岗位可能差异性太大或人数过多造成太大的工作量，如表 9-1 所示。

表 9-1　某企业人力资源部职位评价

职　　位	经　　理	人事专员	培训专员	招聘专员	绩效专员	薪酬专员	合　　计
经理	-	4	3	3	2	2	14
人事专员	0	-	1	0	0	0	1
培训专员	0	1	-	1	1	1	4
招聘专员	0	2	1	-	1	1	5
绩效专员	0	2	2	2	-	1	7
薪酬专员	0	3	2	2	1	-	8

排序法的优点是简单易行，费用低廉，而且容易与员工沟通，适用于职位少、管理层次简单的工作，如办公室和行政科室的工作。缺点是主观判断性强，测评人员的价值判断差异大，很难达成共识；评价职位较多时，测评难度大，不适宜在规模大和员工多的企业使用。

3．分类法

工作分类法起源于美国，常用于公共部门或行政事业单位，是将待评价职位放入事先确定好的不同等级中的职位评价方法。将职位与测评标准进行比较，并将职位归入到各个级别中去。具体来说有三个步骤：其一，根据工作性质和工作说明书确定和区分职位类别，如管理、技术、市场类等；其二，确定合适的职位等级数量；其三，选择共同的级别评价指标，并对每一个职位等级进行定义描述（一般根据职位所需的知识技能、监督控制、决策职责等）；最后，根据职位等级定义对职位进行等级分类，组成职位级别序列和薪酬等级序列。

此法关键在于要建立一个职位级别体系，包括确定等级的数量，为每一个等级建立定义和描述，最后将组织中的岗位归入到合适的级别中去，如表 9-2 所示。

表 9-2　分类法（非专业和管理人员）岗位评价标准

等　　级	工作的典型特点
G-1	在直接监管下工作；工作简单，重复且需要较少的主动性；错误或误差容易被检测且成本不高；对受教育和训练的要求很低。例如，看门人、档案管理员、普通工人
G-2	在直接监管下工作；工作一般简单且重复，但需要一些训练；有一些主动性；错误或误差容易被检测，但有时候费用较高。例如，接线总机操作员/传达员、会计员、挖掘机操作员
G-3	通常是，但不一直是直接监管下工作；虽然多数的工作是按程序来进行，但有一部分需要判断力；错误或误差不易检测，且检测成本高；最低需要中学毕业且/或者受过扎实的训练；可能和顾客直接接触。例如，高级会计员、客户服务代表、控制室领班

续表

等　　级	工作的典型特点
G-4	经常不需要在直接监督下工作；一些任务复杂而且需要相当的学历和训练；大量需要独立的判断；误差所带来的后果将很严重或成本高；可能需要昂贵的设备或材料才执行工作；可能涉及对其他工作的监管。例如，会计师、高级控制室领班、电工、安全监督员、执行秘书
G-5	不在直接的监管下工作，但是有监管其他工作的职能；任务多变，需要独立的判断力；需要有较高的受教育程度，受过良好的训练，有一定的经验；有检测下属错误的责任；检测下属的错误可能比较困难，并且结果可能非常严重。例如，维修电器组组长、高级安全监督员、轮班主管、装电缆组和挖电缆沟组组长
说明：从以上的目录中找到与工作描述相匹配的等级，然后可以建立适当的报酬等级	
年工资等级： G-1:$10000-13000 G-2:$13000-16000 G-3:$16000-20000 G-4:$20000-25000 G-5:$25000-30000	

分类法同样具有简单明了的特点，有较好的灵活性，对培训者的培训要求少，能够快速对大量职位进行评价，也在一定程度上减少了评价人员的主观性，比较适合大公司对管理和业务系统的评价。同时，缺点也十分明显：因为强调职位之间的通用性，难以对职位等级做出准确的界定和描述；在职位等级多样化的复杂组织中，很难建立起通用的职位等级定义。

4．因素比较法

因素比较法综合了排序法和分类法的优势，是一种量化的职位评价技术，主要特点是通过评价基准职位的薪酬因素的相对价值，然后将带评价职位和各报酬因素一一比较，来测量待评价职位的价值，并最终将所有职位进行排序。具体实施步骤如下。

（1）选择评价因素，一般是选择职位之间的共同因素作为企业付薪的基础，凭借这些因素分辨出不同性质的工作或职位的重要性，通常包括脑力、技能、体力、责任和工作条件等。选择出共同因素后，对其内涵进行界定。

（2）选择若干基准岗位，确定基准岗位的工资额，其中基准岗位具有代表性和通用性，工作内容稳定，工作描述和说明书规范准确，在行业和企业内具有可比性。基准职位的数量可以根据被评价职位的多少来确定，基准职位的工资额可以根据市场调查来确定。

（3）分解基准职位的工资额，确定各报酬要素的工资额，例如某一特定市场中行政人员的市场工资率是每小时 30 元，按照评价的相对重要性，各因素分配的工资率分别如下：智力要求：5 元；体力要求：5 元；技能要求：10 元；责任要求：8 元；工作条件：2 元。

（4）将被评价职位各报酬要素分别与基准职位的工资额按不同百分比分配到各报酬因

素上。

（5）将被评价职位各报酬要素的工资额相加，确定被评价职位的工资额。

（6）依据基准职位和各评价职位的工资额进行排序。

举例来说，在一次工作评估中，就五个因素对职位进行评估，职位 A/B/C 是基准职位，他们的市场工资水平分别为 1 000 元、2 000 元和 4 000 元。职位 D 是待评估职位。首次将职位 A/B/C 按照五个因素进行排序，然后将职位 D 与这三个基准单位进行比较，得出如表 9-3 所示结果：根据表中信息得知，职位 D 的工资水平为：（500+600+700+600+300）元/月=2 700 元/月。

表 9-3 因素比较法举例

报酬因素 月工资/元	责任大小	所需技能	任务难度	工作环境	财务影响
100	职位 A				职位 A
200			职位 A	职位 B	
300		职位 A		职位 A	职位 D
400	职位 B				
500	职位 D	职位 B	职位 B		
600		职位 D	职位 D	职位 C	
700				职位 D	
800	职位 C	职位 C			
900			职位 C		职位 C

因素比较法的优点是比较灵活，因素无上下限的限制，可以由职位内容直接求出具体的价值金额，具有较高的可靠性，但是，各影响因素之间的相对价值也是人为直接判定，而且对比基础的基准岗位只是过去或现行的标准。因此，运用过程中须注意：报酬因素的确定要慎重，一定要选择最能代表职位间差异的因素；用最简洁的方法将各因素的内涵表述清楚，保证统一和公平。由于市场薪资会产生变化，因此要定期对基准岗位的薪资进行调整。

5．要素计点法

要素计点法是在目前国内外受到广泛应用的方法，也是一种量化的职位评价方法，就是选取若干对于企业来说关键的报酬要素，并对要素水平进行界定并赋予分值，也叫点数，然后按照这些关键要素对企业中的岗位进行评价，决定其他岗位的价值和薪酬，具体操作步骤如下。

（1）选取付酬要素，通常是根据企业实际情况，结合选择岗位的困难程度、责任大小和管理工作层次、所需技能水平等，如工作知识、经验、独创性、所承担责任、环境危险性、心理要求等，如表 9-4 所示。

表 9-4　付酬因素评分价值表

因　素	权重（100%）	程　度				
		1 级	2 级	3 级	4 级	5 级
1	2	3	4	5	6	7
一、技能	50					
受教育程度		14	28	42	56	70
经验		22	44	66	88	110
知识		14	28	42	56	70
二、努力	15					
生理要求		10	20	30	40	50
心理要求		5	10	15	20	25
三、责任	20					
对设备和过程的责任		5	10	15	20	25
对他人安全的责任		5	10	15	20	25
对他人的安全		5	10	15	20	25
对他人的工作		5	10	15	20	25
四、工作条件	15					
工作场所条件		10	20	30	40	50
危险性		5	10	15	20	25

（2）根据付酬要素确定评价工作的权重。分配了较大权重的因素的每一个程度等级也会规定更大数目的分数，如表 9-4 中技能被认为对某一工作很重要，占 50%的比重。

（3）确定每一个要素和子要素的等级并界定每一等级的标准和定义。每一个因素需要的等级数量取决于工作性质，同时，每一个等级间的分级界限也要清楚划分，定义越清楚，分级的偏差越小，评价越准确。

（4）确定报酬因素总点数与各报酬要素点数。确定薪酬总点数的原则时，要区分足够的评价因素，将组织内的不同工作价值区分开来。总点数通常用 1000 点、600 点、500 点较常见。一般来说，总点数与企业的岗位数成正比。在总点数确定的基础上确定各级报酬要素的点数，根据各因素的权重将点数分配到每个因素上。

（5）为各报酬要素的等级赋值，一旦确定了总点数、因素和子因素的点数，就可以给因素中的等级赋值。

（6）运用工作评价方案评价企业中的每一个岗位，并制订工作评价手册，最后根据评价的点数建立职位等级结构。

与非量化的评价方法比较而言，要素计点法的评价更加准确，评价结果更容易为员工接受，同时需要考虑的因素也比较多，成本高，过程复杂，但只要制订好标准后，工作评价也还是比较简单易行。缺点是方案的设计和应用复杂而耗时，而且在报酬要素的界定、等级定义以及点数权重的确定上都存在一定的主观性。

四、基于技能的薪酬体系设计

基于技能的薪酬体系不是根据职位价值大小来确定员工的报酬，而是抛开职位的因素，按照员工所具备的与工作相关的能力来确定薪酬水平的一种薪酬体系。

技能工资的基本概念。技能（包括技术工人的技能或白领的知识）工资是指依据员工所掌握的与工作相关的技能或知识而决定员工报酬。技能工资可以根据员工的技能深度或宽度来设计，所谓技能宽度是指员工掌握了与工作相关的不同技能，如流水线的工人不仅掌握了本工位的技能，还具有上下游岗位的技能。在这种薪酬体系下，员工获得的薪酬应该更高，因为员工掌握的技能多，在其他人缺勤的时候能够临时顶上而不至于停产，同时也有助于产品质量的提高。所谓技能深度是指员工掌握的与工作相关的技能的熟练程度，技能深度存在一个递进的关系。在报酬上，每上升一个等级应该获得更高报酬，如招聘人员仅仅会搜集简历，预约面试，则属于比较低的助理级别，但是如果熟练掌握面试技巧，则等级会更高，也相应会获得更高的报酬，而如果这个人还掌握了其他人力资源模块的技能，那么薪酬会更高。

具备的设计步骤一般包括以下四个步骤。

（1）构建员工技能模型。建立员工技能模型是构建技能薪酬体系的基础，只有一套技能标准体系才能去评价员工能力的高低。员工需要哪些能力，如何划分能力级别、评价标准怎么界定等内容是需要考虑的重要问题。首先，应该选择职位类别和职位种类。并不是企业中所有的职位都有必要或能够建立技能体系，应该明确哪些岗位是对企业起到关键作用的，哪些岗位是比较类似的。例如企业可以将职位划分为研发测试类、技术支持类、销售类、管理职能类，然后细分为软硬件开发、人力资源管理等职位，这样有利于工作的简化。

确定技能等级。技能等级的确定需要公司和部门领导等人的共同参与讨论，有两个方面的因素需要考虑：一是员工成长过程中一些能力的阶段性特征比较明显，可以针对这些特征进行定级；二是注意区分度，等级太少，容易出现大量员工出现在同一等级内，从而使薪酬体系缺乏意义，而等级太多则会加大管理工作的难度，一般设计 3~5 个等级较为合适。

确定各个技能等级的评价标准，如知识技能、专业经验、行为方式等。知识技能等级划分一般根据知识技能的宽度和深度两方面考虑；专业经验可以根据从业年限、工作成果等方面考虑；行为方式可以从工作中典型活动方面考虑。

（2）确定员工技能大小。首先，应该收集判定员工技能大小的证据。员工在工作过程中的各种行为记录都可以成为重要参考依据，还有工作文件、关键事件和第三方意见也是证据的重要来源。工作文件是指员工在日常工作中需要提交的各类工作相关的规范性文件、书面报告、工作成果总结等，这些能反映出员工能否胜任目前的岗位，也是技能是否达标的重要依据。关键事件是工作过程中能体现员工能力的客观事实和证据，如某研发人员在短期内攻克了某技术研发难关，在关键事件的描述过程中应该注意整体事件的描述，而不仅仅是结果的描述。第三方意见包括该员工上司、同事、服务对象的意见，可以通过访谈的形式了解到。

（3）评价员工技能大小。员工技能评价证据收集后，人力资源部应该组织包括公司和部门领导及相关员工参加的评审会。在评审会上针对员工技能大小的细节问题进行讨论和核实，最后根据技能模型确定的能力等级，对专业技能、专业经验和行为方式上提出具体要求，从而可以确定员工能力等级。

（4）确定技能薪酬体系。首先需要确定薪酬层次，可以根据员工技能等级的设计来设置薪酬层次，一般以 3~5 个最为合理。其次需要设计薪酬跨度，有两点需要注意：一是两个技能等级之间晋升难度大，则薪酬跨度也应该大，二是同一等级中员工人数多也应该薪酬跨度设计大。最后可以考虑将各个薪酬区间进行合理交叉，为员工提供一段薪酬缓冲区间，使得员工技能上升或下降时不会出现大幅度薪酬变化，使员工的工作积极性保持在合理水平，范例如表 9-5 所示。

表 9-5　某企业软件研发工程师能力评价标准

能力等级	具体要求	
一级	知识技能	具备初级软件开发知识；掌握软件开发基本流程
	专业经验	至少参与过一个软件全周期开发
	行为方式	能主动解决工作中的问题；具备基本的团队合作能力
二级	知识技能	掌握中等软件开发知识，能够独立完成部分软件开发工作
	专业经验	至少参与过三个软件项目全周期开发；具备独立开发能力
	行为方式	具备较强的团队合作能力；主动为客户、同事提供帮助
三级	知识技能	熟练掌握软件开发知识和开发流程
	专业经验	至少主持过一个以上的软件全周期开发；有过培训软件开发工程师的经历
	行为方式	急剧团队合作能力；能够激励团队其他成员的士气

技能薪酬体系相对于职位薪酬体系的优势。

第一，更加有利于鼓励和引导员工提升自己的专业知识或技能，从而有助于提升企业的员工素质，提升企业的竞争力。

第二，打破了传统的职级升迁的特点，为员工提供了更加多样化的职业发展通道，能够专心于技术研发而不是只能通过职位晋升获得薪酬的增加。这也是如今组织扁平化趋势下的重要薪酬模式。

第三，在帮助员工提升知识和技能的同时，能够对企业核心能力培训形成支撑，并为创造更大价值提供帮助。

当然，技能薪酬体系也存在以下缺点。

第一，能力和技能大小并不代表业绩的大小，如果员工能力和技能提升的同时并不能给企业业绩带来相应增长，那么企业则会无法承受因此而带来的人力成本的大幅度增加。

第二，能力的评价本身带有主观色彩，因此这种薪酬模式在维持薪酬内部一致性方面效果不好，员工也会因此产生负面情绪。

第三，对于传统企业并不适用，更多适用于知识和技术型企业。

第四，一般适用于研发类和技术类员工。对于一般操作人员和职能管理人员并不适用，这些岗位更适合采用职位薪酬体系。

因此，企业在决定采用技能薪酬体系前应该有比较全面的考虑，以下六点是需要考虑的。

第一，特定的适用范围。技能薪酬较适合运用连续生产流程的行业、运用大规模生产技术的行业、单位生产或小批量生产技术的行业和服务行业。就职位而言，要求员工同时掌握不同种类技能的岗位使用效果较好。值得注意的是，技能薪酬往往很难适用于整个组织，大多数用于研发、设计等部门。

第二，企业应该要明确哪些技能是应该支付报酬，哪些是可以不支付报酬的。如果仅简单对员工掌握的技能进行付酬不仅会带来较大的经济压力，还会忽视员工本身的工作。对于企业需要的高级或同级技能的扩展应该付酬，而如果仅仅是低层技能的强化则不应该付酬。

第三，解决等级评定和定价工作的技术性问题。这部分是技能薪酬设计中难度最大的，一般需要先创建工作任务清单，把具体工作划归成不同的任务类别，并界定相应的技能等级，再结合市场状况和各模块的相对价值进行定价，并兼顾薪酬的内部一致性和外部公平性。

第四，企业应该建立完善的技能培训体系和认证体系。外部通用的培训课程和认证只是整个体系的一部分，而更重要的是企业可以根据自身经营需要开展在职培训、导师培训等，并通过资格认证和再认证对这些技能加以确认。

第五，营造支持性的环境。企业与员工应该建立长期合作的关系，授予员工独立进行决策、与同事合作处理生产问题和选择技能的权利。

第六，员工参与。由于员工本身就是技能薪酬体系的实施对象，因此在设计薪酬体系时，除了确保管理高层、各职能部门代表、外部专家和工会的参与，还要与员工进行持续

沟通，让所有员工了解技能薪酬体系的设计，而且在今后实施过程中要听取他们的正确意见并进行持续改进。

五、基于胜任力的薪酬体系设计

所谓胜任力薪酬体系即企业所制定的，为员工所拥有的，可以导致高绩效的综合能力所支付的薪酬的薪酬体系。在日益竞争激烈的市场环境中，企业的生存和发展必须依靠核心竞争力，而核心竞争力的来源则是企业的核心员工，即核心员工所拥有的知识、技能、经验和素质。人们逐渐认识到人力资源对于企业未来发展的重要作用，能够吸引和留住有竞争力的员工；另外，在信息时代企业要适应瞬息万变的市场，中间层次的岗位越来越少，组织结构呈现弹性化、扁平化趋势，传统的升职加薪机会越来越少。因此，胜任力薪酬体系越来越得到企业的青睐。具体操作步骤如下。

1. 胜任力模型构建

第一，人力资源部应该组织企业中高层领导、部门负责人、资深员工以及外部专家形成委员会，使得整个过程得到重视和科学的指导。第二，由于胜任力薪酬体系是一个庞大的工程，需要大量的人力、物力投入，因此初期应该明确企业当前关注的焦点和核心问题，明确希望达到的目标，进而确定目标岗位。第三，通过工作分析，运用访谈、问卷等方法获得岗位的具体要求，提炼出不同绩效等级的表现。第四，进行样本分析。可以根据岗位要求，从确定岗位的员工中选取不同绩效水平的员工运用行为事件访谈等方法进行调查。第五，有专人将访谈资料整理，提炼出胜任特征的行为表现，进行归类和编码，反复核查确认，形成胜任力模型框架。第六，选取各层次员工和公司领导进行访谈，对模型进行再验证，最终确定胜任力模型。

2. 建立基于胜任力模型的薪酬体系

首先，需要对胜任力因素进行评价，对于不同的因素设计不同权重。内外部指标权重应该有所侧重，例如采购人员，与外部供应商工作往来更多，外部指标应该更重要。接着需要对胜任力因素进行定价，目前有两种基本方法：第一种是市场定价法，即对每项素质在相关劳动力市场获得的报酬进行调查。根据薪酬调查结果来确定每项素质在本企业应该获得的报酬，当然前提是企业能够获得劳动力市场其他企业对该素质的定价，而在现实中这是很难取得的，因此适用性较差。第二种是素质定价法，即根据每项素质与工作绩效的相关性来确定每项素质的价格，与工作绩效相关性越高，该素质的价格就越高。

其次，由于宽带薪酬（后文有详细介绍）具有支持扁平组织的结构，符合胜任力薪酬体系的特点，因此，通常使用宽带薪酬作为胜任力薪酬体系的载体（见表 9-6）。

表 9-6 某企业的工资宽带的素质标准

水　平	员 工 特 征	工 资 宽 带
1	胜任力：掌握卓越先进的专业性或技术型技能，包括分析或再造业务流程的能力，界定工作规则的能力，以及其他完成高度专业化技术训练的能力。能计划并管理大规模、多元化的项目；具备开发客户关系并引发后续项目的能力 绩效表现：持续不断地达成以下结果，在所有的工作素质上都能得到 3 分，在关键性素质上能得到 4 分；完成所有的优先的工作目标；总体业绩超过公司和客户的期望；在所有的专业人员得分排名前 1/3 的行业（根据平均绩效要求做出界定）	工资宽带 1
2	胜任力：掌握良好的专业型或技术型技能，包括系统细分和设计能力；熟悉专业化技术规范；能管理单一化的项目；能与项目小组的其他成员以及客户进行有效合作 绩效表现：持续不断地达成以下结果，在所有重要的工作素质上至少都能得到 3 分，在关键性素质上至少能得到 4 分；能完成所有的优先的工作目标；并能超过公司和客户的期望；在所有的专业人员得分排名前 50%的行业（根据平均绩效要求做出界定）	工资宽带 2
3	胜任力：掌握有效完成被分派的项目所必不可少的技能，包括编码、调试和具体的系统实施；了解基本的技术规则；能在一个项目导向的环境中工作 绩效表现：持续不断地达成以下结果，在重要的工作素质上至少得 3 分；积极主动地实现工作目标，达成大多数重要的目标；总体绩效达到公司和客户的期望（根据平均绩效要求做出界定）	工资宽带 3

最后，提供多元化的激励方式。组织不仅要提供传统短期的物质激励，更应该注重长期激励手段，如股权计划、期权计划等，将员工薪酬与企业绩效相联系。

基于胜任力的薪酬体系的优点如下。

第一，有利于员工个人胜任力的提高与扩展，淡化了“官本位”的思想，引导员工钻研，将专业水平纵深发展，鼓励员工学习新知识和技能，提高综合水平，通过胜任力的提高或扩展来获得更高的薪酬。

第二，有利于企业核心竞争力的增强。胜任力薪酬体系就像一根指挥棒，引导员工注重自身胜任力的提高，从而提高人力资源整体水平。另外，由于淡化了岗位在薪酬结构中的作用，有利于组织变革的进行，提高了管理的灵活性和环境适应性。

第三，为高水平人才创建了一个他们能在自己专业领域有所建树的平台，薪酬政策倾向胜任力，有利于吸引和留住高水平人才。

同时，胜任力薪酬体系也存在以下一些不足：企业成本会增加，管理难度会增加。胜任力薪酬体系的建立需要一整套的胜任力评价体系。等级标准的确定、员工的评价等整个过程需要专门的人负责，同时还需要建立配套的培训体系和绩效管理体系等，有时甚至需要外部专家参与，花费代价较大。同时薪酬体系与员工的利益息息相关，注定会存在部分员工抵制从而加大管理难度。

因此在实施过程中要注意以下五点。

第一，应该与传统薪酬体系结合使用，保持基本薪酬的稳定，再根据员工能力的提升拉开薪酬差距。不然盲目使用会对员工内部关系的稳定性造成影响。

第二，对自身实力进行权衡。胜任力薪酬体系的建立需要较高的成本，应注意分期引进，分阶段进行。初期可以考虑在某些关键部门、关键岗位进行推广，进行严密的分析，提供合理而有竞争力的薪酬来激励员工。

第三，合理把握公平性。避免在评价过程中出现胜任力按资排辈的现象，胜任力薪酬体系的建立既要认可德高望重的前辈，也要关注参加工作不久的潜力股，不然薪酬内部一致性严重失衡会打击员工积极性，破坏凝聚力。

第四，为胜任力模型和胜任力薪酬体系配以合理的测评体系。每一个人对胜任要素的理解可能不一样，同时主观的判断也很有可能出现偏差，因此，企业必须找到合适的测评体系来支持胜任力模型。

第五，基于胜任力的组织文化的形成。配备与胜任力相匹配的企业文化，把各个岗位的胜任力凝聚成团体的力量，鼓励员工为组织创造价值，创造使员工能全身心投入工作的氛围。

第三节 宽带薪酬

宽带薪酬始于20世纪80年代末到90年代初。随着知识经济时代的到来，市场竞争日趋激烈，管理环境的变化引起企业内部发生许多转变，如组织扁平化。传统的薪酬等级是定值的，每一个职位等级有且仅有一个薪酬数值，员工加薪的唯一途径就是通过职位晋升，而企业内部可供晋升的岗位始终有限，于是业绩好的员工都得不到晋升，导致员工干多干少一个样，内部出现不公平因素。优秀的员工会在市场上寻找更好的平台，而一般的员工则“搭便车”“混日子”。宽带薪酬的设计恰好能解决这个问题，运用宽带薪酬的企业组织内部各职位等级有着更大的薪酬区间，而不是以往的固定值，打破了原有薪酬与级别完全挂钩的状态。员工只要肯努力，表现优秀，即使不能晋升也可以获得加薪机会，这样员工的发展空间更大了。

另外，现代大型组织中复合型人才的需求越来越大，而职位轮换正是培养多技能和经验的复合型人才，而原有的薪酬体系是很难适应职位大轮换带来的冲击。但如能将相似等级岗位的薪资确定在一个合理区间，则能很好地解决这个问题。

宽带薪酬指将企业中很多工资等级和工资范围压缩成一个较少数量的宽带，从而使每一个工资区间涵盖比以前更多岗位的薪酬机会。宽带工资结构的建立如图 9-3 所示。

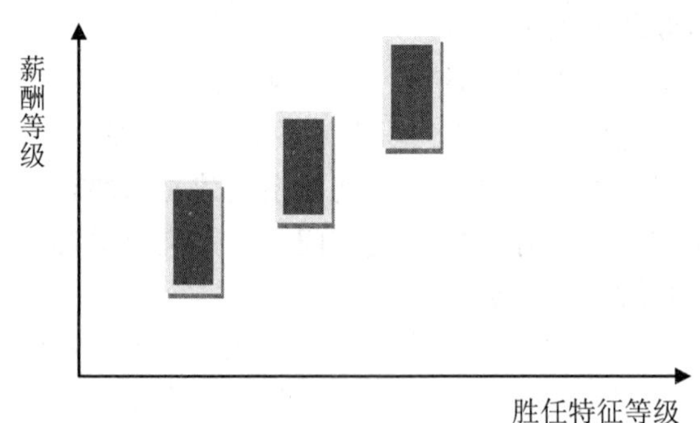

图 9-3　以胜任力为基础的宽带工资结构的建立

具体设计步骤如下。

（1）明确企业的薪酬战略。人力资源部根据企业总体战略规划制订出人力资源规划，而薪酬战略正是基于人力资源规划制订。企业的长足发展必须配套一个完整的薪酬体系。

（2）进行工作分析和岗位评估。工作分析是人力资源管理各个模块工作的基础，通过它可以明确各个岗位的职责。岗位评估是通过科学、规范的方法对组织中的岗位相对价值进行定价的过程，评估结果主要为薪酬等级的设定提供依据。

（3）确定工资宽带的数目。根据岗位评估得出的岗位价值来设计企业中分多少个工作带，确定好宽带数量，做到分解合理、不模糊。一般采用 4~8 个职位等级，而职位等级的划分与组织管理层级有重要联系，具有相似职位名称或头衔的职位往往划归为一个等级，例如各部门总监、经理等。一般来说，每个薪酬等级的最高值与最低值之间的区间变动比率最好等于或大于 100%，而在传统的薪酬结构中，薪酬区间的变动比率通常只有 40%~50%。

（4）确定公司宽带的价位。宽带薪酬的方法将不同部门的岗位划归到了同一个薪酬等级里面，但是不同部门人员承担的职责和任职资格等重要薪酬因素，以及外部市场供给情况等都存在一定的差异性，很显然不可能获得一样的工资，那如何确定这个薪酬区间呢？一般有两个标准，部门的贡献与岗位的市场价值。

（5）最后将岗位放进去，结合现实情况进行调整，建立完整的宽带薪酬体系。

宽带薪酬的优点：支持扁平化的组织结构，可以实现“同工不一定同酬，不同工一样可以同酬”的新理念，有利于员工工作积极性、员工职能能力、绩效的提升；有利于学习型组织的形成，使得组织更加有活力；另外宽带薪酬有利于组织内部开展职位轮换。

宽带薪酬的缺点：对管理者能力要求较高。传统中职位薪酬体系中主要依靠等级确定内部薪酬差距，相对客观。但在宽带薪酬中，管理者需要识别判断员工之间的差异，加大了薪酬决策的主观性。

本章小结

1．本章对薪酬的含义、构成，薪酬管理的内涵、流程、影响因素和功能等进行介绍，尤其重点介绍了薪酬体系设计，及主流的三种设计方法。三种方法分别是职位薪酬体系、技能薪酬体系和胜任力薪酬体系，最后对时下流行的宽带薪酬进行介绍。

2．广义的薪酬既包括经济性的报酬，也包括非经济性薪酬。薪酬一般包括基本薪酬、福利、奖金、股票期权等一系列组成部分。

3．薪酬的影响因素包括外部的影响因素，如人才的市场供需情况；区域因素；行业因素和国家政策影响；也包括内部的影响因素，如企业的业务性质；企业的实际经营情况等。

4．薪酬结构是指同一企业内部不同职位或不同技能薪酬水平的对比关系，与不同薪酬形式占薪酬总额的比例关系。薪酬水平策略指企业向员工支付的薪酬在市场上处于什么位置，一般分为薪酬领先策略、薪酬跟随策略、薪酬滞后策略和薪酬混合策略。薪酬的功能可以从员工、企业和社会三方面考虑。

5．薪酬管理是在企业经营战略和目标的指导下，根据企业所处的内外部环境及员工的服务，确定薪酬体系、水平、结构和形式，并不断根据环境变化而变化的动态过程。薪酬管理的流程一般包括：分析和把握企业经营战略和人力资源战略；进行工作分析和职位评价；薪酬调查；关注绩效考核、相关法律政策的影响；不断修正和完善。

6．职位薪酬体系是依据员工承担的职责、工作内容和复杂程度、工作难度、完成工作职责所需具备的任职资格等因素进行职位价值评价，并根据评价结果进行薪资确定的体系。包括排序法、分类法、因素比较法和要素计点法。一般的设计流程是工作分析；职位评价；薪酬的外部市场界定与调查；薪酬策略制订与结构设计。

7．技能薪酬体系是按照员工所具备的与工作相关的能力来确定薪酬水平的体系。一般的设计流程是：构建员工技能模型；确定员工技能大小；评价员工技能大小；确定技能薪酬体系。

8．胜任力薪酬体系依据员工的岗位胜任能力进行定薪的薪酬体系。一般的设计流程是：胜任力模型构建；建立基于胜任力模型的薪酬体系；提供多元化的激励方式。

9．宽带薪酬指将企业中很多工资等级和工资范围压缩成一个较少数量的宽带，从而使每一个工资区间涵盖比以前更多岗位的薪酬机会。一般的设计流程是：明确企业的薪酬战略；进行工作分析和岗位评价；确定工资宽带的数目；确定公司宽带的价位；最后将岗位放进去，根据结果结合现实情况进行调整。

通关密码

健尔益薪酬管理上存在的问题：

第一，新老员工的工资差异问题。北方地区老员工的工资高于新员工，而南方地区则相反，造成北方地区的新员工在试用期内大量流失，而南方地区的老员工特别是销售经理的辞职，这已经成为令公司十分头痛的问题。

第二，业务部门和职能部门的工资差异问题。支持性的职能部门（人事和财务）的工资不与业绩挂钩，其员工就会失去应有的积极性。

第三，市场部和销售部两大业务部门的工资差异问题。市场部认为对销售部门所设新产品销售考核指标的权重太低，严重影响了销售部对市场部工作的配合以及整个公司的销售战略。

建议该公司按照以下步骤进行薪酬体系的改革：

公司应该首先进行薪酬调查，包括员工薪酬满意度调查和同行业市场薪酬调查。通过员工薪酬满意度调查，全面了解员工对薪酬现状的态度及需求，增加管理层与员工的薪酬管理沟通；通过同行业市场薪酬调查，了解同行业企业的薪酬水平和薪酬结构以及本企业各岗位薪酬在同行中的排名情况等。

在薪酬调查的基础上，结合企业的岗位分析，进行系统的岗位评价，得出各岗位基本工资之间的合理系数。

依据岗位的性质，合理制定岗位工资结构即基本工资与绩效工资的比重，保证部门所有岗位对自身绩效负责。

依据企业经营战略，合理制订新产品销售额在市场部门和销售部门的考核比重，保证销售部和市场部合作的顺利进行。

依据企业经营战略，合理拉开不同岗位之间的工资差距和新老员工之间的工资差距。

复习与思考

一、名词解释

1. 薪酬
2. 薪酬管理
3. 薪酬制度
4. 薪酬结构

5．薪酬水平
6．薪酬调查
7．技能薪酬
8．职位薪酬
9．胜任力薪酬
10．宽带薪酬

二、简答

1．薪酬的含义是什么？它有什么功能？
2．薪酬管理的核心内容是什么？
3．薪酬体系设计包括哪些步骤？
4．职能薪酬体系、技能薪酬体系和胜任力薪酬体系的特征是什么？
5．职位评价有哪些常用方法？优缺点是什么？
6．宽带薪酬的设计流程是什么？

三、讨论

1．阐述组织在不同发展阶段所使用的薪酬策略。
2．阐述薪酬管理与人力资源管理其他职能之间的关系。

四、案例评析

腾讯公司的薪酬管理

腾讯公司成立于1998年11月，是目前中国最大的互联网综合服务提供商之一，也是中国服务用户最多的互联网企业之一，成立十多年，一直秉承着“一切以用户价值为依归”的经营理念，始终处于稳健、高速发展的状态。腾讯把为用户提供“一站式在线生活服务”作为战略目标，提供互联网增值服务、移动及电信增值服务和网络广告服务。通过即时通信QQ、腾讯网、腾讯游戏、QQ空间、无线门户、搜搜、财付通等中国领先的网络平台，腾讯打造了中国最大的网络社区，满足互联网用户沟通、资讯、娱乐和电子商务等方面的需求。

它的总部位于广东省深圳市南山区，是2012年互联网信息服务收入前百家企业排行榜榜首，也是中国第一家网络用户最多的公司。其年营业额为284.961亿元（2011年），员工人数有2万人（2012年）。

1．腾讯薪酬管理目的

腾讯薪酬管理根本目的在于通过建立具有公平性、外部竞争力的薪酬体系，吸引、保留并激励公司的优秀人才。通过落实体现公司职位价值及员工绩效的薪酬哲学，创建公司“以绩效为导向”的薪酬理念。

2. 腾讯薪酬哲学和支付理念

腾讯薪酬哲学：建立一套有效促进公司战略和目标实现的激励体系，实现个人贡献和企业战略目标之间的紧密关系。以管理效率优先为原则，在统一的平台上体现业务族群特点和绩效差异。这样有利于团队和个人的发展与激励，在确保外部竞争力的前提下体现内部公平性；有利于优秀人才招聘、保留和吸引，回报高绩效员工。

市场定位：位于劳动力市场的较为领先水平，结合员工职业发展道路，向绩效优秀和公司需要的员工保留员工倾斜。总体现金收入位于市场中位偏上水平，在统一理念上体现业务差异。固定薪酬体现职位和能力，浮动薪酬体现绩效和贡献。长期激励注重公司长期发展以及个人潜力，侧重于管理层和关键人才。

薪酬组合：增强薪酬体系的透明化和体系化、以员工职业发展为体系的薪酬管理。固定薪酬注重外部竞争性和内部公平性的平衡。

绩效指标：配合腾讯的整体发展战略，将公司、部门、团队和个人绩效紧密结合。

3. 薪酬体系介绍

薪酬体系设计原则：以四个维度为基础，包括市场、岗位、任职资格和绩效。市场：公司选取了外部标杆公司作为公司现金薪酬外部对比市场，并将公司整体薪酬水平定位于外部市场领先水平，同时每年定期审阅标杆企业名单，收集外部市场薪酬信息，回顾公司薪酬结构，以保证公司薪酬水平的外部竞争性；岗位：薪酬体系同员工职业发展通道体系相结合，体现不同职位价值和级别对应的薪酬水平；任职资格：员工固定工资体现员工职位性质与任职能力，同一职位的员工因为能力和经验的不同，在固定工资上有一定的差异；绩效：绩效奖金体现在员工绩效和贡献，体现薪酬激励的绩效导向。

在现有薪酬体系下，员工年度总现金收入由固定工资、职位工资和奖金（不适用拿提成的销售人员）三部分构成，其中职位工资是指公司每月根据员工的职位性质和职位职责提供的保障性现金报酬，包括住房津贴、保密津贴等固定津贴。奖金包括年度服务奖、年度绩效奖金和特别激励奖金三部分。

4. 固定工资的发放时间及标准

固定工资：根据员工岗位性质以及所负责任，为员工提供在业内富有竞争力的固定工资，并且每年公司均会对绩效表现优秀的员工进行薪酬调整。

固定工资发放时间。工资由人力资源部核算，每月定期制作发放表，由财务部安排发放到员工。工资计算期间为每月 1 日至月底，按月支付。次月 5 日发放，如发薪日遇到法定假日或休息日，工资支付提前到放假前的最后一个工作日。离职人员工资与离职补偿，将按照公司与离职员工本人协商之日发放。

工资发放标准。为员工提供除法律规定的公休假日及婚假、产假等法定休假外，工作满一年以上的员工，根据工作年限可享受7~15天的带薪年假。值班补助标准：在国家法定节假日期间，公司安排员工值班，由公司统一发放值班补助。若在非法定假日值班（除了安排调休之外）给予200元/天的补助。假期工资标准：员工享受法定节假日、年休假、产假、婚假、丧假、陪产假期间，工资全额发放。员工事假工资标准：如果全年事假累计不超过15个工作日的，事假期间日固定工资按50%发放，若超出15天，则超出部分的假期扣发全额固定工资。员工病假工资标准：如全年病假不超过30个工作日，工资全额发放，如超过30日，超过部分日固定工资按60%发放。

5. 年度绩效奖金发放

年度结束后，腾讯会根据员工绩效表现为员工提供年度绩效奖金。员工年度绩效奖金的分配将体现薪酬激励的绩效导向，即向绩效优秀的员工倾斜。在公司绩效、部门绩效均达标的情况下，员工个人绩效进行奖金分配的原则为：绩优员工，考核结果为“优秀”或“超出预期”，将全额甚至更多地获得其个人的年度绩效奖金；“符合预期”的员工将获得接近其个人的年度绩效奖金标准的奖金；“低于预期”的员工将不能获得年度绩效奖金。

发放流程：第一步，根据公司绩效和部门考核结果，核定各部门年度绩效奖金包；第二步，人力资源部经由人力资源管理委员会核定的各部门奖金包，连同员工绩效奖金分配指导原则，提交到各部门第一负责人；第三步，各部门负责人根据部门奖金及奖金分配指导原则，分配员工绩效奖金，并报人力资源部和主管CXO/EVP审批；第四步，人力资源部发出年度奖金发放通知单至员工，使员工明确个人所得与公司绩效、部门绩效及个人绩效的联系。

年度绩效奖金的相关规定。如员工在当年内入职的，则按入职时间折算年度绩效奖金，15日之前（含15日）入职的，当月按全月计，15日之后入职的当月按半月计算。当年度12月15日之前入职且奖金发放当日在职员工，方可参与年度绩效奖金的分配。若员工在年度内病事假（工伤、产假除外）合计超过30个工作日，超出部分天数将扣除相应奖金。

另包括年度服务奖金，专项奖金（如星级员工、星级团队等），其他福利计划，如各种员工俱乐部、年度旅游、免费班车等。

6. 年度薪酬调查

公司每年4月进行全公司范围内的年度调薪，人力资源部组织各部门负责人进行员工个人薪酬审阅。根据员工薪酬审阅结果，综合考量确定员工薪酬调整的幅度和时间点。

年度调薪覆盖群体：上一年10月1日前入职的员工参与公司4月的年度调薪：对于其他时间入职的员工，不在4月进行薪酬调整，由部门负责人根据审阅结果酌情安排。生效日期为每年的4月1日。

年度调薪原则。员工薪酬调整主要根据员工的绩效表现以及员工当前薪酬水平综合考量确定。薪酬水平一致的员工，绩效表现越好，获得调薪幅度越大；相反，员工绩效表现不佳时，将不能获得调薪，甚至降薪。绩效水平一致的员工，员工当前薪酬水平较低，获得调薪的幅度较大；相反，员工当前薪酬水平较高，可获得调薪的幅度较小或不予调整。员工薪酬发生调整时，人力资源部将调薪通知单邮件送达至员工，员工可以通过登录薪酬福利自助平台进行查询。在调薪生效后，部门负责人会安排与员工进行沟通面谈。

资料来源：秦迎林. 人力资源案例集[M]. 北京：清华大学出版社，2014.

【思考题】

1. 腾讯公司薪酬管理有哪些值得其他企业借鉴的地方？
2. 简述薪酬体系设计原则的四个维度。

员工福利管理

学习目标

★★★★★

- 员工福利的概念。
- 福利与薪酬、工资的关系。
- 员工福利的分类。
- 法定福利与企业福利的定义。
- 员工福利设置的影响因素。
- 弹性福利的定义。

★★★★

- 员工福利的特点。
- 员工福利的作用。
- 弹性福利计划的原则及其实施。

★★★

- 弹性福利的起源、内容及优点。
- 如何有效地进行福利管理。

开篇案例

上海贝尔公司的福利薪酬政策

面对中国科技行业的人才短缺，员工流失率居高不下的现象，上海贝尔的员工流失率却能长期保持在5%左右这么一个良性水平上，为其在激烈的市场竞争中构筑了坚实的人才高地。

上海贝尔的工资水平在上海并非拔尖，那它是如何吸引人才、留住人才的呢？上海贝尔总裁谢贝尔一语道破，一切源于公司激励性的福利政策！高薪只是短期内人才资源市场供求关系使然，而福利则反映了企业对员工的长期承诺。

在设计公司整个薪酬架构时，上海贝尔以优厚的福利加上富有竞争力（而非顶尖水平）的工资为基础，并致力于做好以下几项工作。

1. 将员工培训作为福利薪酬的一种形式

对于企业来说，通过培训能够提高员工的工作绩效，传递公司的经营理念以提高企业的凝聚力；而作为员工，通过培训可以不断更新知识技能，使自己的市场价值不断增殖。这也是众多企业在培训员工方面投入巨资，而员工对自己进入企业后所能接受的培训十分看重的相通之处。

在上海贝尔的整个福利架构中，培训是重中之重。上海贝尔形成了一整套完善的员工培训体系。新员工进入上海贝尔后，必须经历为期一个月的入职培训，随后紧接着的是为期数月的上岗培训。转为正式员工后，根据不同的工作需要，对员工还会进行在职培训，包括专业技能和管理专项培训。

上海贝尔还鼓励员工继续接受教育，如MBA教育和博士、硕士学历教育，并为员工负担学习费用。另外，上海贝尔的各类技术开发人员、营销人员都有机会前往上海贝尔设在欧洲的培训基地和开发中心接受多种培训，也有相当人数的员工能获得机会到海外的研发中心工作，少数有管理潜质的员工还会被公司派往海外的名牌大学深造。

各种各样的培训项目提高了公司对各类专业人士的吸引力，也极大地提高了在职员工的工作满意度和对公司的忠诚度。

2. 将绩效评估与福利薪酬挂钩

福利作为一种长期投资，管理上难就难在如何客观衡量其效果。在根据企业的经营策略制订福利政策的同时，必须使福利政策能激励员工去争取更好的业绩。否则，福利就会演变成平均主义的大锅饭，不但起不到激励员工的作用，反而会助长不思进取、坐享其成的消极工作习惯。

在上海贝尔，员工所享有的福利和工作业绩密切相连。不同部门有不同的业绩评估体系，员工定期的绩效评估结果决定他所得奖金的多少。为了鼓励团队合作精神，员工个人的奖金还和其所在的团队业绩挂钩。

在其他福利待遇方面，上海贝尔也是在兼顾公平的前提下，以员工所做出的业绩贡献为主，尽力拉大档次差距。目的就在于激励广大员工力争上游，从体制上杜绝福利平均主义的弊端。

3. 将与员工沟通作为设计福利薪酬的前提

卓有成效的员工福利需要和员工达成良性的沟通。要真正获得员工的心，公司首先要了解员工内心的需求。

上海贝尔的福利始终设法去贴切反应员工变动的需求。公司员工队伍的年龄结构平均仅为28岁。大部分员工，正值成家立业之年，购房置业是他们生活中的首选事项。在上海房价奇高的情况下，上海贝尔及时推出了无息购房贷款的福利项目，给员工们在购房时助一臂之力。而且在员工工作满规定期限后，此项贷款可以逾半偿还。如此一来，既替年轻员工解了燃眉之急，也使为企业服务多年的资深员工得到了应有回报，无形中加深了员工和公司之间长期的心灵契约。当公司了解到部分员工通过其他手段已经解决了住房，有意于消费升级，购置私家轿车时，上海贝尔又为这部分员工推出购车的无息专项贷款。公司如此善解人意，员工当然投桃报李，对公司的忠诚度也由此得以大幅提升。

在上海贝尔，和员工的沟通是公司福利工作的一个重要组成部分，详尽的文字资料和各种活动使员工对公司的各项福利耳熟能详，同时公司也鼓励员工在亲朋好友间宣传其良好的福利待遇。公司在各类场合也是尽力详尽地介绍公司的福利计划，使各界人士对上海贝尔优厚的福利待遇有一个充分的了解，以增强公司对外部人才的吸引力。

资料来源：赵曙明，（美）马希斯，杰克逊. 人力资源管理[M]. 第11版. 中国版. 北京：电子工业出版社，2008.

【思考题】

上海贝尔之所以能够吸引并留住优秀人才，与它的员工福利政策密切相关，其员工福利有何特色呢？有效的员工福利计划对企业又起着怎样的作用呢？

第一节 员工福利的概念

一、员工福利

（一）员工福利的含义

企业提供给员工的整体薪酬体系主要包括工资、奖金与福利项目三个部分，而福利已经成为越来越重要的部分。福利在整个薪酬体系中所发挥的作用虽然是隐含而间接的，但却起着关键作用。员工福利项目设计得好，可以降低员工离职率，增加员工对企业的归属感，从而稳固员工队伍；反之，如果员工福利项目设计得不合理，既会浪费企业的人工成本，又起不到激励员工和稳定员工队伍的作用。

在以往很多福利方案设计中，企业所有或大多数员工都享用基本相同的福利项目，这在一定程度上使得福利在薪酬体系中变成了保健因素，没有发挥福利的特别激励作用，反而有时候还会引起员工的不满。随着社会的不断进步，人们的生活水平不断提高，企业员工对福利的要求也越来越高。只有日趋多元化与个性化的福利项目才能有效吸引人才。

关于什么是员工福利，不同的国家、不同的学者都有不一样的解释。

1．西方国家对员工福利的定义

西方国家从福利计划的角度出发，每个机构对员工福利进行了不同的界定。

（1）根据美国商会的观点，员工福利计划（Employee Benefit Plan，EBP）可以从广义上定义为相对于直接工资（Direct Wages）以外任何形态的工资，并在此基础上将员工福利计划的内容分为五大类：第一类，对于员工经济安全所需的法定给付，包括老年、遗嘱保险、工作能力丧失的收入和健康保险、失业保险、强制性的短期工作能力丧失的收入保险以及针对于铁路劳工的特殊退休、工作能力丧失收入补偿和失业津贴。第二类，养老金和其他承诺的给付，包括养老金、人寿保险和其他的死亡给付，非营利机构所提供的医疗服务和其他医疗费用给付、工作能力丧失、收入保险及其他工作能力丧失时的给付，但带薪病假、私营失业补助金和遣散费除外。还包括其他承诺的福利，如员工购买商品的折扣、免费进餐、员工认股、员工子女学费补助等。第三类，上班中非生产时间的给付，包括在休息、午餐、洗涤、外出、更衣、准备和工作时间短暂休息的照付工资。第四类，未工作时间的给付，包括带薪休假和放弃休假的特别奖金、假日照付工资、带薪病假、服役、陪审等公假照付的工资。其他福利为第五大类，即除了薪金以外而未包括在上述种类之中的所有福利。

（2）根据美国社会保障署的观点，员工福利计划可以从狭义上被认为是雇主和员工单方面或共同赞助创立的任何形态的给付措施，必须有雇佣关系，并且不是政府直接承保和给付。其目的在于使用有秩序的、预定模式的措施，以提供因死亡、意外、疾病、退休或失业等正常所得收入终止期间收入的持续和因病、伤所面临的特殊费用的补偿。美国社会保障署对于员工福利计划的内容只限于对私人死亡、意外、疾病、退休或失业所提供的经济安全保障，而带薪假期、员工折扣优惠、工作期间的休息、免费进餐等项目则不属于此，同时也不包括国家的老年、遗嘱保险、工作能力丧失的收入、健康保险和失业保险等。

（3）根据美国学者对员工福利的观点，乔治·T.米尔科维奇（George T. Milkovich）在《薪酬管理》中界定“员工福利是总报酬的一部分，它不是按工作时间给付，是支付给全体或部分员工的报酬（如寿险、养老金、工伤保险、休假）”。

加里·德斯勒（Gary Dessler）认为，员工福利包括健康和人寿保险、休假和保育设施，大体可归为四类：补充性工资、保险福利、退休福利和员工服务福利。约翰·E.特鲁普曼（John E. Tropman）在他所提出的由十种薪酬成分组合而成的整体薪酬中，认为“间接工资，即通常所说的福利工资。它有别于以单位工作时间计算的薪酬方式，该费用由雇主全部或主要承担，我们可以把它看作是整体薪酬方案的一部分”。

2．我国学者对于员工福利的界定

我国学者从不同角度和方式对福利及其内涵做出了不同的定义。主要可以分为以下两种：

（1）从广义上的"福利"角度而界定的职工福利。有学者认为，用以改善人民物质、文化生活的公益性事业和所采取的一切措施均可称为福利。从享受的范围、水平和举办者地位的角度，福利事业可分为三个层次：最高层次是在全国范围内以全体居民为对象举办的福利事业，称国家福利；第二层次是在一定行政区域或地域内以该地区居民为对象举办的福利事业，一般由当地政府举办，称地方福利；职工福利属于第三层次，是企事业单位、国家机关通过建立集体生活设施和服务设施及补贴制度等方式，贴补本单位（或本系统）职工在物质文化生活方面的集体消费及共同性需要或特殊生活困难举办的公益性事业。

（2）从福利受益者——员工的角度界定的员工福利。有学者认为，对员工而言，福利有广义和狭义之分。广义的福利包括三个层次：① 作为合法的国家公民，有权享受政府提供的文化、教育、卫生、社会保障等公共福利和公共服务；② 作为企业的成员，可以享受兴办的各种集体福利；③ 工资收入以外的，企业为员工个人及其家庭所提供的实物和服务等福利形式。狭义的员工福利又称为职业福利或劳动福利，指企业为满足劳动者的生活需要，在其工资收入以外，向员工及其家庭提供的货币、实物及其他服务形式。

本书综合以上观点，认为员工福利（Employee Benefit）作为薪酬体系的重要组成部分，又可称为员工福利制度，是企业或其他组织以福利的形式提供给员工的报酬。它是对员工生活的照顾，是组织为员工提供的除工资与奖金之外的一切物质待遇，是劳动的间接回报，有广义和狭义之分。

广义的员工福利是指用人单位、政府或社会为了满足员工的生活需要，在工资收入之外，向员工本人及其家属提供各种形式的支付与补偿的制度。可以是货币形式，也可以是非货币形式，如实物、服务等。通常员工福利主要由以下部分组成：国家规定实施的各类基本的社会保障、企业年金（补充养老金计划）及其他商业团体保险计划、股权期权计划、其他福利计划等。

狭义的员工福利是指工资收入以外，由用人单位、政府或社会，有组织、有计划地对员工遭遇死亡、意外事故、疾病、退休或者失业等风险的员工提供经济、安全保障的制度，如社会保险和商业保险。

（二）员工福利的特点

为了更清楚地界定员工福利，需要了解员工福利是劳动关系的产物，不属于工资的范畴。它的受益者可以是员工及其家属，企业将依据他们的需求分配福利。员工福利主要具备以下特点。

（1）补偿性——员工福利是对劳动者为企业提供劳动的一种物质性补偿，也是员工工资收入的一种补充形式。

（2）均等性——企业内履行了劳动义务的员工，都可以平均地享受企业的各种福利。

（3）集体性——企业兴办各种集体福利事业，员工集体消费或共同使用共同物品等是员工福利的主体形式，也是员工福利的一个重要特征。

（4）多样性——员工福利的给付形式多种多样，包括现金、实物、带薪休假以及各种服务，而且可以采用多种组合方式，要比其他形式的报酬更为复杂，更加难以计算和衡量，最常用的方式是实物给付形式，并且具有延期支付的特点，这与基本薪酬差异较大。

（5）稳定性——员工福利制度具有一定的稳定性，一旦制订并实施，对于员工来说是一份固定的收入形式。

（6）保障性——员工福利制度在一定程度上对员工的生活及其他方面都起到了保障作用。

（三）员工福利的作用

相对于工资、奖金等直接报酬而言，福利作为企业提供给员工的间接报酬，发挥着不可替代的作用。不仅是对企业，对政府和员工也有着重要的作用。

1．员工福利对政府的作用

员工福利的实施可以解除政府的后顾之忧，为政府减少提供社会保障的压力；是政府调节经济的手段，政府可以根据当前经济发展状况调整法定福利的政策；可以保障劳动力的再生产，员工福利的实施在一定程度上可以缓解政府在生产方面的压力。但同时，员工福利在某些时候也会影响政府的宏观决策，也会由于薪酬结构中福利占比增加而减少企业的纳税支出，从而影响政府的税收。

2．员工福利对企业的作用

很多调查显示福利对于增加员工的安全感、忠诚度和工作热情，增强吸引和留住人才的能力有着重要影响。员工福利制度的实行可以降低用人单位的劳动成本，企业可以通过工资与福利比重的设计减少自身纳税，同时又能使员工满意；增加对优秀员工的吸引力，越来越多的实例表明良好的福利有时比高工资更能吸引优秀员工；有助于提高员工工作热情，激励员工努力工作，增强对企业的忠诚感，从而增强企业的凝聚力；福利的实施还可以在一定程度上改善和优化劳动条件。但同时，员工福利的实施也会加重用人单位经济负担，影响企业竞争力，有时可能增加员工的缺勤率。这就需要企业进行良好的福利设置及管理，尽量减少类似的消极影响。

3．员工福利对员工的作用

福利对于员工来说，无疑是有利也有弊的，员工福利的实施可以消除员工自身的忧虑和恐惧，同时也可以减轻家庭其他成员的负担，也可以缓解一定的工作压力。但长期过度的员工福利容易助长员工的依赖心理；也会使员工失去对全部报酬的处置权，现时取得的现金会有所减少，同时还会影响员工自身的流动。

二、福利与薪酬、工资的关系

福利作为企业薪酬体系设计中不可或缺的一部分，与薪酬到底有何区别呢？而工资、薪酬与福利又是什么关系呢？通过学习前面的章节，可以得知薪酬是指员工在从事劳动、履行职责并完成任务之后所获得的经济上的酬劳或回报。狭义的薪酬指直接薪酬，又可称工资，包括基本工资、绩效工资、成就工资和津贴。其中绩效工资是指奖金、浮动工资等，成就工资是指红利、股票期权等，津贴是指岗位津贴、工作津贴等。广义的薪酬除了直接薪酬，还包括间接薪酬，又可称员工福利，包括带薪休假、法定保险、补充保险、健康关怀（体检、健康保险、健身俱乐部等）、为员工个人及其家庭提供的家庭服务等，即五险一金和企业自主提供的其他福利。

（一）福利与工资的关系

福利与工资作为薪酬的两个重要组成部分，福利是以非现金的形式支付给员工的。对于企业来说，员工的福利支出通常会占到工资总额的很大一部分。福利和工资两者之间既有区别又有联系。

福利和工资之间的联系体现在：（1）都是员工劳动所得，员工在企业做出了贡献才得到，都属于劳动报酬的范畴。在薪酬总额一定的情况下，两者存在一定程度的此消彼长关系；（2）都具有经济保障功能；（3）都要受到政府法律法规的约束；（4）都具有一定的弹性，可依据经济条件的变化而进行调整，以满足不同员工的需求。

福利和工资之间的区别主要有：（1）作用不同：工资对员工的生活水平起决定作用，以激励功能为主；而福利在很大程度上起保障和提高的作用，给人安全感和归属感。（2）支付依据不同：工资根据员工的职位高低、能力大小、业绩多少支付，以员工对企业的贡献为基础，不同岗位的员工工资有差异，即使同一岗位的员工，其能力或业绩不同，工资也可能存在很大差别；而福利则很大程度上是按需支付，即根据单位工作和员工的需要支付，与工作时间等无关，员工之间差别一般不大。（3）支付形式不同：工资采取货币支付的方式，福利的支付具有多样性，多以实物、服务机会和延期支付为主。当然，这里仅列举其主要区别，两者的区别不止如此，如表 10-1 所示。

表 10-1　员工福利与工资的区别

员 工 福 利	工　资
1．均等性（对一般福利而言）	1．效率性（以员工对企业相对价值/当前贡献为基础）
2．集体性（与工作时间无关）	2．工作时间越长，工资越高
3．补偿性（间接薪酬、补充性）	3．补偿性（直接薪酬）
4．多样性（金钱、实物、服务机会、特殊权利等多种形式）	4．以货币形式直接支付给员工
5．稳定性（长期性、享税收优惠）	5．可以一次性支付（如奖金），无税收优惠
6．保障性（保障功能为主，激励功能为次，给人安全感和归属感）	6．激励性（激励功能为主，保障功能、稳定功能为辅）

（二）福利与薪酬的关系

薪酬是企业人力资源管理体系中重要的一部分，而福利又作为薪酬体系中的重要组成部分，两者既存在联系，又有着一定的区别。简单地说，薪酬就是工资，也就是劳动报酬。福利就是用人单位为了吸引人才或稳定员工而自行为员工采取的福利措施。例如五险一金、工作餐、工作服、团体旅游等。尽管福利不是以货币形式发到员工手中的，但是假如没有这些福利，员工依旧需要购买相关的服务和保险。因此，福利是企业支付给员工的间接货币报酬，是对工资的一种补充。

薪酬与福利的联系：（1）二者的支付前提相同。薪酬与福利支付的前提都是存在就业关系，员工按照合同付出要求的劳动，在这个大的前提下，才存在薪酬和福利。（2）二者的支付主体和支付对象是相同的。薪酬与福利的支付主体都是劳动合同关系一方的组织，支付对象都是员工，都是组织针对员工支付的补偿。薪酬与福利都与员工的职位等级成正比。福利是一种源于组织成员身份的报酬，组织中管理层与普通员工的福利是有区别的，管理层还会有自己的特殊的福利。薪酬在组织内部也与员工的职位等级成正比。

薪酬与福利的区别：（1）二者的性质不同。薪酬包括可变成本和固定成本，而福利具有固定成本性质。福利一旦支付，以后必须同等支付，属于保健性因素，减少就会造成员工的不满。（2）二者与工作时间关联度不同。福利与员工工作时间并无直接关系，薪酬是与劳动量相联系的，强调等价交换。福利有些是人人有份的，如免费午餐；有些可能只是爱好的人受益，如健身房或各种体育设施，且具有重复享受或终身享有的特性。（3）二者的激励程度不同。福利的激励功能只是薪酬激励功能的一个组成部分，薪酬的激励功能更加多元化。福利一般包括法定福利和企业福利，法定福利的义务性使其具有激励作用。企业福利分为集体福利和个人福利，集体福利一般不具有激励作用，即使企业增加它，由于各员工之间平等增加，且不会发生太大的变动，极难产生激励作用。当然，增加个别员工的个人福利或者施行自助福利在一定程度上可以起到激励的作用。尽管薪酬与福利有明显的区别，但在一定情况下，薪酬与福利还是可以相互转化的。例如根据 2009 年 11 月 12 日财政部下达的《财政部关于企业加强职工福利费财务管理的通知》，通知规定“已经实行了货币化改革的企业为职工提供的交通、住房、通信待遇，纳入职工工资总额，不再纳入职工福利费管理……”有关福利费用计入的规定意味着福利开始逐渐向工资等非福利薪酬转化。

沙场点兵

员工福利如何做到小成本大关怀

刘雯莉先后在大型国企、外资企业任办公室主任和行政经理等职，对行政工作已经是轻车熟路。现在，跳槽到这家民营企业担任行政部经理半年来，工作也是信手拈头，从未感到任何压力。但这次在中秋节来临之际，一个小小的员工节日礼品，却让她感受到了压力。

她刚入职没多久，遇到了端午节，她当时收到的礼品是一支刻有自己名字、星座和单位 LOGO（徽标）的签字笔。收到这个特殊的礼物时，她很高兴，因为这是她工作以来收到的第一份给自己的专属礼品。但她不知道，这份礼物是行政专员做了 7 份方案，选了 19 份礼物后，唯一被公司认同后的一件礼品。眼下中秋节马上来临，礼品方案需要由她选定了。让她懊丧的是，她自己提的 10 多个方案，在行政部内部就都被否定了。

经过这一番波折，她发现这家企业发放员工福利的宗旨：其一，公司非常注重对员工的关怀，在中国的传统节日及西方流行节日，都会组织活动或者派发礼品；其二，公司对成本的控制非常严格，一般活动人均费用控制在 50 元以内，如果是礼品则控制在人均 100 元以内；其三，公司不希望对员工的关怀成为鸡肋，因此不会采纳大众化的礼品与活动建议。活动不能只是吃饭、K 歌；礼品不能是传统的油、大米，或月饼、粽子之类的传统礼品。总之，投资要少，效果要好！

经过一番思索，刘雯莉明白小小的节日礼品，实际上透露出这家民营企业对于企业文化建设的良苦用心，平衡员工利益与企业利益。在严格控制成本的情况下，关怀员工的力度不能小。在员工礼品选择方面，要用最小的成本，换来最大的满意度和忠诚度。民营企业资源少，所以在节省成本的同时，企业对员工的关怀不能少。此刻创新很重要，员工礼品的创新、团队活动的创新。所以在礼品的选择方面，就应该遵守如下原则：思维从抽象到具体，方向从大到小，产品从宽到窄，特性从大众到潮流。具体而言，或者符合企业文化内涵；或者符合公司品牌象征，比如与公司生产的产品相关或者能让人联想到公司的产品相关或者让人联想到公司的品牌形象等；或者符合时代特征，例如根据员工在工作生活中的共通细节设计礼品，或者根据员工年龄或喜好方面的共同特征发掘他们对于社会时尚潮流的偏好，然后选择礼品。这样有针对性的礼品就能体现不一样的价值感，价值远远大于价格。

资料来源：《中国劳动保障报》2014 年 9 月 27 日《企业管理》栏。

第二节　员工福利的分类

一般员工福利都是从构成上将其分为法定福利与企业福利两类。但为了更全面清晰地了解员工福利的类型，本书分别按不同标准对员工福利进行划分。

一、按员工福利的功能划分

（一）安全和健康性福利

安全和健康性福利旨在防范员工人身安全风险和健康风险的福利，也称安全保障性福利，这是员工福利的主要方面。主要包括各项社会保险、企业年金、团体寿险、团体健康保险、住房援助计划（包括住房公积金、住房贷款利息给付、住房补贴）等。

（二）设施性福利

设施性福利是指从员工的日常需要出发，向员工提供设施性硬件服务的福利项目，如员工宿舍、餐厅、阅览室、健身房、浴室、交通车（班车）、托儿所等。

（三）娱乐性福利

娱乐性福利是企业为了丰富员工的精神和文化生活、增进员工的社交、促进员工身心健康和合作意识，提供娱乐性的福利项目，如举办健康讲座、组织旅行、体育设施、比赛、观看演出、免费电影等。

（四）服务性福利

企业为员工或员工家庭提供的旨在帮助员工克服生活困难和支持员工事业发展的直接服务的福利形式。如雇员援助计划、雇员咨询计划、家庭援助计划（员工弹性工作时间和请假制度）、员工家庭生活安排计划等。

（五）培训性福利

培训性福利分为内部培训和外部培训。前者主要是在企业内部进行培训，聘请专家来企业讲课；后者到社会上的机构，如大学或社会上的培训机构接受培训，学费给予适当补偿等。

（六）其他福利项目

除上述福利项目外，企业还会有其他一些福利，如以企业员工名义向大学捐助专用奖学金等荣誉性福利、提供工作服装等。

二、按员工福利的支付时间划分

（一）当期支付的员工福利

当期支付的员工福利通常指当前承诺当前兑现，常以周、月、年为周期支付。如免费午餐、降温费、交通补助等。当期支付的员工福利具有当期兑现、等价交易、直接补偿等特点。

（二）延期支付的员工福利

延期支付的员工福利是指按照预期承诺的时间或者条件支付的福利待遇，如期权股权、

企业年金等。这种福利是延期支付的，其兑现是有条件的，只有当法定的、劳动合同约定的、员工福利计划规定的条件出现时，当初承诺的福利待遇才能兑现。如员工在职攻读硕士学位，获得学位后方能报销学费。这是对员工及其家属未来面临的风险的补偿，主要满足员工未来的保障需求和福利需求。

三、按员工福利的法律强制性划分

（一）法定员工福利

法定员工福利也称强制性福利，指国家或地方政府为保障员工利益，通过立法的形式强制实施的员工福利政策，包括基本养老保险、医疗保险、失业保险、生育保险、工伤保险和住房公积金等，即通常所说的“五险一金”。其特点就是强制实施、强调公平、提供基本保障。主要有两大类。

1．社会保险

社会保险是国家通过立法，由社会集中建立基金，以使劳动者在年老、患病、工伤、失业、生育等丧失劳动能力的情况下能够获得国家和社会补偿和帮助的一种社会保障制度。按照国家劳动法律法规的规定，我国城镇的各类企业及事业单位都必须参加社会保险。社会保险费用来自政府、企业和员工个人。目前在我国，社会保险有基本养老保险、医疗保险、失业保险、生育保险、工伤保险五种。

2．休假制度

我国的休假制度主要包括四项内容，即公休假日制度、法定节假日制度、年休假制度、探亲假制度。

（1）公休假日制度，又称周休制度，即两个相邻的工作周之间应休息的时间。世界各国一般都规定至少有 1 天休息，相当　部分国家还规定每周 2 天的休假制度。从 2016 年起，我国部分省份试行 2.5 天休假制度。

（2）法定节假日制度。根据各国、各民族的风俗习惯或纪念要求，由法律统一规定的用以进行庆祝及度假的休息时间。我国建国初期政务院第十二次政务会议通过并公布的《全国年节及纪念日度假办法》规定，法定节假日可以分为三类：属于全体人民的节假日有元旦、春节、国际劳动节、国庆节等。适逢公休假日，顺延补假。

（3）年休假制度。职工每年享有保留工作和工资的连续休假制度。目前世界各国广泛实行年休假制度，假期一般为 5~30 天，工资照发。我国曾在部分职工中试行 12 个工作日的年休假制度，后因条件限制未能坚持贯彻。随着经济发展，我国开始在国家机关和事业单位中执行年休假制度。

（4）探亲假制度。按我国规定，给予与家属分居两地的职工在一定时期内回家与父母或配偶团聚假期的制度。自1958年开始实行，1981年重新修订颁布《关于职工探亲待遇的规定》。享受探亲假的条件：凡在国有企业、事业、机关、团体工作满1年的原固定职工和劳动合同制工人，与配偶、父母不在一地，又不能利用公休假日团聚的，可以享受探望配偶、父母的待遇。具体规定为：① 职工探望配偶，每年给予一方探亲假一次，假期为30天；② 未婚职工探望父母，原则上每年放假一次，假期为20天，因工作需要当年单位不能给假或职工自愿2年探亲一次，假期为45天；③ 已婚职工探望父母，原则上每4年给假一次，假期为20天；④ 凡实行休假制度的职工，如教师，应在休假期探亲，若休假期较短，可由单位适当安排，补足其应享受假日的天数。

（二）企业自主员工福利

企业自主员工福利是指企业根据自身特点自主决定的、有目的、有针对性地向员工提供的一些符合实际需求的福利项目。它又称非法定福利、非固定福利，是建立在企业自愿基础之上，项目的多少和支付方式均由企业自行决定。这种福利起源于20世纪四五十年代的西方企业，主要用于吸引优秀人才。后来随工会集体谈判力量的增强，促进了企业福利在非工会会员中的实施。到目前为止，企业福利已成为薪酬体系中非常重要的组成部分。许多员工选择雇主时，往往看重的是这部分福利，而不仅仅是基本工资。常见的包括免费工作餐、交通服务或交通补贴、住房福利、购车福利、补充养老保险、带薪假期、卫生设施及医疗保健、文娱体育设施、教育福利、寿险、意外险、财产险、休闲旅游等。由雇主和员工自愿参加，因而企业福利又被称为“边缘薪酬”。

企业福利不具有强制性，因而企业有权决定其内容和给付方式。企业可以根据经营效益、利润完成等情况实行，还可以结合发展情况，在了解员工需求的基础上增减福利项目。如企业退休金计划、企业补充医疗保险、期权股权、企业年金、不必工作的请假或固定假日福利、住房、购买商品折扣等。企业福利的特点有企业自愿实施、强调效率、与员工的工作绩效挂钩，注重对员工的激励、提供较高水平的保障，是对法定员工福利的补充。企业福利主要可以归为以下几类。

1．免费工作餐

很多企业包括大多数国营企业为员工提供免费工作餐，或者是设立自己的食堂，或者是发放固定的午餐补助。根据赫兹伯格的双因素理论，免费工作餐的费用尽管不大，但如果没有该福利，会造成员工的不满意。所以，只要企业有条件，可以考虑提供此类福利。

2．交通服务或交通补贴

很多大中型企业提供该福利，从成本因素考虑，为集中住在某几处的员工提供交通服务，可以提升员工的工作效率，降低企业成本。若企业人数不多，则会导致成本过高，可采用现金补贴的形式。但随着企业规模的扩大，员工数量增多会造成企业交通工具不能满足员工的需要，引起员工的不满。此时可将企业提供交通工具交由社会处理，引进外部交通工具，并在员工补贴方面加大力度，将此类福利社会化。

3．住房福利

为员工提供住房福利已成为吸引和挽留员工的重要方法，提供住房福利已成为各企业普遍采用的福利趋势，主要形式有现金津贴、房屋贷款、个人储蓄计划、利息补助计划和提供企业公寓、宿舍等。大多数的企业目前采用的形式仍然是现金津贴的方法，即每月提供数量不等的现金。但这种形式是否需要分等级进行，仍需要考量其公平性，即是否级别高的人应该享受更多的现金补贴，而级别低的人则享受较少甚至没有这方面的福利。

4．购车福利

一些效益好的企业为企业高层提供购车的福利项目。一方面缓解了企业的用车压力，另一方面达到留住关键人才的目的。例如上海贝尔有限公司，在推出无息贷款购房的基础上又推出购车的无息专项贷款，并且惠及所有员工。

5．补充养老保险

补充养老保险是指由企业根据自身经济实力，在国家规定的实施政策和条件下为本企业职工建立的一种辅助性的养老保险。它居于多层次的养老保险体系中的第二层次，由国家宏观指导、企业内部决策执行。企业补充养老保险与基本养老保险既有区别又有联系。其区别主要体现在层次和功能上的不同，联系主要体现在政策和水平相互联系、密不可分。企业补充养老保险费可由企业完全承担，或由企业和员工共同承担，比例由劳资双方协议确定。

补充养老保险具有一定的作用，一方面补充养老保险基本费率比较低，尤其是对于年轻人多的企业，使企业参加补充养老保险有一定的经济空间；另一方面，由于补充养老保险费用是税前支取，可以为员工和企业节省一定的税金。企业还可以此为手段将参保额同个人贡献相结合，吸引和留住人才。

6．带薪假期

我国《劳动法》规定，“国家实行带薪假期制度，劳动者连续工作一年以上的，享受带薪年休假，具体办法由国务院规定”。这个制度即年休假制度。中共中央、国务院发出的《关于职工休假问题的通知》规定了仅限于机关工作人员的年休假制度。后来，部分有条件的事业单位、国有企业也根据实际情况实行了年休假，少数“三资”企业根据国外的惯例也实行年休假。从理论上讲，用人单位应为员工提供这项福利，但由于国家相关法律法规没有明确规定休假时间和实施办法，没有强制要求企业必须为员工提供这项福利，因而对于大多数在企业就业的人员来说，带薪假期仍然是一项企业福利。实行带薪假期是关乎人权、提升生活质量的标志，也是世界各国促进大众旅游的一项配套措施。20 世纪 60 年代开始，很多国家都实行了数量不等的带薪假期制度，随之带来大众旅游快速发展。带薪假期的长短与国家的经济水平、每周几天工作制、公民假日总量等密切相关。现在发达国家带薪假期一般为2～5周，享受人群是全体劳动者。一般的情况下，经济发展水平越高，带薪假期的时间相对越长。

7．卫生设施及医疗保健

一些企业提供免费或低费的医疗卫生服务。建立一般性的卫生设施和提供简便的医疗保健很有必要，小病可以通过企业的医疗设施处理，大病则通过医疗保险解决。

8．文娱体育设施

这类福利可以极大丰富员工的业余生活，提高员工的心理健康水平，提升企业的工作效率。如果员工数量较多，也可以通过成立相应的委员会组织员工活动，或借助社会的文娱体育设施，委员会进行讨价，让员工以低于市场价的价格享受这类服务。

9．教育福利

指的是企业为员工提供教育方面的资助，为员工支付部分或全部与正规教育课程和学位申请有关的费用、非岗位培训或其他短训费用，甚至包括书本费和实验室材料使用费等。

10．法律和职业发展咨询

为职工提供法律及个人职业发展方面的服务，充分利用企业延聘的法律专家或咨询顾问，为员工及其家庭提供服务。

11．子女教育辅助计划

目前中小学甚至幼儿园日益高涨的赞助费成为工薪阶层的负担，适时推出子女教育辅助计划，能满足员工需求。

12．员工持股计划（ESOP）

许多企业尤其是跨国企业实行员工持股计划，此举颇受绩优企业员工的欢迎，不少员工为保住股票持有权甚至拒绝其他企业的高薪诱惑。

四、按员工福利的选择性划分

（一）固定性员工福利

固定性员工福利是由企业设定的、员工被动接受的福利项目，即向所有的员工提供同样的福利内容。不考虑不同文化层次、不同收入层次的员工对福利待遇需求的差异，不强调待遇的多样化和个性化。优点：福利计划制订的成本和实施成本会大大降低。缺点：无法考虑到员工多样化的需求，从而削弱了福利实施的效果。这从某种程度上来说反而增加了企业无谓的成本。

（二）弹性员工福利

弹性福利制就是由员工自行选择福利项目的福利管理模式。它还有几种不同的名称，

如自助餐式福利计划、菜单式福利模式等。在实践中通常是由企业提供一份列有各种福利项目的“菜单”，然后由员工依照自己的需求从中选择项目，组合成属于自己的一套福利“套餐”。

这种制度非常强调“员工参与”的过程。当然员工的选择不是完全自由的，有一些项目，例如法定福利就是每位员工的必选项。此外企业通常都会根据员工的薪酬、年资或家庭背景等因素来设定每一个员工所拥有的福利限额，同时福利清单的每项福利项目都会附一个金额，员工只能在自己的限额内购买喜欢的福利。

五、按员工福利提供的内容划分

（一）集体员工福利

集体员工福利是指供员工集体享受的福利。如健身房、澡堂、集体旅游、食堂等。

（二）个人员工福利

个人员工福利指员工个人可以享受的福利，如员工生日慰问金、交通补贴、探亲假、提供疗养机会等。

六、按员工福利的提供形式划分

（一）实物型福利

实物型福利是指直接发放实物或直接提供服务，这种福利可以增加集体购买的价格优势，减少福利成本，提高企业凝聚力；但难以满足较高层次的需求，增加了工作量，提高了员工福利的管理成本。

（二）货币型福利

货币型福利是指发放货币或准货币，这种福利大大降低了员工福利的管理成本，满足了员工不同层次的需求，满足了员工自我实现的需求（提供股权、期权）；但却失去了集体购买的价格优势，削弱了员工福利在提高企业凝聚力方面的作用。

第三节　员工福利设置的影响因素

很多调查显示，福利对于增加员工安全感、忠诚度和工作热情，提高企业对高素质人才的吸引力起着非常重要的作用。可以增加对优秀员工的吸引力，提高员工的热情与干劲，增加员工的忠诚度及归属感。同时，福利能更好地激励员工，使员工产生工作满意感，进而激发员工自觉为企业目标而奋斗，最终提高投资回报率。良好的福利既可以使员工得到更多实惠，又可以使对员工的投资产生更多的回报。正是因为福利存在着不可忽视的作用，这就要求企业在进行福利设置时考虑相关因素，建立良好的福利制度，通过有效的福利管理实现员工与企业的双赢。

一、影响福利设置的因素

影响企业员工福利设置的因素可以归结为外部因素和内部因素。

（一）影响员工福利设置的外部因素

1．有关的政策法规

许多国家和地区的政府都明文规定企业员工享受福利的内容，一旦企业不为员工提供相应的福利，则算违法。如我国《劳动法》规定，所有用人单位应该为签订正式雇佣合同的员工办理社会保险。国家法律法规影响员工福利的保障水平和福利的内容。

2．医疗费用急剧增加

由于种种原因，近年来各类企业的医疗费大幅度增加。员工没有相应的福利支持，一旦患病，将会造成生活困难。这就需要企业的福利支持。消费物价指数越高，实际福利待遇水平越低，需要不断增加福利开支，才能保持原有的福利水平。

3．与同行的竞争

如果同行业的企业都提供了某种福利，出于竞争的压力，企业也应为员工提供该种福利，否则会影响员工的积极性。竞争对手的福利水平高，企业也要调整自身福利，否则就会造成人才流失。

4．劳动力供求状况

福利也是劳动力价格的一部分，当劳动力供大于求时，员工福利水平就会降低。

5．工会的态度和力量

工会代表和雇主通过集体谈判的方式决定福利水平，工会越受到雇主的支持与重视，员工福利水平越有保障。

（二）影响员工福利设置的内部因素

1．企业方面的影响因素

（1）管理者的管理思想。有的管理者认为员工福利可有可无，有的认为只要符合国家法律规定就行，有的认为应该尽可能地给予员工良好的福利。不同的管理者为员工提供的福利水平都有所差异。

（2）企业支付能力。一般支付能力强的企业，员工福利待遇也比较高。

（3）企业的薪酬策略。由于福利属于薪酬的范畴，因此企业的薪酬策略，包括薪酬的水平策略和薪酬横向结构策略必然是员工福利水平最为重要的决定性因素。它们共同决定了企业愿意为员工支付福利水平的高低。薪酬水平策略主要决定了企业愿意提供薪酬的总支出，也部分影响了薪酬内部板块的结构以及不同人员的薪酬水平。同时，薪酬横向结构策略则决定了福利开支在总体薪酬中所占的比例。

（4）员工福利成本。员工福利成本可以分为企业为福利直接缴纳的费用、企业直接支付给员工的福利开支、企业为员工举办福利设施和活动的开支、员工享受福利而对企业生产工作有影响的损失，以及员工福利管理的开支。福利的成本会在一定程度上影响企业福利计划的设计。

（5）企业的文化价值。企业的文化价值说明企业注重的方向，也决定了企业会采取何种福利计划以符合自身文化价值。

2. 员工方面的影响因素

（1）员工工资水平。一般来说，员工的工资越高，对福利待遇的认可程度也就越低；反之对福利的认可程度越高。

（2）员工的年龄。年轻员工偏好高工资低福利，中老年员工对福利接受程度较高。

（3）员工的福利需求。员工的公平感、员工所属国的文化（权利距离、不确定性规避、个人主义、男权主义与女权主义）、员工的工作压力和紧张程度等因素都应该在福利计划中被考虑。

总体而言，员工福利设置的影响因素可归纳为工会、经济现状、政府法律法规、劳动力市场、企业能力以及企业所处地理位置等。我国关于法定福利的政策法规和国家的相关制度法规综合影响着企业提供法定福利的支付水平、项目和采用的模式。其中，工时制度、社会保险制度、劳动保护制度、住房公积金制度等规定了相应类型法定福利必须采用惠及全员的模式，同时它们也明确地规定了相应福利应该提供的水平。

二、福利制度的发展

企业福利系统有效地实施，除了能够满足员工的需求外，还能够带来更多好处。因而未来福利制度的发展应向以下几方面努力。

（一）福利项目的选择要更趋于富有弹性

对于一般员工来说，企业倾向于提供符合法律法规和产业标准或行业标准的福利，如一般员工的工作时间要求、年休假、退休金或遣散费等；而对于高层主管或绩效优秀的员工，企业有可能提供优厚的体检补助、俱乐部会员、高尔夫球证或停车位等福利；还有许多企业强调福利与员工绩效相连接。无论企业的福利项目设计还是员工的自主选择都将趋向于多样化和更富有弹性。

（二）福利要更具备系统性

越来越多的企业将把零散的福利项目整合成更富于建构特性的福利信息系统，将之与薪酬系统连接。一些企业将非核心的福利事务外包，委托其他机构或企业处理这些事务，以节省人力，提高企业营运效率。

第四节　弹性福利计划

一、弹性福利的定义

在 20 世纪 80 年代的美国，当时劳动人口结构改变、劳工的自我意识增强，促使企业界和管理学界开始重视人性化管理。弹性福利计划正是在这种背景下发展起来的，它就是由员工自行选择福利项目的福利管理模式。同时它还有几种不同的名称如自助餐式福利计划、菜单式福利模式等。这是因为该制度有别于传统的固定式的员工福利制度，它允许员工自主地选择需要的福利。在实践中通常是由企业提供一份列有各种福利项目的“菜单”，然后由员工依照自己的需求从中选择其需要的项目，组合成属于自己的一套福利“套餐”。另外，弹性福利非常强调员工参与的过程，希望从别人的角度来了解他人的需要。既然让员工自主选择福利组合，那么每一个员工都应该有自己“专属的”福利组合。当然员工的选择不是完全自由的，有一些项目，例如法定福利就是每位员工的必选项。事实上，出于成本控制以及福利管理的需要，实施弹性福利制的企业并不会让员工毫无限制地随意挑选福利项目。大多数企业通常会根据员工的薪水、年资或家庭背景等因素设定每一个员工所拥有的福利限额。而在企业提供给员工的福利清单上，在每一个列出的福利项目后面都会附一个金额，员工只能在自己应该享受的福利金额限额内选择喜欢的福利项目。

通常弹性福利可以划分为三种类型：全部自选（全部福利项目均可自由挑选）、部分自选（有些福利项目可以自选）、小范围自选（可选择的福利项目比较有限）。

一般而言，企业支付每位员工的福利费用约占整体薪酬的 25%～40%。除提供法令规定的福利外，一般企业也提供额外福利吸引人才与满足现有员工的需求，如旅游补助、团体保险、健康检查、节日福利等。在企业投入成本让员工享受福利，使福利效用最大化的目标下，调查结果显示，愈来愈多的企业提供“弹性福利”，尤其在高科技行业与银行业。

二、弹性福利计划的优缺点

弹性福利计划作为福利系统发展新趋向，必然有其显著的优势，而同时由于现实条件

的复杂性，也存在一定的问题。

（一）弹性福利计划的优点

首先，充分考虑了员工个人的需求，使他们可以根据自己的需求来选择福利项目，从而提高了福利计划的适应性，这是弹性福利计划最大的优点。弹性福利能够满足不同员工在不同人生阶段的需求，符合多变化时代下的员工福利需求。如已婚和有子女的员工，希望有医疗保险和托儿服务等；年纪较大的员工，需要定期的全面健康检查等。

其次，弹性福利使企业的福利成本控制更加容易。由员工自行选择所需要的福利项目，企业就可以不再提供那些员工不需要的福利，还可以用低廉的成本引进新的福利项目。企业在预算福利时，可根据员工层级和人数，在一定的预算金额内让员工自由选择福利。在成本限制下，员工可以选取最优的福利项目，这在一定程度上节约了福利成本。而在传统福利制度中，福利项目分别预算，而享受每个项目的员工数量又难以准确估算，从而给企业福利预算带来困难。

再次，这种模式的实施通常会给出每个员工的福利限额和每项福利的金额，这样就会促使员工更加注意自己的选择，从而有助于进行福利成本控制，同时还会使员工真实地感觉到企业给自己提供了福利。

最后，提升雇主形象。弹性福利制是充分体现管理人性化的新型的制度，既可以提高员工满意度，又可以提升企业的社会形象。

（二）弹性福利计划的缺点

虽弹性福利计划相对于传统福利计划有着显著的优势。但是，弹性福利计划也存在一些问题。

（1）弹性福利计划执行起来较繁琐，故较不易管理，造成了管理的复杂。

（2）这种模式的实施可能存在“逆向选择”的倾向，员工可能为了享受金额最大化而选择了并非自己最需要的福利项目。

（3）由员工自己选择可能还会出现非理性的情况，员工可能只照顾眼前利益或者考虑不周，从而过早地用完了自己的限额，这样当他再需要其他的福利项目时，就可能无法购买或者需要透支。

（4）允许员工自由进行选择，可能会造成福利项目实施的不统一，这样就会减少统一性模式所具有的规模效应。

（5）员工福利行政管理费用较高，在两项前提限制下，员工可能无法选择某些最有价值的福利。

虽然弹性福利计划实施起来可能存在上述一系列的问题，但是只要设计合理、管理科学、运用得当，弹性福利模式的优势还是相当明显的。

三、弹性福利计划的种类及实施步骤

（一）弹性福利计划的种类

弹性福利制发展至今，在实践中已逐渐演化为多种有代表性的类型，企业可以根据实际加以选择和比较。

1．附加型弹性福利计划

附加型弹性福利计划是最普遍的弹性福利制度，即在现有的福利计划之外，提供不同的福利措施或扩大原有福利项目的水准。如某企业原福利计划包括房租津贴、交通补助费、意外险、带薪休假等，若实施该制度，可将现有的福利项目及给付水准保留当作核心福利，然后根据员工需求，再提供不同的福利项目，但需标上一个“金额”作为“售价”。员工根据工资水准、服务年限、职务高低或家眷数等因素得到数目不等的福利限额，再以此限额认购所需要的额外福利。有些企业规定，员工如未用完限额，余额可折发现金，但现金部分年终必须合并其他所得纳税。若员工选择的额外福利超过了限额，也可从税前工资中抵扣。

2．核心加选择型弹性福利计划

该计划由“核心福利”和“弹性选择福利”组成。前者是每个员工都可以享有的基本福利，不能自由选择；可选择的福利项目全部放在“弹性选择福利”之中，这部分福利项目都有价格，员工可选购。员工所获得的福利限额，通常是未实施弹性福利制以前所享有的福利价值的总和。

3．弹性支用账户

一种比较特殊的弹性福利制度。员工每年拨取税前收入中的一定数额作为“支用账户”，购买雇主提供的福利措施。这些金额不需扣缴所得税，但在年度内未用完则归企业所有，既不可在下年并用，又不能以现金的方式发放。优点是账户中的钱免税，相当于员工的净收入增加，对员工极有吸引力，但管理手续较为繁琐。

4．福利套餐型弹性福利计划

由企业推出不同的“福利组合”，每一组合的福利项目或优惠水准不同，员工只能选择其中之一，不能要求更换组合内容。规划该弹性福利制度时，可参考员工群体的背景。

5．选择高低型弹性福利计划

该计划一般提供几种项目不等、程度不一的“福利组合”，以现有的固定福利计划为基础，划分成几种福利组合。若员工看中了一个价值较原有福利价值高的组合，就从其薪水中扣除一定的金额支付高出的差价。若员工挑选价值较低的组合，就可以要求雇主发给其间的差额。

（二）弹性福利体系设计的原则

1．弹性福利项目的设计应符合法律法规的规定

例如“五险一金”，企业应该提供给所有员工，因而弹性福利制度必须包含这些项目并给予全部员工。

2．弹性福利体系应该体现员工真正需求

许多企业通过问卷调查或团体访谈的方式了解员工想法，以设计真正满足员工需要的弹性福利制度。

3．弹性福利体系要具备经济性

企业在提供弹性福利制度时，需核算花费的人力和财力，要采取合适的措施，既要能满足员工对福利项目的多样化要求，又要能节省人力、物力，降低企业福利管理的成本。近年来，一些企业为员工提供一种叫作“团体保险”的弹性福利项目，意图是让企业和员工以较低的价格购买保险组合。企业通过与保险企业签约，为员工设定一定数量的保险购买额度，保费由企业与员工分担或由企业全额承担。员工可以通过保险企业经纪人或保险企业网站，在他应享受的额度范围内，选择保险项目直接加入团保。由于企业福利体系的缺陷、保险公司硬件及软件的问题及保险品种组合的局限，这项团体福利在我国普及尚需时日。

4．福利沟通与文化塑造

好的福利制度，必须要让员工明白企业提供弹性福利的目的。若员工不能理解，可能导致使用率不高。况且，弹性福利让员工有维护和规划弹性福利制度、满足自己需求的义务和责任。因此，在弹性福利体系导入初期，企业需要全面而持续地与员工沟通，以使弹性福利项目更好地满足企业和员工双方的需要。

（三）弹性福利体系设计的步骤

企业设计弹性化的福利体系一般遵循以下步骤。

（1）系统地清点企业目前所有法定的和自行设立的福利项目。

（2）查明自行设立的福利项目的原因。

（3）对向员工个人和员工整体按规定提供和自行设立的福利项目进行精确的年度预算，包括绝对数值和所占的百分比（例如占工资总额、销售额、赢利和行业平均数的比例）。

（4）定期开展员工调查，了解他们对所设立的福利项目的满意程度和意见。

（5）定期将本企业福利政策与工会和其他行业协会政策及存在竞争关系的企业的政策（依据相关的薪酬和福利调查）进行比较。

（6）为了达到随时为员工提供有吸引力的福利的目标，不断调整企业的福利政策以适应环境条件的变化，当然这样做必须符合经济原则。

（7）为保证福利政策和实践的统一，将其全面系统地编写到员工手册中。

沙场点兵

可口可乐弹性福利计划

（1）该弹性福利计划被特别命名为 My Choices，并于 2009 年 6 月 1 日实施。

（2）在中国市场上企业对弹性福利计划越来越感兴趣。可口可乐已经成为了中国员工福利市场领导者，成为行业中的优秀雇主品牌。

（3）My Choices 提供三大类别的福利项目：财务保障福利、健康保障福利以及积极生活福利。

（4）通过 My Choices，中国籍员工与本地雇佣外籍员工的福利体系得到了整合，同时对于可口可乐而言，成本也未增加。

（5）在成员认同 My Choices 可选福利的同时，可口可乐的整体福利成本能得到更有效的分担。

（6）可口可乐的意愿是充分利用网络福利平台，建立员工自助管理福利系统，提升管理效率及员工沟通效果。中国大陆、香港、台湾员工的工资单，整体奖酬报告，以及激励计划报告，将在未来的几个月内推出。

资料来源：http://course.onlinesjtu.com/mod/tab/view.php?id=51316.

本章小结

1．本章通过对员工福利的概念、分类、影响因素及具体计划（如弹性福利计划）的介绍，首先指出了薪酬体系重要组成部分，主要包括福利的设置步骤以及设置过程中应该考虑的问题，并对员工福利的相关概念等作出了解释。其次指出福利制度的发展趋向，详细解释了日益受欢迎的弹性福利计划的具体实施步骤以及其优势和可能面临的问题。员工福利是企业薪酬管理过程中不可缺少的组成部分，它可以弥补其他薪酬的不足，发挥其意想不到的作用。

2．员工福利（Employee Benefit）作为薪酬体系的重要组成部分，是指企业或其他组织以福利的形式提供给员工的报酬，是对员工生活的照顾，是为员工提供的除工资与奖金之外的一切物质待遇，是劳动的间接回报。补偿性、均等性和集体性等是员工福利的主要特点。好的福利管理能吸引和保留人才、有助于营造和谐的企业文化、强化员工的忠诚感、享受国家的优惠税收政策和提高企业成本支出的有效性的作用，同时也可以使员工家庭生活及退休后的生活质量获得保障，无后顾之忧。

3．一般来讲，员工福利主要可分为法定福利和企业福利两种基本形式。也可进一步从不同角度对其进行划分，如基于功能、支付时间、选择性等进行分类。对于法定福利来讲，主要是指社会保险福利及住房公积金。法定社会保险类型有养老保险、失业保险、医疗保险、工伤保险以及生育保险。对于企业福利来说，主要指企业自主的福利，员工自愿参与，如交通补贴、购车福利、住房福利等，当然有的企业也会有企业补充保险。

4. 员工福利的设置不仅要受政策法规、同行竞争等外部因素的影响，同时也受到企业以及员工等内部因素的影响。企业需在满足国家法定的前提下，考虑相关外部因素以及自身管理理念、支付能力等内部因素，根据实际情况，设置符合自身企业的有效福利制度。只有如此，才能吸引优秀人才，促进企业更好地发展。

5. 弹性福利计划是 21 世纪福利规划和管理的新趋势。是指由员工自行选择福利项目的福利管理模式。相对于传统福利计划有显著优势，如可以满足不同员工的特殊福利要求，提高员工满意度，通过员工福利规划和管理可以减轻员工负税的负担，增加企业招募的优势，增强核心员工的留任意愿。

通关密码

上海贝尔的员工福利政策的特色主要表现在以下几个方面：第一，将员工培训作为福利薪酬的一种形式；第二，将绩效评估与福利薪酬挂钩；第三，将与员工沟通作为设计福利薪酬的前提。在上海贝尔，和员工的沟通是公司福利工作的一个重要组成部分，详尽的文字资料和各种活动使员工对公司的各项福利耳熟能详，同时公司也鼓励员工在亲朋好友间宣传上海贝尔良好的福利待遇。

有效的员工福利计划对企业起着非常重要的作用，它的实行可以降低用人单位的劳动成本。企业可以通过工资与福利比重的设计减少自身纳税，同时又能使员工满意。好的福利管理具有能吸引和保留人才、有助于营造和谐的企业文化、强化员工的忠诚感、享受国家的优惠税收政策和提高企业成本支出的有效性的作用，同时也可以使员工家庭生活及退休后的生活质量获得保障，无后顾之忧。

复习与思考

一、名词解释

1. 员工福利
2. 法定福利
3. 企业自主福利
4. 社会保险

5．服务性福利

6．弹性福利计划

二、简答

1．简述员工福利的定义。
2．简述员工福利的分类。
3．简述什么是弹性福利计划。
4．简述员工福利设置应考虑哪些因素。
5．试从企业和员工两个角度分析福利的功能。
6．简单描述弹性福利计划的实施步骤。
7．简单描述弹性福利计划的种类。

三、讨论

1．如何理解员工福利是员工薪酬组成的一个重要部分？
2．企业为什么会为员工提供福利计划？
3．福利是否可以起到激励作用？组织在设计员工福利计划时应注意哪些问题？
4．是否应当提倡尽量将福利货币化？试述原因。
5．试述员工福利的发展趋势，并说明弹性福利计划日益受到欢迎的原因。
6．为什么要进行福利规划管理？

四、案例评析

马云——要让阿里巴巴员工最有幸福感

在 2011 年 8 月 18 日的新浪微博上，阿里巴巴的员工们成为网友们“最羡慕的人”——阿里巴巴集团于 8 月 20 日晚上宣布，推出 30 亿元的“iHome”置业贷款计划，向员工提供无息住房贷款；同时投入 5 亿元成立教育基金，解决员工子女的学前和小学教育问题；考虑到 CPI 上涨压力，还将给基层员工发放超过 4 000 万元的一次性物价和子女教育补贴。

福利计划最大程度向普通员工倾斜

17 日晚间，阿里巴巴集团旗下的两万多名员工都收到了一封邮件，是集团的首席人力官彭蕾写的。

集团里涉及员工福利、薪酬调整的很多邮件都以她的名义发出。这一次也不例外。彭蕾正式告诉大家，阿里巴巴将启动中国内地民营企业自发启动的最大规模员工福利计划。

彭蕾说，阿里巴巴 12 年收获了最重要的财富：客户和员工。集团希望帮助员工和家人享受到公司成长带来的更好生活。

阿里巴巴的员工，平均年龄为 26~27 岁，对这个年龄段的年轻人来说，住房和子女读

书问题是当下最大的需求。现在，很多年轻员工开始承担家庭和社会的压力、责任。要怎样做，才能“让员工感到体面和尊严”？

彭蕾说，此次福利计划最大程度向基层和普通员工倾斜，尤其是住房无息贷款，“总监及以上级别管理层将不能享受”。

彭蕾于8月21日透露，贷款计划从9月1日开始正式实施，首期运行时间为4年。到期后根据具体情况决定是否调整，这笔无息贷款的期限“最长为5年”。

阿里巴巴集团人力资源副总裁常扬昨天接受快报采访时也表示，这次计划宗旨是“把福利给最需要的员工”，所以会对员工的层级有一定的限制。高层级的员工得不到贷款，把钱留给真正的“刚需”。至于“五年内还清贷款”的要求，则相对灵活，员工可以每年还一次，具体的还贷额度、相关规定，依据即将出台的细则来执行。常扬说，希望每位贷款的员工能考虑实际情况，妥善安排自己的生活和还贷计划。

阿里巴巴正与安吉路实验学校、绿城育华学校接触

阿里巴巴有大量的外地员工（注：指杭州以外），当前各大城市的优质教育资源普遍紧张，为了上幼儿园、小学，很多员工不得不到处去托门路、找关系。

阿里巴巴集团投入5亿元人民币创立“阿里巴巴教育基金”，正是为了解决员工的后顾之忧。这笔钱将用来与杭州的一些学校进行合作，为员工的孩子争取学前教育和小学的入学名额，而且利用这些资金投入硬件设施建设，联合相关教育机构共同办学。

常扬透露，目前集团正在和杭州各学校积极接洽，包括安吉路实验学校、杭州绿城育华学校等，有的目前已经进入了择址和洽谈阶段。“我们也很希望得到社会的帮助和支持。”

一次性物价和子女教育补贴细则出台

阿里巴巴集团调查发现，持续上涨的物价让很多基层员工感到生活压力在增大。8月21日，在阿里巴巴内网上，已经贴出了本次福利计划中关于“一次性物价和子女教育补贴”的细则。

能享受这两笔补贴的员工，是9月1日前入职，并在9月30日发薪时在岗的中国大陆地区基层正式员工（不含合资公司、海外员工、二级子公司）。其中，月薪在6 100元（含）以下的员工，可以一次性领取 3 000 元物价补贴和 2 000 元子女教育补贴；月薪在6 100~10 000元（含）的员工，可以一次性领取2 000元子女教育补贴。

细则有三条：

（1）非销售人员的月收入，指9月1日的合同工资；销售人员的月收入，指员工合同工资、销售津贴和销售提成的总和，按照2011年3月至8月期间的平均值来计算。

（2）子女为2011年9月1日前出生且未满18周岁的员工，公司直接发放子女教育补贴，子女已满18周岁但尚在求学期间的员工凭子女在校证明申请补贴。

（3）子女教育补贴以家庭为单位发放，双职工家庭不享受双份待遇。家庭有一个子女的，按一个子女计算。

阿里巴巴集团资深公关总监陶然进一步解释：6 100元这个门槛，指的是税前收入；补贴金额需要交纳的个税部分，全部由公司承担；双职工家庭虽然只能享受一份子女教育补贴，但符合条件者，可以享受双份的物价补贴。

陶然透露，在微博上，有很多人毫不掩饰地大呼希望“到阿里巴巴工作”，甚至直接私信发简历给阿里巴巴的高层。还有员工在阿里巴巴内网发帖说：“虽然我不能享受到这项政策，但由衷地为能够享受到公司福利的同事高兴。”陶然还说，以 80 后为代表的新生代员工更看重幸福感，那就是保障个体和家庭安居乐业，其中包括健全的社会保障和福利、行业内有竞争力的薪资待遇，还有高绩效高回报的绩效理念，以及让员工分享公司经营成果。

彭蕾说，总额超过 4 000 万元的一次性补贴，对于持续上涨的物价来说，解决不了所有问题。但集团希望尽其所能，帮助员工缓解高物价压力，度过困难时刻。更希望阿里巴巴这次给予年轻人的，不仅是一些物质快乐，还有“快乐工作、认真生活”的精神力量。

马云：要让阿里巴巴员工最有幸福感

阿里巴巴内部人士透露，在讨论“iHome”大规模福利计划时，董事局主席马云曾发出了这样的感慨：“房子贷款，我们也许解决不了所有问题，毕竟很难解决，但是表达我们的心意；对于幼儿园、托儿所、小学，我们进行投资发展。甚至有必要的话，我们跟人合建，希望集团能够在这里有所作为。能解决什么问题？可能解决不了多少，但是我们表达心意。”

关心员工就是关心企业，按照国际上普遍认同的定义，所谓企业社会责任，就是企业在创造利润、对股东利益负责的同时，还要承担对员工、对社会等的责任；改善提升员工的生活品质，让员工生活得更体面、更有尊严，更能体现企业的社会责任。

阿里巴巴集团已连续五年荣登“大学生最佳雇主”中国区榜首。但马云表示，阿里巴巴的下一步应该把最佳雇主公司努力转变为员工最具幸福感的公司。“也许我们的员工不是最有钱、不是收入最高的，但是他们在阿里巴巴工作是最有幸福感的”。

资料来源：赵曙明，周路路，（美）马希斯，等. 人力资源管理[M]. 第 13 版. 中国版. 北京：电子工业出版社，2012.

【思考题】

1. 你认为阿里巴巴的员工是最有幸福感的员工吗？为什么？
2. 请结合本案例，讨论企业福利管理的重要性。

员工关系管理

学习目标

★★★★★

- 员工关系的概念。
- 员工关系管理的内涵及作用。
- 心理契约管理。
- 激励-贡献模型内涵。
- 压力管理及帮助计划。
- 离职管理。

★★★★

- 员工关系管理的内容。
- 如何进行心理契约管理。
- 如何进行压力管理。
- 员工帮助计划的内容。
- 离职管理的内容。

★★★

- 企业如何进行员工关系管理。
- 做好员工关系管理应注意的问题。

开篇案例

弗利特银行的跳槽风波

20 世纪 90 年代末，弗利特银行（Fleet）在人力资源管理方面面临着非常紧迫的问题：员工大量跳槽，并且这种现象还在不断恶化。银行的平均员工流动率达到了每年 25%，有些岗位，诸如出纳员和客户服务代表，流动率高达 40%，使该银行以客户为中心的战略岌岌可危。面对如此高的员工流动率给公司带来的窘境，弗利特银行是如何理出头绪并成功留住员工的呢?

在最开始着手解决这个问题的时候，弗利特银行曾试图根据员工所说的困扰问题，如薪酬不足和工作量大，来找出跳槽原因并作出改进，结果却发现保持市场水平的薪资和减少工作量这样的措施并没有起到任何效果，员工流失率依然在上升。其实，许多公司已经意识到，员工所叙述的离职原因和实际造成他们离职的原因之间并没有多少关系。后来，弗利特银行决定采用由美世人力资源咨询公司（Mercer Human Resource Consulting）设计的一些分析工具，来系统地确定员工的离职原因和留住员工的措施。该银行认真研究了从人力资源部、财务部、业务部和销售部搜集到的有关员工行为的数据资料，并且还研究了各种条件下影响员工行为的因素，包括不同的地区和劳动力市场、不同的部门或工种、薪酬和福利待遇不同的工作岗位、不同的上司等。

经过一系列的研究后，弗利特银行确定导致员工离职的原因并不是薪酬低，而是他们希望获得丰富的工作经验。在他们看来，丰富的工作经验可以增强自己在就业市场上的竞争力。另外，研究还发现该银行的高员工流动率与其频繁的并购活动有关，这是因为并购需要将一些业务部门合并，也就是说有一部分人将被裁员。这种裁员会引发更多的主动离职，而这使得那些没有被裁掉的员工开始感觉到了危机。

在分析了造成离职的主要原因之后，弗利特银行又着手研究出了解决办法。他们发现既有效且成本又低的做法是增加员工在公司内部升职或调动的机会，举办内部招聘活动并把所有空缺岗位在全公司公布，同时还发现让员工参与奖励计划，对挽留员工的影响力远远大于实际奖励，因而扩大了奖励计划的覆盖面，吸引了尽可能多的优秀员工参加。弗利特银行的调查还表明，经理和主管的跳槽会对下属员工的士气和行为造成影响，他们也开始向往外面的机会。因此，该银行一方面改进留住优秀主管和经理的措施，另一方面加强员工与直接上司之外的其他管理人员的联系，这样即使直接主管跳槽了，员工仍有其他管理人员可求助。也许最显而易见的降低员工流动率的方法之一，就是一开始就雇佣合适的人。弗利特银行发现求职者有几个特征是决定他们在公司服务时间长短的良好预测指标，并据此改进了招聘措施。在实施这些留人措施的前八个月中，弗利特银行就取得了显著的成效，正式员工的跳槽率降低了 40%。

资料来源：夏光. 人力资源管理案例 · 习题集[M]. 北京：机械工业出版社，2006.

【思考题】

弗利特银行的成功案例表明，企业想要留住员工必须实施有效的员工关系管理。那么，何为员工关系管理？企业该如何进行员工关系管理呢？

第一节　员工关系管理概述

一、员工关系

（一）员工关系的含义

在决定企业发展的各要素中，人力资源已成为企业组织考虑的首要问题。因此，良好的员工关系管理是企业留住人力资源的法宝。

员工关系又被称为雇员关系，其概念与劳动关系、劳资关系相近，指的是管理方与员工及团体之间产生的，由双方利益引起的表现为合作、冲突、力量和权力关系的总和，并受到一定组织内外部环境的影响。员工关系强调以员工为主体和出发点的企业内部关系，注重个体层面上的关系和沟通，是从人力资源管理角度提出的一个取代过去劳资关系的概念。

员工关系强调员工与管理方之间的相互作用，包括双方间的权力义务及其有关事项。这种关系具有两层含义：一方面是法律层面，双方因为签订雇佣契约而产生的权力义务关系，即相互之间的法律关系；另一方面是社会层面，双方彼此间的人际、情感甚至道义等关系，即双方权力义务不成文的传统、习惯及默契等伦理关系。

（二）员工关系的实质

企业员工之间的矛盾和问题是普遍存在的。虽然员工关系非常复杂，但最终可以归结为合作与冲突两个根本方面。

合作是指在组织中，管理方与员工在很大程度上遵守一套既定规则和制度，共同生产产品和提供服务的行为。这些制度和规则可以由员工在管理方事前设定好的规章制度中进行选择性接受，也可以在后续工作中由员工行为与企业规则磨合所形成。虽然管理方与员工在某种程度上是一个利益共同体，但是为了提高劳动生产率和增加企业效益，促使员工自主地采取合作策略，必须满足两个最基本的条件：一是企业各种规章制度的推行、工作任务的安排需考虑员工的参与程度，而不能被视为管理方的某种特权；二是必须确保员工在企业的长期发展中得到一定的合理利益。合作是员工自身效用最大化的一种理性选择，它包括由于内外部的压力而产生的被迫合作和员工自身由于获得某种程度的满足而产生的合作两个方面。“被迫”是指员工迫于压力而不得不合作，即雇员如果要谋生，就得与雇主建立雇佣关系，而且如果他们与雇主利益和期望不符或相反，就会受到各种惩罚，甚至失去工作。“获得满足”主要建立在员工对雇主的信任基础之上，这种信任来自对立法公正的理解和对当前管理权力的限制。大多数工作都有积极的一面，具有工作责任感的员工认为，只要雇主没有破坏心理契约，自己就有必要遵守这些心理契约。同时，雇主也会出于自身利益考虑向员工做出让步。

冲突是指不同的人在一些实质性的问题上，或者情绪上的对抗而发生分歧时所产生的摩擦现象。组织行为学将冲突概括为两种类型：一类是由于在所追求的目标和结果以及实现方式上存在着不同意见而产生的实质性冲突；另一类是，人与人之间因为生气、不信任、厌恶、害怕、怀恨等感情而产生的情绪性冲突。它的根源分为“本质根源”和“环境根源”两种。本质根源是指由于员工关系的本质属性造成的冲突，如员工与生产资料所有权的分离、客观的利益差异、雇佣关系的性质、劳动合同的性质等。环境根源是指社会的不平等、就业环境的恶化、工作场所的不公平和工作本身的属性等。冲突的表现形式多种多样，根据冲突双方主体的不同可以分为劳动者的冲突手段和雇主或者管理方的冲突手段。劳动者的冲突手段有罢工、怠工、联合抵制等，雇主的冲突手段有关闭工厂、黑名单、排工等。

（三）员工关系的特点

1．以劳动合作为纽带的利益关系

员工关系本质上体现为员工与企业之间的一种利益关系，一般不表现为对抗性质。在这种关系的处理中，虽然企业和管理者通常处于强势或主动地位，但是为了维持和谐的关系和实现共同的目标，组织和管理者会更多地从员工利益角度考虑问题，包括满足员工在工作中的各种需求，尽可能避免对员工利益的损害，以及追求管理者与被管理者之间的利益协调与合作等。

2．企业内部的工作关系和人际关系

不同于雇佣关系和劳动关系，员工关系不仅存在员工与企业或雇主与雇员之间，还表现为管理者与被管理者、上级与下属、同事之间，以及员工与客户、与家庭成员等多元利益相关者之间的关系。对这些关系的协调和处理在一定程度上会影响到员工的工作态度、行为，以及员工个体、团体和企业绩效。因此，员工关系管理包括了对员工的心理契约管理、员工激励、压力管理及帮助计划等。

3．以企业与员工之间的和谐劳动关系为基础

与劳资关系的对抗性不同，员工关系强调以员工为主体和出发点的企业内部关系，注重内部劳动关系管理、沟通与交流管理、人际关系管理、民主参与、员工工作与家庭平衡等一系列人本化的管理行为，追求企业与员工之间的利益协调和共同发展。因此，可以看出，员工关系是建立于而又在某些方面超越于劳动关系的一项与人力资源管理密切相关的企业管理行为。

二、员工关系管理

（一）员工关系管理的内涵

员工关系管理是人力资源管理的一个特定领域。越来越多的企业不仅把“以客户为中心”作为经营发展的导向，更把组织内的“第一资源”即员工当作客户对待，上升到理论，便形成了“员工关系管理”。广义上讲，员工关系管理包括企业各级管理人员和人力资源职能管理人员，通过拟定和实施各项人力资源政策和管理行为，调节企业与员工、员工与员工甚至员工与客户或家庭成员之间的相互联系，以实现员工和组织的共同目标。狭义上讲，员工关系管理主要指企业与员工之间的沟通管理，这种沟通主要采用柔性的、激励性的、非强制的手段，以提高员工工作满意度，支持企业目标的实现。员工关系管理作为人力资源管理的一项基本职能，其角色定位和作用发挥贯穿于整个人力资源管理职能体系之中。

（二）员工关系管理的内容

根据我国企业管理实践的需求以及国外一些企业和在华跨国企业的实践经验，可将员工关系管理的基本内容概括如下。

1．员工关系培养管理

（1）建立员工参与机制和管理推进制度等。员工沟通贯穿于员工管理的各环节，建立和完善员工沟通制度和管理体系是推进员工参与的基本保障。企业可以选择适当的方式推进员工参与管理活动。

（2）建立多种员工沟通渠道，培训管理者和员工的沟通技巧，有效消除阻碍员工关系协调的沟通障碍。

（3）员工心理契约管理。心理契约是员工关系管理的核心内容。当员工被招聘进企业，心理契约便建立起来。企业应适时访查新员工的心理状况，跟踪员工的心理变化，与员工进行公开交流和良性沟通。

（4）员工激励管理。激励分为物质激励和精神激励。物质激励主要是通过薪酬福利、员工持股计划等对员工进行激励。而精神激励则是通过为员工创建满足员工各种需要的条件，刺激员工的动机，使其产生实现组织目标的特定行为。例如，利用工作设计、绩效考核、参与和授权、共同愿景等方式进行激励。

（5）员工抱怨和情绪管理。员工抱怨是通过非正常方式表达的对组织或管理者的不满，抱怨管理在员工关系中异常重要，需要依据相关原则和制度管理，以避免对员工情绪造成不利影响。

（6）员工申诉。申诉是员工通过正规渠道表达对组织和管理者的意见和不满，企业需要依法建立正规的员工申诉处理制度和程序，以保证将员工的意见和不满降至最低水平。

（7）劳动争议处理。许多员工关系问题也涉及劳动关系与处理。从企业管理的角度主要是依据相关的法律妥善处理在员工雇佣、离职、报酬福利、劳动保护、培训、晋升以及民主管理等各方面所涉及的劳动纠纷和劳动争议等，同时进行劳动关系与员工关系的危机防范。

（8）压力管理。主要针对员工工作压力所造成的心理压力进行减压管理，例如提供心理咨询和心理问题治疗等。

（9）员工援助计划的制订与实施。主要是从组织角度帮助员工解决工作和生活中的问题，例如通过推进员工援助计划，帮助员工克服困难，以充沛的精力和积极的心态从事工作。

（10）员工工作与家庭平衡计划。员工工作与家庭平衡计划，属于员工援助计划的一个特殊方式和途径，其主要目的是正视员工的工作与家庭角色冲突，实施在员工工作和家庭平衡方面的组织干预等。

（11）员工满意度管理。员工满意度调查实质上是从被管理者和服务对象的角度评价员工关系管理的质量。具体包括：定期或在必要的情况下组织并实施员工满意度调查；诊断员工关系管理的状况，发现员工关系管理现存的问题，分析问题的根源；制订员工关系改进计划，并对计划实施效果进行评估。

2．员工关系维护管理

（1）雇佣协议和劳动合同的管理。雇佣协议和劳动合同的管理包括劳动合同管理方面的制度建设，具体办理劳动合同的签订、续订、变更、解除和终止等手续。

（2）集体协商的推行和管理。集体协商的推行和管理包括制订相关的规章制度，安排集体协商日程，完善集体合同草案的内容，以及解决相关的劳资合同和争议问题等。

（3）员工信息库的建设。员工信息库的建设包括收集、整理和公布劳动合同订立、履行、变更、解除和终止等信息。

（4）纪律和惩戒管理。纪律和惩戒管理指纪律规章制度的建设及具体实施过程中的管理行为；对员工进行国家法律法规、企业规章制度和自律管理的教育、培训，以及对违纪员工依照法律法规进行处理等。

（5）“问题员工”管理。“问题员工”管理包括对“问题员工”的行为界定、甄别和特殊处理。

（6）员工不良和不健康行为的规范。员工不良和不健康行为的规范主要表现为毒品、酒精滥用防治，艾滋病防治，工作场所暴力和性骚扰防范等。

（7）员工主动离职管理。员工主动离职管理包括离职原因、离职影响、离职风险及相关的员工关系协调与管理等。

（8）员工被动离职管理。员工被动离职，即辞退管理，包括对违纪员工、试用期不符

合条件的员工、不胜任工作员工及不能执行劳动合同员工的管理和员工关系协调等。

（9）裁员管理。裁员管理包括对裁员类别的界定、裁员方法选择、裁员实施步骤，以及如何在裁员中处理好员工关系等。

（10）劳动保护和安全生产。企业应依靠科学技术和管理技术消除生产过程中危及人身安全和健康的不良环境、不安全设备和设施、不安全环境和不安全行为，保障劳动者在生产过程中的安全与健康。

（11）工伤和职业病防患。当员工发生工伤或职业病时，用人单位不管自己主观上是否有过错，都应承担相应的法律责任。

3．员工关系发展管理

（1）职业生涯管理。职业生涯管理可以帮助员工认识自我、认识职业环境；帮助员工确定职业目标和职业发展道路；帮助员工拟定工作、学习与培训计划，确定或调整职业规划。

（2）员工培训管理。员工培训管理包括分析培训需求、设置培训目标、拟定培训计划、实施培训活动、总结评估及反馈等，可以帮助员工进一步提升业务水平、工作能力和自我修养等。

（3）非正式雇佣员工关系管理。企业在选择非正式雇佣时，应明确原因、非正式用工形式和管理方式等；处理好雇佣合同与雇员关系、劳动报酬和劳动时间安排、劳动条件、职业安全健康、无歧视和平等待遇，以及非正式雇员与工作组织和其他员工的人际关系方面的问题；通过法律和政策协调，倡导职场公平，推行劳动标准以及提倡雇主的社会责任和人性化管理等。

（4）劳务派遣员工关系管理。劳务派遣员工属于企业使用的非正式员工群体，因为在雇佣关系及相关的管理中涉及三方主体，即劳务派遣（用人）机构、劳务使用（用工）机构和被派遣的员工，所以其雇佣和劳动关系较为复杂。企业除了依法对劳务派遣员工管理之外，还应该本着协商合作的原则，协调好三方关系，使劳务派遣员工也能够和正式员工一样享受公平的对待，使其在企业中发挥应有的作用，做出应有的贡献。

4．员工关系环境管理

（1）员工关系内部环境管理。企业的内部环境包括企业战略、组织结构、企业文化等方面，企业可以通过对内部环境的具体分析，制订出适合情境的员工关系管理计划。

（2）员工关系外部环境管理。员工关系管理的外部环境包括技术变迁、经济形势、法律制度等，企业应全面分析自身的外部情况，适时调整员工关系管理的方式。

（3）危机管理。企业面临的危机是其内外部环境综合作用的结果。企业在危机时期，可以通过成立专业的任务小组进行危机程度和影响状况调查；制订全面的沟通计划，稳定现有员工；依据员工的心理和实际状况制订危机解决方案等来缓解员工关系。

（三）员工关系管理的目标

现有研究中学者们就曾经对员工关系管理的目标做过界定，例如约翰·布里顿提出员工关系是指“一系列的人力资源管理行为，它通过雇员介入决策和进行纪律管理来使得雇员承诺变得可靠，并与组织的目标和标准保持一致”。乔治·米尔科维奇指出，员工关系管理是“通过消除障碍使员工积极参与公司事务并且遵守公司纪律，以达到提高公司效率的活动”。综合来看，员工关系管理的主要目标可归纳为以下方面。

1．推行以人为本的管理

从员工关系管理的视角可以看出，与传统的以工作为中心的人事管理相比，员工关系管理是更重视从员工角度实施的管理。例如，关注员工工作价值观的变化、员工的个体差异、员工工作满意度的提升，以及提倡和谐工作关系和家庭关系的构建等，这些都是以员工为本的管理理念的体现。因此，员工关系管理的目标便是通过实现人本管理来达到企业与员工的共同目标。

2．促进人力资源管理职能的深层次开发

广义的员工关系管理超越了传统的人力资源管理框架，其对于员工心理契约管理、员工激励、员工压力管理及帮助计划等的实施，起到了补充、扩大和深化传统人力资源管理的作用。相对而言，它更强调以员工为中心的服务职能，更提倡人本而非物本管理，更注重提升人力资源部门在企业中的地位和作用。

3．实现人力资源管理宏观与微观目标的结合

人力资源的宏观管理目标是实现组织目标和提升组织绩效；而微观目标是对员工行为和绩效的有效管理。基于不同的目标，有不同的人力资源管理模式。重视员工关系的人力资源管理更强调宏观目标与微观目标的结合，更强调通过对员工的态度、行为、情绪和心理契约的管理，实现民主管理和员工自我管理，以达到组织与员工的共同目标。

4．提倡企业内部和谐及员工与企业的双赢

员工关系管理通过对员工心理、行为等方面的关注，来激发员工的工作投入和敬业精神，提高员工的忠诚度，提升企业人力资源管理的文化内涵。为实现企业长期稳定的发展，员工关系管理将企业与员工的共同发展作为管理的核心目标。

（四）员工关系管理的作用

在激烈的市场竞争中，企业与企业之间的竞争不再局限于硬实力的较量，软实力的竞争将更能增加企业的竞争优势。因此，员工关系管理的核心思想则是实现以人为本的管理，将企业的员工视为最重要的企业资产，通过强调人力资源管理的服务性，深入分析员工的心理和行为，来满足员工的个性化需求。在这个层面上讲，员工关系管理有以下作用。

1．有利于培养员工团队意识和平等协作的精神

员工关系管理使员工更能体会到企业的关怀与温暖，同事间真挚友好的帮助以及领导

们和蔼可亲的问候，进而和谐地融入企业这个大家庭，产生团队意识或"家"的感觉，处处以团队利益为重，严格要求自己。而且，团队意识作为一个企业同心协力不断向上的原动力，可以将企业人员牢牢地捆在一起，更好地发挥整体作战能力，促进企业与员工共同目标的实现。

2．有利于降低员工关系冲突、激发员工的工作热情、减轻员工的工作压力

企业作为由个人组成的群体组织，其中不免由于个体特征的不同而产生各种各样的冲突。虽然并不是所有的冲突都会产生不良影响，但是大部分冲突会降低企业的生产效率，影响员工的工作积极性，进而影响企业的正常发展。在讲求企业员工关系和谐的现代组织中，员工关系管理可以通过与员工的有效沟通，关注员工的个人心理和个体行为，从而化解冲突并建立解决冲突的有效机制。

3．有利于员工之间的沟通与交流

企业在制度、文化、价值观等方面与员工个体目标之间的差异，会导致员工与企业之间产生冲突或者隔阂的现象。这种冲突与隔阂，一方面会造成员工心理负担，使内部员工关系变得紧张；另一方面员工情绪低落会影响员工工作效率，进而影响企业的效率。实施员工关系管理，给企业与员工、员工与员工之间创造了更多沟通和交流的机会，有助于及时了解员工的心理状况，解除员工之间的冲突与隔阂，给员工创造良好的工作环境。

4．有利于提高员工满意度和忠诚度

在传统模式下，不少企业为了在激烈的竞争中求得发展，习惯于以客户为中心来实施生产与管理，而忽视了企业自身员工的工作满意度。实际上，员工对工作的满意度会直接或间接地影响到客户满意度，例如，服务行业员工的工作满意度将直接影响其服务的态度和质量，进而影响客户对于服务的评价。同时工作满意度低还会造成企业自身的人员流失、员工工作效率降低等问题。因此，员工满意度调查被视为处理员工关系管理的一剂良方，通过员工关系管理，员工感知到了企业的关怀，进而提高了员工的满意度和忠诚度。

（五）员工关系管理应注意的问题

1．员工是员工关系管理的起点

员工从进入企业开始，就进入了员工关系管理的框架。企业作为一个长期发展的组织，有其长期以来形成的企业文化和价值观。然而，员工作为理性人，也拥有自己的发展方向和价值取向。如何将员工的目标与企业的目标统一起来，让员工接受企业的愿景和价值观，便成为员工关系管理的起点。有了共同的价值观，员工在日常工作的行为中才能够站在组织的立场做出有利于组织的选择。

2．利益关系是员工关系管理的根本

企业创立和存续的核心目标在于追求其经济利益，而员工从事劳动力生产也是为了获得自身效用最大化。一方面，市场竞争的约束，促使企业通过满足员工的需求来抵御市场

竞争，达成其核心目标。另一方面，员工作为理性人也会考虑自身的利益。其可以通过观察劳动报酬的高低，在闲暇和工作之间进行选择；也可以在企业既定的工作范围内，根据企业的规章制度的惩罚力度调整自身的努力程度，影响企业的产出水平，满足员工的个人效用最大化。因此，如何协调员工和企业之间的利益关系是员工关系管理的立足点。

3．心理契约是员工关系管理的核心内容

心理契约的内涵与意义在于员工心理状态与其相应行为之间的决定关系，而员工的行为质量直接决定了其工作绩效。心理契约的主体是员工在企业中的心理状态，其基本衡量指标是工作满意度、工作参与和组织承诺。在以上三个指标中，工作满意度最为基本和重要，并在一定程度上对另外两个指标有决定作用。心理契约是由员工需求、企业激励方式、员工自我定位以及相应的工作行为四个方面的循环构建而成，并且这四个方面有着理性的决定关系。由于个体需求的多样性，企业不可能满足所有员工的需求。所以企业在构建心理契约时，要以自身的人力资源和个人需求结构为基础，用一定的激励方法和管理手段来满足对应的员工需求，促使员工以相应的工作行为作为回报，并根据员工的反应在激励上作出适当的调整；员工则依据个人期望和需求的满足程度，来确定自己对企业的关系定位，并因此决定自己的工作绩效。这就是现代人力资源管理的心理契约循环过程，也是企业员工关系管理的核心部分。

4．员工关系管理是以员工为中心的一种全过程管理

如前文所述，从员工进入企业开始，员工关系管理就开始了。从招聘时对员工进行的能力评估，进而根据评估结果将其安排到合适的岗位，再到对员工的培训及高效管理，对员工激励与关怀，以及最终员工的离职，员工关系管理均伴随其中。如果这一系列管理成功地进行，便会激发员工对工作的投入和敬业，使员工产生工作热情。因此，员工关系管理应伴随人力资源管理的全过程，渗入员工管理的每一个细节。

（六）员工关系管理的影响因素

1．内部环境

企业内部环境一般是指企业经营管理范围内的，由硬件设施和软件要素共同组成的企业经营场所和管理运行系统等。相对于硬件场所，企业管理的软件体系对员工关系管理影响更明显，一般包括组织结构、企业战略、管理者和管理方式、企业文化以及工作场所的规章制度等。企业内部环境之所以更容易影响员工关系管理主要是由于员工关系管理系统本身就是企业运营管理的子系统之一，两者相互依存、相互作用，并且员工关系渗透在企业管理的各个环节。员工关系管理是保障企业内其他管理运行的起点和归宿。

（1）组织结构。组织结构是指对员工和工作任务进行分工、协调与合作的制度性安排。不同类型的组织结构将直接决定企业不同的员工关系管理模式与管理特点。

① 官僚结构的组织。官僚结构组织通常以标准化和等级森严为特点，强调效率、经济

决策和信息自上而下的传播。在该组织结构下，员工关系管理模式一般形式比较单一、限制员工参与度、沟通和上下级之间的传达，以指示为主、纪律规则严明、尽量避免可能的劳动争议发生、争议发生后采取依职权快速处理等。因此，在该结构下需要工会具有完备的职能和权力代表。

② 扁平化结构的组织。扁平化的组织结构主要是指通过减少组织层次来提高组织效率，这种结构具有更强的适应性，提倡员工更多地参与公司事务。与该类组织结构相匹配的员工关系管理模式的特征为：员工参与程度高、员工沟通渠道快速便捷、在劳动争议中员工更有发言权等。因此，在该结构下，工会的作用相对弱化。

③ 团队式组织结构。工作团队是一种新型的组织形式，它主要是通过成员的合作产生积极的协同效应。这种结构的组织一般人数少、规模小，所有工作问题都可在团队内部解决；注重成员之间的协调与沟通；团队成员有较充分的发言权和参与机会；团队领导被赋予更多的职责和权力。

（2）工作环境。工作环境可分为物理或硬件环境、人文或软件环境，他们都会对员工关系管理产生影响。

① 硬件环境。以办公室布局为例，一些企业在部门间实行互通开放型的办公布局，有利于部门或团队之间的员工交流和沟通，但发生矛盾和争议的可能性也相对增加；反之，在部门或团队之间采用相对封闭的办公布局，不利于员工多元化的沟通和参与，但可能便于部门或团队的管理。

② 软件环境。工作场所的软件环境也称人文环境，包括人员结构、规章制度、非正式组织等。如强调以人为本的企业，在组织的规章制度中往往渗透着企业对于员工的关怀，从而激发员工的工作热情和积极性。因此，软件环境的每个要素都可能影响到员工关系管理体系构建及其运行效果。

（3）管理者和管理方式。Purcell 和 Gray（1986）把与员工关系相关的管理风格定义为组织更倾向于采取与雇员单独或是集体沟通的方式。并将管理风格划分为传统主义者、复杂的专制主义者、复杂的现代人（立宪主义者）、复杂的现代人（协商主义者）和标准的现代人五种类型。其中，在传统主义者模式下，雇主对雇员的剥削明显，把员工看成是可榨取高额利润的工具，以达到成本最小化；而复杂专制主义者管理风格相对仁慈，雇主通常会为员工提供高于平均水平的工资和良好的工作条件，以及职业发展机会。但他们却不认可工会，拒绝集体谈判；复杂的现代管理风格与前两者的最大区别在于认可工会，并且协商模式对于工会的态度更为积极；标准的现代人管理风格的主要特征是对员工关系问题采取随机和应变的策略，管理方法多为临时性和实用主义的，管理风格也随时间和场所的变化而变化。

（4）企业战略。不同的生产经营战略易使企业产生不同的劳资关系，进而影响企业员工关系管理的类型。例如，在低成本战略下，企业必然寻找有效降低人工成本的管理方式。因此，企业很可能采用以监督和控制为主的管理方式，降低对于员工的物质激励。而在差异化战略下，企业需要培养员工的创新意识，因此需要提倡员工参与、自我管理和分享意识，并加大对员工的激励力度，给予员工更多的权力。由于企业经营战略一方面随着外部环境的变化而变化，另一方面需要与人力资源管理相结合，因此其并非是决定企业员工关系管理的唯一和长期的决定因素。

（5）企业文化。企业文化可以指特定群体的企业组织认识问题、解决问题和调解矛盾的特有方式；也可以指企业在长期经营管理实践中形成并通过企业的各种活动表现出来的共同愿景、价值观念和行为准则等。由于企业文化受企业内部环境的深刻影响并非抽象和独立存在，所以它与企业管理政策和管理实践联系紧密。不同倾向的企业文化倡导不同的员工关系管理，有些企业提倡员工关怀，而有些企业却提倡严格的制度管理。

2．外部环境

（1）经济环境。所谓经济环境包括宏观经济状况和微观经济状况。其中，宏观经济状况包括产业机构的变化、全球经济的变化以及劳动力市场的变化等；微观经济状况包括某一特定产品在市场上所要面对的竞争程度等。在产业机构的变化中，服务业的发展改变了以制造业为典型的传统员工关系管理模式，企业更加关注员工的需求。因为员工对企业的感受会直接影响其对顾客的服务质量。经济全球化也影响着企业的劳动关系管理。国际竞争的激烈促使企业降低人工成本、提高产品和服务质量，进而迫使企业不断地采用和改变新的雇佣模式，同时，经济全球化的进程还改变了资方、政府和工会之间的权力制衡机制，带来了人才国际范围的流动，对企业员工关系管理提出了跨文化管理的要求。劳动力规模和供求结构的变化、失业率的变动以及非正规就业方式的广泛应用，均给员工关系管理增加了难度和风险。

（2）技术环境。企业员工关系管理的技术环境包括产品和服务的生产工序、工作方式、资本密集程度、工作复杂性、高水平知识技能等。例如，微电子技术和通信技术的发展使工作模式发生了本质的变革，越来越多的工作方式跨越了时间和空间的限制，给企业员工关系管理带来了新的挑战；计算机控制的综合制造系统实现了生产过程的自动化，将原来流水线上各个环节合并在一起，颠覆了企业以内部分工为基础的管理方式；新技术导致利用团队形式来完成的工作不断增多，加大了员工脑力劳动和心理压力。

（3）政策环境。政策环境是指政府的各种方针政策，包括经济政策、就业政策、教育或培训政策等。当经济政策的主要目标是充分就业和促进经济快速增长时，劳动力需求便会增加，从而引起工资上涨并增强雇员、降低雇主的谈判能力。当政府实施宽松型的就业政策时，则雇主可采用更为灵活的非正式雇佣方式，削弱工会对员工权益保护的能力。教育和培训政策可以改变劳动者的知识技术结构，从而改变不同类型劳动力的市场供给。

（4）法律和制度环境。法律和制度环境是指规范雇佣双方行为的法律、法规及其他法律制度等。当前，我国对员工关系有直接影响的法律主要有《劳动法》《劳动合同法》《促进就业法》《劳动争议调解仲裁法》以及社会保险相关立法等，其在一定程度上指导、制约并规范了企业员工关系管理。

（5）社会文化环境。社会文化环境是一个综合性的概念，它由各国、各地区、各种族和民族占主要地位的风俗习惯、观念、信仰等组成，核心是文化和价值观等。同时文化差异、教育水平、工作价值观等均会对员工关系管理产生影响。例如，全球化的推进使得员工队伍多样化，员工之间的文化差异要求企业对员工关系实施跨文化管理；不同教育水平的员工会表现出不同的文化素养，有不同的价值取向、工作态度和工作习惯；不同文化背景下的企业奉行不同的工作价值观，一些西方企业的工作价值观在大陆也许会遭到质疑，这也在一定程度上影响了企业员工关系管理。

第二节　员工与组织的心理契约

一、心理契约的概念

（一）心理契约的定义

心理契约管理作为员工关系管理的核心内容，需要我们对其做更深入的解释。作为员工与企业的心理纽带，心理契约对于组织进行有效的员工关系管理有不可低估的作用。企业可以通过心理契约管理激励员工、保留人才，提高企业对员工的投资收益率，全面提升企业的核心竞争力。

心理契约这一术语由阿基里斯于1960年首次提出，并于20世纪60 年代被引入管理领域。心理学之父莱文森认为，心理契约是雇主与雇员之间的相互期待，它在很大程度上是无形的、不断变化的。随后，施恩完整地对心理契约进行了界定，他将心理契约定义为“组织中，每一个成员与不同的管理者或者其他个体之间任何时候都存在的、没有明文规定的一整套期望”。由此可见，心理契约是规范和约束员工行为的一种无形的契约。

随着对心理契约研究的兴起，对于心理契约的理解也进一步深化，由此出现了广义和狭义两种理解。狭义的心理契约是指员工出于对组织政策、实践和文化的理解以及对于各级组织代理人作出的各种形式的承诺的感知，而产生的其与组织之间，而并不一定被组织各级代理人所明确意识到的相互义务的感知；广义的心理契约是指雇佣双方基于书面的、口头的、组织制度和组织管理约定等各种形式的承诺及对交换关系中彼此义务的主观理解。由此可见，心理契约具有对建立在承诺基础上的相互义务的主观感知的本质特征。

（二）心理契约的特点

与经济性契约不同，心理契约大多是隐含的、主观的、非正式的。一方对于心理契约的感知也许并不被另一方所认同，这样就使得心理契约更加复杂。心理契约的特点主要表现为以下几个方面。

1．内隐性

与正式雇佣契约不同的是，心理契约通常并没有明确规定，其本质是一种心理期望，随着工作的社会环境以及个人心态的变化而发生改变。心理契约具有内隐性，一方面是因为认知主体对对方的期望所包含的内容是非常复杂的，自己都很难完整地表达出来。另一方面，如果在博弈过程中让对方明白自己的心理契约是不利的，因此主体往往不会轻易暴露自己的心理契约。

2．主观性

心理契约的内容往往是员工个体对于相互责任的主观感知。由于个体对其与组织的相互关系有自己独特的见解或体验，受主观能动性的影响，个体的心理契约可能不同于雇佣契约的内容，也可能与其他人或第三方的理解不一致。

3．双向性

心理契约是组织和组织成员之间建立的一种双向性的联系。可以说，组织与组织成员在心理契约中都处于完全平等的主体地位。因此，组织与组织成员应多注意双向沟通，尽量去领会并满足对方对自己的期望。只有通过双方有效的沟通交流，才能使个人和组织达成一致共识，营造良好的工作环境，发挥心理契约的激励作用。

4．动态性

心理契约的主观性决定了心理契约是不确定的、动态发展的。心理契约的内容随着组织的不同发展时期与组织成员的不同需求而不断变化。这就要求心理契约的双方主体根据环境的变化和企业的发展来确定心理契约的内涵，并根据组织内外环境的变化对心理契约作出相应的调整和完善。

二、心理契约的内容

心理契约是一个复杂的心理结构，由于对其的界定不同，它所包含的具体内容也会有所不同。研究者们对于心理契约的内容进行了进一步的因素提取，得出了具有普遍性的心理契约结构，主要有二维和三维两种内容维度。

二维结构将心理契约分为交易型心理契约和关系型心理契约。交易型心理契约更多关注具体明确的、经济基础之上的交互关系，主要包括薪酬、福利和工作环境等物质方面的期望或义务认知。在这种类型的契约关系下，员工组织公民行为较低、团队意识也比较薄

弱。与之相对照，关系型心理契约则更多地关注长期的、广泛的、未来的、社会情感方面的交互关系。具体而言，关系型心理契约是指那些无法用金钱衡量的、抽象的内容，例如尊重、忠诚、信任、公平、个人发展等精神成分。关系型心理契约下，员工更愿意奉献他们的时间和努力，而不一定要求组织在短期内给予回报。如表 11-1 所示，交易型心理契约和关系型心理契约在关注点、时间框架、稳定性、范围和明确程度上均存在不同。

表 11-1　交易型心理契约与关系型心理契约的差异

	交易型心理契约	关系型心理契约
关注点	追求经济和外在需求的满足	追求社会情感方面的需求满足
时间框架	有限期的	无限期的
稳定性	稳定的、无弹性的	有弹性的、动态的
范围	涉及更少的个人生活	涉及更多的个人生活
明确程度	雇员责任明确	雇员责任不清晰

三维结构中最具代表性的观点是将心理契约分为：交易维度、关系维度和团队成员维度。交易维度是指组织为员工提供经济和物质利益，员工承担基本的工作任务；关系维度指员工与组织关注双方未来的、长期的、稳定的联系，以促进双方的共同发展；团队成员维度是指员工与组织注重人际支持和良好的人际关系。

三维和二维结构均表明了：在经济全球化与组织变革的背景下，心理契约在内容上发生了巨大的变化。在过去的心理契约中，员工更关注工作的连续性、安全性、正规性，员工只需要表现出忠诚、服从及令人满意的业绩即可；而在现代的心理契约中，员工更关注相互交换和未来发展的可能性。所以员工则需要具备创新精神、技术革新及优异的工作绩效。

三、心理契约与法律合同的区别

在激烈的市场竞争中，仅仅依靠经济契约将很难保证劳动关系的持久性。而且雇佣关系的质量越来越取决于员工心理契约的实现。心理契约和法律合同作为规范劳动关系的两种形式，具有一定的联系也存在显著的差异。

首先，法律合同是心理契约的基础，心理契约是法律合同的补充。法律合同先于心理契约产生，员工只有与企业签订法律合同后，才与组织形成相互的期望。法律合同明确规定了双方基本的责任和义务，而心理契约却是随着环境的变化而不断变化的主观感知，它作为一种期望是动态的、发展的，所以心理契约变成了法律合同的补充。其次，法律合同与心理契约是相辅相成的。只有法律合同与心理契约的有机结合才能促成组织体系的良好运作，以实现组织目标与个体目标相协调。例如，当员工在组织内遭受不公平待遇时，如果他可以在经济上得到补偿，就会减少心理失调带来的消极作用。所以，经济契约与心理契约从不同角度规范了组织行为与个体行为，是良好契约体系的共同组成部分。

然而，心理契约与法律合同也存在一定程度上的差异。第一，两者的存在形式不同。心理契约是随着个体及雇佣关系的不同而变化的，反映主观感受，难以预测，不具有法律强制性的对相互责任的认知。而法律合同则是通过书面形式确定下来的，有形的、受法律保护的契约。第二，心理契约与法律合同的协商过程不同。心理契约没有协商的过程，仅仅通过双方对相互责任的理解和感知来规范自我的行为。而法律合同的签订是经过双方协商谈判的，是一个讨价还价的过程。第三，两者的性质不同。由于心理契约随着社会环境、组织发展、心理需求的变化而发展，因此心理契约具有动态性。然而，无论是国家法律还是企业的规章制度，都是相对稳定的，至少在相当长一段时间是明确不变的。第四，两者的复杂程度不同。由于心理契约属于个体的主观感受，不同的个体或者同一个体在不同阶段的心理契约都会存在不同，因此心理契约是一个相对复杂的结构。而法律合同中双方的权利和义务是相对完整和明确的。第五，两者的违约后果是有所区别的。违背心理契约没有固定的处理模式，被违背的一方不可能通过第三方来解决，甚至由于心理契约只是一种主观感受，而没有依据与另一方谈判。这给企业带来的损失不仅是表面的经济利益还有潜移默化的无形利益。然而，法律合同的任何一方违背了合同内容都要承担相应的法律责任，通常按照约定执行或通过第三方仲裁或法院解决，给对方造成的损失常常是可以衡量的。

四、如何对心理契约进行管理

如前文所述，现代企业不但要求员工具有较高的知识和技能，还要求员工具有更强的工作自主性和创新性，所以他们更加重视对于员工的精神激励。这便要求企业在对员工进行管理时要更多地关注员工的心理层面，注重企业与员工的长期发展，培育组织与成员的心理契约。心理契约管理通过满足员工一定的需求，可以保持员工期望的张力，从而有效激励员工；通过心理契约管理可以使企业和员工双方对相互责任的期望得到满足，增强员工与企业之间关系的融洽和相互的信任，从而减少心理契约违背，提高组织的凝聚力；优质的心理契约使得企业不单是通过物质手段而更多地通过精神资源的投入来满足员工的需求，在此基础上，员工便能充分地把自己视为人力资源开发的主体，将个体的发展整合到企业之中。所以，和谐的心理契约也是整合劳资关系，达到员工与组织双赢的有效途径。那么，如何进行有效的心理契约管理呢？

（一）契约建立时：给予员工实际的职位预知

员工与企业的初次接触发生在招聘过程之中，也是心理契约构建的首要环节。在激烈的市场竞争中，企业为了吸引高素质的优秀员工，往往会夸大对企业的宣传，从而提高员工对于企业的心理预期。可是当应聘者进入企业后，往往会大失所望，发现企业实际上没有想象中那么优秀，造成很多新入职的员工出现了较高的离职率。其中很重要的原因便是新入职员工的心理契约遭到破坏。为了使新员工与企业建立长期稳定的心理契约，招聘时可通过宣传册、宣传片等形式帮助求职者实事求是地了解职位的相关信息，与企业建立长期的相互信任关系。

（二）契约持续时：注重企业文化建设、营造和谐工作氛围

第一，注重“以人为本”的管理理念，为心理契约创造良好的氛围。在现代企业管理中，企业应推行注重人才并使其能力充分发挥的企业文化价值观，为员工的能力发挥提供良好的制度、有效的机制和宽松的环境，实现人尽其能、人尽其用。第二，切实沟通，将双方心理契约内容明晰化。由于心理契约是主观的信念，它的破裂往往是由于个体自利的偏差而造成的双方理解的不一致，所以企业与员工之间的交流十分重要。企业可以通过为员工创造更多的沟通机会消除员工心中的疑虑、不满和抱怨，与员工之间进行积极的互动，增强彼此的依赖关系，促进双方心理契约的达成。第三，为员工实施科学的职业生涯管理。在当今企业中，培训和发展机会越来越受到员工的重视，所以企业应以实现个人发展最大化为目标，通过对个人兴趣、能力和个人发展目标的有效管理来实现员工的发展愿望。职业生涯管理则是通过开发员工的潜力，为每一位员工提供一个不断成长以及挖掘个人最大潜力的和建立成功职业的机会，以充分发挥员工的能力并实现员工的发展目标。

（三）契约破坏时：引导员工合理归因

以往研究察觉到，心理契约的变化、破坏和违背并不会导致员工情绪和行为方面的变化，其关键作用的是员工对于心理契约变化、破坏和违背的归因。这一过程实际上是对于公平性的归因过程。在管理实践中，由于一些客观原因，员工心理契约很可能遭到破坏。若管理人员漠然处置，员工就会将心理契约的违背归因于企业故意破坏当初的承诺；若企业运用恰当的管理技巧将心理契约给予员工一个合理的解释，充分地与员工进行沟通，就能够缓和员工的消极反应。因此，在契约破坏之时，企业应主动与员工进行沟通，引导员工合理归因。

（四）契约违背后：采取心理契约补救措施和离职管理

心理契约补救在心理契约违背时又为组织创造了一个提高双方良性互动的机会。企业在发现心理契约违背时应分析违背的原因，然后经过评估后采取恰当的补救措施予以解决。心理契约补救关注的是与员工建立长久的关系，当员工知觉到某种承诺企业没有履行时，如果企业能及时地给予他们相应的补偿，则心理契约的破裂不会引起心理契约的违背。例如，如果企业由于经济环境的影响不得不缩减部门，其中一个部门的经理虽然很尽职，但是没有空缺岗位予以安排，企业则可以将其送到国外进行培训作为补偿，这样既可以减轻

员工的消极态度和行为，也可以减少其他员工心理契约的违背。当采取了一系列可能的补救措施还是没能留住员工时，企业应当进行有效的离职管理，将员工离职看作是一种崭新关系的开始。当接到员工离职信息时，应与员工认真地进行离职面谈，了解员工离职的原因，以宽容的态度对待离职员工并与其保持长久的联系，使员工离职变成一个崭新的开始。

第三节　激励—贡献模型：员工关系的理论模型

一、激励—贡献模型

（一）激励—贡献模型的来源

社会系统学家巴纳德认为，任何一个组织都是由许多具有社会和心理需求的个人组成的协作系统。这些人在加入协作系统之前是自由的，他们的行为可以不受协作系统行为规范的约束，但是在他们加入协作系统并成为协作系统的一员后，他们就必须交出个人行为的控制权，使个人的行为非个人化。例如作为工厂的一名工人，就必须按时上班，必须严格按照工厂机器的运转规律进行操作，必须遵守工厂的规章制度。

但是，个人并不可能自发地产生协作意愿，即不可能无缘无故地愿意为协作系统目标的实现做出个人努力和个人牺牲。个人参加一个组织是怀有个人的目标和利益的。个人之所以愿意为组织目标的实现而做出个人的牺牲，是因为个人认为通过其努力和牺牲，使组织目标得以实现，从而会有利于个人目标的实现。如果个人认为个人所做出的努力和牺牲不能有利于其目标的实现，他就可能不愿为组织目标的实现做出努力和牺牲。因此，巴纳德提出了一个著名的关系式："诱因>=贡献"。所谓诱因，是指组织给成员个人的报酬，这种报酬可以是物质的也可以是精神的。所谓贡献，是指个人为组织目标的实现而做出的贡献和牺牲。巴纳德认为只有当组织给个人的报酬大于或等于个人为组织所做出的贡献时，个人才有可能愿意为组织目标的实现做出个人努力和贡献。这种在管理中把组织目标和个人目标结合起来的思想，被认为是管理思想发展史上具有里程碑意义的思想。

理解和掌握员工—组织关系是 20 世纪 60 年代以来组织行为学者们的研究目的。激励理论研究的理论基础是工业和组织心理学，员工—组织关系研究的理论基础是社会心理学中的交换关系理论。迄今为止，对这种交换关系的研究主要从三个视角进行。

（1）从员工个体角度，即描述员工对组织和自己之间的交换关系的主观认知，如心理契约。

（2）从组织角度，即描述组织作为一个整体对员工和组织之间的交换关系的主观认知，如激励—贡献模型等研究。

（3）从组织和员工双向视角，代表有 Coyle-Shapiro 和 Kessler 关于员工—组织关系中互惠原则的研究，Tekleab 和 Taylor 关于责任认知一致性与心理契约违背的研究，以及陈维政等对员工—组织关系 I-P/S 模型的研究。

（二）激励—贡献模型的内涵

虽然从员工角度进行的心理契约研究很多，也取得了大量的成果，但关于员工—组织关系是单向还是双向，学术界的意见并没有统一。为了回应 Rousseau 关于与员工相比，组织无法“认知”的论点，Guest 等（1998）提出了组织“代理人”的概念，强调了作为组织代理人的管理方代表在员工—组织关系形成中的作用。Tsui 等也认为员工—组织关系涉及双方，通过组织代理人来展示组织一方对双方责任的看法是可行的。他们认为可把组织和其代理人看作一个整体，这个整体对员工与组织之间的交换关系形成一致的看法。因为如果一个组织可被看作法律契约的一方并对法律契约负责的话，那么它也可以被看作社会交换的形成方并对交换内容拥有一系列的看法。

在此基础上，Tsui 等从组织角度重新定义投入和贡献，投入（provided input）是指组织对员工的投入，贡献（expected contribution）是指组织期望员工为组织发展所作的贡献，按照这两个维度得出四种激励—贡献组合（即 I-C 模型，详见表 11-2）。她首次用 I-C 模型从组织角度研究员工—组织关系，定义了两种平衡的员工—组织关系：工作导向关系和组织导向关系。工作导向关系是指组织提供短期的、纯经济投入来换取详细说明的员工的贡献，交换双方都不会期望合约具体说明之外的投入和贡献，典型的例子就是佣金制公司和经纪人之间的关系；组织导向关系里，交换双方承担和履行定义模糊的、宽泛的和开放的责任和义务，组织提供给员工的投入超过短期经济回报，同时员工的义务也远远不止是完成本职工作以内的任务，例如还有帮助同事提高技能等义务。

表 11-2　I C 模型

期望的贡献 / 提供的投入	低/狭窄	高/宽泛
短期的	低投入、低期望	低投入、高期望
长期的	高投入、低期望	高投入、高期望

员工—组织关系是建立在社会交换理论基础上的，根据美国 20 世纪 60 年代到 90 年代研究得出的结论，这种交换可分为两种：工作导向的交换和组织导向的交换。工作导向（job-focused）主要考察员工任内的工作表现，任务定义得非常具体；组织导向（organization-focused），工作定义宽泛，不仅看任内，还看任外的表现。例如中层经理人员，其职责不仅是保证本部门的工作良好，还要做到公司整个组织中的表现良好，即注重合作的最佳状态。在报酬方面，工作导向的交换关系侧重短期投入，劳工保障程度低、员工认同感较弱；而

组织导向交换关系侧重长期投入，劳工保障程度高、员工认同感强。因此，工作导向的交换主要是经济上的交易，而组织导向的交换，经济交易和社会交易交织在一起，但二者都应当是公平交换。

基于投入—贡献的框架（即 I-C 模型），按照交换双方投入的平衡与否以及相互交易的性质（经济型和社会型），Tsui 等（1997）在 1995 年的研究基础上定义了组织可能会使用的四种类型的员工—组织关系（见表 11-3）：临时合同、相互投入、过度投入和投入不足。

表 11-3　基于 I-C 模型上的四种员工—组织关系

员工—组织关系	临时合同	投入不足	过度投入	相互投入
期望的贡献	任内工作	任内工作	任内工作	任内工作
		任外工作		任外工作
提供的投入	经济回报	经济回报	经济和社会回报	经济和社会回报
	短期投入	短期投入	长期投入	长期投入

下面对建立在投入—贡献模型上的四种员工—组织关系进行简单的说明。

1．临时合同

临时合同即平衡的经济交换关系，其特点是组织向员工提供短期的纯经济投入，同时期望相当狭窄的回报。一个典型的例子就是佣金制公司和经纪人之间的员工—组织关系。在这种关系下，组织要求员工做好分内的本职工作，同时提供短期的物质回报，雇佣双方都不会对双方的其他义务抱有期望。例如，不要指望某个经纪人会基于公司整体利益考虑而帮助公司里的其他同事，同样公司只提供纯粹的物质报酬而不会提供其他报酬。这种平衡交换是短期的和封闭的。在这种关系里，工作职责描述得非常详细、具体，完全按照工作绩效付酬，同时员工的注意力集中在本职工作的完成上。所以一些学者认为，临时合同员工—组织关系适用于工作绩效能明确定义和准确衡量的公司或组织。

2．相互投入

相互投入即平衡的社会交换关系，其特点是雇佣双方互相提供宽泛的、长期的投入。和临时合同不同，相互投入员工—组织关系必然伴有宽泛的、开放的相互义务。在社会交换关系里，组织提供的投入远远超过给予员工的短期物质回报，还包括考虑员工的职业生涯和福利。作为交换，员工的贡献除了本职工作以外，还包括更多内容，例如帮助新来的同事，根据需要接受工作调动，注重公司的整体利益等。员工也愿意花费时间学习公司的特殊技能，这些技能不会适用于其他公司，员工相信他这样的付出将会得到长期的回报。这是一种平衡的交换关系，它包括雇佣双方长期的、开放的相互投入。

3．过度投入

过度投入其特点是组织向员工提供长期的投入而仅期望员工的狭窄回报。即组织向员工提供开放和宽泛的报酬，例如培训和晋升机会，而不只是经济报酬，但仅要求员工完成

狭窄和具体的工作任务。通常状况下，这种员工—组织关系对员工有利，而对公司不利。国有企业通常采用这样的员工—组织关系，公司里的员工受到工会的保护或政府机构的保护，享有高度的雇佣安全。虽然员工接受相当的培训却没有期望他们做出更多的贡献。

4．投入不足

投入不足的特点是组织期望员工提供长期的组织忠诚和宽泛的回报却仅仅向员工提供短期的纯经济投入，没有对员工承诺长期培训和职业晋升等。在竞争性的行业里，组织多采用投入不足员工—组织关系。因为市场竞争激烈，考虑到成本问题，这些组织要求员工全方位地为公司服务，却又希望掌握随时解雇员工的主动权。通常状况下，这种方法对雇主有利，对员工不太有利。

有趣的是，尽管心理契约模型和投入—贡献模型有很大的区别，但基于两种模型之上的员工—组织关系有类似之处。例如，Rousseau（1995）提出的交易型的心理契约和 Tsui（1997）提出的临时合同类似，关系型和共同投入接近，过渡型和投入不足相似，平衡型和过度投入类似。

二、激励—贡献模型和心理契约模型的比较

（一）两模型的相同点

作为研究员工—组织关系的两个主要模型，心理契约模型和投入—贡献模型在研究方法和研究思路上具有以下共同点。

（1）两者都是采用两个维度定义员工—组织关系。如 Rousseau 的心理契约模型中使用员工认为的“组织对员工绩效要求的明确程度”和“雇佣关系的持久程度”两个变量来定义员工—组织关系，即从员工视角研究员工—组织关系；投入—贡献模型中采用组织认为的“对员工的投入”以及“组织对员工的贡献期望”两个变量来定义员工—组织关系，即从组织视角研究员工—组织关系。

（2）都是研究员工和组织之间的交换关系。心理契约模型中的交换关系式为“组织应该履行的义务”=“员工应尽的责任”，等式两边都是反映员工的看法；投入—贡献模型中的交换关系式为“组织对员工的投入”=“员工对组织的贡献”，等式两边都反映组织的看法。其实，这两种关系式在本质上是一致的，就是组织和员工之间投入和贡献的交换关系。

（3）两者的研究都讨论了员工—组织关系和绩效、态度的关系。两种模型都从两个维度定义了四种类型的员工—组织关系，研究中都把员工—组织关系作为自变量，把员工的态度和绩效作为因变量。

（二）两模型的不同点

两种模型同时也具有以下不同之处。

1．研究角度不同

心理契约站在员工的角度上研究员工—组织关系，焦点集中在员工关于交换双方相互关系的看法以及由此产生的后续行为；投入—贡献模型站在组织的角度研究员工—组织关系，研究组织应用在不同员工群体身上的员工—组织关系策略与该群体的绩效和态度的关系。

2．研究范围不同

心理契约的研究趋向于关注一个单一的组织，而用投资—贡献模型的研究则跨组织进行。

3．服务目的不同

从员工角度研究员工—组织关系，希望心理契约能就组织期望的贡献和给予员工的投入提供了一个有价值的预测（Shore&Tetrikc，1994）；从组织的角度研究员工—组织关系，希望员工—组织关系为组织提供了一个获得员工贡献承诺的机制，同时也会最小化所必需的交易成本（来保证这个承诺的员工监督和控制系统）。

心理契约模型和I-C模型在定义员工—组织关系时都是从单方面进行的，如心理契约主要反应员工对交换双方相互责任和义务的看法。心理契约的实证研究越来越集中于差异模型（所承诺的和所履行的之间的差距），以及契约的违背导致员工的行为反应；I-C 模型主要反应组织对相互责任的看法，研究集中在不同的投入—贡献组合对员工绩效和态度的影响。这两类研究都是片面的，都没有把握员工—组织关系的实质。既然是研究交换关系，那么对交换双方的看法都应该予以考虑。本书在心理契约模型和I-C模型的基础上提出I-PS模型，并对该模型进行实证。整个研究以员工—组织关系研究为背景，主要在徐淑英和王端旭的研究基础之上进行深入和发展。

第四节　员工压力管理与员工帮助计划

一、压力与工作压力

（一）压力的内涵

压力可以分为广义的压力和狭义的压力，广义的压力是指人们对身处环境所作出的反应，体现在生理和心理两个方面。生理压力会使人在外部压力下产生一些生理上的反应，例如心脏、肌肉等功能的变化；而心理压力则是人的精神状态发生变化，如兴奋、恐惧、紧张等情绪变化。狭义的压力是指来自人与环境间的不匹配状态，以及由此所引发的生理和心理反应。压力是一个中性的概念，其性质需根据其对承受主体的影响程度来确定。有些情况下，人面对压力时会激发工作的积极性，此时压力对个体有积极的作用；反之，则会造成个体的伤害。压力主要来自个体的心理，是一种心理感知，又称为压力感。它还具有很强的个体差异，同样的压力发生在不同时候或不同个体身上，会产生不同的反应。

（二）工作压力的内涵

工作压力是指人们在工作环境中感受到的职业压力或工作紧张感。它可能来自于企业外部也可能来自于企业内部。可控的适度的工作压力能够促进员工各项生理机能的正常运转，保持员工身体状况平衡，促进员工工作绩效提升；极端的工作压力会使员工长期处于高负荷工作状态，给员工带来诸多健康方面的伤害。例如，诱发职业病和突发疾病，使员工长期处于亚健康状态，促使“白领”疾病的发生等。其次，过度的心理压力还会对员工的心理产生不良影响，容易使员工急躁不安、紧张以及产生倦怠感，逐渐丧失对工作的兴趣和对组织的归属感；影响员工工作生活平衡，导致员工自我效能不断下降，甚至产生绝望、悲观和厌世的情绪；长期积累的心理压力还可能引发个体对组织和社会的抵触情绪，导致酗酒、滥用药物的恶劣行为的出现。最后，过大的工作压力还会产生对人际关系的不良影响，不利于上下级的协调，破坏同事之间的合作，导致组织和员工之间的矛盾激化，最终产生不良的工作行为。

二、压力源

（一）压力源的内涵

所谓压力源，是指存在于环境中与个人实际情况不相匹配的一系列因素，简单地讲就是给个体带来压力感的来源和影响因素。通常表现为激烈的竞争、过高的期待以及恶劣的环境等。而员工的压力源主要来自职场、家庭或社会等工作和生活环境因素。无论对个体还是对组织而言，压力管理的目标不可能是永久地消除产生压力的根源，而只能是通过组织与员工多方面的努力，使员工的心理和生理与周围环境保持一种和谐的状态。

（二）压力源的表现形式

员工的压力源种类繁多，可简单地分为以下几类。

1．来自社会的压力源

来自社会的压力源包括宏观环境和外部因素变化对员工的影响，例如物价指数、劳动力供求关系以及一些突发状况等；工作和文化环境的变化给员工带来的压力，例如跨国企业的驻外人员，到了一个新的环境可能产生语言、文化和生活习惯等方面的不适应；劳动力市场变化给员工带来的压力，例如当劳动力供大于求时，一些能力平平的员工可能会感到压力。

2．来自企业内部的压力源

来自企业内部的压力源包括因为工作任务和任职要求与员工的知识、技能和能力不匹配而产生的压力，例如当工作压力低于员工的水平，员工会感到压力不足；当工作压力高于员工的水平，员工会感到压力过大。来自分工不明晰、苦累不均和工作角色冲突而对员工形成的压力，例如企业中常出现的“忙的忙死，闲的闲死”的现象；来自组织内部的人际关系给员工带来的压力，例如缺乏群体凝聚力、缺乏社会支持等；来自组织变革和环境变化的压力，例如组织革新需要员工不断更新自己的知识技能等。

3．来自家庭的压力源

来自家庭的压力源包括婚姻状况给员工带来的精神压力，例如离婚、家庭关系紧张等都会严重影响员工的情绪和工作状态；家庭负担给员工带来的压力，例如对于大多数员工而言，当家里有长期需要照顾的老人或小孩时，便会感到工作和家庭之间的不平衡；家庭突发事件给员工带来的负面影响，例如意外事故等的发生会给员工带来很大的心理冲击。

4．来自员工个体的压力源

来自员工个体的压力源包括性格因素，例如竞争性强的员工，对工作投入多、对压力敏感但抗压力相对较弱；个人控制环境的能力和压力承受能力不足；个人经历、价值观、信仰和目标冲突；员工在社会中承担的多重角色冲突。

三、员工压力管理

（一）员工压力管理的作用

现代社会的迅速发展，使得工作节奏不断加快，员工在职业场所中所面临的压力不断增大。过大的压力不仅会造成员工心理疾病的产生，还会影响员工的工作情绪，造成工作业绩与员工保留的不良影响。因此，员工压力管理成为企业改善员工关系的重要课题之一。

员工压力管理的作用主要体现在两个方面：其一，调整不适当的刺激对员工造成的心理和生理压力；其二，通过工作和管理环境改善对员工进行有益的压力刺激，增强员工的工作热情和工作动力。具体表现在以下几个方面：首先，消除员工过大工作压力对组织的影响。随着知识员工和脑力劳动员工比例的不断增加，员工工作压力的性质和程度也发生了变化。因此，降低员工在职场中的压力，成为企业控制成本、激励员工的重要环节。其次，提高员工工作生活质量的内在要求。家庭生活是员工心理和生理健康的基础，过大的工作压力不仅影响了员工工作家庭平衡，还影响着企业的经营收益。因此，通过员工压力管理来提高员工的工作生活质量，成为员工激励的又一重要形式。再次，适应新的商业竞争环境对员工管理的需要。现代企业技术的革新，虽然降低了员工体力劳动的负荷，却大大增加了员工脑力劳动的压力。因此，员工压力管理要适应新商业竞争环境下员工管理的需求。最后，满足对新一代员工管理和激励的需要。新一代员工在价值观、生活方式、人际交往以及个性方面与老一代员工差异明显。因此，针对不同员工个性特点，采取针对性的减压措施，对于新一代员工有很好的激励作用。

（二）员工压力管理的组织对策

企业可以通过各种减压管理和减压措施来帮助员工缓解过强的压力感受，减轻压力对于员工心理和生理造成的伤害，协调企业与员工之间的关系。那么，组织或管理层应如何进行员工压力管理呢？

1．为员工提供人性化的工作条件和人文环境

大量研究结果表明，为员工提供舒适安全的工作环境能够激发员工的工作积极性，减轻员工的工作压力。例如保持工作场所空气流通，降低噪声、增加绿色植物或为员工提供便捷的办公设备等。并且员工作为社会人，不仅与机器设备打交道，在周围环境中主要是与各类型的人打交道，因此和谐、友爱的人际环境也是降低员工工作压力的必要条件。如建立公平公正的管理制度；加强企业与员工的沟通；倡导平等、合作、互助的企业文化氛围等。

2．加强员工的环境适应能力和压力应对能力

通过岗位技能培训可以弥补员工基于现有工作岗位的技能不足，提升员工在复杂工作环境中的绩效水平。通过职业测评，企业帮助员工认清今后的职业发展方向，设计出符合个人实际情况和组织需要职业生涯规划。同时企业应提升各级管理部门和群体的管理能力与技巧，改善企业与员工的沟通，实现企业高绩效的管理。

3．进行组织开发与组织干预

企业可以通过组织开发及相应的干预手段，改善员工个人与组织在发展目标上的差异，推动企业经营目标与员工目标共同实现。组织开发的干预手段主要包括战略干预、技术与结构干预和群体干预等。战略干预是指企业根据外部机遇和风险分析，明确组织的优势与不足，对组织进行市场细分和定位，并将这些与外部环境相适应的战略信息传递给企业内部各级成员，使全体员工都能了解企业的愿景和使命。技术结构干预主要是指企业通过改善组织结构、技术资源等因素，消除组织环境中产生压力源的一系列因素。群体干预主要是指通过改善员工间的互动过程，来增强企业组织的活力。

4．关注组织变革中的员工压力管理

由于组织变革属于员工工作环境的突发性质的重大转变，变革过程中会伴随着企业的兼并收购、人员配置的调整，因此可能导致不同群体之间的利益冲突。一些冲突可能会导致员工产生抵制、抗拒等行为，产生巨大的心理压力。因此，企业应尤其关注变革过程中的员工压力管理。

5．通过压力管理提升人力资源管理的有效性

企业应将压力管理作为人力资源管理的一项重要任务，将压力管理贯穿于人力资源管

理的各项环节。在工作设计和工作安排方面，企业可以通过工作丰富化和扩大化，使员工在不同职能和业务岗位上进行轮换，开发多方面的胜任能力，缩小员工自我的职业预期和组织现实情况的差距。企业也可以通过弹性雇佣来降低员工因工作调动和解雇所带来的巨大压力。在绩效管理方面，确定绩效目标时应注意员工与上级的充分沟通；任务执行时，直线经理应为员工顺利完成任务提供支持和帮助；绩效考核阶段，评价主体应包含员工本人、同事、外部客户及供应商在内的多元主体。考核指标可以从硬性的量化产出和财务绩效延伸到员工的学习与成长。在薪酬福利方面，组织可以从薪酬结构、形式、福利多元化等角度提升员工的公平感和满意度。根据员工的自身需要和岗位特征设计有针对性的福利计划。在员工培训与开发方面，由于很多压力问题是源于员工的情商问题，所以在培训方面不能只注重员工工作技能的培训，还要注重员工人际沟通、风险防范和抗压能力等的提升。在员工流动和裁员方面，各级管理者应与相关员工做好充分的事前沟通，阐明人事变动的动因，进行必要的安抚以帮助员工做好下一步的职业规划。

四、员工帮助计划

（一）员工帮助计划的内涵

员工帮助计划（Employee Assistant Program，EAP）是 19 世纪 70 年代以来，在美国推行的帮助员工解决健康、经济、心理等方面问题的福利方案。广义的员工帮助计划是指企业通过合理的干预方法，积极主动地了解、评估、诊断和解决影响员工工作表现和绩效问题的过程。狭义的员工帮助计划是指为面临压力、酗酒、赌博等方面问题的员工提供咨询服务、治疗措施等，以帮助员工度过困难的过程。EAP 项目是企业为员工及其家属设计和推动的长期的、正式的、系统的专业服务福利项目，该项目的实施需要内部和外部专业人员的干预和帮助。

（二）员工帮助计划的内容和操作模式

根据国际 EAP 协会的指导手册，EAP 的核心内容包括：为那些处于困境的雇员提供咨询、培训和援助，以改善其工作环境，提高雇员工作绩效，并使员工和家人了解提供 EAP 服务的组织和专业工作者；识别和评估可能影响员工工作绩效的问题，对员工个人问题及其服务提供保密；运用建设性的面谈、激励和短期干预等方法，帮助员工处理可能影响工作绩效的问题；为员工提供和推荐诊断治疗方案，并提供持续的监控和跟踪服务；在工作组织和服务供应商之间建立和保持良好的关系；为企业组织提供员工心理和行为问题的咨询和适合的医疗服务，使员工的健康保障具有实用性和可获得性；对企业 EAP 服务的效果进行鉴定等。

综合 Masi 和 Cunningham 的研究结论，员工帮助计划的操作模式可以分为以下几类。

1．内置模式

内置模式指企业自行设置专职部门，并聘请专业人员来实施援助项目。内置模式的优点是针对性强、适应性好，能够为员工提供及时服务。

2．外设模式

外设模式是企业将员工援助计划外包，由外部专业心理咨询机构提供援助计划服务。外设模式的优点在于保密性好、专业性强，能够为企业提供最新的信息与技术。

3．联合模式

联合模式是多个企业联合成立一个专门提供员工援助计划的服务机构，由企业内部专业人员构成。其优点在于灵活性强，能够为企业量身定做不同类型的援助计划。

4．整合模式

整合模式也称为内置、外设并举模式，是指企业在已有内置模式基础之上，与外部其他专业服务机构合作，共同为员工提供援助。该模式优点在于减少企业经济支出，充分发挥企业内部和外部的联合优势。

5．共同委托模式

共同委托模式是指多个企业共同委托外部的专业咨询机构，向员工提供援助服务的形式。该模式优点是经济效益明显，能够促进企业间的资源共享与沟通合作。

（三）员工帮助计划的实施流程

员工援助计划的一般实施流程如图 11-1 所示，其中制订政策和程序时，要结合企业特色，选择适合企业员工的帮助计划；明确员工帮助计划的实施部门和成员以及相应职权；根据需要选择合适的外部专家或外部服务机构；强调企业鼓励员工认识自身存在的问题并寻找根源。在帮助计划需求分析阶段，应结合组织特征、工作环节、员工需求和组织需求来制订帮助计划需求报告。帮助计划的宣传和推广主要通过印刷品、广播、电视、网络等途径，向员工说明心理健康的重要性和不良心理的危害，指出员工帮助计划的作用、意义、内容和原则等。在目标制订阶段，需从结果层面、执行层面和规划层面确定实施目标。在方案实施过程中，要明确目标，提高员工认识，打消员工顾虑，以预防为重点。在实施效果评估时，应考虑 EAP 的使用情况和服务满意度、EAP 对员工个人的影响、EAP 对组织运行的影响以及投资回报率等。最终，员工帮助计划应将发现的问题提供给组织或相关部门，以供参考。

在个人层面，员工帮助计划能够帮助员工获得健康的心理；建立良好的人际关系；获得职业生涯发展；在遇到重大变故时渡过难关。在企业层面，员工帮助计划能够提高生产效率；优化人力资源管理；降低因员工离职产生的人工成本和管理成本；增强组织凝聚力。

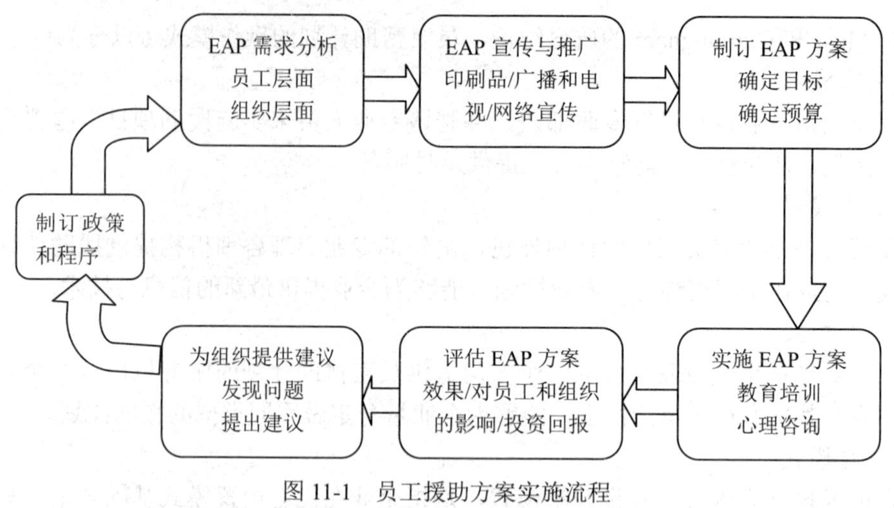

图 11-1　员工援助方案实施流程

第五节　员工离职管理

一、员工离职的内涵

员工离职的内涵有广义和狭义之分，广义的离职又称劳动移动，是指员工个体作为组织成员状态的改变，即劳动者在地域间、职业间和产业间的移动。它包括员工离开现有组织以及员工离开或转换现有岗位，如晋升、平行调动或降职等。狭义的员工离职是指从组织中获取物质收益的个体终止其组织成员关系的过程或行为，即特定组织如企业或公司员工的流出。本书所指的离职管理主要就狭义离职而言，即指员工与组织终止雇佣关系的行为。

员工离职按照离职意愿可以分为：主动离职、被动离职和自然离职。主动离职是指由员工作出最终离职决策的离职行为。主动离职又可分为功能性离职和非功能性离职。功能性离职是指员工想离开组织，而组织不刻意挽留的离职行为；非功能性离职是指员工想离开组织，而组织想要挽留的离职行为。被动离职是指离职决策由组织作出，员工在组织要求下不得不离开的行为。自然离职是指因为退休、疾病、事故、自然灾害等不可抗拒的力量或原因而员工自然减少的现象。按照离职性质可以分为显性离职和隐性离职。显性离职是指员工事实上已经中断了与企业的契约关系。隐性离职是指员工没有与组织终止雇佣关系，但又不在本组织内任职的行为。按照离职原因可以分为可避免离职和不可避免离职。可避免离职是指经过组织与员工个人的努力可以不发生的离职行为。不可避免离职是指一些不可避免的原因导致的离职行为，如工伤事故等。

造成员工离职的原因很多，有个人因素，如个性特征、成就感等；组织因素，如薪酬福利、工作条件、晋升与培训以及公司前景等；员工与组织协调因素，如企业文化、组织支持和人际关系等；社会因素，如经济兴衰、劳动力供求关系等。离职员工会给员工个人、企业和社会带来多重影响，这些影响有正面的，也有负面的。就员工方面来说，可以满足员工的个性化需求、寻找新的发展机会，但同时也会增加员工的心理压力及流动成本；对于企业来说有助于员工竞争，促进人职匹配，但也会造成人才流失及人力资本的损失；而对于社会来说，员工主动离职可以促进人才流动及知识技能的交流与扩散，同时又会影响劳动力市场秩序、影响社会稳定。

二、员工离职的计量管理

（一）离职率的测量

对员工离职程度的测量指标包括：离职率、留存率及离职损耗率等。

1．离职率

离职率一般用某一特殊时期的离职百分比来表示。常用的离职率衡量指标有：

（1）总离职率的衡量公式

期内离职人数÷同期平均员工数×100%

期内任用人数÷同期平均员工数×100%

（期内离职人数+期内任用人数）÷2÷平均员工数×100%

（期内离职人数-期内临时员工离职人数）÷同期平均员工数×100%

（2）主动离职率的衡量公式

期内主动辞职人数÷同期平均员工数×100%

（3）辞退率的衡量公式

期内被辞退者人数÷同期平均员工数×100%

（4）可避免离职率的衡量公式

期内可避免离职人数÷同期平均员工数×100%

2．员工留存率和损耗率

（1）同批员工留存率是指在一定的服务期内同批留下的员工比例，其公式为

同批进入员工留存人数÷同期进入员工初始人数×100%

（2）同批员工损失率是指在同一组织内，发生同样行为的员工的损失比例，其公式为

同批进入员工流失人数÷同期进入员工初始人数×100%

两指标之间的关系为

员工留存率=1-累计员工损失率

（二）离职成本的计算

离职成本是指由于员工离职而发生的或将要发生的企业经济利益的总流出。主要包括离职补偿，即企业用于补偿被辞退员工的经济损失而发生的或将要发生的现金支出或其他形式的成本；违约赔偿金，即企业员工因违反劳动合同和协议自行辞职而应赔付给企业的现金收入或其他形式的利益收入；解雇安置费，即企业为妥善安置被辞退员工而发生的或将要发生的企业现金支出或其他形式的成本；离职前的低效成本，即员工离职前的一段时间里，因消极怠工而产生的组织利益损失；空职成本，即由于员工离职导致职位空缺无产出而造成的企业经济损失。

三、主动离职管理

（一）员工主动离职的防范策略

对优秀员工的挽留是企业员工管理的核心内容。在员工离职前，企业可以通过物质与事业共同发展留人、工作扩大化及晋升留人、增强工作丰富性和挑战性留人、薪酬福利留人及职业生涯开发留人。员工离职时，企业应有效运用法律法规来规范处理员工离职行为，真诚挽留离职员工，重视离职面谈，弄清员工离职的真正原因，以便企业后续管理。员工离职后，企业应重视离职事件，降低离职影响。

（二）员工离职管理的流程

虽然组织从各方面尽量避免离职行为的发生，但很多离职行为也难以规避。此时，企业人力资源管理相关部门应及时建立相关制度，规范员工离职行为，将组织的离职损失降到最低。员工主动离职一般包括以下几个步骤，如图 11-2 所示。

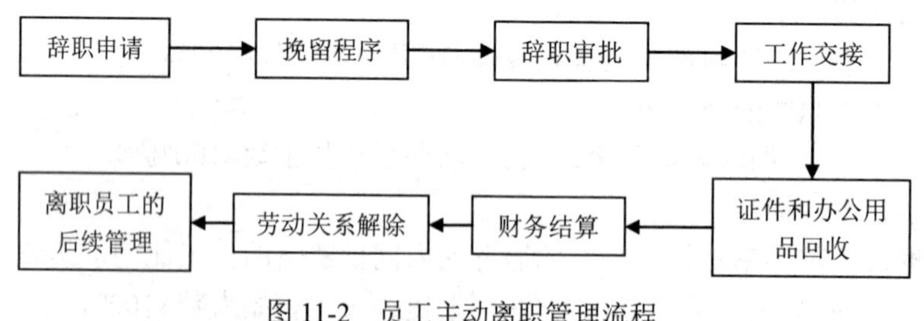

图 11-2　员工主动离职管理流程

四、解聘与裁员管理

所谓解聘是指企业对违纪员工、试用期不合格员工、各种预告和不可预告解除劳动合

同的员工，以及经济性裁员等对员工的辞退行为。解聘要以事实为依据，考虑员工的体面，态度坚决果断。解聘管理的流程如图 11-3 所示。

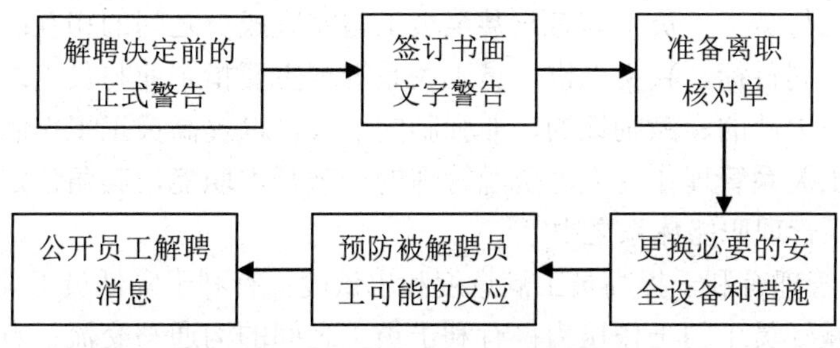

图 11-3　解聘员工的工作流程

裁员是指企业基于自身的人力资源需求，以非员工意愿单方面解除聘用合同的方式，裁掉不适应企业发展或相对冗余的员工，与其终止雇佣关系的行为。裁员根据裁员动机可分为经济性裁员、结构性裁员和优化性裁员；根据裁员决策行为可分为主动性裁员和被动性裁员。裁员的方法有自愿离职法、员工培训法、提前退休法、绩效淘汰法和弹性裁员法等。裁员的实施步骤如图 11-4 所示。

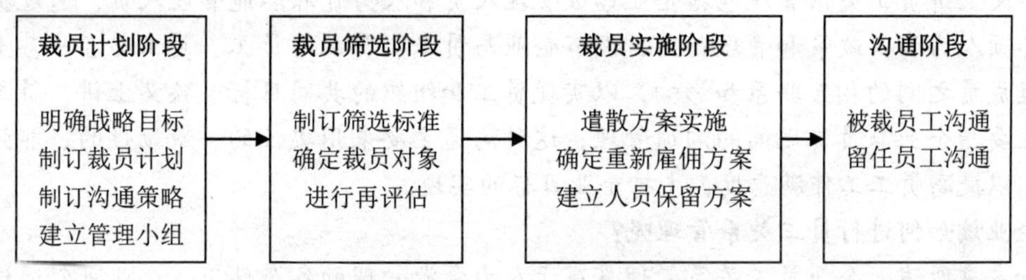

图 11-4　裁员的实施步骤

本章小结

1．本章通过对员工关系管理相关概念、理论和操作方法的介绍，提供了包括心理契约管理、激励理论、员工压力管理、员工帮助计划以及员工离职管理的解释。通过这些方法的介绍，给企业员工关系管理带来理论的依据和实践的参考。

2．员工关系又被称为雇员关系，其概念与劳动关系、劳资关系相近，指的是管理方与员工及团体之间产生的，由双方利益引起的表现为合作、冲突、力量和权力关系的总和，并受到一定组织内外部环境的影响。员工关系强调以员工为主体和出发点的企业内部关系，注重个体层面上的关系和沟通。它是人力资源管理角度提出的一个取代过去劳资关系的概念。

3．员工关系管理是人力资源管理的一个特定领域。广义的员工关系管理包括企业各级管理人员和人力资源职能管理人员，通过拟定和实施各项人力资源政策和管理行为，调节企业与员工、员工与员工、员工与客户甚至员工与家庭成员之间的相互联系和影响，以实现员工和组织的共同目标。狭义上讲，员工关系管理主要指企业与员工之间的沟通管理，这种沟通主要采用柔性的、激励性的、非强制的手段，以提高员工工作满意度，支持企业目标的实现。员工关系管理作为人力资源管理的一项基本职能，其角色定位和作用发挥贯穿于整个人力资源管理职能体系之中。

4．员工关系管理有利于提高员工满意度和忠诚度；有利于降低员工关系冲突、激发员工的工作热情、减轻员工的工作压力；有利于员工之间的沟通与交流；有利于培养员工团队意识和平等协作的精神。

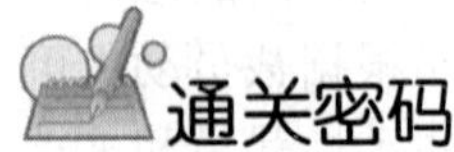

通关密码

何为员工关系管理？

广义上讲员工关系管理包括企业各级管理人员和人力资源职能管理人员，通过拟定和实施各项人力资源政策和管理行为，调节企业与员工、员工与员工、员工与客户甚至员工与家庭成员之间的相互联系和影响，以实现员工和组织的共同目标。狭义上讲，员工关系管理主要指企业与员工之间的沟通管理，这种沟通主要采用柔性的、激励性的、非强制的手段，以提高员工工作满意度，支持企业目标的实现。

企业该如何进行员工关系管理呢？

如本章所述，企业员工关系管理贯穿于人力资源管理的各个环节，企业可以通过心理契约管理、员工激励、员工压力管理及员工帮助计划、员工离职管理等方式辅助员工关系管理的进行。

复习与思考

一、名词解释

1．员工关系
2．员工关系管理
3．心理契约
4．激励—贡献模型
5．员工压力管理

6．员工帮助计划

7．员工离职管理

二、简答

1．员工关系的含义和实质是什么？

2．什么是员工关系管理？

3．简述员工关系管理的作用。

4．简述何为心理契约。

5．简述激励—贡献模型的内涵。

6．简述压力管理的内涵。

7．简述员工帮助计划的模式。

8．简述员工离职的计量方法。

三、讨论

1．影响员工关系管理的因素有哪些？

2．试结合某企业案例分析其是如何进行员工关系管理的。

四、案例评析

隆曦制品厂不平静的管理层

隆曦制品厂成立于2005年，是一家纸制品生产企业，主要生产扑克牌、纸袋、包装盒等产品。刚成立时，企业只有不到10人，业务范围也只限于国内的义乌小商品市场。在之后的7年中，隆曦制品厂走高端路线，利用设计优势和高质量保证迅速打开市场，并且通过展会交流、店面运营等方式极大地开拓了国外市场。利用义乌国际贸易平台，到2013年，隆曦制品厂已经成为一家拥有300名员工，年营业额超过1亿元的规模企业，并以高端设计和前卫理念闻名。

企业成立之初，由于企业规模的限制，员工普遍文化程度很低，最高的只有高中水平。随着业务量的上升，企业对技术人才和高学历人才的需求明显增加，金照隆在招聘中开始注重吸收这两方面的人才。截至2013年，企业拥有高层管理人员2人，中层管理人员6人，中高层管理员工中大专学历仅有1人，是金照隆从其他公司挖过来的总经理，其他如采购、销售、财务和仓库等职位均由金总的亲戚或元老级员工管理。高管团队中除了销售副总，还有一位董事长助理，是一位跟随金照隆多年的老员工。尽管其专业素质、管理能力等方面并没有太多可称道之处，但由于其对金照隆的忠诚度，使得金照隆对其十分重视，并专设了一个董事长助理职位，让她协助管理一些行政事务。

销售副总裁的突然离职，这个职位暂时空缺下来。金照隆本来打算自己直接管理销售部门，但由于精力有限、分身乏术，于是他想到了自己的得力助手——董事长助理严妮，在招到合适的销售主管之前，由严妮临时照看销售部门的工作并随时向自己直接汇报。2012年4月初，董事长助理被正式调到销售部门，任命为销售副总裁兼任跟单员一职。跟单这项任务本来是由销售部业务员各自负责，现在为了能对每位业务员的业务情况有所掌握，将这项任务从业务员工作流程中抽离出来，并统一由董事长助理负责。

严妮是最早跟随金照隆的元老之一，她与老板的关系和特殊身份使得她在销售部门工作的开展并不顺利。一方面，严妮自认为是老板心腹，比较心高气傲，很难与部门员工打成一片；另一方面，部门业务员也知道她是老板派来的“监军”，本身对她也会产生一种防备心理。结果严妮任命之初到2012年末的9月间，她与业务员之间发生了多次“交火”与“冲突”。

根据公司安排，2012年广交会由严妮、一位新进业务员以及另外两位老业务员组成销售团队，并由严妮提前两天前往广州进行准备工作。然而让同事们感到惊讶的是，两天后到达广州时发现严妮负责的准备工作几乎没做。经多次联系不上本人的情况下，最终却得到严妮工作有条不紊地进行中的回复。还有另一件造成业务员对其十分不满的事件是，严妮在负责的订单跟踪业务时，不但业务水平和能力遭到业务员质疑，在实际操作中跟单也不够及时，加上与生产车间的沟通不良，导致很多业务员的订单都没有安排下去，到了交货日，严妮却回答不知道此事。业务员只好因订单被拖延跟客户道歉并亲自去车间催货。可事后，严妮却快人一步去向老总投诉和抱怨。这样下来，严重消磨了业务员的工作积极性，影响业务员的工作情绪，进而影响到企业的绩效。

资料来源：胡孝德. 人力资源管理案例集[M]. 杭州：浙江大学出版社，2014.

【思考题】

1. 请结合案例说明，企业该如何有效管理和任用创业元老？
2. 员工关系管理的流程是什么？

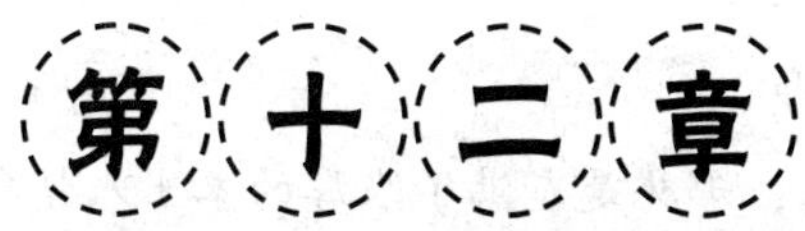

第十二章 全球化与人力资源管理

学习目标

★★★★★

- 人力资源管理面临的挑战。
- 人力资源管理模式的内涵。
- 全球化人力资源管理的一般模式。
- 外派员工的定义。
- 外派员工培训的具体内容。
- 跨文化冲突的内涵。
- 跨文化管理的内涵。
- 外派人员管理服务的主要内容。

★★★★

- 全球化是历史发展趋势。
- 人力资源管理模式综述。
- 外派员工培训的重要性。
- 跨文化人力资源管理的特征。
- 跨文化培训与开发服务。
- 跨文化冲突与人员整合管理服务。
- 减少家庭因素对于外派人员的影响。

★★★

- 外派员工培训的新趋势。
- 跨文化人力资源管理的概念。
- 跨文化人力资源管理的方式。

开篇案例

西安杨森的跨文化管理

西安杨森的人力资源跨国管理非常具有自己的特色，那就是充满了浓厚的本土人情气息。例如其在中国的企业，每当逢年过节，公司的总裁即使在外出差、休假，也会给公司全体员工寄贺年卡，送给公司员工一份祝福。表面上看是一张小小的卡片，但从深层意义上看不只是一张形式上的、统一完成的纸片，它是一个充满领导对员工的关爱的感情载体。员工在过生日的时候，都会得到公司领导的问候；员工生病休息时，部门负责人或者是总裁都会亲自前去看望或写信慰问；公司员工结婚或生小孩，公司都会把这视为自己家庭的喜事在公司给予热烈祝贺，并且还曾举办过集体婚礼。甚至有些活动，还邀请员工家属参加，一起分享大家庭的快乐。

除此之外，西安杨森在进行人力资源管理时将公司文化与员工心理特征紧密结合起来。西安杨森首先在培训时将企业文化融入培训全过程，在提高员工能力的同时增强了员工对企业文化的认同感，为在人力资源管理中应用企业文化奠定了基础。然后根据公司和员工的具体特点，在销售人员中唤起他们的进取精神和接受挑战的意识，提倡做销售“雄鹰”；在全体员工中则宣传“雁的启示”，倡导团队精神。前者符合中国高层员工对高薪金和事业成功、自我实现的双重追求，后者则利用了人天生是社会的动物，渴望相互接近、相互帮助的心理。

再者，西安杨森是为了在人力资源管理中适应中国文化和中国社会状况，也是花了不少心思。中国文化的主要特征是以孔孟之道、儒家思想为根基，尊老爱幼、爱国爱家、依赖集体、重情重义，同时又深受社会主义思想和西方文化的影响。中国社会状况是人的素质特别是竞争意识普遍有待提高；大部分行业还处于无序状态；社会保障等服务远远不能满足企业的需求。这些也是中国企业面临的经营环境。西安杨森的人力资源管理充分考虑并适应了这些因素。首先，他们能够洞察先机，率先认识到在中国进行培训的重要性，培养了大批优秀人才，占领了市场制高点；同时，他们将培训输出到全行业，实际上起到了规范行业秩序的作用；另外，在激励时注重中国员工对高报酬和工作成功、自我实现的双重追求的价值取向；最后，在工作环境中和日常工作时，注意中国人重情重义的文化传统；在福利方面注意弥补中国社会保障体系不健全的弊病；利用中国人爱国爱家的情结宣传爱国主义，激发员工爱公司的热情等。西安杨森有意识地、系统地利用企业文化将员工心理和中国文化联结起来，所以它所采取的一些看似平常甚至被许多人斥为无聊的行动，如寄贺卡、过生日、集体婚礼、天安门前长跑并唱国歌、鹰和雁的启示等，竟然收到了奇效。

资料来源：鄢锦芳. B公司跨国经营的人力资源管理问题研究[D]. 昆明：云南财经大学，2013.

【思考题】

西安杨森的跨文化管理对我国跨国经营的公司有何启示?

第一节　全球化对人力资源管理的挑战

一、全球化是历史发展趋势

在全球化趋势下，企业人力资源管理将面临新的挑战，为适应时代发展要求，需要充分发挥其在企业管理中的重要作用，需要与时俱进顺应变化趋势，开拓创新寻找有效措施促进人力资源管理的发展。当前，经济全球化进程逐渐加快，成为世界经济发展的主流。组织要想取得成功，要想在全球化的竞争中保持优势，人力资源管理必须克服挑战。

二、人力资源管理面临的挑战

（一）人力资源管理地位提升

在改革开放和知识经济发展条件下，知识经济社会成为社会发展的必然趋势，其核心便是人力资源。而无论对国家还是企业来说，以人力资源强化、人力资源开发与人力资源优化配置的方式，来实现人力资源管理效能的发挥，是取得现代市场竞争力的关键。在市场经济大潮下我国从计划经济转变为市场经济，其管理方式由粗放型管理向集约化管理转变，企业间的竞争已经从产品竞争转到人才智力资源的竞争。所以在其条件下人力资源管理的地位必然提升。很多企业通过知识人才储备、人才引进、人才培养等多种方式来实现人才能量的集聚，同时，邀请很多人力资源专家进行人力资源规划与管理规划，力求以优化的管理方式来实现人力资源管理效能的发挥。

（二）人力资源管理外包化

随着经济的发展市场竞争的加剧，每一个企业都需要节约成本，都需要更专业，因此在公司内部只会保留能够给自己带来利润的核心业务，与核心业务无关的业务板块都会被剥离出去，当然人力资源管理也不例外。这也是越来越多的专门的人力资源机构出现的原因。在此前提的推动下，人力资源外包也成为必然的趋势。总之，人力资源管理内部部门会逐步消失，专业的外部人力资源机构会越来越多，也越来越专业。

（三）人力资源管理需要有更加宏观的战略管理眼光

在未来随着人力资源管理内部部门的消失，专业人力资源机构的增多。企业所保留的人力资源人员需要有更加战略的宏观的管理眼光，人力资源管理也会更加战略化。企业内部专业的人力资源人员必须站在企业负责人的角度去看问题，只有这样，才能满足企业对人才的需要。只有这样，我国的人力资源管理开发才能向前迈进。当然这也是我国未来人力资源管理开发的趋势。

（四）管理方法更加趋于人本化

现代人力资源管理坚持以人为本，选用更加符合现代企业发展需求的人力资源管理方法。人类的职能开发在很大程度上决定着社会经济在将来的发展，而必须使得人类的创造性以及能动性得以充分开发，才可以激发人们的潜能，进而促进社会经济的不断进步。所以，在现代管理当中更加重视对人员的激励、信任及尊重，通过情感的作用提高员工的责任感，激发员工的工作热情与积极性，从而最优化地调配人力资源。

第二节　全球化人力资源管理的模式

一、人力资源管理模式

（一）人力资源管理模式的内涵

人力资源管理模式好比一个社会的游戏规则，因此成为塑造企业与经济组织的诱因架构。这种模式包括了正式规则（规章制度、各种规定）与非正式的规则（惯例、行事准则、行为规范），同时也包括了完成或履行上述正式与非正式规则所对应的方法。根据上述人力资源管理模式的定义，人力资源管理模式主要包括三个方面的要素。

1．诱因集合

诱因就是用于调动员工积极性的各种资源，如经济性诱因、企业的认可、企业提供的个人锻炼和发展机会等都可成为很有吸引力的诱因。而对诱因的提取，必须建立在对员工个人需求进行调查、分析和预测的基础上，然后再根据组织所拥有资源的实际情况设计各种形式。

2．信息集合

根据人力资源管理模式的内涵，信息贯穿于模式运行始终。特别是企业在构造各种诱因集合时，必须充分进行信息沟通，才能对员工个人真实需求有充分了解，从而将个人需求与诱因联系起来。

3．行为归核化

这里的归核化概念是组织对其员工所期望的努力方向、行为方式和应遵循的价值观等

方面的规定。在组织中，由诱导因素诱发的个体行为可能会朝着各个不同的方向发展，不一定都是指向组织目标的。同时，个人的价值观也会表现出与组织价值观的不一致，这就要求组织在员工中间培养主导或核心价值观，如强调全局观念、长远观念和集体观念等。当然，这种归核，不仅是对员工观念、价值观的归核，它同样是对员工的人生观、工作态度、行为方式、工作关系和特定的工作技能等方面的归核，从而使他们融入到符合组织目标的风格和习惯之中。诚然，要达到归核化的目的，还必须用各种手段、方法，以及制度加以约束和规范。事实上，人力资源管理的过程也是员工行为的归核化过程。

（二）人力资源管理模式综述

20 世纪 80 年代，美国学者在对人力资源管理理论进行了深入研究和细致探讨的基础上提出了人力资源管理的模式。

哈佛模式是分析了人力资源管理政策的决定要素和结果，目的是为让跨国企业的高管们在管理庞大数量的雇员时，去解决所面临的棘手的战略性问题的模式。其组成部分包括：情景因素、利益相关者、人力资源管理政策选择、人力资源效果和长期影响。

德万纳模式（人力资源管理圈），抽象出长期的人力资源管理习惯，集中筛选、绩效评估、开发和奖励等四项关键的人力资源管理活动，强调人力资源管理的相互关系和一致性。

哥斯特模式主要强调的是传统的人事管理与人力资源管理的差异性。只有具备系统性结构、强调积极并充分地利用人力资源的组织，才能更好地将人力资源管理应用到战略管理中。该模式主要由人力资源管理政策、人力资源管理结果、组织结果和系统整合四部分构成。

此外，国外人力资源管理模式还有斯托瑞模式（信念和假设、战略方面、直线管理和关键杠杆）、诊断性人力资源管理模式（外部环境、组织条件、人力资源管理活动和人力资源管理目标）、战略人力资源管理模式（又称 SP 模式，即人力资源理念、政策、项目、实践和过程）等，以及国内的共同管理文化模式、激励模式、6P 模式、制造业人力资源开发与管理模式、人力资源管理大厦模式等。

二、全球化人力资源管理的一般模式

按照项目主要管理岗位担任者的来源可以将国际工程项目人力资源管理模式划分为民族中心模式、多中心模式、全球中心模式、地区中心模式和混合中心模式。

（一）民族中心模式

民族中心模式是指项目所有主要管理岗位都由母公司人员担任，这种模式只是简单地将国内人力资源管理做法照搬到海外项目，由母公司指派管理班子和关键岗位人员执行项目，同时公司总部对项目保持严格的管控，其文化、价值观和商业活动习惯占主导地位。

民族中心模式的优点：一是项目主管人员与公司总部不存在文化上的差异；二是母公司的控制地位可以在海外项目上得到更好的体现；三是有利于经营活动中关键技术的保密和公司核心能力的继承等。

民族中心模式的局限性：一是不利于海外人力资源管理的晋升激励机制。外派的海外项目关键人员因久居国外，可能失去晋升机会；另一方面，海外项目优秀人员由于岗位有限，晋升通道狭窄，升迁困难等。二是不适合国际工程业务的快速拓展。这种模式适合于一个或少量的工程项目，但当国际业务扩大到多个工程项目时，公司不可能有能力从总部委派所有的项目班子和关键岗位人员。三是这种模式的人工成本高昂。四是母公司的管理风格和文化习惯可能引起与本土文化的摩擦或冲突。如项目的主管人员对本土员工不进行培训和开发，会打击当地雇员的积极性；生搬硬套国内的管理观念和方法，形成文化上的冲突等。

（二）多中心模式

多中心模式是指招募当地人员担任项目经理等重要岗位管理国外项目，而母公司派遣的人员只管控项目运行，如担当项目主任这类职位的模式。这类模式具有与当地类似文化背景，便于项目外部环境的沟通和协调，有利于项目工作的开展。

多中心模式的优点：一是可以减少项目履约中语言和文化上的障碍；二是能够与项目外部环境对接，增强项目与当地政府机构、业主、咨询工程师以及供应商和分包商等项目关系人的沟通和协调能力；三是可以通过合理的待遇吸引当地优秀人才，实现本土化战略。

多中心模式的缺点：一是当地高级雇员由于不了解公司的国际化经营战略、技术和文化背景，或者缺少认同感，会在项目内部协调等方面，将自己利益与项目利益和公司利益对立起来；二是这种模式存在项目组织管理体系与母公司及海外项目之间的内部管理体系之间的理念冲突和管理方法的冲突；三是这种模式下，当地高级雇员和母公司人员之间由于文化背景差异，导致项目内部的思维观念和行为方式的冲突；四是这种模式由于当地人员的社会背景等因素，为谋求个人利益，可能通过业主高层，发生针对母公司管控人员，损害项目利益的风险。

（三）全球中心模式

全球中心模式是指从全球营销的需要出发，实施人力资源战略，人力资源管理的目标与总部、区域市场以及国外所有项目所组成的全球经营网络的战略目标相适应，且同时应用于这个全球网络的任何一个可能需要的岗位上，即国际化企业的任何业务活动都由最适

合于该工作的人选来承担，而不管其国籍模式。全球化的人力资源管理模式是基于国际化企业的战略目标，为了满足对人才的多元化需求而建立的综合型的人力资源管理模式，在这种模式下，只有不同文化之间的融合，才可能真正减少文化差异带来的副作用，从而激发文化差异对组织效率的促进。

全球中心模式的优点：一般来说，如果外派国外担任项目主要职位的人，在一定时期内没有充分了解项目所在国的文化、政治和经济状况，其自身所具有的能力和工作经验则会被打折扣，难以发挥应有的作用；同时，只有减少和避免对公司整个组织系统内各部门主管人员国籍歧视的倾向，才能更好地挖掘潜力，充分发挥各方面人才的优势。实行全球中心的人力资源管理模式，实际上是在全球范围内合理利用人力资源，与国际化企业在全球范围内配置自然资源、资金和技术等资源紧密结合的模式。因此，这种模式最突出的优点是能够形成一个真正国际化的经营团队，这个团队通过学习效应和区位优势获得创新能力，并为形成一个强大而统一的全球性经营网络管理系统奠定基础。

全球中心模式的限制：一是东道国的劳工保护政策往往要求外国公司的项目雇佣当地人作为管理人员。典型的如印度，政府就把部分雇佣当地人员作为外国企业进入印度境内的条件之一；在沙特承揽工程项目，须满足沙化比例不得低于 6%，项目正常履约情况下沙化比例需要达到 10%以上，即项目人员每 100 人中至少有沙特籍人员 10 人；二是在世界范围内分散招聘项目所需人员，对其进行语言和文化培训，以及其家庭在不同国家之间的流动，项目需要承担较大的费用；三是这种方式需要对人员及其职业进行高度的集中管控，要削弱当地经理层自由选择自己部下人员的特权；四是完善此项政策需要较长的时间，需要建立起一套完整的符合国际惯例的管理体系。

（四）地区中心模式

地区中心模式被认为是全球中心模式的缩小版本，主要反映跨国公司地区战略的结构。当使用地区中心模式时，人力资源可以在地区间流动，但这种流动只能在一个特定区域内。例如，海外分（子）公司按地区进行分类，公司的管理职位可由驻在国的员工担任，人员在特定区域内流动，本土化程度进一步加深。一般而言，地区经理难以被提拔到总公司任职，但是其在所辖范围内具有一定决策权。因此，在欧洲的子公司会倾向于被欧洲人管理，同样地，亚洲的子公司会由亚洲人管理。然而，地区总部非常协同合作而且独立地在区域里面与子公司合作。一些组织使用地区中心模式来管理人力资源并成功实现了组织的全球化运营。

该模式的优点是：可以促进地区高级管理人员与母国总部之间的互动与补充，也是民族中心法向全球中心法的过渡。但其缺点是有可能在某地区内形成联合，从而限制组织的全球化战略的实施。

（五）混合中心模式

混合中心模式是指项目高层管理人员由本企业和当地人共同担任的模式。在实践中，实行混合中心模式的国际项目以及国际企业，通常采取执行总裁、财务、人资、合同与采购方面的主管由公司本部人员担任，这是因为这方面工作的重要性、持续性和商业机密性；而技术、施工生产、公共关系、安全与质量等职能范围的工作，则由当地人担任，因为这些工作易受当地文化和习惯的影响，而当地人由于了解当地文化、观念和宗教信仰，并且有广泛的社会联系和社会基础等，常常成为合适的人选。

实行混合中心模式，运行比较复杂，需要考虑的因素比较多。优点是一旦模式稳定下来，常常有利于项目的平稳进行，对于企业而言，有利于国际企业的成熟和稳定。但混合中心模式对跨国企业的管理协调能力要求很高，尤其在国际项目管理活动中，不同地区应该选择哪种人力资源管理模式，需要考虑诸多因素。其中重要的如东道国政府政策和法规，东道国教育水平、技术力量和管理体系、项目自然特性、项目组织的期限等。一般而言，混合中心模式运作质量与组织的国际化程度和管理能力相关联。例如，目前许多成功的公司混合使用地区中心模式和全球中心模式。基于系统理论的观点，组织需要从整体客观的角度考虑各海外子公司文化特点对其自身和总公司的人力资源的规划和管理产生的利弊；从长期动态的观点，组织需要看到各海外子公司和总公司的文化环境的变化对全球化人力资源管理提出的契机和挑战；同时，跨国公司总部在全球化人力资源管理实践中还要考虑各海外子公司间的依存程度。总体而言，跨国公司人力资源管理模式基本上是总部所在的地方民族文化产物的移植，但到其他文化实践时，必须谨慎地思考可能出现的障碍和结果，以及核心价值观的取舍和具体推行措施。

第三节　外派员工的培训与保留

一、外派员工的定义

所谓外派员工（expatriate）通常是指由母公司派遣到另一个国家去从事经营管理活动的母国公民或第三国公民。

通常来说，外派职务主要由母国公民担任，以保证东道国公司能够更好地执行母公司的战略，但随着国际化进程的进一步深化，越来越多的跨国企业，尤其是国际知名的跨国

企业，开始委派有经验的第三国公民担任外派职务。另外，不同国家的公司在外派员工的选择上也各有不同，例如，日本企业由于强烈的民族优越感，更偏向于委派本国的员工，而欧美企业在外派员工的使用上更具有文化的开放性，善于整合、运用公司劳动力多元化的优势。

另外，虽然东道国公司的主要经营还是依靠当地员工，但是外派员工的选派依然对东道国公司的经营甚至是公司整体的运营起着重要作用，这主要是因为外派员工能够给东道国公司带去当地缺乏的技术支持、经验支持，同时也便于总公司对其加强控制，以保持公司战略的一致性。更重要的是，外派的方式也是公司培养高层管理人员的重要一步。

二、外派员工培训的新趋势

目前对外派员工的培训主要集中外派前的文化敏感性培训上，如他国文化简介、角色扮演、文化理解等。随着人力资源理论和实践的发展，传统的培训方式似乎不能满足外派员工的需求。目前外派员工的培训有两方面的进展：所在国的现实培训和全球性心智模式培训。所在国的现实培训是指当外派员工到达东道国后，进行跨文化的培训，或者是针对外派员工做遇到的突发事件而进行的针对性培训。主要通过以下方式实现对外派员工的辅导：帮助他们树立正确的发展目标；确认问题解决标准；过程的有效性；鼓励外派员工检验他们在工作方面获得的新技术，帮助他们评估这些结果；提高他们对潜在冲突的意识；把外派员工的自我形象和现实生活情况以及他们在将来所取得的成就意识联系起来。全球性心智模式培训的根本目的是拓展个体的思路，以便超越过去本地的狭隘眼界，从而形成一个可以包容全世界的心理图式，这种培训常常集中在管理者身上。全球性心智模式培训可以通过组织外派人员、海外实习等方式实现。

三、外派员工培训的重要性

当前经济全球一体化的时代，越来越多的组织向海外扩张，为这些新的海外工作岗位配备合适的人员之后，如何对他们进行系统的培训也已经成为值得思考的重要课题。研究显示，过去 10 年中有 1/3 到国外工作的人提前回国；另外还有 1/3 的人比较“失意”，在国外呆满了预定的期限，但没达到公司的既定目标。每一个不成功的外派员工都会给公司带来直接和间接的损失，其中，直接损失包括外派员工的薪酬、培训费用和安置费用等，间接损失包括外派员工失败对公司形象的受损、今后公司贸易合作机会的损失及个人职业发展带来的危害等。因此，对派驻海外工作的员工进行培训就显得极为重要。外派员工的培训不同于一般员工的培训，其构成内容有系统性和连贯性（见图 12-1）。

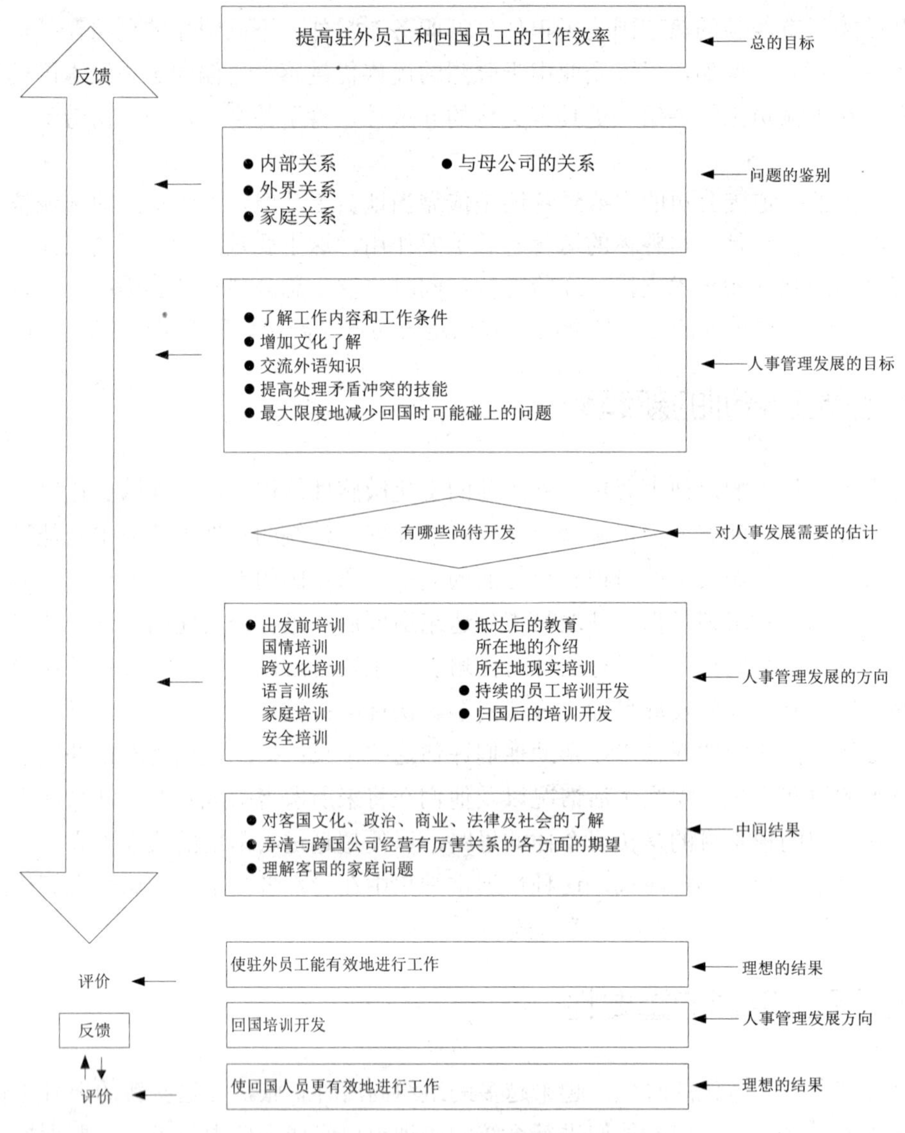

图 12-1　外派员工的系统培训体系

四、外派员工培训的具体内容

（一）出发前的培训

1．培训目的

在合适的外派员工名单确定后，组织就要考虑对他们的培训。出发前的培训能使驻外

员工了解其工作地国家的基本情况，掌握和其他文化中的人们交流时所需要的技巧、工具和方法，从而为外派工作的成功打下良好的基础。

2．培训内容

（1）国情培训及岗位介绍。出发前向外派员工提供大量有关子公司所在国的信息可以帮助驻外员工及其家庭更好地适应新环境。系统地介绍所在国的政治制度、政府机构、经济体制、历史背景、文化传统、生活条件、服饰与住房情况、健康要求，以及签证的申请办法等，可减轻驻外员工对适应新环境的焦虑。员工被派驻海外，工作内容不同于之前的国内岗位。人力资源部门的相关人员应向驻外员工清楚地说明公司的各项政策，驻外员工在外期限、休假，岗位职责权限，工资、奖励和补贴，所得税的交纳，回国后的待遇等，打消员工对未来薪资福利的各种顾虑。

（2）跨文化培训。当人们到国外工作、留学或定居时，常常会不同程度地出现心理反应，这种心理反应现象称作“文化休克”。为了减少员工海外工作时由于不恰当的管理、不同的工作方式、沟通误会，以及文化态度等问题引起的文化冲突。跨文化培训的内容应包括两方面：一是系统培训有关母国文化背景、文化本质和有别于其他文化的主要特点；二是培训外派员工对东道国文化特征的理性和感性分析能力，掌握东道国文化的精髓。为了达到良好的培训效果，企业可采用课堂教育、环境模拟、文化研讨会等多种方式进行。

（3）语言培训。语言能力对工作绩效和文化适应十分重要，因此语言培训是出发前培训内容的必要组成部分。所在国的语言训练主要是加强口语和听力的训练，这种训练可以请大学的教师或培训机构对外派员工进行培训，使他们能够在短期内强化语言教育，提高口语和听力水平。

（4）家庭培训。随着改革开放的深入，国内跨国公司的增多，越来越多的中国驻外员工将带家属到海外分公司工作。不管是否带家属，都要事先做好妥善的安排。由于驻外员工的绩效与家庭适应之间的相互作用关系，企业的培训项目也应扩大到驻外员工的配偶和子女。

（5）安全培训。驻外员工到陌生的国家工作，会出现各种不可预料的事件，特别是外派到一些政局不太稳定的国家，人力资源部应安排好安全培训工作，提高外派员工安全工作的意识，从而降低企业海外业务拓展的风险。

（二）抵达后的培训

1．培训目的

外派人员抵达后，公司应安排专人接待。待驻外员工调整时差、充分休息后，即可安排抵达后进行培训，其培训目的是帮助外派员工熟悉工作和生活环境，提高处理突发事件的应变能力。

2．培训内容

（1）周围环境的介绍。向驻外员工介绍公司所在地的基本情况，包括语言特点、文化差异、风俗习惯、交通状况、商店和银行的分布等情况。这种介绍可以促使抵达的驻外员工尽快熟悉将要工作和生活的环境，减少异地的陌生感。如果员工带有家属和小孩，还要让他们了解当地幼儿园和学校的情况，解决工作的后顾之忧。

（2）所在地公司的情况介绍。公司应派专人向新来者介绍所在地公司的基本情况，让外派员工清楚今后工作的班组、岗位职责、合作的同事、公司对他们的要求。可以举办经验分享的团队会议，让之前的驻外员工介绍在海外公司工作的亲身体会，使外派新人少走弯路，尽快适应当地环境。

（3）所在地的现实培训。所在国的现实培训包括外派员工到达所在地后进行的跨文化培训及外派员工遇到突发事件进行的针对性培训。虽然外派前的跨文化培训已经提供给外派员工海外工作所需的知识和技能，但外派员工到达所在地后进行的跨文化培训更为直观和有效。此外，外派员工在东道国不可避免地遇到突发事件，而外派前的安全培训往往不能涉及所有的原则和所有的规范。所以外派员工到达东道国后仍需要接受更多的培训，以恰当地处理遇到的突发事件。

（三）驻外期间持续的员工培训开发

1．培训开发的目的

员工接受国外工作安排的最大担心就是：他们会被忽视。如果他们与其他人员及公司总部没有经常的联系，那他们的工作容易被忽略，这会影响他们持续的事业发展。为了减少外派员工的顾虑，使其认真投入工作，职业计划以及将外派员工融入公司员工职业发展活动是非常重要的。

2．培训开发的方法

持续对外派员工培训开发的一种方法就是，定期邀请外派员工回国，实现互动，并与其他经理人和专家参与发展计划。另一个有用的方法就是建立顾问管理系统。在这个系统中，外派员工与公司总部的一名顾问对应。顾问在公司的职位通常比外派员工要高，最好是私底下很了解这位驻外员工。设立顾问的目的是通过顾问定期地提供信息（如工作单位的变化），使驻外员工减少人走茶凉的心理感受，从而更好地面对归国，并做好归国的准备。这名顾问应该和外派员工经常交谈，确保外派员工在公司总部的升迁和发展的讨论中被提及，以及解决外派员工在该公司总部所存在的问题。驻外员工保证职业发展的另一种方法是持续地受教育。在一些发达的欧洲国家，提供驻外员工到有名的大学读工商管理课程的机会。在国外工作期间，获得工商管理硕士学位使得这些外派员工在全力工作的同时，能保证与国内的相似人员同步发展。

（四）归国后的培训开发

1．培训开发的目的

研究显示，被外派出国工作的人员从境外工作岗位归来后第一年内辞职的可能性是同岗位非外派员工的 3 倍。外派员工之所以归国后跳槽，原因是未能在组织中寻找到合适的

职业位置。为了降低外派员工的流失率，保证回国人员更有效地工作，必须对其进行职业设计与开发。

2．培训开发的方法

人力资源部应承担起部门职能，投入更多的时间和精力，针对外派员工进行个体职业生涯管理。为了增加外派员工归国后的职业安全感，可根据他们的海外工作经验，同时结合在职培训的方式，提供其能胜任的重要职位，让外派员工清楚地看到自己未来的职业发展道路。

总之，随着企业的国际化、跨国化和全球化的发展，越来越多的企业人员将跨出国门，到海外去工作。因此，跨国企业应该有一个同其全球战略和企业经营计划相适应的外派员工的培训开发计划，使驻外人力资源得到充分发展和利用。

第四节　外派员工跨文化管理

一、跨文化冲突和管理

（一）跨文化冲突的内涵

跨文化冲突（Cross-cultural Conflict），顾名思义就是指不同形态的文化或者要素之间相互对立、相互排斥的过程。它既指跨国企业在他国经营时与东道国的文化观念不同而产生的冲突，又包含了在一个企业内部由于员工分属于不同文化背景的国家而产生的冲突。学者卡尔维罗・奥伯格认为跨文化冲突过程有四个阶段，如图 12-2 所示。

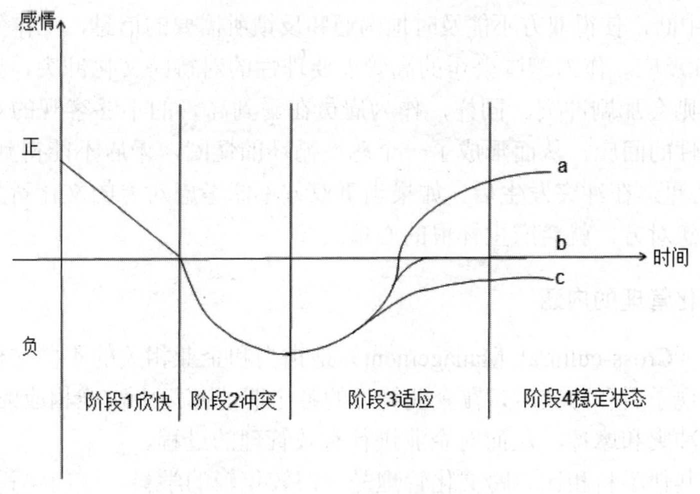

图 12-2　跨文化冲突过程

在图 12-2 中，横轴表示时间，纵轴表示感情（正或负）。

第一阶段：欣快阶段。当外派员工带有明确的任务和态度开始到东道国赴任时，感觉到的任何事都是新鲜和令人兴奋的，对自己接下来的工作充满了自信。这是第一阶段，这个阶段会持续几天到几周。

第二阶段：冲突阶段。短则几周，迟则几个月之后，问题便会随之出现，有些在国内认为非常自然的事情，在这里却行不通。众多的小问题堆积起来变成了难以逾越的障碍，失落、畏惧、烦躁等悲观情绪被放大。这是第二阶段，一个充满危机的阶段。

第三阶段：适应阶段。对新文化有了初步的理解之后，交流和沟通也变得轻松许多，行为方式也可以做到预判，在第二阶段难以应付的琐事逐渐能够解决，事情开始向着自然和有条不紊发展。如果外派员工能够时不时地对自己的处境自嘲，这就标志他已经开始恢复并适应了。这是一个经历危机并逐渐恢复的阶段。

第四阶段：稳定阶段。如果在这个阶段外派员工仍然受到歧视，感觉是一个外来人员，没有融入当地，则如曲线 c 所示；如果认为和以前在母公司一样，表示已经适应了两种不同文化，则如曲线 b 所示；如果适应得更好，已经被视为本地人了，则是曲线 a。

跨文化冲突是令许多跨国企业高管头疼的问题，同时也是必须规避和解决的问题。因为，一旦不能及时处理，就会出现许多矛盾。具体表现如下。

（1）极度保守。跨文化冲突会影响外派高管与东道国雇员的工作关系，使得高管们无法及时准确地了解当地雇员的内心想法，而东道国雇员对工作任务也缺乏足够的了解，此时双方都会趋向保守，按照固有的制度体系去办事。公司的行动计划难以迅速有效地实施，影响了双方的工作激情，自然难有作为。

（2）沟通中断。当高管与员工的层级距离过大，双方的沟通尤其是自上而下的沟通便会受到削弱，甚至中断，使得双方不能及时地沟通和反馈所需要的信息，工作效率大打折扣。

（3）非理性反应。作为跨国公司的高管需要理性的对待跨文化冲突，如果受自己的主观感情所左右，则会加剧冲突。同样，作为雇员在受到高管的不够客观的对待和评价时，也容易产生非理性的回应，从而形成了一个恶性循环的怪圈，矛盾不能得到解决。

（4）怀恨心里。在冲突发生后，如果当事双方不能考虑对方的文化背景，只是考虑自身利益，一味埋怨对方，就会产生怀恨的心里。

（二）跨文化管理的内涵

跨文化管理（Cross-cultural Management）是指当和企业相关的不同文化背景群体在交互作用过程中出现矛盾和冲突时，在企业管理的各个职能部门中实施相应的文化整合措施，克服异质文化的冲突和摩擦，从而对企业进行有效管理的过程。

与管理学的其他学科相比，跨文化管理是一门较年轻的学科。这门学科兴起于 20 世纪 70 年代，由美国管理学界针对美国跨国公司在不同文化背景的国家经营受挫甚至失败的情

况下发起的一项研究。经过大量且系统规范的案例研究和实证研究后，他们发现跨国公司失败的主要原因是：观念陈旧、对异国文化反应迟钝、缺乏文化背景知识。

有效的跨文化管理，能够带来诸多好处。首先，能够促使跨国组织在不同形态的文化氛围中规划切实可行的国际管理战略和构建国际组织机构。其次，能够帮助不同文化背景的员工相互了解，相互尊重对方的价值观和行为方式，从而提高自身的生活质量。最后，能够帮助企业的管理层更准确地理解员工的行为方式，从而采取有针对性的管理方法，大幅提升管理效率，改善管理效果。

随着跨国公司在全球市场的蓬勃发展，跨文化管理就显得越来越重要，甚至关系到企业跨国经营的成败与否。作为跨文化管理的主要内容，跨文化人力资源管理也开始进入人们的视野。

二、跨文化人力资源管理

（一）跨文化人力资源管理的概念

跨文化人力资源管理是指企业在国际化经营中对来自不同文化背景，具有文化差异的人力资源进行获取、整合、保持、培训、开发和调整等一系列的管理活动和管理过程。

（二）跨文化人力资源管理的特征

跨国公司在海外经营的过程中，面临的人文风俗和行为习惯都会与母国有所不同，这大大地影响了人力资源管理活动，使其形成了独有的特征。具体表现如下。

1．多元性特征

跨文化人力资源管理的多元性特征，是指跨国公司人力资源的多个民族文化并存的特征。首先，随着国际化进程的深入，跨国公司面临的文化环境也由原先的一元文化变为多元文化。其次，跨国公司的管理对象是拥有不同文化背景和民族特征的员工。综上所述，可以看出跨文化人力资源管理面临的文化环境和管理对象都具有多元化的特点。

2．变革性特征

在公司国际化运营的不同阶段，人力资源管理的任务和目标都会有所不同。例如，在初始阶段，通常情况下跨国公司会采用母国中心战略，此时人力资源管理的重点关注对象是母公司外派人员。在发展阶段，跨国公司就可能变更为东道国中心战略，重点关注对象又会变为当地人员。在全球化阶段，跨国企业实施全球战略，主要任务是在全球范围内进行人员招聘并对其进行管理。可以看出，跨文化人力资源管理的对象是在不断变化的。

从国际化管理的技术手段来看，除了传统的面对面管理之外，随着跨国虚拟公司的发展，人员虚拟管理方式也在不断更新管理手段，例如远程视频会议。

从跨国公司管理层的态度来看，一开始是母国中心态度，重视外派人员。接着是东道国中心态度，重视当地雇员。再后来是全球中心思想，用人唯才，不分国籍。这种思想理念的转变，充分体现了变革性特征。

3．适应性特征

不同的文化环境，对人力资源管理的要求会有所不同。在一国所积累的管理经验，到了另一国可能不再适用。跨文化人力资源管理就是要在不同文化环境下有效地开展人力资源管理活动，因此，具有很强的适应性。

4．实践性特征

跨文化人力资源管理的成功与否，需要靠具体的实践效果来体现。公司的领导者需要解决在跨文化人力资源管理的过程中面临的文化差异问题，靠自己或他人的经验，找出管理规律，并且在人力资源管理的各个环节中去实践管理原则。

由此，不难看出，对于跨文化人力资源管理来说，其独有的特征所带来的管理难度要远远大于普通的人力资源管理，是当代非常具有挑战性的管理工作。

（三）跨文化人力资源管理的方式

1．文化移植

文化移植是最简单的方式，也就是直接将母公司的文化体系全套照搬到子公司所在国家或地区，而无视海外公司所在地的本土文化或合作方的原有组织文化。所谓“移植”是指简单地将一个地方的“树苗”移植到另一个地方的“土壤”中，这是一种单纯的“更换土壤”的思维方式。然而文化的生存需要适宜的“土壤”才行。如果单纯地把“土壤”更换，再有生命的东西也会因“水土不服”而枯萎。母国企业通过外派到东道国的高级主管和管理人员，把母国的文化习惯全盘移植到东道国的子公司中，让子公司里的当地员工逐渐适应并接受这种外来文化，并按这种文化背景下的工作模式来运行公司的日常业务。但是多元文化企业这样想当然地把带有母国文化特征的管理方式直接应用到东道国企业中或者简单照搬照抄他国人力资源管理模式，其跨文化人力资源管理必然是低效甚至是失败的。

2．文化嫁接

所谓文化嫁接，是指科学地将一个地方“树苗”有生命力的那部分嫁接到另一个地方的“土壤”中，然后用“合成”的文化物质去滋养促进其生长发育的全新的管理模式。这是复杂的“更换品种”的措施。一个企业若想在管理结构、管理职务、人事政策上完全超越国家和文化的界限既不可能，也不可取。跨国企业真正需要的是借助于对跨文化差异的沟通及对跨文化管理的积极参与、实践，达到跨文化的真正融合，形成跨文化和谐且具有东道国特色的经营管理模式，在互相决定的各种需求之间获得动态的平衡。

3．文化合金

所谓文化合金是指使两种或多种文化有机结合，这是跨文化管理的最高层次，也是实

践证明最为有效的方式。文化合金是要选择多元文化各自的精华部分紧密结合成为兼容性强、多元化的合金。它不是以哪一种文化为主体，而是两种文化直接融合。具有这种性质的文化也可以兼容更多的文化，适应更多不同文化的环境，具有普遍推广的能力。这是经济全球化下跨国公司最强的核心竞争力。

三、外派员工跨文化管理

（一）外派员工的意义

由于外派员工是跨国经营的重要实施主体，因而在企业国际化的进程中起着至关重要的作用。一般而言，外派员工的重要性体现在以下几个方面。

（1）员工外派有利于保持海外公司与母公司的战略目标、企业文化和经营理念的一致性，保障跨国经营在良性、可控轨道上运行。跨国公司的健康、有序、合理发展离不开其科学有效的企业总体战略，以及对这一战略的完整的落实。向国外子公司外派员工就是实现这一目标的非常重要的手段。母公司通过外派员工可以加强其与国外子公司的沟通合作，在这里外派员工可以发挥纽带作用。通过组织、协调、控制等各种管理职能，完成母公司战略目标和国外子公司的战略目标，使总公司和子公司可以更加紧密地合作，促进母公司的控制和组织协调。

（2）员工外派有利于其开阔视野、提高综合素质，为跨国经营提供高素质的国际化人才，优化跨国公司的人力资源配置职能。随着企业海外市场外派员工的不断增加，员工外派不但是提高员工素质的重要途径，也是跨国公司选拔安置员工的重要方法。

（3）员工外派有利于母公司对海外公司的有效控制和管理，降低核心技术和管理经验的外泄风险。国际竞争在本质上是人才和科技的竞争，因而核心技术在企业的发展中起着至关重要的作用。母公司通过外派员工有利于保证核心技术的安全，确保国际竞争优势。

（4）员工外派有助于完成特别的任务和项目。国外子公司在经营中经常会面临各种重大的问题需要解决，例如重大财务问题、市场份额比例、与东道国政府的关系、企业技术创新、公司在海外市场扩张中如何维持和发展客户关系等。外派员工一方面具有更高的水平，另一方面可以更明确地代表跨国公司母公司的意志。因此由外派员工完成某些特定的任务和项目是十分必要的。

（5）员工外派有利于企业收益的保持和提高。外派员工对跨国经营之所以重要，还因为他和企业的利润收益密切相关。母国员工由于其在母国公司工作的历史背景，往往具有较先进的经营管理和科研开发方法以及相关的工作经验，这些对于东道国分公司、子公司的发展十分重要。

（二）外派员工管理服务的主要内容

外派员工管理服务是跨文化人力资源服务的重要领域，它主要包括以下几个方面的内容。

（1）外派员工的选拔与配置，主要包括招聘、选拔、调配、晋升、降职等。

（2）外派员工的绩效考评与管理，主要包括外派人员考评与管理的指标体系的设置及具体的考评与管理的过程、方法与技术等。

（3）外派员工的薪酬与激励，主要包括薪酬内容的设定与标准，激励的理论、方法与功效。

（4）外派员工的培训与开发，主要包括外派前与外派后的培训内容、标准与技术。

（5）外派员工的适应包括文化震颤、跨文化适应和重返母公司三个阶段。

（三）跨文化培训与开发服务

由于人力资源是企业的第一位的能动性资源，各跨国公司为了在激烈的国际竞争中获取更大的优势，都将提高员工的技能和素质作为重要着力点，不断加大人力资本投资以使员工能够适应复杂多变的国际环境，提高海外公司的竞争力。有的管理专家曾提出，跨文化培训是跨文化人力资源服务发展的重心所在。国际化企业应通过有效的培训，培养目光长远、能适应多元文化并具有积极的首创精神的管理人员。

跨文化培训是指为实现跨国经营的战略目标，提高外派员工和东道国人员素质运用系统的培训方法，通过制订培训计划、实施培训、评估培训效果所进行的人力资源开发的过程。跨文化人力资源管理成功的关键要素是人，培训的本质就是让受训者的行为通过培训达到预期的变化。跨文化培训的对象既包括母公司外派员工，也包括东道国本地员工。跨文化培训与开发的内容包括掌握不同国家与地区的语言、文化、价值观、科技水平、思维方式、法律、政治等相关知识，以及相应的态度和行为。

（四）跨文化冲突与人员整合管理服务

跨文化冲突是跨国经营中不同文化相互接触的一种自然反应，无论是跨国并购之初，还是此后的经营决策、日常管理活动都有可能出现不和谐的情况，发生矛盾，产生摩擦。这也就是跨文化冲突。

跨文化冲突是指不同形态的文化或文化要素之间相互对立、相互冲突的过程。它既指跨国企业在他国经营时与东道国的文化观念不同而产生的冲突，又包含在一个企业内部由于管理层之间、员工之间的价值观和行为方式的巨大差异引起的冲突。跨文化冲突的深层次原因实际上是利益格局的冲突。人力资源管理中的跨文化冲突主要表现为海外公司并购方人力资源管理理念、方法与被并购方本地员工固有的文化概念、习俗之间的冲突。

面对经济全球化、信息革命和知识经济的挑战及国际市场的新格局，为了有效实施其全球经营战略，强化其在国际市场上的竞争优势和战略地位，各跨国公司都在加强其跨文

化人力资源管理能力。而人员整合管理在这里具有重要作用。在文化整合方面主要处理以下关系：承认环境差异，承认双赢理念，相互尊重。跨文化人员整合要从多个方面入手给来自不同文化背景的员工一个美好的愿景，以及实际的改善，以最大限度地优化其跨文化人力资源管理能力，进而提高跨国经营效益。

在这方面，激发外派员工在公司内部建立人际网络显得尤为重要。跨国公司期待通过某些岗位的外派员工加深公司某些关键领域的文化融合度，其领域包括市场开发、技术研发和公共关系等。这就需要外派员工长期融入当地社会，积累当地工作经验和关系，接触客户和供应商，满足他们的需求，以更好地参与当地市场竞争，实现跨国经营的目标。

根据《上海外服跨文化人力资源管理项目分析报告》对在华外籍员工的考察，整体而言，外派员工与中国同事互动情况相对较好，与工作关系之外的中国人联系则相对较少。其中，日本人与中国同事以及工作关系之外的中国人互动较多，而且更注重在组织外部建立人际关系网络，如买家、供应商、竞争者、政府机构、行业管理机构等。而与日本人相比，欧美人更喜欢和来自不同文化的人沟通，喜欢在不同的文化环境中生活，并且认为中国同事在交流技巧、领导力、语言方面给予其帮助更大。

- 与中国同事相处如图 12-3 所示。

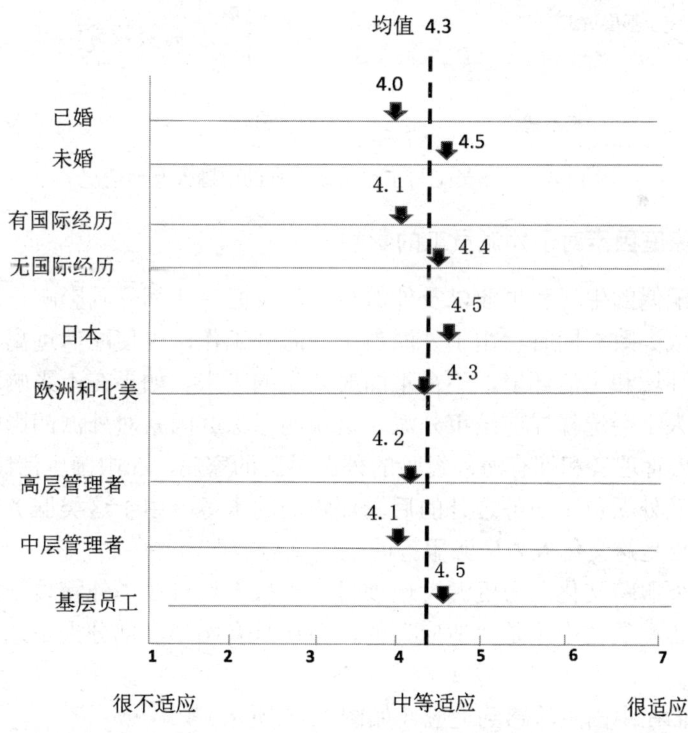

图 12-3　外籍员工与中国同事相处情况

● 与工作关系之外的中国人互动情况如图 12-4 所示。

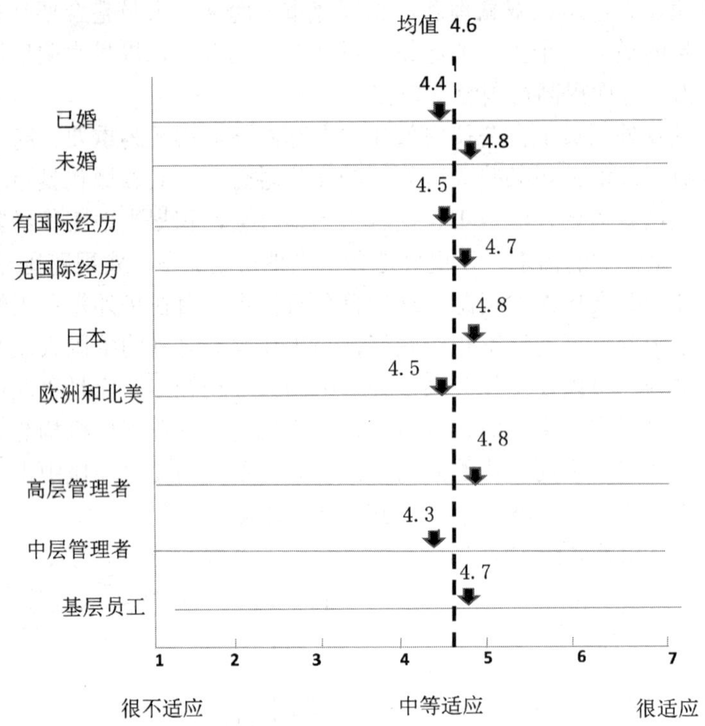

图 12-4　外籍员工与工作关系之外的中国人互动情况

（五）减少家庭因素对于外派员工的影响

由于外派，配偶的生活和事业以及外派员工的家庭生活都受到影响，这也会影响外派员工的工作，造成失败。同时，由于外派员工到海外工作，也使配偶远离了他们（她们）已经熟悉的工作环境和生活环境，不得不面对陌生的未来。如果在不影响职业生涯的情况下，更多的已婚人士会选择提前结束外派。这说明了家庭因素对外派的影响不容忽视。相对而言，公司高层管理者和拥有海外经验的外派员工的家属，在中国生活感觉更适应一些。这一方面主要涉及外派员工职务之外的后勤保障类的事务。由于这类服务事关乎外派的成功与否，因此这也是跨文化人力资源服务的工作重点之一。

根据《上海外服跨文化人力资源管理项目分析报告》对在华外籍员工的考察，可以看出总体上外派员工配偶在中国是“适应”的，但还是有相当一部分人是选择了“马上终止外派生活”。

● 我的伴侣在中国生活感到适应（如图 12-5 所示）。

● 如果这次跨国工作对你的职业生涯没有帮助你会马上终止吗（如图 12-6 所示）？

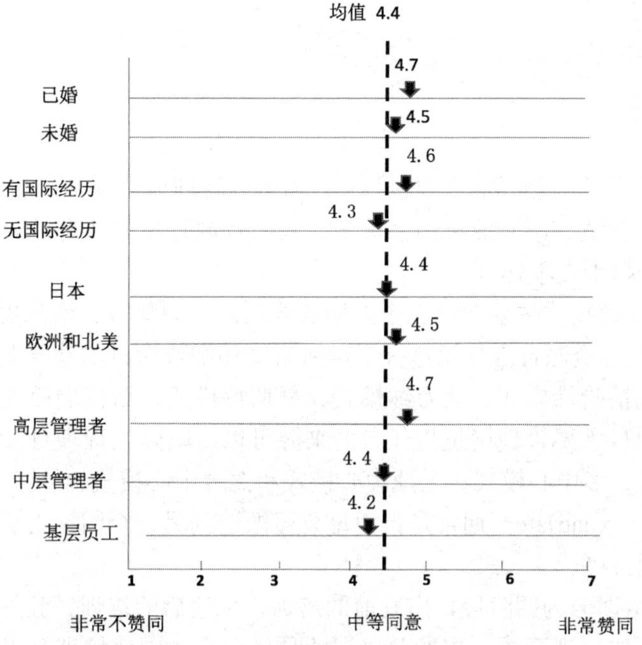

图 12-5　在华外籍员工生活情况调查

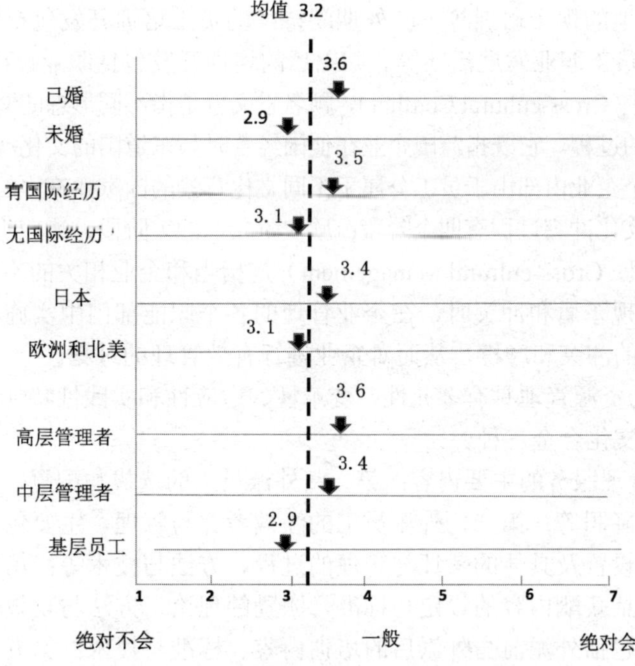

图 12-6　在华外籍员工对于跨国工作的反映情况

本章小结

1. 人力资源面临各种挑战，主要包括：人力资源管理地位提升；人力资源管理外包化，内部人力资源部门会消失，专业机构会更多；人力资源管理需要有更加宏观的战略管理眼光；管理方法更加趋于人本化等。

2. 人力资源管理模式主要包括三个方面的要素：诱因集合、信息集合和行为归核化。

3. 美国在对人力资源管理理论进行了深入研究和细致探讨的基础上提出了人力资源管理的模式，主要包括哈佛模式、德万纳模式、哥斯特模式、斯托瑞模式、战略人力资源管理模式等。按照项目主要管理岗位担任者的来源可以将国际工程项目人力资源管理模式划分为民族中心模式、多中心模式、全球中心模式和混合中心模式。

4. 外派员工（expatriate）通常是指由母公司派遣到另一个国家去从事经营管理活动的母国公民或第三国公民。

5. 外派员工培训分为四阶段，出发前的培训、抵达后的培训、驻外期间持续的员工培训开发以及归国后的培训开发。出发前培训的具体内容：国情培训及岗位介绍、跨文化培训、语言培训、家庭培训和安全培训等。抵达后的培训包括周围环境的介绍、所在地公司的情况介绍、所在地的现实培训等。驻外期间持续的员工培训开发包括职业计划，以及将外派员工融入公司员工职业发展活动等。归国后的培训开发包括职业设计与开发等。

6. 跨文化冲突（Cross-cultural Conflict），顾名思义就是指不同形态的文化或者要素之间相互对立、相互排斥的过程。它既指跨国企业在他国经营时与东道国的文化观念不同而产生的冲突，又包含了在一个企业内部由于员工分属于不同文化背景的国家而产生的冲突。学者卡尔维罗·奥伯格认为跨文化冲突过程有四个阶段：欣快阶段、冲突阶段、适应阶段、稳定阶段。

7. 跨文化管理（Cross-cultural Management）是指当和企业相关的不同文化背景群体在交互作用过程中出现矛盾和冲突时，在企业管理的各个职能部门中实施相应的文化整合措施，克服异质文化的冲突和摩擦，从而对企业进行有效管理的过程。

8. 跨文化人力资源管理具有多元性、变革性、适应性和实践性特征，其方式包括文化移植、文化嫁接和文化合金三种。

9. 外派员工管理服务的主要内容：第一，外派员工的选拔与配置，主要包括招聘、选拔、调配、晋升、降职等；第二，外派员工的绩效考评与管理，主要包括外派员工考评与管理的指标体系的设置及具体的考评与管理的过程、方法与技术等；第三，外派员工的薪酬与激励，主要包括薪酬内容的设定与标准，激励的理论、方法与功效；第四，外派员工的培训与开发主要包括外派前与外派后的培训内容、标准与技术；第五，外派员工的适应包括文化震颤、跨文化适应和重返母公司三个阶段。

通关密码

人力资源管理是对人能力的培养和对人的管理，而人生存和发展最重要的环境是文化环境，因而文化的因素就在人力资源管理中占有举足轻重的地位。甚至有一种观点认为：人力资源管理的最高境界是人本主义的企业文化。如果能够在人力资源管理中打好文化这张牌，企业的管理就能提高到新的境界。

西安杨森的跨文化管理是卓有成效的。它在进行跨国经营时，人力资源管理对跨文化管理相当重视。公司在进行人力资源管理时，使企业文化成为员工、公司与社会之间的纽带，做到企业文化与员工心理需求的紧密结合，并且调整企业文化，使公司的人力资源管理与公司的文化环境相适应。人力资源管理部门充分利用企业文化将我国的文化与员工的心理连接起来，增强了企业的凝聚力，使人力资源管理达到一个最佳的效果。西安杨森人力资源管理的这种跨文化管理值得所有跨国经营公司的学习。建议跨国经营的公司大力进行企业文化建设，促使员工的素质不断提高，并且通过企业文化使积极进取、勇于接受挑战的精神深入业务拓展部门人员心中，这样不仅让员工找到了归属感和集体主义荣誉感，而且还会唤起藏在员工内心喜欢挑战性工作的意识，从而对公司产生深厚的感情，这样工作开展得就会更为顺利。除此之外，跨国公司只有充分了解当地文化，并学习西安杨森的跨文化管理，即系统地利用企业文化将员工心理和当地文化联结起来，实现跨文化融合的合作，这样才能制订出适合本企业的有效激励机制。

人力资源管理中最重要的还是人和文化的因素，只有充分顾及和适应中国文化，人力资源管理才能达到最佳效果。事实证明西安杨森的跨文化管理是行之有效的，公司以人文本，注重把公司的企业文化与东道国的文化环境相融合，使得人力资源管理达到最佳效果。这种跨文化管理值得我国跨国经营的公司借鉴。

复习与思考

一、名词解释

1. 人力资源管理模式
2. 民族中心模式
3. 多中心模式
4. 全球中心模式
5. 混合中心模式

6．外派员工
7．跨文化冲突
8．跨文化管理
9．跨文化人力资源管理
10．文化移植
11．文化嫁接
12．文化合金

二、简答

1．人力资源管理面临的挑战有哪些？
2．人力资源管理模式的内涵是什么？
3．什么叫作外派员工？
4．外派员工培训的具体内容有哪些？
5．跨文化冲突的内涵是什么？
6．跨文化管理的内涵是什么？
7．什么是跨文化人力资源管理？它的特征有哪些？
8．跨文化人力资源管理的方式有哪几种？
9．外派员工管理服务的主要内容是什么？

三、讨论

1．全球化人力资源管理的一般模式包括哪几种？简述每种模式的优缺点。
2．试为一个跨国公司拟定一份外派员工培训计划。

四、案例评析

H公司的跨文化人力资源管理

H公司于1987年在广东深圳成立，是一家生产销售电信设备的民营通信科技公司。H公司的产品主要涉及通信网络和无线终端产品，并为全球通信运营商提供软硬件服务和解决方案。它在全球共有16个研发机构，28个联合创新中心，45个培训中心，100多个分支机构，员工总数超过15万人。凭借在移动网络、固定网络和IP通信领域的综合优势，H公司成为IP融合时代的领跑者。目前，H公司的产品和解决方案服务全球30亿人，涵盖170多个国家和地区。

截止到2013年12月31日，H公司的2013年度销售收入达到2 390.25亿元，同比增长8.55%，营业利润达到291.28亿元，同比增长41%。其中，海外收入达到1 550.08亿元，占到总收入的64.85%。其近五年的营业额保持高速增长，年均营业利润率达到12.7%，经

营状况良好，具体情况如表 12-1 所示。

表 12-1　H 公司近五年财务概要

人民币百万元	2013	2012	2011	2010	2009
销售收入	239 025	220 198	203 929	182 548	146 607
营业利润	29 128	20 658	18 796	31 806	22 773
营业利润率	12.2%	9.4%	9.2%	17.4%	15.5%
净利润	21 003	15 624	11 655	25 630	19 430
经营活动现金流	22 554	24 969	17 826	31 555	24 188
现金与短期投资	81 994	71 649	62 342	55 458	38 214
运营资本	75 180	63 837	56 996	60 899	43 286
总资产	231 532	210 006	193 849	178 984	148 968
总借款	23 033	20 754	20 327	12 959	16 115
所有者权益	86 266	75 024	66 288	69 400	52 741
资产负债率	62.7%	64.3%	65.8%	61.2%	64.6%

H 公司以“丰富人们的沟通和生活，提升工作效率”为愿景，始终将客户需求放在首位。在经营时兼顾社会责任，致力于消除数字鸿沟，为网络安全运行提供保障，推进绿色环保，关注社会公益，创造和谐的社会、经济和环境效益。

1. H 公司的招聘

（1）H 公司的外派人员选拔。H 公司的外派人员通常以内部选拔为主。其甄选外派人员实行三步走战略。

① 员工去海外工作的意愿。H 公司在外派员工去海外工作之前，会先征求候选人本人是否有外派的意愿，公司会鼓励但是采取自愿的原则。

② 员工是否具有所需的专业技能。在外派之前，H 公司根据候选人的以往的工作绩效、项目经验做出综合评价，判断哪些员工具有外派所需的专业技能。

③ 个人面谈。当候选人本人愿意外派且符合任职资格时，H 公司主管会针对他及其家属进行单独面谈。面谈中会涉及一些在海外工作时可能面临的问题，从而判断候选人和其家属对问题的处理能力。

可以看出，H 公司外派人员去海外工作时，首先是考虑员工本人是否有意愿，其次是要有扎实的专业技能和丰富的经验，最后，要有家庭的支持。通过细致认真的选拔，H 公司的外派人员通常具有较强的适应性。

（2）子公司当地人员的选拔。H 公司在招聘子公司当地人员时，用人部门都会亲临现场，与应聘者面对面的交流，能够以最直观的方式获得应聘者的信息。其招聘的关注点在于应聘者专业技能、对企业文化是否认同，坚持双向选择。此外，H 公司还会把当地文化环境的因素考量进去，对招聘的标准做些适当的调整，做到更适合当地市场的需求。

2. H公司的培训

（1）中方外派员工培训。

① 外派前的准备培训。这一阶段的培训以一般性教育培训和跨文化训练为主。

- 一般性教育培训。主要课程就是相关技能培训和语言培训。技能培训是为了员工能够将自己的专业技能保持在一个较高的水平上。语言培训是为了让员工能够克服语言障碍，到子公司时可以进行简单的交流。
- 跨文化训练。H公司的跨文化训练课程种类较多，包括国际沟通训练、外派任务专业训练、海外考察、压力训练以及家属引导训练等。H公司通过这些训练有效地提高了外派员工的文化适应能力和跨文化沟通能力。

② 外派中的培训。H公司这一阶段的培训主要包括：提供生活资讯，进行职前引导，加强自我训练和实行师徒制度。师徒制度主要有两大好处：一是可以在平时的生活娱乐中缓解刚被外派到海外员工的紧张情绪，从而更快地适应工作；二是上岗后仍然能够得到有针对性的指导，不断地提升自己，符合公司的发展需求。通过这种培训，H公司有效地降低了外派员工的焦虑感和紧张感，大大缩短了文化冲突期。

③ 回任培训。

- 回国前的培训。H公司会提供外派员工回任前的相关训练，询问外派员工对回国后工作的偏好，并请外派员工报告在外派期间所获得的知识技能以及项目管理经验，从而帮助其安排在合适的岗位上。
- 回国后的培训。H公司会组织成立回任训练小组，帮助外派员工适应国内生活，让外派员工在海外获得的新能力更好地服务于公司。

（2）子公司当地雇员的培训。子公司当地雇员的培训分为入职培训与在职培训两类。

① 入职培训。H公司会对刚入职的海外员工进行入职培训，帮助他们了解我国的文化，公司的规章制度、办事方式和企业文化等。通过入职培训，当地员工通常能够较为快速地适应H公司的工作方式，与中方外派员工的合作也比较顺利。

② 在职培训。H公司在子公司对当地雇员实行在职培训，主要是想把公司总部的先进技术顺利地承接到子公司。一方面，通过在职培训，H公司的技术得到顺利承接。另一方面，当地雇员能够学到先进技术，这本身对他们就是一种精神激励。在学习新技术之后，工作效率得到提高，工作业绩也会跟着上升，物质激励自然也会接踵而来。双重激励极大激发了当地雇员的工作潜能，H公司的经营业务得到有效拓展。

3. H公司的绩效管理

H公司在对外派员工和东道国员工考核时主要采用KPI（关键业绩指标）法，将考核指标定位三大指标：工作业绩、工作态度和工作能力。其针对工作业绩的考核侧重在绩效改进，指导原则是“宜细不宜粗”，所以这方面的指标以定量指标为主；针对工作态度和能力的考核侧重长期表现，指导方针是“宜粗不宜细”，指标以定性为主。

以中方外派市场销售人员为例，工作业绩的指标就包括：客户投诉量、销售订货额、贷款回收额、合同错误率和直接销售费用率等；工作能力就主要考核工作的计划性、跨文化的适应能力和销售的专业知识等；工作态度则侧重责任心和对H公司企业文化的贯彻等。东道国雇员的考核也是分为这三大部分，但具体指标会有所不同。

通过定量指标和定性指标，短期与长期相结合的方式，使得考核更加贴切员工的具体表现，员工比较容易接受。H公司通过绩效管理最终会把员工的绩效分为A、B、C、D四级，如表12-2所示。

表12-2　H公司绩效等级

等　级	含　义	摘　要
A	杰出	实际绩效显著超出预期目标，各方面成绩突出
B	胜任	实际绩效达到或部分超过绩效标准
C	基本合格	基本达到绩效目标，无明显失误
D	需改进	多个相关绩效领域未达标，存在明显的失误

H公司在绩效考核过程中，还允许员工申诉，以保证绩效考核的准确性。在整个考核尘埃落定之后，会把考核结果与薪酬相挂钩。员工奖金的多少直接跟绩效联系起来，起到了很好的激励作用。

4. H公司的薪酬

（1）薪酬特点。H公司的薪酬具有五大特点。

① 高工资是第一推动力。高工资是指人高我高，人低我亦高。H公司上一年再一次将应届生的工资调高，吸收了众多优秀的应届生。

② 动态分配制。H公司根据人力价格水平和岗位、绩效和技能进行动态调整。

③ 员工持股。员工持股可以有效激励员工的工作激情。H公司持股情况是这样的，优秀员工集体控股，新员工和基层员工适当地参股，中层员工有比例地持股。通过这种灵巧的持股方式，使得H公司的员工与企业结成统一战线，风雨同舟。

④ 高奖金制度。奖金主要根据个人的业绩和团队表现来发放，保证了对大家的公平性，起到了很好的激励作用。

⑤ 体贴的福利待遇。具体表现为：休假、完善的保险机制、员工报销路费、人性化的补助体系、在岗职工领取退休金、货币化的员工福利。

H公司通过长期的激励与全球员工一起分享公司的经营收益和成长。长期激励机制将公司的长远发展和员工的个人贡献有机地结合在一起，形成了长远的共同奋斗、分享机制。

（2）薪酬构成。H公司的薪酬构成：基本工资+奖金+补助+福利+股票期权。其中基本工资根据岗位来定，奖金和股票期权需要根据个人的绩效考核以及团队的表现结果来定，其中股票期权通常是在H公司工作一段时间之后才享有配股资格。这里主要介绍一下H公司外派员工的补助。补助分为离家补助、艰苦补助和伙食补助三类。

- 外派离家补助。H 公司针对外派员工长期在外生活不便提供了生活补助。补助标准为：实际工资的 75%（税前），工资的基线值是 15 000 元/月（人民币）。员工工资不足 15 000 元的，每月统一按照 15 000×0.75 计算，在扣除 20%的所得税后，实际补助为 9 000 元/月。
- 外派艰苦补助。H 公司针对外派员工在艰苦条件下上班的情况，提供了外派艰苦补助。补助标准随着艰苦程度的变化而变化。艰苦补助分为六个标准，从 0 至 50 美元不等，条件越艰苦、危险补助就越高。例如，在日本、欧美等发达国家就没有艰苦补助，在卢旺达和伊拉克等地区的补助就达到 50 美元/天。
- 伙食补助。H 公司还为外派员工提供伙食补助，通常会补助一般的伙食费用，但有上限。对外派至发达国家员工的伙食补助标准上限是 25 美元/天，公司补助的上限是 12.5 美元/天；对外派至发展中国家的员工的补助标准上限是 15 美元/天，公司补助的上限是 7.5 美元/天。

通过对薪酬的合理分配，H 公司的外派员工工作积极性较高，敢于去往艰苦的地方，为公司创造优秀的业绩。H 公司的东道国员工目前尚没有股票期权，补助主要是出差补助，其他方面与中方外派员工一样。通常情况下，H 公司中方外派员工的薪酬支付，是按照我国标准支付。东道国员工的薪酬按照当地上游水平支付，保证了较好的竞争力。

5. H 公司的跨文化人力资源管理模式

H 公司实行本地化策略，即采用多元中心模式（东道国中心模式）。近年来，H 公司的海外员工本地化比例不断提高，如图 12-7 所示。

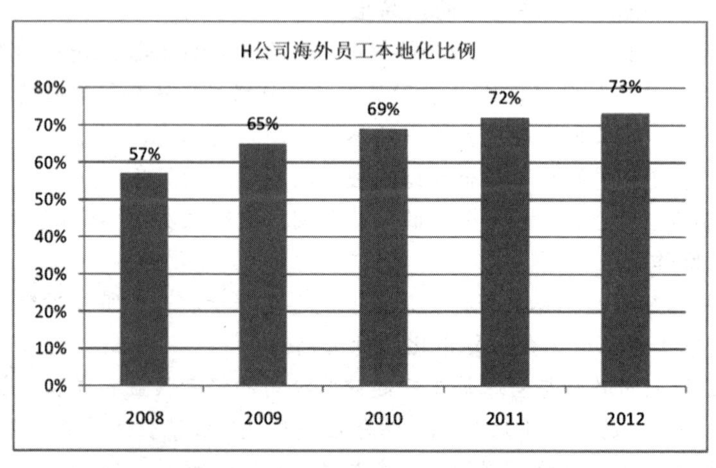

图 12-7　H 公司海外员工本地化比例

通过图 12-7 可以看出，H 公司的海外员工的本地化比例逐年提高，目前已达七成，促进了当地人员的就业，带动了当地的经济发展。H 公司不只是在人员构成上实行本地化战略，在办事方式上同样实行本地化战略。

在墨西哥，H 公司按照当地的节假日作息，按照当地员工的习惯上下班，按照当地的风俗给员工过生日。这样，不但没有丢失 H 公司原本的文化，反而使得拉美员工被中方员工没有加班费却经常深夜加班的精神所影响，工作开始卖力起来，并且逐渐接受了 H 公司的文化。

在印度，H 公司在面对印度安全部门的“严格审视”时展开“魅力攻势”，每个中方员工都拥有一个“印度名”，任命印度本土的高管，推动子公司员工融入印度文化。目前，H 公司在印度的员工，85%为当地雇员。据悉，H 公司计划在印度第四大城市钦奈市投资 3~5 亿美元设立设备生产厂，为打消印度政府的疑虑，它表示愿意公布网络系统的源代码，这无疑体现出了巨大的诚意。

H 公司的海外子公司的员工都有一种共识，那就是大家都是公司的员工，不管你来自何方，肤色如何。H 公司的本地化策略使得公司生产出来的产品能更好地满足消费者，同时还节省了海外派遣人员的费用，减少了当地社会对 H 公司这个外来资本的敌对情绪，此外，还加速了东道国与国际市场的接轨，形成了一种良好的合作关系。

6. H 公司的“狼性”文化与人本管理

（1）H 公司的“狼性”文化。H 公司的“狼性”企业文化是团结协作、集体奋斗。其认为只有那些坚持为集体奋斗不自私的员工，才能结成一个团结的集体。同时还认为，没有让生活变得体面的物质欲望，没有用劳动来实现愿望的理想，就会固步自封，因循守旧，继而滋生懒惰。因此，H 公司鼓励员工有欲望，但是要通过努力工作、提高业绩等正派手段来获得高额回报。

在 H 公司内部，把成败得失都与个人分离，强调集体的成就。企业高管与普通员工一样，同甘共苦，荣辱与共，使得整个团队的氛围变得积极进取，奋发向上。正是在这种特有的“狼性”文化的整合下，H 公司的业绩蒸蒸日上，在国际市场上披荆斩棘。

（2）H 公司的人本管理。H 公司鼓励员工参与企业经营管理，建立了劳动权利保障机制并明确告知员工权利保障的途径。公司面向所有员工的公开投诉渠道有：道德遵从委员会（CEC）投诉热线（干部品德、员工自身利益/评价）、商业行为准则（BCG）举报热线、人事服务投诉和建议受理热线、绩效评定申诉信箱。

关注员工成长。H 公司始终坚信员工是企业最宝贵的资产，认为员工在提升自身技能的同时，会客观上为企业创造更多的财富。H 公司为员工提供充分、平等的学习、培训和晋升机会，帮助员工成长和实现自我价值。而且 H 公司在进行绩效管理时建立了企业和员工共赢的良性机制，将员工的自身发展与企业发展融合起来。其鼓励员工根据自身的能力与兴趣，自由成长，为员工提供管理与技术晋升双通道。

提升员工幸福感。H 公司努力帮助员工做好工作和生活间的平衡，提倡“高效工作、快乐生活”。例如，公司从集团层面到各部门都设置了鼓励员工发展的进步奖，员工为公司或部门做出贡献，就会及时获得相关奖励。此外，在艰苦的地区，公司还主动购买一些娱乐设施寄给员工，安排员工在当地环境和治安较好的区域住宿。

H 公司从 2010 年首次进入世界五百强（营业收入为 218 亿美元），排名 397 位，到 2013 年首次超越了爱立信，排名 315 位（营业收入为 349 亿美元），发展势头可谓十分强劲，这与它所采取的跨文化人力资源管理措施是分不开的。

资料来源：庞龙. 我国跨国公司跨文化人力资源管理研究[D]. 成都：西华大学，2014.

【思考题】

1. 请结合案例说明，H 公司是如何进行跨文化人力资源管理的？
2. H 公司的成功对你有什么启示？

参 考 文 献

[1] Allen N J, Meyer J P. Organizational socialization tactics: A longitudinal analysis of links to newcomers' commitment and role orientation[J]. Academy of Management journal, 1990, 33(4): 847-858.

[2] Ashforth B K, Saks A M. Socialization tactics: Longitudinal effects on newcomer adjustment[J]. Academy of management Journal, 1996, 39(1): 149-178.

[3] Becker B, Gerhart B. The impact of human resource management on organizational performance: Progress and prospects[J]. Academy of management journal, 1996, 39(4): 779-801.

[4] Boxall P, Purcell J. Strategy and human resource management[M]. London: Palgrave Macmillan, 2011.

[5] Branch A E. Export practice and management[M]. New York: Cengage Learning EMEA, 2006.

[6] Charles J.. Fombrun, Tichy N M, Devanna M A. Strategic human resource management[M]. New York: Wiley, 1984.

[7] Crino, M. D. Personnel/Human Resource Management[M]. London: Macmillan Publishing, 1989.

[8] Daniels J. D., Radebaugh, L. H., Sullivan, D. P. International Business: Environment and Operations[M]. 11th edition, Pearson Prentice Hall, 2007.

[9] Delaney J T, Huselid M A. The impact of human resource management practices on perceptions of organizational performance[J]. Academy of Management journal, 1996, 39(4): 949-969.

[10] Evans P, Pucik V, Barsoux J L. The global challenge: Frameworks for international human resource management[M]. New York: McGraw-Hill/Irwin, 2002.

[11] Griffin A E C, Colella A, Goparaju S. Newcomer and organizational socialization tactics: An interactionist perspective[J]. Human resource management review, 2001, 10(4): 453-474.

[12] Guzzo R A, Noonan K A. Human resource practices as communications and the psychological contract[J]. Human resource management, 1994, 33(3): 447-462.

[13] Hendry C. Human resource management[M]. London: Routledge, 2012.

[14] Khanka S S. Human resource management[M]. New York: Chand, 2007.

[15] Legge K. What is human resource management?[M]. London: Macmillan Education UK,

1995: 62-95.

[16] Mathis R L, Jackson J H, Valentine S R. Human resource management[M]. New York: Nelson Education, 2016.

[17] The New HR Agenda:2002 Human Resource Competency Study, “Human Resource Competency Study” Project Report, University of Michigan Business School, May 2003.

[18] Youndt M A, Snell S A, Dean J W, et al. Human resource management, manufacturing strategy, and firm performance[J]. Academy of management Journal, 1996, 39(4): 836-866.

[19] Tung R L. Strategic management of human resources in the multinational enterprise[J]. Human resource management, 1984, 23(2): 129-143.

[20] Storey J. Human resource management: A critical text[M]. New York: Cengage Learning EMEA, 2007.

[21] W. Chan Kim and Renee M. Blue ocean strategy[J]. Harvard Business School Publishing Corporation, 2005.

[22] 陈惠雄．人力资源管理案例集[M]．杭州：浙江大学出版社，2014.

[23] 冯虹．现代人力资源管理[M]．北京：经济管理出版社，2006.

[24] 杜奇华．跨国公司与跨国经营[M]．北京：电子工业出版社，2008.

[25] 葛玉辉，荣鹏飞．人力资源管理[M]．北京：清华大学出版社，2014.

[26] 胡君辰，郑绍濂．人力资源开发与管理[M]．上海：复旦大学出版社，1999.

[27] 胡孝德．人力资源管理案例集[M]．杭州：浙江大学出版社，2014.

[28] 黄铁鹰．海底捞你学不会[M]．北京：中信出版社，2011.

[29] 刘昕．人力资源管理[M]．第 2 版．北京：中国人民大学出版社，2015.

[30] 龙立荣．人员测评的理论与技术[M]．武汉：武汉大学出版社，2009.

[31] 庞龙．我国跨国公司跨文化人力资源管理研究[D]．成都：西华大学，2014.

[32] 秦迎林．人力资源案例集[M]．北京：清华大学出版社，2014.

[33] 唐宁玉．人事测评理论与方法[M]．大连：大连理工大学出版社，2006.

[34] 王旭，乐雯晴．从招聘到离职[M]．北京：中国法制出版社，2013.

[35] （美）韦尔奇．赢[M]．北京：中信出版社，2013：24-25.

[36] 吴东梅．人力资源案例管理分析[M]．第 2 版．北京：机械工业出版社，2011.

[37] 夏光．人力资源管理案例・习题集[M]．北京：机械工业出版社，2006.

[38] 阎世平．人力资源管理[M]．北京：机械工业出版社，2014.

[39] 姚裕群，杨俊青．人力资源管理[M]．第 5 版．北京：中国人民大学出版社，2014.

[40] 鄢锦芳．B 公司跨国经营的人力资源管理问题研究[D]．昆明：云南财经大学，2013.

[41] 杨敏．人力资源管理[M]．北京：经济管理出版社，2009.

[42] 杨艳东，刘洪民．人力资源管理[M]．北京：机械工业出版社，2013.

[43] 裕楷，兆亿．人力资源开发与管理[M]．广州：中山大学出版社，1999．

[44] 余凯成，程文文，陈维政．人力资源管理[M]．大连：大连理工大学出版社，2006．

[45] 张德．人力资源开发与管理案例精选[M]．北京：清华大学出版社，2002．

[46] 赵曙明，周路路，（美）马希斯，等．人力资源管理[M]．第 13 版．中国版．北京：电子工业出版社，2012．

[47] 赵曙明，张正堂，程德俊．人力资源管理[M]．北京：机械工业出版社，2011．

[48] 赵曙明．国际企业：人力资源管理[M]．南京：南京大学出版社，2010．

[49] 赵曙明，（美）马希斯．人力资源管理[M]．第 11 版．北京：电子工业出版社，2008．

[50] 郑晓明．人力资源管理导论[M]．北京：机械工业出版社，2011．

[51] 朱延智．人力资源管理[M]．台北：台湾五南图书出版股份有限公司，2011．

[52] 赵曙明．人力资源管理——理论、方法、工具、实务[M]．北京：人民邮电出版社，2014．

[53] 彭剑锋．战略人力资源管理：理论、实践与前沿[M]．北京：中国人民大学出版社，2014．

[54] 彭剑锋．人力资源管理概论[M]．上海：复旦大学出版社，2011．

[55] 秦志华．人力资源管理[M]．北京：中国人民大学出版社，2014．

[56] 李艳萍，李锡元．人力资源管理[M]．武汉：武汉大学出版社，2012．

[57] 余建华．跨文化人力资源管理[M]．武汉：武汉大学出版社，2007．